24,90

15,-

Jessie Adler Gral

Magischer Spiegel *Liebe*

Jessie Adler Gral

Magischer Spiegel *Liebe*

Praxisbuch der dynamischen
Partnerschaftsastrologie

Ebertin
Freiburg im Breisgau

Die Deutsche Bibliothek – CIP-Einheitsaufnahme

Adler Gral, Jessie:
Magischer Spiegel Liebe : Praxisbuch der dynamischen
Partnerschaftsastrologie / Jessie Adler Gral. –
1. Aufl. – Freiburg im Breisgau : Ebertin: 1998
ISBN 3-87186-090-5

Mit 38 Zeichnungen von Martin Garms

1. Auflage 1998
ISBN 3-87186-090-5
© 1998 by Ebertin Verlag, Freiburg im Breisgau
Das gesamte Werk ist im Rahmen des Urheberrechtsgesetzes
geschützt. Jegliche vom Verlag nicht genehmigte Verwertung ist
unzulässig. Dies gilt auch für die Verbreitung durch Funk,
Fernsehen, photomechanische Wiedergabe, Tonträger jeder Art,
elektronische Medien sowie für auszugsweisen Nachdruck.
Einband: Ralph Höllrigl, Freiburg im Breisgau
Satz: Typomedia Satztechnik GmbH, Ostfildern
Druck und Bindung: Wiener Verlag GmbH, Himberg
Printed in Austria

Inhalt

Überblick 9

   Herbstliche Waage 13
1 Die Geburt der Liebe 14
   Was denkst du von jemandem, der auf einem Küchentisch
      Klavier spielt? 14
   Die Hochzeit von Sonne und Mond 25
   Wie untersuchen wir »Beziehung«? 28

   Gegen Dein Ufer 33
2 Unsere Kontaktfähigkeit 34

   Wasserblaue Tränen 54
3 Harmonie oder Kampf? Der Spannungsstatus 55
   Spotlight auf die Interaspekte 56
   Zur »natürlichen Verträglichkeit« von Planetenenergien 58
   »Böse Quadrate« und »gute Trigone«? Aspekte im Partner-
      vergleich 61
   Zusammenfassung: Zur Bewertung von Interaspekten 64
   Der *Spannungsstatus* 67
   Die kurze Affaire: *Rachel und Travis* 67

   Andorra 74
4 Fallbeispiele zum *Spannungsstatus* 75
   Stabile gegenseitige Unterstützung: *Tanjy und Wolfgang* 75
   Die lebenslange Ehe: *Charly und Jennifer* 77
   Liebe unter Ex-Drogenabhängigen: *Nora und Belami* 79
   Heißer Sex und Unterwerfungsgelüste: *Donna und Paul* 83
   Opfer und Retter: *John und Pamela* 87
   Die wunderbare Leichtigkeit des Seins: *Lily und Trevor* 90
   Die Kampfbeziehung mit emotionaler Verstrickung: *Kim und
      Sylvester* 92

An hellem Sommertag 101
5 *Emotionale Vereinbarkeit* und wozu man sie braucht 102
   Wie man die Farben der Gefühlsplaneten erfaßt 105
   Die glühendheiße Romanze: *Corrado und Yasmin* 109
   Goldene Hochzeit: *Charly und Jennifer* 124
   Die symbiotische Kinderliebe: *Anna und Roman* 131
   Was uns Planetenprofile verraten: *Kurzdiagnose* 138

Wirf einen Rubin 145
6 Die Gefühlsplaneten in vielfarbigen Kleidern 146
   Liebesausdruck, Erotik, Gestaltung der Beziehung und Partner-
     erwartungen 146
   Marsisch gefärbte Gefühlsplaneten 149
   Venusisch gefärbte Gefühlsplaneten (Stier) 152
   Merkurisch gefärbte Gefühlsplaneten (Zwillinge) 155
   Lunar gefärbte Gefühlsplaneten 158
   Sonnenhaft gefärbte Gefühlsplaneten 161
   Merkurisch gefärbte Gefühlsplaneten (Jungfrau) 164
   Venusisch gefärbte Gefühlsplaneten (Waage) 167
   Plutonisch gefärbte Gefühlsplaneten 170
   Jovisch gefärbte Gefühlsplaneten 173
   Saturnisch gefärbte Gefühlsplaneten 176
   Uranisch gefärbte Gefühlsplaneten 179
   Neptunisch gefärbte Gefühlsplaneten 182

Monddunkles Gelächter 185
7 Liebestraum oder Liebesbeziehung? Die *Gesamtvereinbarkeit* .. 186
   Verschiedene Formen der Verträglichkeit 187
   Vereinbarkeit der »Temperamente« 187
   Emotionale Vereinbarkeit 189
   Elementare Vereinbarkeit – Die Elemente in der Partnerschafts-
     analyse 189
   Elementenverträglichkeit oder Gesamtvereinbarkeit? 193
   Die *Gesamtvereinbarkeit*: Ein neues Partneranalyseinstrument .. 198
   Regeln zur Gesamtvereinbarkeit 203

Dämon und Lamm 205
8 Beziehungsgeschichten zur Gesamtvereinbarkeit 206
   Sex- und Machtclinch oder tiefes Einverständnis?
   Hillary und Bill Clinton 206

Irreführung und kühle Staatsräson
Diana und Charles von England 217
Explosionsgefahr inbegriffen!
Mia Farrow und Woody Allen 226

Goldfischglas 235

9 Jason und Malaika: Eine Ehe *Gesamtanalyse* 237
   Malaikas Kindheit 237
   Jasons Kindheit 241
   Die Beziehungsgeschichte von Jason und Malaika 245
   Die karmischen Beziehungsrollen 247
   Der Spannungsstatus 254
   Das Strahlendiagramm 255
   Die Interaspektfiguren 262
   Die Gesamtvereinbarkeit 269

10 Praktische Übungen 276
   Zwanzig Fragen zur Partnerschaftsanalyse 276
   Lösungen 277

Anmerkungen 311
Literatur zur Partnerschaftsastrologie 314
Die Autorin 315

Überblick

Es war immer mein Wunsch, wachstumsfähige, chancenreiche und glückverheißende Beziehungen von »unstimmigen« und kaum aussichtsreichen Verbindungen (nicht erst im Nachhinein) unterscheiden zu können. »Jeder bekommt den Partner, den er verdient!«, heißt es so oft, und: »Es gibt keine ungeeigneten Beziehungen!« Immer wieder lesen wir, daß die Qualität von Liebesbeziehungen hauptsächlich vom Entwicklungsstand beider Partner abhängig sei. Natürlich ist da etwas dran. Entwickelte, gereifte Menschen, die innere Wachstumsprozesse absolviert haben, gehen mit Spannungen in einer Partnerschaft gekonnter um als unreife oder ihrer selbst noch sehr unbewußte Menschen, die eigene blinde Flecken und geschwächte Persönlichkeitsanteile ohne Hemmungen auf ihren Partner projizieren. Meiner Erfahrung nach gibt es jedoch sehr wohl *ungeeignete* Beziehungen!

> **Nicht jede Liebesverbindung kann durch »Arbeit an der Beziehung« geheilt werden. Es *gibt* »ungeeignete« Beziehungen!**

Zwar ist wahr, daß wir wesentliche Lektionen oft nur unter Schmerzen lernen, besonders, wenn unser Bewußtseinslevel noch nicht allzu hoch liegt, und wir ohne kräftigen Druck des Universums bestimmte Lernaufforderungen einfach nicht zur Kenntnis nähmen. Auch sollten wir Beziehungen, die nur anderthalb oder zwei Jahre dauern und möglicherweise mit einem hohen Maß an emotionalen Wachstumsschmerzen gekoppelt waren, deshalb nicht einfach als *neurotisch, falsch* oder als *Fehlgriff* ansehen. Viele solcher Beziehungen sind reine *Entwicklungs- und Wachstumsbeziehungen,* die bestimmte, in einem oder beiden Partnern tief schlafende Potentiale – manchmal plötzlich und heftig – aufwecken sollen. Beziehungen sind nun einmal unser bestes und effizientestes Lernfeld.
 Wenn wir andrerseits immer wieder Liebesbeziehungen haben, in denen wir uns unglücklich fühlen, die unsere Kräfte aufzehren und uns an geistigseelischen Energien und Kreativität verarmen lassen, so läßt dies auf ein destruktives Partnerauswahlmuster schließen. Seelisches Leiden und emo-

tionale Schmerzen sind nicht *in sich* produktiv oder edel (womöglich noch zur Karmaabtragung), sondern haben – wie der körperliche Schmerz – nur eine einzige Funktion: den Menschen ziemlich drastisch darauf aufmerksam zu machen, daß hier etwas nicht stimmt, so daß er andere Bedingungen setzt, die nicht mehr leid- oder schmerzerzeugend sind.

Menschen, die in der Kindheit sehr verletzt wurden, tendieren dazu, sich »ungeeigete« Beziehungen auszuwählen!

Viele Menschen haben durch einen generellen Mangel an Liebe in der Kindheit, durch erlebte Deprivation im Gefühlsbereich und häufige Zurückweisungen durch die Eltern tiefe Wunden erlitten und weisen ausgeprägte Störungen ihres Selbstwertgefühls auf. Solche Menschen tendieren dazu, sich im emotionalen Bereich die härtesten Beziehungen auszusuchen. Sie wählen ganz buchstäblich die Lieblosigkeit, die Zurückweisung, die Härte, die Kälte, die permanente Anstrengung, den verzeifelten Kampf um Liebe und die tiefempfundene Einsamkeit und Vergeblichkeit ihrer Bemühungen – einfach deshalb, weil sie von Kindesbeinen an nichts anderes kennen und sich dieses Musters noch nicht bewußt geworden sind oder es bislang nicht zu ändern vermochten.

Menschen, die verletzt wurden, neigen einfach dazu, sich immer wieder *unpassende (das heißt zum eigenen Persönlichkeitssystem nicht stimmige) Beziehungspartner* auszuwählen. Diese Partner passen nicht zur gesunden (primären) Natur des Menschen, sondern zu der durch die Verwundung entstandenen Deformierung der Persönlichkeit. So ist eine astrologische Untersuchung vergangener Beziehungen auch eine Möglichkeit, unseren eigenen Stand im Reich unserer Liebesfähigkeit zu überprüfen.

Es ist möglich, »geeignete« Beziehungen von »ungeeigneten« zu unterscheiden!

Ungeachtet des Entwicklungslevels zweier Menschen, der sicherlich mitbestimmt, wie »gut« oder wie »schlecht« eine Beziehung bewältigt wird (und der bekanntlich nicht im Kosmogramm steht), ist es sehr wohl *möglich,* definitive Aussagen zu einer Partnerschaft zu machen und die *Chancen und Qualitäten einer Liebesbeziehung zu beurteilen und sogar zu »messen«.* Man kann »ungeeignete« Beziehungen an einem Set bestimmter Merkmale erkennen. Natürlich erlauben auch astrologische Meßinstrumente immer nur Annäherungen an die Wirklichkeit. In dieser Welt haben wir es sehr häufig mit *Wahrscheinlichkeiten* zu tun, sei es in der Meteorologie, der modernen Physik oder in der Partnerschaftsastrologie.

Beim Wetterbericht, der für Bayern ein Tiefdruckgebiet mit Regen voraussagt, erwarten wir keineswegs, daß in sämtlichen Orten der Region unweigerlich Regen niedergeht. Es wundert uns vielmehr überhaupt nicht, wenn es in vielen Städten und Orten Bayerns regnet, aber beispielsweise gerade in München nicht.

So ähnlich verhält es sich auch bei der astrologischen Partnerschaftsanalyse. Obwohl Hunderte von Paaren mit einem *starken Spannungsstatus* und einer *geringen Gesamtvereinbarkeit wahrscheinlich* scheitern würden, ist es denkbar, daß ein bestimmtes Paar es trotz der wenig hilfreichen Ausgangsbedingungen schafft, zusammenzubleiben und der Beziehung etwas Gutes abzugewinnen. Dies ändert aber nicht das Geringste daran, daß die Partnerschafts-Untersuchungsinstrumente exakt genug sind, um ein klarumrissenes Bild davon zu erhalten, was eine bestimmte Liebesbeziehung *wahrscheinlich* leisten kann und was nicht, wieviel Frustration man dafür *wahrscheinlich* auf sich nehmen muß und wieviel Glück, Freude und Intimität wir in dieser Beziehung *wahrscheinlich* erleben können.

> Mit den Instrumenten »*Gesamtvereinbarkeit*« und »*Spannungsstatus*« können wir »geeignete« und »ungeeignete« Beziehungen identifizieren!

Während meiner Forschungen zur astrologischen Partnerschaftsanalyse habe ich einige althergebrachte Methoden wie die *Synastrie* systematisiert, verbessert und in eine aussagekräftigere Form gebracht. Manche der in der Partnerschaftsastrologie benutzten Methoden habe ich in diesem Prozeß als wenig aussagefähig ausgeschieden und einige neue Instrumente der Partnerschaftsastrologie entwickelt (wie zum Beispiel *das Animusprofil,* das unser Partnersuchbild beschreibt, sowie die *karmischen Beziehungsrollen* und *die Mond- und Venusrollen*, mit deren Hilfe man das Verhalten von Liebenden im Partnerkonflikt erfassen kann[1*]). In diesem Buch über Partnerschaftsanalyse stelle ich unter anderem ein *neues Instrument* namens *Gesamtvereinbarkeit* vor, mit dessen Hilfe *diagnostiziert werden kann, ob eine Beziehung zum eigenen Wesen paßt oder nicht!*

Selbstverständlich stellt sich bei jeder Form von Beziehung immer noch die Frage nach der persönlichen *Reife* und dem *Bewußtseinslevel* beider Partner. Bewußtheit auf beiden Seiten und guter Wille können vieles erleichtern. Eines können sie jedoch nicht. Sie können eine natürliche

---

* Die hochstehenden Ziffern beziehen sich auf die Anmerkungen ab Seite 311.

Unverträglichkeit zweier Menschen, so sie besteht, nicht in Verträglichkeit verwandeln. Die *Gesamtvereinbarkeit* stellt so etwas wie einen alten Traum der Astrologen dar. Sie erlaubt uns, wirklich festzustellen, wie *verträglich die Charaktere zweier Menschen sind*. Mit diesem Instrument können wir die natürliche *energetische Gesamtprägung eines Menschen messen*. Und infolgedessen können wir auch *messen, wie die energetischen Prägungen zweier Menschen zusammenpassen*.

Ein zweites, sehr wichtiges Instrument ist der *Spannungsstatus*. Hier handelt es sich um eine Weiterentwicklung der klassischen Synastrie, die sich auf *Interaspekte* stützt. Wenn wir die Geburtskosmogramme zweier Liebender zueinander in Beziehung setzen (deckungsgleich aufeinanderlegen), so ergeben sich zwischen den Planeten zweier Menschen bestimmte Winkelverbindungen. Dies sind Interaspekte. Der Spannungsstatus ist ein Instrument, das diese Interaspekte in bestimmter Weise gruppiert, so daß ein *rascher Überblick* möglich ist, *wie hoch oder wie gering die Wachstumsspannung der Beziehung ist*. Der Spannungsstatus gibt uns überdies verschiedene Meßzahlen für das quantitative Ausmaß der Wachstumsspannung.

Erst die Kombination des *Spannungsstatus* mit der *Gesamtvereinbarkeit* erlaubt eine wirkliche Aussage darüber, ob die Liebesbeziehung zweier Menschen eine Chance hat oder nicht! *Sind zwei Liebende von ihrer energetischen Prägung her unverträglich, so ist daran nichts zu ändern. Sind zwei Menschen verträglich, so ist auch bei hohem Spannungsstatus eine glückliche und kreative Beziehung möglich!*

Herbstliche Waage

Wenn die Herbstzeitlosen blühn
spüre ich das Saxophon
träg durch meine Lenden ziehn

Sehnsucht reitet den Sichelmond
gelb über dunklen Dächern
Frucht der Trauer ist der Becher
gefüllt mit Palmwein des Lebens

Komm gib mir Deine Hand
oft geschaut in Traumes Land
Es ist Zeit ins Dasein zu treten

Sanft wiegt uns das Rund
der Planeten gesund
Wunden verblassen zu Schäumen
Sternlichts auf silbernen Räumen

Jetzt ist der goldene Augenblick
Zeitlosigkeit wendet unser Geschick
im kosmischen Meerschlag Ewigkeit
Vorwärts und rückwärts fließt die Zeit

Herbstliche Waage im Gleichgewicht
gewendet ist Morgen und Gestern beweint
Geöffnet das Tor im Fluß der Zeit

Jessie Adler Gral

1
Die Geburt der Liebe

Was denkst du von jemandem, der auf einem Küchentisch Klavier spielt?

Von einem Tag zum anderen hörte die sechsjährige Carolyn plötzlich auf zu sprechen. Sie war ein wildes Kind, seltsam, schön und mit einem monströsen Willen begabt. Carolyn sprach kein Wort mehr. Keiner wußte warum. Hinfort verständigte sie sich über knappe Mitteilungen, die sie auf einen mitgeführten Block schrieb. *Was die meisten Menschen reden, ist ohnehin langweilig. Es ist kaum der Mühe wert, hinzuhören!* Carolyn hatte ein energisches Kinn und straffe Züge. Sie wußte sehr wohl, daß die meisten Menschen Schweigen kaum ertragen. Sie selbst empfand sich jedoch keineswegs als stumm. Sie hatte ja ihr *Piano*, um sich auszudrücken. Carolyn wurde eine meisterhafte Spielerin.

Wir treffen Carolyn als junge Frau wieder, als sie – zusammen mit einer Menge Reisegepäck und ihrer kleinen Tochter – aus einem Boot gehoben und an die Küste Neuseelands gesetzt wird. Ihr Vater hat sie mit einem Farmer aus dem Dschungel Neuseelands verheiratet, den sie noch nie gesehen hat. Carolyn hat mit der siebenjährigen Sara das sittenstrenge England des neunzehnten Jahrhunderts verlassen. Beide Frauen tragen strenge schwarze Kleider, Reifröcke, lange Spitzenunterhosen und Stiefelchen. Die in biedermeierartiger Manier zusammengesteckten und geflochtenen Haare sind unter schwarzen Schuten verborgen. Sara, vom wildwogenden pazifischen Ozean seekrank, erbricht sich hemmungslos in den Sand. Ihre Mutter steht ohne mit einer Wimper zu zucken daneben, schön, blaß und regungslos wie stets. Lebendig wird Carolyn nur, wenn sie mit ihrem Piano spricht oder mit ihrem Kind allein ist. Sie verständigt sich mit Sara in der Taubstummensprache, die sie dem Kind von früh auf beigebracht hat. Sara fungiert als Übersetzerin ihrer Mutter.

Die Eingeborenen tragen das verpackte Piano schwitzend und fluchend an Land. Es ist das größte und schwerste Gepäckstück. Rasch fällt die Nacht ein. Die langen Brecher des aufgepeitschten pazifischen Ozeans sind nicht mehr zu sehen, aber man kann sie noch hören. Die Luft ist voller Salz. Der unbekannte Ehemann und seine Träger haben sich nicht rechtzeitig eingefunden. Es ist ein sehr langer Weg durch den Dschungel bis hin zu dem wilden einsamen Strand, an dem Carolyn und Sara die Nacht unter einer behelfsmäßigen Plane verbringen, die Arme umeinander geschlungen, in vertrauter Eintracht und völlig erschöpft.

Die gedrechselten Beine von leichten Wellen umspült, steht das Piano am leeren weiten Strand; Carolyn hat vor dem Einschlafen noch ein Stück der Abdeckung entfernt und ihre Hand auf die Klaviatur geschoben. Eine sehnsüchtige kleine Melodie erklang, die sich kaum gegen das Getöse der Wellen behaupten konnte.

Am nächsten Morgen stehen Carolyn und Sara ihrem zukünftigen Ehemann und Vater gegenüber. Alan Parry, umgeben von seinen eingeborenen Helfern, ist so nervös, daß er kaum sprechen kann. Er hat sich in die Kleider eines Gentleman geworfen und trägt einen hohen englischen Hut. Eben noch hat er sich zum wiederholten Mal gekämmt. Er ist ein unsicherer, gutaussehender und völlig verklemmter Mann. Eigentlich hat er Angst vor Frauen. Vielleicht hat er deshalb eingewilligt, eine stumme Frau zu heiraten. *Gott liebt die stummen Geschöpfe, warum also nicht auch ich?*, hatte er nach England geschrieben. Und Carolyn, die das erstaunlich und ein wenig lächerlich fand, dachte: *Es wäre gut, wenn er Gottes Geduld hätte!*

Carolyn erinnert an eine schöne, kleine, kalkweiße Statue. Sie ist sehr zart. In ihrem regungslosen Gesicht leben nur die Augen. Alan, nervös unter ihrem starren Blick, vergißt seine einstudierte Begrüßungsrede und rettet sich in harsche Anweisungen an die Träger. Irgendwann wendet er sich an einen befreundeten Farmer, der ihn begleitet hat: »Wie finden Sie sie?« »Sie sieht müde aus,« findet Jay Benson. »Eins steht fest«, konstatiert der frischgebackene Ehemann, »Sie ist verkümmert!«

Der lange Marsch durch den Dschungel beginnt. Knietief sinken die Frauen in ihren eleganten Stiefelchen in den Morast. Lianen wischen ihnen durchs Gesicht. Aus dem dampfenden Boden steigen Nebel auf. Seltsame Tiere schreien. Einige *Maori*frauen, die den Treck begleiten, zupfen an Carolyns Kleidern, legen sich ihren Schal um, betasten ihre Schute und kichern. Carolyn bleibt regungslos, wie unter Schock. Am Strand des pazifischen Ozeans steht das Piano verlassen auf seinen hohen Beinen. Die Träger konnten es nicht mehr mitnehmen. Carolyns zorniges Insistieren, mit wütendem Nachdruck vorgetragen von Sara, die wie stets als Übersetzerin ihrer Mutter fungiert, war erfolglos.

Nach der kalten Begrüßung und dem zurückgelassenen Piano gestaltet sich das junge Eheleben schwierig. Carolyn und Sara setzen ihr gewohntes, völlig aufeinander bezogenes, von der Außenwelt abgeschottetes

Leben fort, in dem es farbig, poetisch, musisch und kindlich zugeht. Carolyn ist sehr zärtlich zu der kleinen Tochter, und man spürt, daß das Kind nie eine böse Minute auszustehen hatte. Sie ist glücklich, unbefangen, fantasievoll, wild und voller Kreativität. Zum wiederholten Mal erzählt Carolyn Sara auf ihr Bitten hin die Geschichte von Saras Vater. *Ja, er war mein Lehrer. Nein, ich brauchte nicht mit Worten zu ihm zu sprechen.* Carolyn steht anmutig im Raum, ihre Augen leuchten, ihr Gesicht ist weich und entspannt, und mit wunderbar tänzerischen Bewegungen erklärt sie dem Kind, wie sie mit Saras Vater sprach. *Ich konnte meine Gedanken wie Leintücher in seinem Geist ausbreiten!* »Aber warum habt ihr nicht geheiratet?«, beharrt das Kind. *Er bekam Angst und hörte nicht mehr zu,* gibt Carolyn ihr gleichmütig zu verstehen. Mutter und Tochter schlingen die Arme umeinander und begeben sich zur Ruhe. Alan, der schüchtern an die Tür geklopft und einen *Gutenachtkuß* angeboten hat, stößt auf gleichgültiges Schweigen. Und so geht es alle Tage.

Carolyn kann auch im neuseeländischen Busch das Leben einer Dame führen. Sie braucht keine schwere Arbeit zu verrichten. Es gibt eingeborenes Hauspersonal und zwei im Haushalt lebende weibliche Verwandte Alans, die eine schwerfällig und halb unzurechnungsfähig, die andere ein scharfer alter Drachen. Carolyn hat eine Tastatur auf einen alten Küchentisch gemalt und gibt Sara die gewohnten Gesangsstunden. Carolyn spielt konzentriert auf der aufgemalten Tastatur, und Sara singt mit hoher Stimme. Mutter und Kind haben keine Schwierigkeiten, die imaginäre Musik zu hören. Carolyn korrigiert Sara an manchen Stellen. Alan, der sie dabei überrascht, ist aufrichtig entsetzt. Er macht sich Sorgen, daß Carolyn vielleicht nicht nur stumm ist, sondern einen *Dachschaden* hat. »Was denkst du von jemandem, der auf einem Küchentisch Klavier spielt?«, fragt er seine Schwester. »Auf einem Tisch?« »Ja, man hört nicht den geringsten Ton!« Worauf die Schwester zu berichten weiß, daß Carolyn mit ihrem Hochzeitskleid aus Spitze, das sie für das gestellte Hochzeitsfoto anziehen mußte, äußerst ungnädig umgegangen sei. »Wenn ich nicht gewesen wäre, hätte sie es mit den Zähnen zerrissen und sich damit die Schuhe abgeputzt«, schnaubt sie. »Vielleicht wird sie mit der Zeit ein wenig umgänglicher«, sagt Alan mutlos.

Wir erfahren nicht, wie Carolyn sich fühlt. Manchmal sehen wir ihr Gesicht am Fenster, wie sie großäugig und reglos nach draußen starrt, wo der Regen vom dichten Laubwerk der Bäume herabrinnt. Ihre Augen scheinen das Meer zu spiegeln, und man kann die Musik hören, die in ihrem Kopf ist, eine traurige, wilde, sehnsuchtsvolle Melodie.

Als Alan Parry für einige Tage verreisen muß, kommt Leben in die beiden Frauen. Sie finden sich vor Jay Bensons Holzhaus ein und wollen zu dem einsamen Strand geführt werden, wo das *Piano* wartet. Jay weigert sich knurrend und sattelt sein Pferd. »Ich kann das nicht tun!«, wiederholt er hilflos, während die beiden weißen Gesichter unter den schwarzen Schuten seine Aktivitäten mit schiefgelegtem Kopf und einem leisen Lächeln verfolgen. Natürlich bringt Jay sie schließlich zum Strand, wo er den ganzen Tag um Carolyn und das Piano herumstiefelt. Bis die Nacht einfällt, sitzt Carolyn, die Füße beinahe im Wasser, am Klavier und spielt mit einem glücklichen, entrückten Lächeln. Und wie sie spielt! Benson begreift, daß er eine Künstlerin vor sich hat, eine Komponistin von exquisiter Sensibilität. Aber das ist nicht alles. In Bensons Augen spiegelt sich ein aufdämmerndes Verständnis für Carolyns wilde, verletzte, ungezähmte und poetische Seele. Sara tanzt zu den Klängen ihrer Mutter mit Seetang in den Händen und schlägt Purzelbäume, während Jays Blick immer verhangener wird. Es ist, als lausche er dem Echo der Musik in seiner eigenen Seele, während er Carolyn zuhört. Es ist, als schaue er zu, wie seine Seele in den Klängen, die diese strenge, schwarze, blasse, kleine Person hervorzaubert, ertrinke.

Jay Benson schlägt Alan Parry den Kauf eines sehr günstigen Stück Maorilandes vor. Nein, es macht nichts, daß Parry kein Geld hat. Benson wäre auch für einen Tausch zu haben. *Das Piano!* Jawohl, Benson möchte das Klavier! Natürlich würde er Unterricht brauchen, sonst hätte es ja wenig Sinn. Parry, der sich die Finger nach dem Land leckt, erinnert sich daran, daß doch seine Frau Klavierspielen könne. »Ich habe gehört, daß sie sogar sehr gut spielen soll; sie hatte seit ihrem dritten Lebensjahr Unterricht!« Benson zuckt gleichmütig die Schultern. »Also abgemacht!« Carolyn wird vor Empörung kalkweiß, als Alan ihr seine Entscheidung unterbreitet. »Es ist *mein* Piano!«, übersetzt Sara die flammende Wut ihrer Mutter. »Es gehört mir! MIR!« Aber Parry setzt sich autoritär über die Wünsche seiner Frau hinweg und zwingt sie, dem Nachbarn Klavierunterricht zu erteilen, auf *ihrem* Piano. »Aber er ist ungebildet, er kann nicht mal lesen!«, widersetzt sich Sara im Auftrag ihrer Mutter. Und nicht nur das. Jay Benson ist ein Außenseiter, der aus der starren englischen Gesellschaft geflohen ist. Er hat sich von den Maoris Tätowierungen ins Gesicht ritzen lassen und verkehrt mit ihnen ohne jede schickliche Distanz. Er ist ein einsamer, seltsamer Wolf, der schweigsam allein im Dschungel haust. »In einer Familie müssen alle Opfer bringen!«, schnaubt Parry wütend. »Und du wirst es auch tun!«

Sara und Carolyn betreten gezwungenermaßen Jay Bensons Haus. Die Kleine erklärt Benson ziemlich herablassend, daß ihre Mutter es nicht ertrage, auf einem verstimmten Piano Klavierunterricht zu erteilen, daher werde *sie* mit ihm Tonleitern üben. Nach einigen Tönen wird jedoch klar, daß das Klavier gestimmt wurde, und zwar von einem Meister seines Fachs. Das Piano erklingt hell und rein, und Carolyn eilt aus dem Garten herbei, um die Sache zu überprüfen. Sie spielt einige Kadenzen und blickt Jay verblüfft in die Augen. Jay Benson lächelt.

Es stellt sich heraus, daß Jay nicht selber spielen möchte. Nein, er möchte durch *Zuhören* lernen. *Aber jeder muß doch üben!* Nein, Jay möchte einfach nur zuhören. Und so spielt Carolyn, anfangs steif, dann immer besessener auf ihrem Piano, während Jay im dämmrigen Hintergrund sitzt und sie still beobachtet. Sara tollt mit dem Hund im Dschungel herum. Jay, dessen Herz längst in Flammen steht, verliert die Kontrolle, nähert sich ihr sacht von hinten, umfaßt ihre Schultern und küßt sie auf den weißen Nacken, der so stolz und verletzlich aussieht. Carolyn springt auf wie von der Tarantel gestochen und verliert zum ersten Mal ihre starre Fassung; ihre Hand fliegt zum Mund und ihre Augen sind aufgerissen. Als sie voller Empörung das Haus verlassen will, hält Jay sie gelassen zurück. »Warte, Carolyn, warte! Ich möchte etwas mit Dir aushandeln. Es gibt bestimmte Dinge, die ich tun möchte, wenn du hier bist. Du kannst Dein Piano zurückbekommen auf diese Weise. Wir können einen Handel machen. Möchtest Du Dein Piano wiederhaben, willst du?« Carolyn hat sich zu ihm umgedreht. »Sagen wir, für jeden Besuch eine Taste«. Carolyn überlegt fieberhaft. Dann macht sie Gesten. Jay, noch ungeübt, hat Mühe, sie zu übersetzen, aber schließlich wird doch klar, was Carolyn ihm sagen will. Die schwarzen Tasten! Für jeden Besuch eine der schwarzen Tasten!« »Aber das sind viel weniger...«, sagt Jay mit einem kaum hörbaren Lachen in der Stimme. Doch einigt man sich schließlich auf diesen Modus. Für jeden Besuch eine schwarze Taste.

Die seltsamen Klavierstunden nehmen ihren Fortgang. Sara spielt draußen mit den Maorikindern und dem Hund im Schlamm, und Carolyn spielt das Piano. Sie spricht mit ihrem Klavier, sie läßt ihre Seele hineinfluten, sie füllt das grobe Holzhaus des rauhen Einzelgängers bis zum Dachfirst mit immer unruhigeren Gefühlen. Jay sitzt im Hintergrund und saugt alles ein. Er tritt zu ihr und beginnt, ihren nackten Unterarm zu streicheln. Es ist Sommer und Carolyn trägt ein kurzärmeliges Spitzenoberteil über der enggeschnürten Taille. »Zwei Tasten!«, sagt er rasch, als sie aufspringt. Carolyn setzt sich wieder und spielt weiter. Beim nächstenmal liegt Jay zu ihren Füßen, während Carolyn am Piano sitzt. »Zieh Deinen Rock hoch!« kommandiert er. »Noch höher!« Carolyn gehorcht mit undurchdringlicher Miene, zieht den Rock über die Knie, zieht auch das biegsame Reifrockgestell hoch, so daß Jay gute Sicht hat. Jay liebkost mit seiner großen Hand das kleine Loch in Carolyns schwarzem Strumpf, während ihre Musik immer ahnungsvoller, wilder und banger wird. Die

Urwaldbäume rauschen, die Brandungswellen donnern gegen die Klippen und man kann die salzige Gischt riechen, die gegen die Felsen hochspritzt. Jays verlottertes Junggesellenhaus scheint in den Wellen der Musik zu pulsieren. Manchmal hört Jay die Musik auch, wenn Carolyn überhaupt nicht da ist. Er sieht sie am Piano sitzen und hört sie spielen. Und manchmal zieht er sich aus und staubt Carolyns Piano behutsam mit einem seiner Hemden ab, nackt.

Die Klavierstunden setzen sich fort. Jay hat noch nicht eine einzige Note gelernt, aber Carolyn hat schon einige schwarze Tasten zurückerobert und verliert täglich ein wenig mehr die Fassung. Sie ringt um ihre steinerne Rüstung. Jays Hände auf ihren bloßen Schultern sind zärtlich und sensibel, ganz anders als die groben und unsicheren Annäherungen ihres angetrauten Gatten, mit dem sie noch immer nicht das Bett teilt. Jay ist souverän und läßt sich durch Carolyns steinerne Strenge nicht aus der Ruhe bringen, während Alan auf jeden Wimperschlag Carolyns hin zusammenzuckt und ins Stottern gerät.

Carolyn ist gegen ihren Willen gefangengenommen, wird immer mehr in etwas hineingezogen, vor dem sie sich unter allen Umständen für alle Zeiten verschließen wollte. Jays Wille kämpft mit dem ihren. »Zieh Dein Oberteil aus! Ich möchte Deine bloßen Arme sehen!« »Drei Tasten!«, sagt er rasch, als sie zornig aufspringt. Carolyn spielt. Sie legt alles in die Musik, ihre aufgewühlten, verstörten Gefühle und ihre Wut. Aber sie verführt ihn auch systematisch, lockt wie eine Sirene und entmutigt ihn gleichzeitig, und schaut vorsichtig über die Schulter zurück zu ihm, um den Grad seiner Leidenschaft zu kontrollieren. Jay sitzt ein wenig entfernt im Schatten und trinkt ihre Gegenwart. Seine Nase ist in ihrem Jäckchen vergraben. Carolyn springt auf und fordert ihre Jacke mit herrischer Geste zurück, entreißt sie ihm schließlich mit wütender Heftigkeit. Jay reißt sie ebenso heftig in seine Arme und küßt sie.

»Warte, Carolyn, warte!,« unterläuft er ihre Empörung, »Ich möchte mit Dir zusammenliegen, nur zusammenliegen! Fünf Tasten!« Carolyn zögert. »Zehn!«, bedeutet sie ihm nach kurzer Überlegung mit ihren Fingern. Gut, zehn! Jay wirft sich aufs Bett und klopft mit einem liebenswürdigen Lächeln einladend neben sich auf die Bettdecke. Carolyn schluckt und knöpft sich die Bluse bis zum obersten Knopf zu, ehe sie sich zaghaft dem Bett nähert. Oh, Jay fällt keineswegs über sie her. Er hält sie nur fest und bedeckt ihre Augenlider, ihre Schultern und ihre Finger mit seinen Küssen. In der nächsten Klavierstunde wiederholt sich der Vorgang, nur sind sie diesmal nackt. *Zwölf Tasten.* Carolyn liegt in seinen Armen wie eine Tote.

Am nächsten Tag gibt Jay Carolyn das Klavier entmutigt zurück. Carolyn hat ihm nichts anderes als Kälte und Verachtung bezeigt. All seine Liebkosungen hat sie steinern hingenommen. Jay erträgt es nicht mehr. »Was wir tun, macht Dich zur Hure und mich unglücklich«, erklärt er. »Du kannst es zurückhaben, der Handel gilt nicht mehr. Es gehört Dir! Ich möchte, daß Du mich wirklich gern hast! Aber das kannst Du nicht...«, sagt er leise und seine Stimme versintert. Carolyn bleibt stumm und reglos. Das Klavier wird in Parrys Haus zurückbeordert. Nein, Parry braucht das Land nicht zurückzugeben.

Sara, des Ausgesperrtseins müde, hat durch Bensons Fenster geschaut und das Paar in enger Umschlingung gesehen. Sie ist es leid, andauernd draußen zu spielen und möchte mitten im Geschehen sein. Ständig ist Mutter mit Benson beschäftigt! Sara fühlt sich ausgeschlossen. In ihrer Eifersucht verrät sie dem Mann, den sie niemals *Papa* nennen wollte, daß Mister Benson noch nicht eine Note gespielt hat. *Immer sitzt Mutter am Klavier! Und manchmal spielen sie überhaupt nicht!!* Parry schweigt wie vom Donner gerührt.

Jetzt, da das Piano wieder im Haus ist, sollte man meinen, daß Carolyn glücklich wäre. Man sollte meinen, daß sie es gar nicht erwarten könnte, zu spielen. Aber Carolyn spielt keine einzige Note, streichelt nur manchmal mit ihren Fingern über die Tastatur. Eines Tages entdeckt sie im Inneren des Klaviers eine Inschrift im Holz: *C. und J.,* steht dort ungeschickt eingebrannt, dazu ein *von einem Pfeil durchbohrtes Herz*. Auf der Stelle beginnt Carolyn wieder zu spielen, und das Haus füllt sich mit einem leidenschaftlichen Wirrwarr von Gefühlen.

Einige Wochen vergehen und der Klatsch dringt bis zu Carolyn. *Benson geht's schlecht, er scheint völlig im Alkohol unterzutauchen, die Maoris machen sich auf seiner Veranda breit, er steht überhaupt nicht mehr vom Bett auf, bläst nur noch Trübsal, kein Mensch weiß, warum....* Carolyn bearbeitet das Piano mit infernalischer Wildheit. Am nächsten Tag hastet sie durch den Urwald zu Bensons Haus. Bensons steht schwerfällig vom Bett auf. *Warum kommt sie? Ist alles in Ordnung? Ist das Piano heil angekommen? Hat Parry einen Verdacht? Carolyn ist doch nicht krank?* Carolyn steht da wie eine Steinsäule. Jay läßt sich müde in einen Sessel fallen. »Carolyn..... Carolyn ...«, sagt er zögernd wie zu sich selbst. »...Ich bin unglücklich. Ich habe solches Verlangen nach Dir. Ich kann nicht schlafen, ich kann nicht essen.... Und deshalb, wenn Du ohne Gefühl für mich gekommen bist, geh wieder. Geh, GEH!« Carolyn steht wie festgewachsen, regungslos. Jay steht auf und öffnet ihr die Tür. »Verschwinde endlich!«, herrscht er sie an. Da bricht Carolyns starre Fassung. Sie stürzt sich auf ihn und trommelt mit ihren kleinen Fäusten wie eine Furie auf seine breite Brust, sein Gesicht, auf seine Schultern und sackt dann lautlos weinend zusammen. Jay streckt die Arme nach ihr aus, und sie stürzt sich in seine Umarmung wie eine Ertrinkende. Und zum erstenmal ist es nicht nur Jay, der Carolyn liebkost.

Alan Parry, der Carolyn heimlich gefolgt ist, steht wie ein begossener Pudel am Fenster von Jay Bensons Holzhaus und starrt auf das nackte Paar, das sich auf Jays Junggesellenbett seiner Obsession hingibt. Und Parry, gegen seinen Willen festgenagelt an seinem Aussichtsplatz, hört zum erstenmal die Stimme seiner Frau. Oh nein, keine Worte. Es sind Liebesseufzer.

Carolyn, wieder von oben bis unten in ihre schwarze Kleidung und ihre Schute eingehüllt, wird auf dem Heimweg von Parry gestellt, der sie mit glühendem Blick fixiert. Parry treibt sein Eheweib den ganzen Weg zurück vor sich her. Schließlich reißt er sie zu Boden und versucht sich mit Gewalt zu nehmen, was Carolyn ihm bislang verwehrte und was er nicht zu fordern wagte. Saras helle Kinderstimme rettet Carolyn vor der Vergewaltigung. Aber zu Hause nagelt Parry sämtliche Fenster und Türen mit dicken Brettern zu. Carolyn ist eingesperrt. Sara, die erreicht hat, was sie wollte, spaziert selbstzufrieden auf und ab. »Du hättest eben nicht da hin gehen dürfen, Mama, nicht wahr!«, sagt sie altklug. »Ich finde es nicht gut, daß Du dorthin gehst, und genauso denkt Papa!« Dann schlägt sie der Mutter versöhnlich ein Kartenspiel vor. Aber Carolyn scheint ihre Tochter überhaupt nicht wahrzunehmen. Sie liegt wie verzaubert auf ihrem Bett und ist nicht ansprechbar. Sie hält einen ziselierten Handspiegel und betrachtet verzückt das Gesicht, das sich darin spiegelt, küßt es schließlich inbrünstig mit geschlossenen Augen, küßt *Jays Gesicht*.

Die Gefangenschaft dauert viele Wochen. Carolyn darf das Haus nicht verlassen. Jay Benson weiß nicht, was geschehen ist. Das Haus ist überall mit Brettern zugenagelt. Carolyn spielt Piano. Sie ist einsam. Ihre Sinnlichkeit ist wieder erwacht. Sie sehnt sich nach Berührung. Eines Nachts geht sie in Parrys Zimmer und beginnt ihn zu streicheln. Aber Alan Parry darf sich nicht rühren! Vielleicht will Carolyn die süßen Spiele, die Jay mit ihr gespielt hat, wiedererwecken. Vielleicht hofft sie, ihren einsamen, ängstlichen, unsicheren Ehemann in einen sinnlichen Liebhaber verwandeln zu können. Vielleicht will sie auch bloß Parrys Argwohn einschläfern und ihre Gefangenschaft beenden. Doch Alan Parry erträgt die Situation nicht – Carolyn bekleidet, in machtvoller Position *über ihm*, ihn nach Belieben streichelnd, und er ihr ausgeliefert wie ein Gefangener. »Warum darf ich Dich nicht berühren?«, begehrt er auf und reißt seine Pyjamahose wieder hoch. »Ich will Dich berühren!« Alan kann ihren lockenden, tanzenden Fingern nichts abgewinnen außer dem schmählichen Gefühl, unterlegen zu sein und sich einer Frau *nackt* auszuliefern, in völliger Passivität. Und Carolyn weicht in das Dunkel des Zimmers zurück.

Doch nach einigen solcher Nächte entfernt Parry die Barrikaden von allen Fenstern und Türen. Carolyn darf sich wieder frei bewegen, wenn sie verspricht, nie mehr zu Jay Bensons Haus zu gehen. *Verspricht sie es?* Carolyn nickt, und Alan Parry geht halb zweifelnd, halb gläubig zu dem neuerworbenen Stück Land, das eingezäunt werden muß. Kaum ist er am Horizont verschwunden, übergibt Carolyn ihrer Tochter einen in ein Taschentuch gewickelten Gegenstand mit der Weisung, dies zu Benson zu tragen. Sara weigert sich zunächst, wird aber von der Mutter gebieterisch auf den Weg geschickt. Im Taschentuch befindet sich eine *Taste des Pianos*, darauf steht eingebrannt: *Ihnen gehört mein ganzes Herz! Carolyn Parry.*

Sara findet, daß dieser Gegenstand in Parrys Händen besser aufgehoben wäre und trägt ihn trällernd zum Holzplatz, wo Alan mit den eingeborenen Arbeitern schuftet. Kaum hat Parry die Taste ausgewickelt und die Inschrift gelesen, als er auch schon wie ein Stier mit hocherhobener Axt losstürmt, während die Maoris ihm kopfschüttelnd hinterherrufen. Blind vor Wut stürzt sich Alan ins Haus, zerschlägt den Küchentisch zu Kleinholz und jagt Carolyn mit der Axt durch die Räume, ununterbrochen brüllend: »Ist er es, den Du liebst? Ist er es? Rede, antworte!« Aber Carolyn sagt kein Wort, und so schleift er die sich heftig Wehrende an der Hand hinter sich her zu dem Baumstumpf, der im Hof zum Holzhacken dient. Carolyn liegt wie ein Opfertier im Schlamm, während Parry ihre Hand auf den Holzklotz preßt, die Axt hoch erhoben. »Ist er es, den du liebst?!«, kreischt er. »Sag es! SAG ES!!!« Carolyn preßt die Kiefer zusammen, und die Axt fällt herab und trennt den Zeigefinger ihrer rechten Hand ab. Blut läuft über das helle Holz. Parry reißt den Finger hoch und schlägt ihn in sein Taschentuch. »Hier!«, kreischt er mit überschnappender Stimme und drückt ihn dem zitternden Kind, das heulend dabeisteht, an die Brust. »Trag das zu Benson! Und wenn er sie noch einmal wiedersieht, dann hacke ich ihr noch einen ab, und noch einen und noch einen! Los! Lauf!!!«

Carolyn hat keinen Laut von sich gegeben. Sie preßt die blutende Hand auf ihren Rock; Parry hat sie vor Schock über sein eigenes grauenhaftes Tun losgelassen. Carolyn geht wie eine Nachtwandlerin auf den Urwald zu, schwankend, die Augen leer. Ihr Gesicht ist weiß und ungläubig. »Du hast mich gezwungen, das zu tun«, heult Parry. »Du darfst ihm einfach keine Liebesbotschaften schicken! Das darfst Du nicht!« Carolyn sackt auf dem Boden zusammen und bleibt regungslos liegen.

Carolyn liegt fiebernd und bewußtlos im Bett, nur notdürftig bekleidet. Ihre Hand ist verbunden worden. Alan Parry sitzt am Bett seiner Frau, streichelt sie, flüstert ihr Worte ins Ohr, entblößt sie. Als er gerade seine Hose öffnet und sich anschickt, in die Bewußtlose einzudringen, schlägt Carolyn unvermittelt die Augen auf. Ihr funkelnder Blick ist wie eine Botschaft, eindringlich, beschwörend und drängend. Parry macht seine Hose wieder zu und starrt Carolyn gebannt an. Und vielleicht, weil er durch den Schock durchgerüttelt ist, vielleicht durch das extreme emotionale Erleben des Verrats seiner Frau und seiner eigenen Grausamkeit, *hört* Parry zu erstenmal eine Stimme, die nicht stofflich ist.

Zitternd und schluchzend kauert das völlig verstörte Kind in einem dunklen Winkel vor Jays Haus, wo er sie schließlich findet und behutsam hervorzieht. *Was ist denn passiert?* Aber Sara schreit nur unzusammenhängendes Zeug. »Er hat ihn abgehackt, er hat ihn abgehackt!«, während Jay das Kind in immer wilderer Panik schüttelt. »WAS IST PASSIERT?«, brüllt er in einem fort, bis schließlich eine Maorifrau ihm das terrrorisierte Kind aus den Händen reißt und es geduldig in ihren Armen beruhigt. Jay erkennt den Finger. »Ich bring ihn um, das Schwein!«, heult er auf und Sara bricht in erneutes Panikgeschrei aus: »Nein! NEIN! Er hackt ihn ab, er hackt ihn ab!« Jay tobt seine ohnmächtige Wut am Stamm eines riesigen Ahorns aus und schlägt mit den Fäusten dagegen in hilfloser Verzweiflung.

Aber Jay bleiben weitere Entscheidungsqualen erspart. In der Nacht wird er von Parrys Flinte geweckt, die sich direkt unter sein Kinn drückt. Jay, der vor Überraschung paralysiert scheint, erklärt, daß alles seine Schuld war. Aber Alan hört gar nicht richtig hin. »Hat sie jemals zu ihnen gesprochen?«, will er wissen. »Mit Worten gesprochen?« »Nein!« »Ich habe ihre Stimme gehört!«, sagt Parry und klopft auf seine Stirn. »Hier drin! Sie hat zu mir gesagt: Ich habe Angst vor meinem Willen! Vor dem, was er tun kann. Er ist so seltsam und stark! Geh zu Jay Benson! Laß Jay mich fortbringen. Laß Jay versuchen, mich zu retten!«. Ein Schweigen tritt ein. »Ich wünschte, sie wäre fort«, flüstert der überforderte Parry. »Ich wollte, ich würde aufwachen, und alles wäre nur ein Traum!«

Nach vielen Fieberwochen steht Carolyn, eingehüllt in ihr schwarzes Kleid, aber ohne Schute und mit aufgelöstem Haar, den Arm in einer Schlinge, vor dem Haus, um Neuseeland für immer zu verlassen. Jay Benson führt Carolyn und Sara fort, zurück nach England. Auch Sara ist blaß von den verstörenden Ereignissen der letzten Wochen. Sie hat keine Probleme, *Papa* zu verlassen, nachdem er ihre Mutter mit der Axt verstümmelt hat. Aber sie hat Vertrauen zu Benson, schmiegt sich in seinen Arm, und er hält das kleine Mädchen liebevoll fest. Jay Benson sieht ungewohnt aus. Sein Eingeborenenaufputz ist verschwunden. Er trägt die Kleidung eines englischen Gentleman und strahlt Souveränität und Ernst aus. Die Träger stehen schon bereit, und an demselben einsamen Strand, an dem Sara und Carolyn angelandet sind, werden ihre Reisekisten wiederum ins Kanu verladen. Auch das Piano kommt mit, sorgfältig vertäut. Die Maoris schieben das Boot unter rhythmischem Gesang in die heftig rollende See. Jay küßt Carolyns weißes Gesicht. Ihre Augen bleiben an seinem Gesicht haften, sehnsüchtig, traurig und reglos.

Als sie ein Stück weit auf dem Meer sind, verlangt Carolyn plötzlich, das Piano solle über Bord geworfen werden. Alles vernünftige Zureden von Jay bleibt wirkungslos. Carolyn besteht darauf, daß das Klavier ins Meer geworfen wird! Die Eingeborenen geben ihr recht, da das schwere Ding das Boot ohnehin fast zum Kentern bringt. Schließlich beugt sich Jay. Das Piano wird losgebunden und in die Wellen gekippt, wobei das Kanu beinahe kentert. Wir sehen zu, wie das lange Seil, mit dem das Piano vertäut war, sich im Boot abrollt. Auch Carolyns Fuß ist an diesem Seil vertäut, aber das weiß außer ihr niemand. Und als das Tau abgerollt ist, geht Carolyn über Bord wie eine Feder und wird von dem rasch sinkenden schweren Klotz in die Tiefe des Meeres gezogen.

Carolyn hat die Augen weit offen, während sie ihrem Piano in die blaue Finsternis folgt, und in ihren ausdrucksvollen Augen spiegelt sich ihr Kampf. *Leben oder Tod?* Eine Weile kämpft Carolyn, während die Luft immer knapper wird, wie die zahlreichen aufsteigenden Luftblasen bezeugen. Dann plötzlich ist die Entscheidung gefallen. Sie kämpft sich von dem Tau um ihren Knöchel frei und beginnt mit letzter Kraft, nach oben zu schwimmen. Der Weg ist weit, und sie hätte es nicht schaffen können, wenn nicht die Eingeborenen, allesamt geübte Taucher, sie auf halber Strecke in Empfang genommen und sicher, wenn auch bewußtlos in das Kanu zurückgebracht hätten, wo Jay, der sie tot glaubt, sie mit behutsamer Zärtlichkeit in die Arme nimmt. Und wir hören zum ersten Mal Carolyns Stimme, eine sanfte, fast kindlich helle Stimme, die in ihrem Kopf ertönt. »Was für ein Tod! Was für eine Möglichkeit! Und doch, ich habe mich für das Leben entschieden....«

Jetzt sehen wir Carolyn in ihrem Haus in England, wie sie mit einem schwarzen Tuch über dem Kopf umhergeht und seltsame Laute ausstößt: »UU, AAA, OO!« »Ich lerne jetzt sprechen«, informiert uns Carolyns sanfte, kindliche Stimme. »Ich übe es nur, wenn ich allein bin, denn es hört sich furchtbar an. Und ich gebe jetzt Klavierstunden! Jay hat mir eine silberne Prothese machen lassen, und es geht sehr gut.« Wir sehen Carolyn auf ihrem Piano spielen, nicht mit der alten Geläufigkeit, aber dennoch schön, und wir hören das silberne Pling der Prothese, die sie am rechten Zeigefinger trägt. Carolyn geht mit dem Tuch über dem Kopf umher und übt Sprechen, während Jay sich ihr mitten in den Weg stellt, so daß sie an ihn anstoßen muß. Carolyn streichelt zart über seine Brust und Jay vergräbt lächelnd sein Gesicht an ihrer Schulter, hebt dann Carolyns Tuch und küßt sie.

»Manchmal denke ich zurück an mein Piano auf dem Meeresgrund«, erzählt die kindliche Stimme weiter. »Ich sehe es vor mir, wie es dort im Sand steht und Algen ansetzt, und mich selbst sehe ich darüber schweben, angebunden an mein Piano....« Wir können das Piano auf dem Meeresboden stehen sehen, algenüberwuchert in den tiefblauen Fluten. Und tatsächlich schwebt darüber eine schattenhafte Gestalt, mit einem Seil am Klavier vertäut. »Dort unten, wo nur Schweigen ist, wo nur Schweigen sein darf, im tiefen tiefen Grab, im Meer...«, sagt die kleine, kindliche Stimme. Jay legt den Arm um seine Frau, und beide gehen in größter Eintracht ins Esszimmer.

Die Hochzeit von Sonne und Mond

Diese Geschichte ist eine Nacherzählung des Films *Das Piano* von der neuseeländischen Regisseurin *Jane Campion*. Ich habe diesen Film gewählt, weil er, in extremer Form, aber wunderbarer Symbolik darstellt, was nur zu oft Beziehungen verhindert oder zerstört.

Die junge Carolyn ist musikalisch, begabt, künstlerisch, sensitiv und kreativ. Und sie wird verletzt. Wir wissen nicht, wodurch, aber sie wird verletzt und beschließt von einem Tag auf den anderen, nicht mehr zu sprechen. Sie verweigert die Kommunikation mit ihrer Umwelt und kommuniziert nur noch mit Hilfe ihrer Musik, in die sie ihre ganze delikate Seele hineinlegt. Betritt ein Mensch das Zimmer, in dem die junge Carolyn mit ihrem Piano spricht, hört sie abrupt auf zu spielen und starrt den Eindringling schweigend an. Sie weiß, daß die meisten Menschen Schweigen nicht ertragen. Carolyn operiert mit ihrem eisernen Willen. Mit ihrem Schweigen übt sie Macht über andere aus. Die anderen müssen sich anstrengen, herauszubekommen, was Carolyn will. Sie müssen sich den Kopf zerbrechen, was in Carolyn vor sich geht. Carolyn ist schön, autark und unzugänglich. Sie braucht niemanden.

Aber dann öffnet sich Carolyn doch noch einmal einem Menschen, ihrem Lehrer. Mit ihm hat sie ein Kind, was zur damaligen Zeit skandalös ist und sie gesellschaftlich erledigt. Denn Carolyns Gabe, per Telepathie ihre Gedanken in seinen Geist zu übermitteln, ist dem jungen Mann derart unheimlich, daß er das Weite sucht. Dies ist das Fanal für die endgültige Schließung der Grenzen. Carolyn öffnet sich niemandem mehr. Sie spricht nur noch zu ihrem Piano und – mit Zeichensprache, Umarmungen und Küssen – zu ihrem Kind, vor dem sie keine Angst hat, und das sie in poetischer Freiheit heranwachsen läßt. Carolyn nimmt nicht am banalen, alltäglichen, unpoetischen Leben der Menschen teil. Sie bleibt wie die Perle in einer Auster – eingeschlossen, kühl und unerreichbar. Ihre schöne starre Maske und ihr straffer, kleiner Körper, den sie der Umwelt wie ein Bollwerk entgegenhält, dienen ihr nur zur Abschirmung ihres verwundbaren, sensiblen, reichen Innenlebens vor einer Welt, die mit diesem Reichtum nichts anzufangen weiß.

Wie viele von uns machen diese Erfahrung! Wir werden in früher Kindheit verletzt und empfangen Wunden, die – wie Axthiebe in einen jungen Baum – ihre Wirkung entfalten. Natürlich tragen wir keine Schuten und kommunizieren nur selten über ein Piano. Wir weigern uns in aller Regel nicht, mit anderen Menschen auch nur ein Wort zu sprechen. Aber wir haben unsere eigenen Methoden, nicht wahr, uns von der Umwelt abzuschotten und anderen Menschen nur noch eine glatte, undurchdringliche Fassade zu zeigen. So kommunizieren wir vielleicht lieber nächtelang mit unserem Computer als mit einem anderen menschlichen Wesen. Oder wir verbringen unsere Freizeit allein vor dem Fernseher. Oder wir betreiben bis zur Erschöpfung Leistungssport. Vielleicht sitzen wir sogar zu Hause und spielen wie besessen Piano. Es ist die alte Geschichte. Wir werden geboren, wir werden verletzt. Dann braucht es vielleicht noch ein, zwei weitere Verletzungen in Liebesbeziehungen – eine Enttäuschung, ein gebrochenes Versprechen, eine verratene Liebe, ein gebrochenes Herz – und viele von uns schließen sich für lange Abschnitte des Lebens zu. Manchmal für immer und – anders als Carolyn – *oft ohne es zu wissen*. Eine Öffnung bedeutet Gefahr. Die Gefahr, benutzt zu werden, getäuscht zu werden, mißbraucht zu werden, verraten zu werden, zu leiden.

Jay und Carolyn sind beide als Persönlichkeiten »unvollständig«. Jay ist ein einsamer Wolf, ein Außenseiter (vielleicht *Sonne-Pluto*), der vor der starren englischen Gesellschaft geflohen ist. Er lebt allein und ohne Frau (*Mond*) im Dschungel. Carolyn ist ebenfalls eine einsame Frau, auch sie ohne Partner (*Sonne*) und völlig autark (vielleicht *Mond-Uranus*). Carolyn drückt ihre weichen Seiten und ihre Gefühle ausschließlich durch ihre Musik und gegenüber ihrem Kind aus. Sie lebt ohne Sprache und Verbindung zu anderen Menschen allein mit ihrem Piano (*Sonnen*symbol). Auf diese Weise bleibt sie völlig autonom und selbstbestimmt. Nichts verletzt ihre Grenzen, nichts dringt von außen hinein. Über das Piano drückt Carolyn ihre Seele aus, ihre sensible Gefühlswelt, ihre Sehnsüchte. Gefühle gehören der Symbolwelt des *Mondes* an, Sehnsüchte und Musik jener des *Neptun*. Neptun aber ist eine transzendente Energieform. Neptun löst immer unsere Grenzen auf und öffnet uns für etwas, das größer ist als wir selbst. In dieser reinen Essenz, die Neptun darstellt, in der Musik, kann Carolyn die Auflösung ihrer Grenzen akzeptieren.

Bei beiden Menschen gibt es keine rechte innere Verbindung zwischen *Sonne und Mond*, dem männlichen und weiblichen Prinzip, zwischen Stärke und Schwäche, Selbstbestimmtheit und Hingabe, zwischen Yang und Yin und all den anderen Gegensatzpaaren, über die wir uns selbst und die Welt erfahren. Es fehlt das, was die Alchemie die *heilige Conjunctio* nennt, die Vereinigung zwischen König und Königin, zwischen sogenannten männlichen und weiblichen, aktiven und passiven Anteilen der Seele. Diese Verbindung fehlt sowohl im Inneren beider Persönlichkeiten als auch in der Außenwelt (in Form des nicht vorhandenen Partners).

Jay und Carolyn begegnen der Liebe und werden durch die Liebe gewandelt und transformiert. Jay begreift schneller: Allzu stark und überwältigend ist die Musik, mit der Carolyn ihre lyrische, wehmütige, sehnsüchtige und wilde Seele übermittelt. Musik, in der Gefühle, Wünsche, Begierden, Bedürfnisse, Ungezähmtes und Archaisches mitschwingen (*Mond*). Jay *hört* Carolyn und reagiert auf ihre tiefvergrabene Sehnsucht und ihren Schrei nach Rettung. Carolyn, viel extremer angelegt, mit einem barbarischen Willen ausgestattet und völlig verbissen in ihre Autarkievorstellungen, tut sich viel schwerer, ein Überfluten ihrer Egogrenzen zuzulassen. Sie muß erst ganz umhüllt und fast verschlungen sein vom Urelement Wasser, muß beinahe den Tod durch Ertrinken erleiden, ehe sie begreift, daß *Leben* ein Öffnen der Grenzen bedingt.

Carolyn macht symbolisch eine *Solutio* durch. Solutio – eine Phase des alchimistischen Transformationsprozesses – bedeutet einfach *Auflösung* (beispielsweise der Egogrenzen des Menschen). Die Solutio verlangt ein Sichausliefern an etwas Größeres als das eigene Ego. Die Grenzen des alten Ichs müssen sich erweitern. Das Meer, die Welt der Gefühle und des kollektiven Unbewußten, überflutet und verschlingt Carolyn, die seine Fluten willkommen heißt, um sich in der Umarmung der großen Mutter aufzulösen und zu sterben. Doch dann, in den alles umspülenden und sie fast erstickenden Fluten des Meeres begreift sie schlagartig, daß dies nicht die richtige Form der Auflösung ist. Carolyn, ihren Tod vor Augen, hat ein ozeanisches Gipfelerlebnis, in dem ihre Vorstellung von starren Ich-Grenzen und absoluter Autarkie, ihre Verzweiflung und Todesbedrohung und ihre hilflose Liebe zu Jay wild durcheinanderwogen.

Im Bild des Ertrinkens im Meer berühren sich Tod, Auflösung und Wiedergeburt. Schlagartig begreift Carolyn, buchstäblich in letzter Sekunde, daß die Liebe, die dies alles ausgelöst hat, die richtige Form der Solutio ist: die Aufgabe des harten, strengen, unmenschlich starren Willens, ein Weich- und Biegsamwerden, ein Verschmelzenwollen. Denn alle Formen der Liebe haben dies gemeinsam: Es ist eine Selbstentäußerung nötig, ein Transzendieren von (Ego)Grenzen, am schlichtesten symbolisiert im sexuellen Akt, bei dem Körpergrenzen durchbrochen werden. Analog verhält es sich auf geistiger, seelischer und feinstofflicher Ebene. Um lieben zu können, müssen wir zulassen, daß etwas aus uns heraus über unsere Egogrenze *(Saturn)* hinwegflutet – hin zu anderen Menschen. Und wir müssen zulassen, daß etwas von diesen Menschen in unser Persönlichkeitssystem zurückflutet.

Jede alchimistische Phase symbolisiert eine Art von Tod. Alte Einstellungen müssen losgelassen und besonders geliebte Ich-Perspektiven geopfert werden, um die *Geburt der ganzheitlichen Person*, die Hochzeit von Sonne und Mond zu ermöglichen[2]. Die *Solutio*, die Carolyn neues Leben bringt, verlangt eine Preisgabe ihrer unmenschlich starren Macht oder dessen, was sie dafür gehalten hat, eine Unterordnung ihres eigenen Willens unter den göttlichen Willen. Mit überwältigender Macht wird ihr klar, daß sie ihr eigenwilliges Verlangen, als Person autark zu bleiben, loslassen muß. Um in die Liebe zu gelangen, müssen wir etwas opfern (*Neptun*): Das Piano (als Symbol für die unerlöste *Sonne*) versinkt auf dem Grund des Meeres *(Mond/Neptun):* Carolyn opfert ihr altes, falsches Selbst (Sonne unerlöst), ihre Vorstellung von absoluter Autarkie und Selbstbestimmtheit – symbolisiert im *Piano* –, um *leben* zu können. Sie öffnet sich dem Leben, und sie öffnet sich Jay und der Liebe. Jay opfert sein Einsiedlerdasein im Urwald (Symbol für den unerlösten *Mond*) und erfährt seine Weichheit und weibliche Kraft in seiner Liebe zu Carolyn.

Wie untersuchen wir »Beziehung?«

Ist der Mond eines Menschen stark durch *neptunische* Energien getönt, während der Mond seines Partners hauptsächlich durch *saturnische* oder *uranische* Energien gefärbt wird, so ist emotionale Harmonie nur sehr schwer zu erreichen. Wenn ein Mensch mit weichem, hingabefreudigem, hypersensiblem, nach Schutz verlangendem, zu Verschmelzung und Symbiose tendierendem Gefühlsleben (*neptunische Prägung des Mondes*) mit einem Partner zu tun hat, dessen Gefühlsleben vorwiegend durch *Saturn* (kühl, streng, herb, wenig gebend, konzentriert, zurückgenommen, hart oder steinern) oder durch *Uranus* geprägt ist (freiheitsdurstig, auf Abgrenzung bedacht, immer auf dem Sprung, abzuhauen, kühl wie Glas und bei jedem tieferen Gefühl in Alarmbereitschaft versetzt), so kann daraus einfach kein Glück entstehen. Hier hilft auch keine Selbstentwicklung, kein hoher Bewußtseinslevel, keine erlöste Auslebensform des Mondes und keine noch so intensive »Arbeit an der Beziehung«!

Eine Frau, deren Gefühlsleben in erster Linie neptunisch gefärbt ist, wird mit einem Mann, dessen Gefühlsleben hauptsächlich saturnisch oder uranisch geprägt ist, kaum zu wahrer emotionaler Harmonie finden. Denn es ist ja ein tiefempfundenes Bedürfnis für Saturn, zurückgenommen, kühl, vorsichtig, abgrenzend, abwartend und mißtrauisch zu sein. Saturn würde es realistische Vorsicht nennen. Es ist ein Herzensbedürfnis für Uranus, sich nicht an die Kette legen zu lassen, exzentrisch, freiheitsdurstig und nicht allzu gefühlsselig zu sein. Und es ist ein Herzensbedürfnis für Neptun, zart, schwer faßbar, voller Sehnsucht und mitleidig zu sein und mit dem Partner in traumverlorener Harmonie verschmelzen zu wollen. Auch bei erlöster Auslebensform ändern sich die Grundfarben saturnischer, uranischer, neptunischer oder sonstiger Prägung der Gefühlsplaneten nicht!

Das gleiche gilt für alle übrigen wichtigen Planetenenergien und persönlichen Punkte. Ein Mann, dessen *Denken, Kommunikation und geistige Interessen (Merkur)* hauptsächlich durch *plutonische* Energien eingefärbt sind, wird sich bestimmt niemals dauerhaft mit einer Frau verständigen können, deren Merkur hauptsächlich durch *venusische* Energien getönt ist. Es ist ja ein Charaktermerkmal eines plutonisch akzentuierten Denkens, sich mit Tabus und mit dunklen und nicht immer ästhetischen Dingen zu befassen. Solche Menschen kratzen überall den Schorf auf und legen unbarmherzig alle verschlammten Abgründe frei, um aus Dreck und Abfall Gold zu machen. Genau diese Dinge aber, an denen ein plutonischer Geist seine Lust findet, und mit denen er sich wie besessen beschäftigt, sind einem venusisch getönten Intellekt ein wahrer Greuel. Hier sind Wahrnehmung, Denken und Kommunikation vorwiegend auf Ästhetisches, Angenehmes, Heiteres und Liebevolles gerichtet, wobei Häßliches und Unedles freudig zugunsten des Schönen übersehen wird. Wie könnten diese beiden kommunizieren? Was ihn brennend interessiert, macht sie richtig krank. Was sie diskutieren möchte, findet er banal.

Solche Unterschiede (oder auch Gemeinsamkeiten) zweier Menschen erfassen wir durch das Instrument »GESAMTVEREINBARKEIT«. Wie wir wissen, zeigt die Astrologie »... die *Qualität jedes Energieaustauschs* und das, was die Menschen wirklich erfahren. Die Astrologie macht klar, daß emotionale und sexuelle Verträglichkeit immer paar-spezifisch sind, das heißt, daß zum Beispiel ein Mensch einem bestimmten anderen gegenüber völlig asexuell ist und deshalb kalt wirkt, sich dann aber ein paar Minuten später ausschließlich und heftig zu einem Menschen hingezogen fühlt. *Es ist ein Energieaustausch.* Das ist ein ganz bekanntes Phänomen«[3]. Die holistische *Gesamtvereinbarkeit* ist ein neu entwickeltes Instrument, das uns erlaubt, wirklich festzustellen, *wie verträglich die Charaktere zweier Menschen sind.* Dabei brauchen wir uns nicht auf Mutmaßungen zu verlassen; vielmehr können wir diese Gesamtvereinbarkeit messen! Arroyo definiert Vereinbarkeit oder Kompatibilität als ein einen »Zustand, in dem man mit jemandem im Einklang ist, in dem man sich gemeinsam harmonisch bewegt und immer ein gewisses Einverständnis und eine Sympathie für das Wesen des anderen und seine augenblickliche Entwicklungsrichtung behält«[4]. Die Untersuchung der Kompatibilität oder Vereinbarkeit ermöglicht uns, ein recht genaues Gespür für die Kräfte zu bekommen, die in einer zwischenmenschlichen Beziehung wirksam sind.

Ein nicht unwesentlicher Teil dieser *Gesamtvereinbarkeit* ist die *emotionale Vereinbarkeit,* bei der die Mond- und Venusprägungen beider Partner holistisch untersucht und einander gegenübergestellt werden. Emotionale Verträglichkeit ist natürlich auch unter Freunden oder in Eltern-Kind-Beziehungen wichtig. Sie ist sogar in Geschäftsbeziehungen von Nutzen. Bei einem Liebespaar jedoch ist emotionale Vereinbarkeit unabdingbar, damit die Liebesbeziehung eine Chance bekommt! Jedoch ist nicht nur wichtig, wie *Gefühlsleben und inneres Kind (Mond)* sowie *erotische Bedürfnisse und Geschmack (Venus)* beider Partner zusammenpassen. Ebenso bedeutsam ist die Vereinbarkeit zweier Liebender in ihrem *Autonomiestreben und Willensausdruck (Sonne),* in ihrer *Sexualität und Kooperationsbereitschaft (Mars),* in ihrem *Auftreten in der Außenwelt (Aszendent)* sowie in ihrem *Ehrgeiz und ihren Lebenszielen (Medium coeli).*

Ein zweites, sehr wichtiges Instrument in der Partnerschaftsanalyse ist der SPANNUNGSSTATUS. Hier handelt es sich um eine Weiterentwicklung der klassischen Synastrie, die sich auf *Interaspekte* stützt. Wenn wir die Geburtskosmogramme zweier Liebender zueinander in Beziehung setzen (deckungsgleich aufeinanderlegen), so ergeben sich zwischen den Planeten zweier Menschen bestimmte Winkelverbindungen. Dies sind Interaspekte. Der *Spannungsstatus* ist ein Instrument, das uns einen raschen Überblick ermöglicht, wie hoch oder wie gering die Wachstumsspannung der Beziehung ist und uns überdies mit verschiedenen quantitativen Meßzahlen für das Ausmaß dieser Wachstumsspannung versorgt.

Erst die Kombination des Spannungsstatus mit der Gesamtvereinbarkeit erlaubt eine wirkliche Aussage darüber, ob die Liebesbeziehung zweier Menschen eine Chance hat oder nicht! Bei hoher Vereinbarkeit (Ähnlichkeit oder Kompatibilität) aller relevanten Energien ist ein hoher *Spannungs-*

status oft kein Problem, sondern eher ein Ansporn. Ist aber die *Gesamtvereinbarkeit* gering, so wirkt sich ein hoher *Spannungsstatus* verheerend für die Beziehung aus. Erst aus dem Zusammenspiel dieser beiden Komponenten können wir ersehen, welche Möglichkeiten in einer Liebesbeziehung wirklich enthalten sind.

Ist die Verträglichkeit zweier Menschen im *Mond*bereich (*Gefühlsleben, Inneres Kind, Intimitätsbedürfnis*) gering, so helfen auch harmonische Interaspekte zu den Mondpositionen nicht viel weiter. Ist die Verträglichkeit zweier Menschen im *Venus*bereich *(Liebe, Erotik, Geschmack)* hoch, so sind auch eine Menge Spannungsaspekte, die auf diese beiden Venuspositionen fallen, nicht so schwierig zu leben. Der entscheidende Faktor, der unveränderbar ist, ist die *Gesamtvereinbarkeit* zweier Menschen. Die *holistische Energieprägung* eines Menschen wird definiert durch das Geburtshoroskop. Sie steht damit fest und kann nicht geändert werden. Die *Gesamtvereinbarke*it besteht aus den holistischen Energieprägungen zweier Menschen, die zueinander in Beziehung gesetzt werden.

Spielt es beim *Spannungsstatus* durchaus noch eine Rolle, ob die beiden Menschen ihre an den Interaspekten beteiligten Planetenenergien in der Hemmung, in der Kompensation oder »erlöst« ausleben, so spielt dies bei der holistischen *Gesamtvereinbarkeit* überhaupt keine Rolle mehr. Dieses Instrument *mißt unabhängig vom Entwicklungslevel beider Partner, wie verträglich die gesamte energetische Struktur der Liebenden ist.*

Wie zwei Menschen mit einem hohen Spannungsstatus umgehen, darüber entscheiden letztlich der Bewußtseinslevel der beteiligten Individuen und ihre energetische Prägung im Geburtshoroskop. Reife, gewachsene und entwickelte Persönlichkeiten gehen mit schwierigen Spannungsaspekten anders um als unerfahrene, noch relativ ungeformte oder unbewußte Individuen. Kampfbetonte, feurige Menschen (*Widder-* oder *Skorpion*energie im holistischen Sinn) gehen mit Spannung anders um als harmonieliebende, ruhesuchende Menschen *(Fische-, Waage-* oder *Stier*energie im holistischen Sinn). Die letzteren nämlich vertragen nur ein geringes Maß an Spannung, während für kampf- und wettbewerbsorientierte Individuen ein tüchtiges Maß an Beziehungsspannung das Salz in der Suppe ist.

Eine hohe Unvereinbarkeit in der energetischen Prägung zweier Menschen kann jedoch weder durch Reife noch »erlösten« Umgang mit den eigenen Planetenenergien geheilt werden: Unverträglich bleibt unverträglich! Deshalb ist es wichtig zu wissen, wie hoch die Verträglichkeit oder Vereinbarkeit zwischen zwei Menschen ist. Dies messen wir mit den Instrument *Gesamtvereinbarkeit*. Sind zwei Menschen unverträglich, dann ist daran nichts zu ändern! Sind zwei Menschen verträglich, ist auch bei einem hohen Spannungsstatus alles drin!

Neben diesen beiden Hauptdiagnoseinstrumenten können wir wahlweise noch verschiedene andere Instrumente einsetzen, die unterschiedliche Aspekte einer Beziehung näher beleuchten: das *Strahlendiagramm,* die *Interaspektfiguren* sowie die *karmischen Beziehungsrollen.* Alle diese Instrumente werden im Buch besprochen. Im Vorfeld einer Partnerschaftsanalyse aber ist es zunächst einmal ganz hilfreich, sich die *individuelle Kontaktfähigkeit* eines Menschen näher anzusehen. Denn wie ohne weitere Begründung einleuchtet, ist unsere Fähigkeit, von uns aus aktiv auf andere zuzugehen und einen Kontakt zu knüpfen, eine nicht unwesentliche Vorbedingung für Beziehung.

Gegen Dein Ufer

Nimm meine Hand
Quellen
springen auf

Blick in mein Auge
Dunkelnd
eröffnet sich Flamme

Sprich zu mir
Teilt sich der Luft
mit mein Leib

Hör den Schlag
meines Wasserherzens
gegen Dein Ufer

Immer
wieder

Jessie Adler Gral

2
Unsere Kontaktfähigkeit

Eine Voraussetzung für *Beziehung*, der bislang in der astrologischen Literatur nicht viel Beachtung zuteil wurde, ist unsere Kontaktfähigkeit. Sie ist die erste, grundlegende Bedingung für Beziehung. Kontaktfähigkeit ist unser Vermögen, von uns aus aktiv auf andere zuzugehen und einen Kontakt anzuknüpfen. Vorausgesetzt, ein Kontakt wurde geknüpft, kann jede weitere Frage zu dieser Beziehung und ihrer Qualität, ihren Chancen und Risiken mit Mitteln der Partnerschaftsanalyse beantwortet werden. Mir scheint eine Prüfung auf *Kontaktfähigkeit* wesentlich sinnvoller als eine solche auf *Beziehungsfähigkeit,* die sich in den letzten Jahren in der Partnerschaftsastrologie einiger Beliebtheit erfreute. Bei *Beziehung* betritt nämlich ein zweiter Mensch die Arena, mit dem sich die Beziehung gestaltet. Und dieser zweite Mensch steht nicht im individuellen Geburtshoroskop des ersten. Von der Verträglichkeit oder Unverträglichkeit dieser beiden Menschen hängt jedoch alles weitere ab.

Der beziehungsfähigste Mensch mit sehr viel *Venus-* und *Mond*energie, einer *harmonischen Sonne-Mond-Relation*, mit zahlreichen *Planeten in Waage, Krebs oder Fische* usw. wird nicht beziehungsfähig sein mit dem falschen Partner! Andrerseits *können* zwei in komplementärer Weise deformierte (neurotische) Menschen über Jahre hinweg eine äußerst verträgliche Beziehung haben, wenn auch Außenstehende diese Beziehung nicht als sehr gesund bezeichnen würden. Letztlich hängt doch fast alles von der Kombination zweier Menschen ab. Die »Chemie« muß stimmen, wie es volkstümlich heißt, was nichts anderes bedeutet, als daß die »energetische« Verträglichkeit zweier Menschen groß genug sein muß, damit es zu einer harmonischen Verbindung reicht, zumindest aber nicht zum »Knall« kommt.

Der beliebte Vergleich menschlicher Beziehungen mit der Reaktion chemischer Elemente aufeinander ist überaus zutreffend! Psychologen ist bekannt, *daß sich jedes Individuum im Kontakt mit jedem anderen Menschen anders verhält und andere Seiten seines Wesens nach außen bringt.* Ein maulfauler, wenn auch zuverlässiger Griesgram, von dem nie ein liebenswürdiges Wort kommt, und mit dem viele Frauen keine Beziehung haben wollten oder könnten, kann für eine bestimmte Frau, die unnützes Geplapper nicht erträgt und schweigende Standhaftigkeit hochschätzt, ein wahrer Segen sein. Meiner Ansicht nach *ist fast jeder Mensch mit einem gut zu ihm passenden Menschen beziehungsfähig und mit einem schlecht zu ihm passenden Partner beziehungsunfähig.*

Die Vorbedingung für Beziehung, unsere individuelle Kontaktfähigkeit, läßt sich – im Gegensatz zu unserer Beziehungsfähigkeit, die sich von Partner zu Partner verschieden gestaltet-, sehr einfach aus dem individuellen Geburtskosmogramm herleiten. Da dieser Kontaktfähigkeit bislang kaum Aufmerksamkeit geschenkt wurde, wollen wir uns mit dieser so wichtigen Vorbedingung für Verbindungen etwas näher befassen. Wir werden im folgenden auch ein Instrument kennenlernen, mit dem man die *individuelle Kontaktfähigkeit messen* kann.

Wesentlich für unsere Kontaktfähigkeit ist die individuelle Ausprägung unserer ersten kosmischen Urenergie, die durch den Aszendenten, das erste Haus und Mars gespiegelt wird. Mars ist der *Macher,* der *Kämpfer* und der *Initiator,* er ist derjenige, der sagt: »Ich will!« Die folgende Zusammenstellung zeigt einige psychologisch relevante Manifestationen unserer ersten kosmischen Urenergie.

Manifestationen der ersten kosmischen Urenergie
Aktivität – Energie – Selbstbehauptung – Erster sein – Führer sein – Durchsetzungskraft – Impuls – Wille – Aggression – Sexualität – Beginnen – Erobern – Angreifen – Wärme – Wut – Entschlossenheit – Kühnheit – Risiken eingehen – Leidenschaft – Impulsivität

Unsere Fähigkeit, auf andere zuzugehen und einen Kontakt zu knüpfen, setzt sich aus einem ganzen Bündel von Einzelkomponenten zusammen. Sehr wichtig ist das Tierkreiszeichen am Aszendenten. Wie wir wissen, ist der Aszendent unsere »Schnittstelle« zur Außenwelt, die Trennungslinie zwischen dem zwölften und dem ersten Haus. Und während sich die im (zwölften) Neptunhaus angesiedelten Kräfte weitgehend unserer Wahrnehmung entziehen, haben wir die im (ersten) Marshaus angesiedelten Energien zu unserer bewußten Verfügung. Der Aszendent ist nicht nur das Bild der Persönlichkeit, das andere sehen, er ist auch die Art und Weise, wie wir aktiv mit der äußeren Umwelt verschmelzen[5]. Das Tierkreiszeichen am Aszendenten ist daher die Aszendentenqualität, die am leichtesten sichtbar wird und meist unmittelbar ins Auge springt. Ein

Aszendent im strahlenden Löwen ist von vornherein extravertierter und daher kontaktfähiger als ein Aszendent im zurückhaltenden Steinbock. Ein aufgeweckter und neugieriger Wassermannaszendent ist kontaktfreudiger als ein schüchterner Krebsaszendent, usw. Diese Wertungen leiten sich aus unserer Kenntnis der zwölf archetypischen Urenergien her und sind unmittelbar einleuchtend.

Eine zusätzliche Note in unsere Kontaktfähigkeit bringt das Zeichen, in dem sich der Herrscher des Aszendenten aufhält: Dies ist die sogenannte GRUNDNOTE DES ASZENDENTEN. Diese Grundnote ist eigentlich etwas Altbekanntes, das bereits von den Klassikern beachtet wurde. Nicht umsonst heißt der Herrscher des Aszendenten auch *Geburtsherrscher*. Dem liegt die Vorstellung zugrunde, daß dieser herrschende Planet dazu ausersehen ist, im gesamten Leben eines Menschen eine herausragende Rolle zu spielen. Steht der Azendent beispielsweise in Widder, der zugehörige Zeichenherrscher Mars aber im Krebs, so handelt es sich um einen Widderaszendenten mit der Grundnote Krebs. Steht ein Aszendent in Widder, der zugehörige Zeichenherrscher Mars aber im Schützen, so handelt es sich um einen Widderaszendenten mit der Grundnote Schütze. (Wer sich noch einmal über die Herrscherplaneten der Tierkreiszeichen vergewissern möchte, findet die benötigte Information in dem auf Seite 106 abgedruckten Tableau: *Zwölf holistische Energiequalitäten*). Zwischen diesen beiden Widderaszendenten und ihren Äußerungsformen bestehen deutlich erkennbare Unterschiede. Im ersten Fall wird die Durchsetzungskraft des Widderaszendenten gemildert und sensibilisiert: Der betroffene Mensch wird höchstwahrscheinlich etwas weniger angriffslustig, spontan und tatorientiert sein und häufiger mit Anflügen von Zartgefühl und Rücksichtnahme überraschen. Im zweiten Fall hingegen wird die dynamische Feuerkraft des Widderaszendenten von der enthusiastischen Schützeenergie zusätzlich angeheizt. Abenteuerlust, Ungeduld, Dynamik und Machertum können sich hier ungebremst entfalten. Vermutlich finden sich eine gute Portion Egozentrik und ein ungehemmter, begeisterter Willenseinsatz. Natürlich ist ein Widderaszendent mit der Grundnote Schütze idealtypisch gesehen kontaktfreudiger als ein Widderaszendent mit der Grundnote Krebs, die eine Färbung von Vorsicht, Empfindsamkeit und Schüchternheit beisteuert. Dies ist das Wesen der Grundnote – sie liegt wirklich »zugrunde«. Entweder zieht sie ungefähr in die gleiche Richtung wie die Kopfnote des Aszendenten oder sie arbeitet in eine andere Richtung und modifiziert die Kopfnote in ihrem Wesen. Solche »Grundnoten« können bei sämtlichen Planetenenergien berücksichtigt werden, was sehr empfehlenswert ist, da ohne Grundnote die spezifische Planetenenergie nicht genau erfaßt werden kann.

In der gleichen Weise verfahren wir mit MARS, der zweiten Determinante unserer Kontaktfähigkeit. Auch hier betrachten wir Kopf- und Grundnote sowie zusätzlich die Hausposition des Mars. Alle diese Informationspartikel sind gleichsam »Farben«, die unsere erste kosmische Urenergie und unsere Kontaktfähigkeit tönen. Des weiteren wichtig für unsere Kontaktfähigkeit sind ALLE PLANETEN, DIE IM ASPEKT ZUM ASZENDENTEN ODER ZU MARS STEHEN ODER IM ERSTEN FELD. Wir verstehen unmittelbar, *warum Mars und Planeten im ersten Feld mit unserer Kontaktfähigkeit zu tun haben: Zur Aufnahme eines Kontakts ist eben ein gewisser* »Energieeinsatz« *nötig, eine Form* milder »Aggressivität«, *eine* »Aktivität«, *ohne die es nun mal nicht geht.* Planeten am Horizont andrerseits stehen – wie alle achsenscharfen Planeten – immer für eine herausgehobene Bedeutung der symbolischen Inhalte dieser Planetenenergien. Je näher ein Planet am Aszendenten steht, desto stärker ist seine modifizierende Wirkung auf den Selbstausdruck des Aszendenten. So bekommt ein Jungfrauaszendent in *enger* Konjunktion zu Neptun Ähnlichkeit mit einem Fischeaszendenten; er wirkt weich, mitfühlend, durchlässig, sanft oder unauffällig, vielleicht auch unklar und verschwommen oder subtil »am Leben leidend«. Steht Neptun hingegen weiter entfernt im ersten Haus, so ist sein Einfluß zwar immer noch spürbar, doch tritt die klare Kontur des Jungfrauaszendenten wieder hervor: Eine rationale, bescheidene, wahrnehmungs- und urteilsfähige, vielleicht auch kritikfreudige Einstimmung, die nur gelegentlich durch neptunische Einsprengsel wie Mitleid, Vergebungsfähigkeit und eine für Jungfrau atypische Milde eingefärbt wird.

Es liegt auf der Hand, daß VENUS und JUPITER AM ASZENDENTEN (oder ein Waage- oder Schützeaszendent) sehr auf Kontakt und Begegnung aus sind und in der Regel eine glückliche Hand dabei haben werden. Auch bei den bezaubernden Archetypen Venus und Jupiter ist jedoch das Entwicklungsniveau zu beachten. So kann eine unerlöste Venus am Aszendenten seicht, angepaßt oder gefallsüchtig sein und eine bequeme und genußsüchtige Person spiegeln, die sich ausschließlich um ihr äußeres Erscheinungsbild und ihre Wirkung auf andere kümmert. Ein unreifer Jupiter am Aszendenten wiederum kann mit einer guten Portion Überheblichkeit, Arroganz, Unzuverlässigkeit, Prahlerei oder Gönnerhaftigkeit einhergehen. Dies hängt vom persönlichen Entwicklungslevel des betroffenen Menschen ab.

Doch sind die Auswirkungen einer unreifen Venus oder eines unerlösten Jupiter am Aszendenten niemals so destruktiv und unangenehm, wie dies Saturn und die transsaturnischen Planeten (in unreifer Form) spielend fertigbringen. Dies läßt begreifen, warum die Klassik Venus und

Jupiter als »Wohltäter« bezeichnete. Aber auch die Planeten SONNE, MOND und MERKUR sind für die Kontaktfreude eines Menschen stimulierend, wenn sie AM ASZENDENTEN stehen, selbst dann, wenn sie auf einer relativ unerweckten Ebene ausgelebt werden. Der Mond sucht Kontakt über den Bereich der Gefühle, Merkur über Kommunikation, rationales Denken und geistigen Austausch. Bei der Sonne am Aszendenten ist der Mensch ganz und gar auf Kontakt aus – sein Bedürfnis nach Kontakt ist ein integraler Bestandteil seiner Persönlichkeit.

Wie wir wissen, ist der Aszendent unsere »Schnittstelle« zur Außenwelt sowie auch die Art und Weise, wie wir aktiv mit der äußeren Umwelt verschmelzen. Wenn also an diesem sensiblen Punkt die Sonne steht, ist klar, daß der Mensch mit seinem gesamten Sein der Außenwelt zugewandt ist, wenn auch vielleicht in etwas egozentrischer Weise. Allerdings kann hier ein anderes Problem auftreten: Die königliche Sonne ist eher an Gefolgschaft interessiert als an gleichrangigen Gefährten, ebenso wie der glänzende und oft ein ganz klein wenig herrschsüchtige Löweaszendent, der ebenfalls immer gerne bestimmen möchte, wo es langgeht. *Kontaktfreudig* jedoch ist eine Sonne am Aszendenten allemal.

Natürlich stimuliert auch MARS AM ASZENDENTEN (oder in einem Aspekt zum Aszendenten) die Kontaktfreude eines Menschen ganz unerhört. Mit Mars an dieser Stelle haben wir es mit einem höchst energischen Menschen zu tun, der spontan auf andere zugeht und seinen Willen und seine Wünsche klar zum Ausdruck bringt. Wahrscheinlich ist er mutig und mit natürlichen Führereigenschaften begabt. In der Regel wird er – hierin dem Widderaszendenten ähnlich – voller Elan auf andere zustürmen: Offen, ehrlich und geradeheraus, aber eben auch eigenwillig, kämpferisch, ungeschminkt und wenig zartfühlend. Schlechtestenfalls ist er regelrecht streitsüchtig und ein Kampfhahn, vielleicht aber auch nur zu jeder Art von Kooperation herzlich unbegabt. Entweder wird es gemacht, wie Mars es will, oder Mars macht es allein und die anderen müssen eben auf ihn verzichten. Mars als Antipode der verbindungssuchenden Venus ist eher ein Egoist. *Was ich will, ist entscheidend!* So machen Widder und Mars am Aszendenten einen Menschen zwar kontaktfreudig, aber eben auch leicht unsensibel, überrollend oder kompromißunfähig, womit die eigentlichen Probleme dann am Deszendenten auftreten: Der Widderarchetypus ist für seine mangelnde Bindungsfähigkeit berüchtigt.

Während Venus, Jupiter, Sonne, Mond und Merkur am Aszendenten (und im Aspekt zu ihm und zu Mars) die Kontaktfähigkeit eines Menschen meist in angenehmer Weise stimulieren, sind die Einflüsse Saturns und der Transsaturnier Uranus, Neptun und Pluto oft wesentlich drastischer, da diese Energien einfach einen ganz anderen »Wirkungsgrad«

haben. Natürlich kann ein Mensch mit einem integrierten Saturn am Aszendenten ein praktisches, realitätsorientiertes und taktvolles Geschöpf sein, das eine weit über sein tatsächliches Alter hinausgehende Weisheit manifestiert. Er oder sie wird fast immer höflich und beherrscht auftreten, vielleicht auch ein wenig förmlich. Auf jeden Fall kann er oder sie sich gut abgrenzen und respektiert die Grenzen anderer Menschen. Ein unerlöster Saturn am Aszendenten aber wird den betroffenen Menschen gehemmt und ängstlich machen und seine Fähigkeit, von sich aus auf andere zuzugehen und einen Kontakt zu knüpfen, stark vermindern. Unter Umständen blockiert Saturn die Kontaktfähigkeit sogar völlig: Es entsteht das, was wir beschönigend *Schüchternheit* nennen (Saturn in der Hemmung).

Diese gehemmte Kontaktfähigkeit eines unerlösten Saturn auf dem Aszendenten (oder auch die eines unreifen Steinbockaszendenten), seine Steifheit und Unbeholfenheit, verkauft der betroffene Mensch sich selbst und anderen gern als gern als »besonders hohe Ansprüche« und »Exklusivität«. Schließlich handelt es sich um Saturn, der immer gern normativ auftritt und sich »oben« (respektiert und im Recht) wesentlich wohler fühlt als »unten« (in Frage gestellt oder gar der Kritik ausgesetzt). Unter Umständen tritt der betroffene Mensch sogar mit Vorliebe mißbilligend, tadelnd und maßregelnd auf, als ein veritabler »Elternrollenspieler«, der selbstverständlich im Recht ist (Saturn in der Kompensation). Im stillen weiß natürlich der saturnische Elternrollenspieler ebenso wie sein gehemmter Bruder, daß er schlicht und ergreifend Angst vor anderen Menschen hat: Angst, andere könnten ihm auf die Schliche kommen und herausfinden, daß er ein normaler Mensch ist und nicht halb so großformatig, wie er es sich selbst in seinem völlig überzogenen Perfektionismus abverlangt.

Uranus am Aszendenten hingegen muß zunächst als ganz besonders kontaktfreudig eingestuft werden. Er geht unbefangen und in origineller Manier auf andere Menschen zu und zeigt sich lebendig und aufgeschlossen. Wegen seiner hochgradigen Unkonventionalität und Sprunghaftigkeit kann er die anderen jedoch irritieren oder verärgern, so daß sie vorsichtig und auf Distanz bleiben. Oft wird auch der alle Formalitäten verachtende Uranier von Menschen, zu denen er spontan Kontakt aufnimmt, nicht verstanden. Manchmal geht es dem konventioneller gepolten Gegenüber auch einfach zu schnell, so daß dessen Verarbeitungskapazität hinter dem Tempo des Uraniers zurückbleibt. In diesem Fall stuft die Umwelt Uranus als unzuverlässig und unberechenbar ein und der Kontakt versandet gleichfalls. Hinzu kommt, daß ein unentwickelter Uranus am Aszendenten auch sehr provokant auftreten kann und sich für

Kooperation nicht besonders begeistern kann. Leicht geschieht es daher, daß sich die Menschen, zu denen er eigentlich Kontakt sucht, vor den Kopf gestoßen fühlen und ihn als Querkopf abtun.

Auch ist Uranus keiner, der lange durchhält und geduldig wartet oder gar wirbt. Kommt der Kontakt nicht sofort zustande, begibt er sich lieber in neue Gefilde und probiert es unbekümmert anderswo. Ist hingegen ein Kontakt geknüpft, so bedeutet dies nicht, daß Uranus bleibt. Die uranische Energie ist berüchtigt dafür, sich unerhört schnell zu langweilen: Für Gleichförmigkeit und Wiederholung ist sie denkbar schlecht gerüstet. Für Uranus muß ein Kontakt stimulierend und erregend sein, sonst verliert er die Lust daran. Wird Uranus auf einer unreifen Ebene gelebt, so verliert er möglicherweise die Lust an seinem neuen Gegenüber schon deshalb, weil dieses nach der ersten Begegnung nicht mehr »neu« ist. In rastloser Jagd nach Abwechslung und Erregung sprintet ein Mensch mit solch unerlöstem Uranus auf seinem Aszendenten dann von einer »Begegnung« zur nächsten und ist unfähig, irgendwo zu verweilen. Dennoch stimuliert natürlich ein Uranus auf dem Aszendenten die Kontaktfähigkeit.

Völlig andere Probleme bei der Kontaktaufnahme bringt NEPTUN AM ASZENDENTEN. Ein Mensch mit Neptun auf seinem Aszendenten will eigentlich gerne Kontakt – Neptun möchte immer verschmelzen und in die Einheit zurückkehren, der wir alle entstammen, was ihm sehr wohl bewußt ist. Ein reifer Neptun auf dem Aszendenten ist von grenzenlosem Altruismus und ähnelt einem reinen Kanal für göttliche Liebe. Aber auch ein weniger erlöster Neptun sucht auf die ihm eigene, unaufdringliche und einfühlsame Art durchaus Kontakt. Bei dieser Konstellation aber liegen die Schwierigkeiten in den schwachen Grenzen des Neptuniers und in seiner vernebelten Selbstdarstellung. Mit einem unerlösten Neptun am Aszendenten sind Erscheinungsbild und Auftreten des Menschen nicht persönlichkeitsadäquat. Sie zeigen den Neptunier nicht so, wie er ist (tatsächlich weiß er dies selbst nicht so genau, solange Neptun unreif geblieben ist), sondern so, wie er annimmt, daß die jeweilige Umwelt ihn haben möchte.

Er ist leicht zu manipulieren, leicht zu verführen und wird auch leicht abhängig (gemacht). Wie ein Spiegel reflektiert er seine Umgebung und wechselt dabei unaufhörlich die Farbe, ganz wie ein Chamäleon, das sich behende dem jeweiligen Untergrund anpaßt – sei dies nun ein grüner Zweig oder eine rote Blütendolde. Eine schillernde Persönlichkeit. Wir begreifen, daß ein solcher Drahtseilakt sehr anstrengend ist. Schließlich muß sich der Neptunier zurückziehen (vage und ohne klare Aussprache natürlich), um den durch unaufhörliche Verwandlungsakrobatik entstandenen Streß wieder abzubauen und sich zu regenerieren. Im Rückzug findet der Neptunier wieder zu sich selbst und kann seine überrollten und überschwemmten – ohnehin viel zu schwachen – Grenzen wieder instand setzen.

Da sich also ein unerlöster Neptun am Aszendenten nicht so darstellt, wie er wirklich ist, können andere Menschen ihn nicht klar erkennen. Oft zieht der unreife Neptunier daher Menschen an, die im Grunde nicht zu *ihm* passen, sondern zu dem vernebelten und unscharfen Bild, das er von sich projiziert. Solche Kontakte hinken schon nach kurzer Zeit. So kann die sprichwörtliche »geschwächte« Kontaktfähigkeit eines Neptun in enger Konjunktion zum Aszendenten oder auch eines unreif ausgelebten Fischeaszendenten zustandekommen.

Ein reifer PLUTO AM ASZENDENTEN kann eine charismatische und machtvolle Persönlichkeit charakterisieren, die andere tief beeindruckt und in ihnen starke, transformierende Wirkungen auslöst. Mit einem unerlösten Pluto am Aszendenten sieht jedoch alles anders aus. Ein solcher Pluto wird möglicherweise zu Hause hocken und finster vor sich hinbrüten, da die Welt ohnehin schlecht ist und die meisten Menschen potentielle Verräter. Einem gehemmten Pluto am Aszendenten kann die Selbstbehauptung und das Einbringen eigener Bedürfnisse ohne Rechtfertigung so schwerfallen, daß er sich vielleicht gänzlich aus dem Kontakt zieht. Es ist aber auch möglich, daß er geradezu wild ist auf Kontakt, wobei er sich jedoch seine Bedürftigkeit niemals (*niemals*!) anmerken läßt. Lieber manipuliert er aus Leibeskräften und versucht die Begegnungssituation so zu gestalten, daß er die Kontrolle hat. Ein solcher Pluto am Aszendenten gibt sich äußerst undurchsichtig und achtet schon bei der ersten Kontaktaufnahme sorgfältig darauf, Regie zu führen und die Fäden zu spinnen, an denen andere später tanzen sollen. Ein solch unerlöster Pluto ist darauf aus, andere in den Bann seiner unwiderstehlichen Persönlichkeit zu schlagen. (Steht Pluto eng auf einem der extrovertierten Aszendentenzeichen, etwa im Löwen, so finden wir oft ein Entertainertalent von fast barbarischem Magnetismus).

Ohnehin hat Pluto am Aszendenten – ebenso wie der Skorpionaszendent – immer eine magnetische sexuelle Ausstrahlung, allerdings nur dann, wenn er *will*. Ebenso gut kann er sie nämlich verbergen, incognito gehen und völlig unauffällig wirken. Wählt ein unerlöster Pluto am Aszendenten nicht gerade die Rolle des Beziehungsasketen, der als *einsamer Wolf* durch die Gegend streift, so ist er durchaus auf Kontakt erpicht, aber eben auf seine Weise: Er *muß* die Kontrolle haben! Hat er sie nicht, zieht er sich zurück. Hat er sie jedoch, ziehen sich möglicherweise die anderen zurück, weil ihnen der Druck, die Manipulationen und die Machtspiele des unerlösten Plutoniers so unangenehm sind, daß sein Magnetismus nicht mehr ausreicht, sie zum Bleiben zu animieren. Pluto am Aszendenten ist also gemeinhin – ähnlich wie Neptun – durchaus kontaktwillig, aber wegen seiner dunkel-brütenden, gedrückten oder aber herrischen und kontrollierenden Art nicht besonders kontakt*fähig*.

Natürlich sagt die Färbung des Aszendenten durch Planeten auch etwas über Art und Qualität des erwünschten Kontakts aus. Ein Mann mit Pluto und Saturn auf seinem Aszendenten beispielsweise wird in der Regel eher gehemmt und langsam in der Kontaktaufnahme sein, vorsichtig, mißtrauisch und vermutlich ein Einzelgänger. Dies bedeutet aber nicht, daß er keinen Kontakt will. Er will vielmehr nur eine bestimmte Art von Kontakt. Es werden hier hohe Anforderungen an die potentiellen Begegnungspartner und den Austausch mit ihnen gestellt (Saturn), und der Kontakt sollte sehr tiefgehend, tiefschürfend und intensiv sein (Pluto). Mit oberflächlichen Verbindungen (Fußball, Doppelkopf und Kneipenbesuche) hat dieser Mann nichts im Sinn und wird sich in solchen Fällen rasch abwenden. Zur Ermittlung der Kontaktfähigkeit eines Menschen prüfen wir die folgenden Positionen:

Kontaktfähigkeit

- ★ Aszendent nach Kopf- und Grundnote
- ★ Mars nach Kopf- und Grundnote und nach seiner Hausposition
- ★ Planeten auf dem Aszendenten und im ersten Haus
- ★ Planeten im Aspekt zum Aszendenten und zu Mars
- ★ Entwicklungslevel aller beteiligten Energien

Natürlich müßten strenggenommen bei der Ermittlung der Kontaktfähigkeit eines Menschen auch der Mondknoten (als das Verbindungssymbol schlechthin) in seiner Zeichen- und Hausposition sowie alle Aspekte auf den Mondknoten einbezogen werden. Doch sind Bedeutung und Gewicht des Mondknotens unter Astrologen recht umstritten: Einige Astrologen legen enormen Wert auf die Mondknoten und leiten daraus ganze Lebensprogramme ab; andere wiederum halten die Mondknoten, da sie sehr langsam wandern, für ein wenig aussagefähiges Informationspartikelchen. Ich bin durchaus der Ansicht, daß die Mondknoten bei der Überprüfung der Kontaktfähigkeit berücksichtigt werden sollten. Indessen ist das Problem der Quantifizierung hier noch schwieriger als bei den Aspekten der Planeten und würde langwierige Forschung erfordern. Ich habe daher auf die Erfassung der Mondknoten verzichtet. Auch ohne sie ist das Instrument aussagekräftig genug, wie wir sehen werden.

	Kontaktfähigkeit		
	Zeichen	Felder	Planeten im ersten Haus oder Aspekte von Aszendent oder Mars zu:
Starke Kontaktfähigkeit (Extraversion)	Widder, Zwillinge, Löwe, Waage, Schütze und Wassermann	eins, drei, fünf, sieben, neun und elf	Venus, Jupiter, Sonne, Merkur, Uranus, Mond und Mars
Schwächere Kontaktfähigkeit (Introversion)	Stier, Krebs, Jungfrau, Skorpion, Steinbock, Fische	zwei, vier, sechs, acht, zehn und zwölf	Saturn, Neptun und Pluto

Wir sehen sofort, daß »starke« und »schwächere« Kontaktfähigkeit (Introversion oder Extraversion) sich exakt mit der klassischen Einteilung der Tierkreiszeichen und analogen Felder in männliche (aktive, Yang-) und weibliche (rezeptive, Yin-)Energien deckt. Dies ist so einleuchtend und vertraut, daß es nicht näher kommentiert zu werden braucht. Die Kontaktfähigkeit wird stimuliert durch Venus, Mond, Jupiter, Merkur, Mars, Uranus oder Sonne im ersten Haus, auf dem Aszendenten oder im Aspekt zu ihm oder Mars. Die Kontaktfähigkeit wird vermindert durch Saturn, Neptun und Pluto im ersten Haus, auf dem Aszendenten oder im Aspekt zu ihm oder Mars.

Dabei sind natürlich die *Motive* der einzelnen Tierkreiszeichen (Felder) für ihre Hinwendung zur oder Abwendung von der Außenwelt sehr unterschiedlich. Widder und Wassermann beispielsweise sind beide extrovertierte Energien mit grundsätzlich starker Kontaktfähigkeit, dabei aber unstet und wechselhaft: Das Interesse am anderen kann ebenso schnell verlöschen, wie es entstand. Bei der stürmischen Widderenergie geschieht dies leicht, weil sie völlig auf ihre eigene Person konzentriert ist, nicht viel Nähe verträgt und es schwer hat, zu kooperieren. Bei der liberalen Wassermannenergie geschieht es, weil sie völlig in ihrer eigenen Geistes- und Ideenwelt aufgeht und ständig mit sozialen Projekten oder weltreformerischen Ideen schwanger geht, hinter der das Interesse am einzelnen Individuum dann schnell wieder verblaßt. Gleiches Verhalten, aber unterschiedliche Motive. Des weiteren muß man unterscheiden zwischen Kontaktbedürfnis und tatsächlicher Kontaktfähigkeit. Die Bezeichnung »starke« oder »schwächere« Kontaktfähigkeit bezieht sich auf das von den Archetypen tatsächlich oft gezeigte, *sichtbare Verhalten*, nicht auf die zugrundeliegenden Bedürfnisse. So möchte beispielsweise die Fischeenergie schon gerne sehr viel Kontakt (starkes Kontakt*bedürfnis*). Aufgrund der großen Verletzlichkeit und einer sehr dünnen Verbindung der Seele mit dem Körper jedoch – oft hält sich der Fischearchetypus bewußtseinsmäßig eher in immateriellen Bereichen auf – ist seine tatsächliche Kontakt*fähigkeit* eher gering.

Natürlich sind außer Planeten im ersten Feld und in Konjunktion zum Aszendenten oder Mars auch alle weiteren Aspekte von Planeten zu Aszendent und Mars wichtig. So ist ein Quadrat Neptuns auf den Aszendenten oder Mars kaum weniger bedeutsam als eine Konjunktion, und das gleiche gilt für die Opposition; allerdings sind die Wirkungen dieser Aspekte leicht verschieden. Auch Trigone und Sextile und sogar Halb- und Anderthalbquadrate sowie Quinkunxe auf Mars oder den Aszendenten sind bei der Ermittlung der Kontaktfähigkeit zu beachten. Harmonische Aspekte auf Mars oder den Aszendenten zeigen an, daß wir uns selbst natürlich, leicht und fließend ausdrücken können. Bei Quadraten und Oppositionen auf Aszendent oder Mars hingegen kann unsere Art, uns in die Außenwelt zu projizieren, unsere Selbstbehauptung und eben auch unsere Kontaktfähigkeit mit einem gehörigen Maß an Spannung, Streß oder Gehemmtheit gekoppelt sein und mit enormer Anstrengung einhergehen. Zum ersten zeigen also Aspekte auf Aszendent oder Mars die Art des Energieflusses an: Leichthin sprudelnd oder stockend, instabil und streßbetont. Darüber hinaus aber färbt jeder Aspekt auf Aszendent oder Mars diese in charakteristischer Weise ein und modifiziert damit die Art ihres Selbstausdrucks.

Letztlich steht und fällt die Beurteilung der Kontaktfähigkeit jedoch mit dem ENTWICKLUNGSLEVEL der beteiligten Energien, der sich leider aus dem Kosmogramm *nicht* herauslesen läßt. Hierüber können wir uns nur im persönlichen Kontakt Sicherheit verschaffen. *Entwickelt* ist eine Energie dann, wenn der Mensch ein klares *Bewußtsein* dieser ihm gehörenden Kraft besitzt und einige *Verfügungsgewalt* darüber hat. Er muß wissen und fühlen, daß er eine Energie, beispielsweise Mars, besitzt, und er muß ein gewisses Maß an Kontrolle darüber haben, wann und wie er sie einsetzt.

Je mehr Kontrolle und Verfügungsgewalt wir über unseren Mars haben, desto mehr »gehört« uns dieser Mars, desto gereifter oder »erlöster« ist unsere Marsenergie. Beim Mars*gehemmten*, der sich nicht traut, für seine

Belange einzustehen, sich durchzusetzen und notfalls zu kämpfen, ist dies nicht der Fall. Er verfügt nicht wirklich über seinen Mars. Der Mars*kompensator* ist in einer besseren Verfassung: Zumindest ist ihm bewußt, was Marskraft ist und daß er sie einsetzen muß. Allerdings hat auch er keine richtige Verfügungsgewalt über seine erste kosmische Energie, da es für ihn immer eine *tour de force* ist, seinen Willen auszudrücken, sich für seine Ziele einzusetzen oder sich zu behaupten. Ein Mensch mit entwickeltem Mars aber ist in der Lage, sich stets situationsadäquat einzubringen: Passend zum eigenen Persönlichkeits- und Wertesystem und angemessen im Hinblick auf die aktuelle Situation, das zu lösende Problem und sein Gegenüber. Er tut es so kraftvoll wie angebracht und so kontrolliert wie nötig, und dies ohne Zittern, Zagen oder unerhörte Wutgefühle. Er muß nicht mehr tagelang darüber nachsinnen, wie er eine Sache bewerkstelligen oder ein Problem lösen könnte – er tut es, und zwar in kraftvoller und angemessener Weise.

Je weniger entwickelt also die Zeichenqualität des Aszendenten oder je weniger entwickelt der Planet, der in Konjunktion oder in einem anderen wichtigen Aspekt zum Aszendenten oder Mars steht, desto eher macht die betreffende Energie Schwierigkeiten bei der Kontaktaufnahme. Je entwickelter andrerseits die Planeten im Aspekt zu Aszendent und Mars sowie das Zeichen des Aszendenten oder des Mars selbst, desto günstiger beeinflussen sie die Kontaktfähigkeit. So kann selbst ein (*erlöster*) Saturn in Konjunktion zum Aszendenten die Kontaktfähigkeit eines Menschen stimulieren, anstatt sie zu hemmen, aber er wird es auf die ihm gemäße, saturntypische Weise tun: Langsam, vorsichtig, mit Überlegung, taktvoll und geduldig werden hier Kontakte geknüpft. Ein solcher Aszendent mag immer noch leicht schüchtern oder gehemmt sein, aber er wird sich behaupten, auf saturnische Art – unter Beachtung seiner großen Sicherheitsbedürfnisse und seines Verlangens nach Achtung und Respekt. Natürlich wird aus Saturn am Aszendenten niemals ein Jupiter am Aszendenten, aber in seiner reinen und erlösten Form besitzt selbst Saturn eine Art beständiger und taktvoller Freundlichkeit.

Wie kann man nun die Kontaktfähigkeit eines Menschen im Kosmogramm beurteilen? Wenn wir uns **Dominiqs** Aszendenten mit der Kopfnote Waage und im Trigon zu Jupiter ansehen, dazu seinen Mars im kommunikativen dritten Haus, im Trigon zur Sonne, so macht seine Kontaktfähigkeit auf den ersten Blick einen ganz guten Eindruck. Natürlich sehen wir im gleichen Moment auf dem liebenswürdigen und kontaktbegabten Waageaszendenten auch Saturn und Neptun »sitzen«, und dies stimmt uns schon bedenklicher. Auch steht ja Dominiqs Mars im Steinbock und hat die Grundnote Skorpion; beide Energien aber sind nicht gerade für unbekümmertes und leichtherziges Zugehen auf andere Menschen bekannt. Wie soll man nun Dominiqs Kontaktfähigkeit einschätzen? Ist die Kopfnote des Aszendenten (Waage) wichtiger als seine (plaktische) Konjunktion zum einengenden Saturn? Ist die Position des Mars im dritten Haus, die ja Dominiqs Freude an Kommunikation und Austausch mit anderen signalisiert, ebenso wie seine Bereitschaft, sich dafür aktiv einzusetzen, bedeutsamer als die Marsposition im zugeknöpften Steinbock? Ist das Trigon des Jupiter auf den Aszendenten weniger wichtig als dessen Konjunktion zu Neptun?[6]

Kontaktfähigkeit Dominiq

Aszendent Waage
Grundnote Aszendent in Stier
Aszendent Konjunktion Neptun
Aszendent Opposition Sonne
Aszendent Konjunktion Saturn
Aszendent Trigon Jupiter

Mars in Steinbock
Grundnote Mars in Skorpion
Mars im dritten Haus
Mars Sextil Saturn
Mars Trigon Sonne

Wir begreifen, daß wir an einer Bewertung oder *Gewichtung* nicht vorbeikommen, wenn wir zu einer klaren Aussage über Dominiqs Kontaktfähigkeit gelangen möchten. Üblicherweise wird diese Bewertung von Astrologen implizit vorgenommen und ist für andere oft nicht nachvollziehbar. Wir verwandeln die implizite Bewertung in eine explizite, die standardisiert ist, von jedermann überprüft werden kann und eine systematische, vergleichende Forschung erlaubt. Damit erhalten wir zugleich die Möglichkeit, die Kontaktfähigkeit eines Menschen zu *messen*. Bei der Messung der Kontaktfähigkeit hilft uns das unten abgebildete Tableau, das eine numerische Bewertung der einzelnen Aspekte und Planetenpositionen enthält. Diese Bewertungen sind empirisch erprobt und haben sich in der praktischen Arbeit klar bewährt[7]. Sie messen die potentielle Kontaktfähigkeit eines Menschen.

Unsere Kontaktfähigkeit

Radix
Dominiq

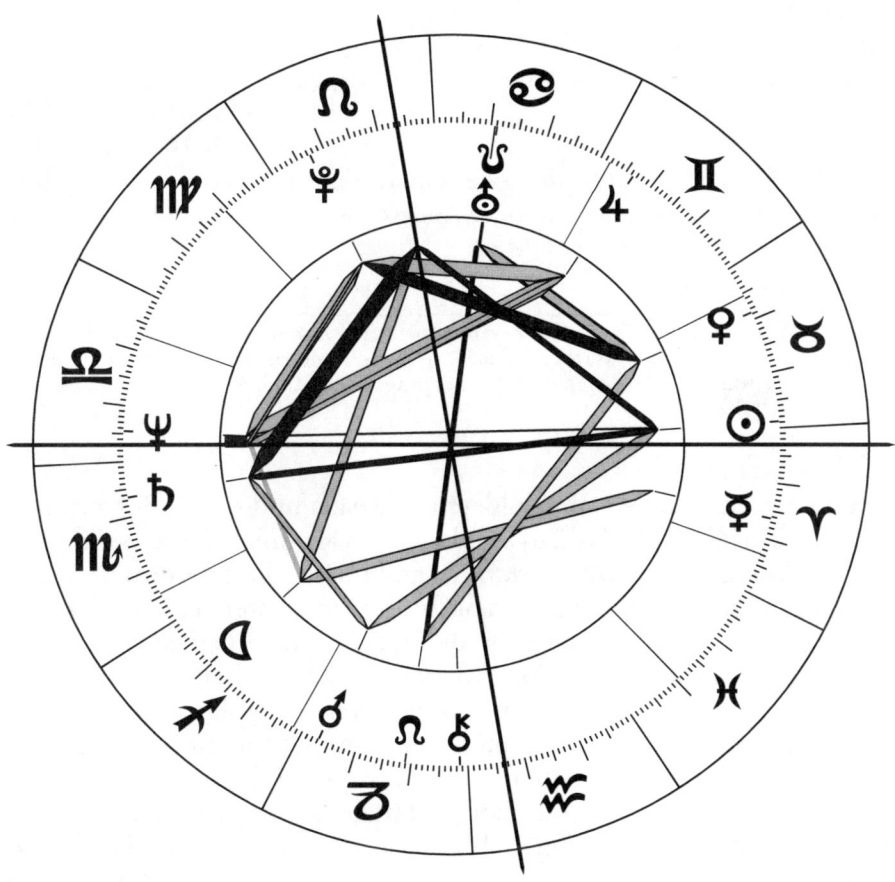

☉	1° 05' ♉
☾	9° 39' ♐
☿	13° 36' ♈
♀	21° 14' ♉
♂	3° 05' ♑
♃	23° 32' ♊
♄	6° 24' ♏
♅	19° 16' ♋
♆	24° 30' ♎
♇	22° 33' ♌
☊	18° 53' ♑
⚷	28° 34' ♑

A	27° 27' ♎
2	24° 30' ♏
3	28° 11' ♐
M	6° 24' ♌
11	10° 27' ♍
12	7° 03' ♎

Häuser nach Placidus

Bewertung	
Aszendent oder Mars im Zeichen	10
Mars im Haus	10
Grundnote von Aszendent oder Mars	5
Planeten in Konjunktion, Quadrat oder Opposition zum Aszendenten	
Orbis 4 Grad	15*
Orbis 10 Grad	10
Planeten in Konjunktion, Quadrat oder Opposition zu Mars	10
Planeten im Trigon, Sextil, Halb- oder Anderthalbquadrat oder Quinkunx zum Aszendenten oder zu Mars	5
Planeten im ersten Haus	2,5

* Die starke Gewichtung von Planeten in *engem* Aspekt zum Aszendenten mit 15 basiert auf der allen Astrologen vertrauten Tatsache, daß achsenscharfe Planeten von herausragender Bedeutung für den betroffenen Menschen und sein gesamtes Leben sind.

Mit Hilfe des auf Seite 49 abgebildeten Tableaus und dieser Bewertungen erhalten wir jetzt ein glasklares Bild von Dominiqs Kontaktfähigkeit. Dominiqs Waageaszendent ist *stark* kontaktfähig, die Stiergrundnote des Aszendenten ist *schwach,* die Marsposition im dritten Haus *stark* kontaktfähig, usw. Natürlich sind all diese Positionen keineswegs gleichwertig: Die Hauptnoten von Aszendent und Mars haben den Wert zehn. Die Konjunktion von Saturn zum Aszendenten erhält ebenfalls den Wert zehn (Orbis neun Grad), die Konjunktion von Neptun zum Aszendenten den Wert fünfzehn (Orbis kleiner 4 Grad), während das Trigon des Jupiter auf den Aszendenten nur mit fünf Punkten zu Buche schlägt, usw. Im Anschluß an diese Notierungen bleibt uns nur noch, die starken und schwachen Positionen zu addieren. Wir sehen, daß Dominiqs Kontaktfähigkeit sich etwa bei 50 Prozent einpendelt (zur Hälfte *stark* und zur anderen Hälfte s*chwach).* Wie können wir ein solches Ergebnis interpretieren?

Kontaktfähigkeit Dominiq		
Aszendent in Waage	stark	10
Grundnote Aszendent in Stier	schwach	5
Aszendent Konjunktion Neptun	schwach	15
Aszendent Opposition Sonne	stark	15
Aszendent Konjunktion Saturn	schwach	10
Aszendent Trigon Jupiter	stark	5
Mars in Steinbock	schwach	10
Grundnote Mars in Skorpion	schwach	5
Mars in Haus 3	stark	10
Mars Trigon Sonne	stark	5
Mars Sextil Saturn	schwach	5
		95
Stark 45 = 47%		Schwach 50 = 53%

Hier steht es mit der Kontaktfähigkeit offenbar »Spitz auf Knopf«: Mal ist der Mensch fähig zur Kontaktaufnahme, mal zieht er sich ängstlich zurück. Eine besonders starke oder stabile Kontaktfähigkeit wird durch dieses Ergebnis jedenfalls nicht signalisiert. Tatsächlich sind die Hemmungen und Ängste Dominiqs bei einer Kontaktaufnahme ebenso stark wie sein Wunsch nach Kontakt, und es wird jeweils von der Situation und Dominiqs Tagesform abhängen, ob eine Kontaktaufnahme gewagt wird.

Dieses Ergebnis entspricht sehr genau Dominiqs tatsächlichem Kontaktverhalten. Der eloquente und gebildete Kunsthistoriker ist über weite Strecken seines Lebens einsam. Der heute etwa zweiundvierzigjährige Mann ist seit Jahren als Reiseleiter für hochkarätige und recht kostspielige Studienreisen durch den Orient tätig. Damit kommt er nach eigener Aussage überwiegend mit älteren, kulturinteressierten und eher introvertierten, manchmal auch etwas gehemmten Menschen in Kontakt, die ihn oft langweilen. An Menschen, die ihn stärker interessieren würden, traut er sich jedoch oft nicht heran. Einige Monate des Jahres verbringt er in Deutschland, den Rest seiner Zeit auf Reisen durch den Orient. Selten nur verirrt sich eine jüngere, ledige Frau in seine Reisegruppen. Ist dies aber doch einmal der Fall, sind Dominiq seiner Ansicht nach durch seine Reiseleiterfunktion starre Grenzen auferlegt: Die Anknüpfung eines persönlichen Kontakts wird nur unter großen Vorsichtsmaßnahmen gewagt.

Das Hauptproblem liegt natürlich bei der Saturn-Neptun-Konjunktion auf dem Aszendenten. Dominiq hat starke Insuffizienzgefühle und fühlt sich oft nicht frei, auf andere zuzugehen (unerlöster Saturn in Konjunktion zum Aszendenten und in Opposition zur Sonne). Gleichzeitig sind sein Selbstbild und seine Selbstdarstellung verwaschen und unklar (unerlöster Neptun in Konjunktion zum Aszendenten und in plaktischer Opposition zur Sonne). Seine eigene Gehemmtheit rationalisiert er vor sich selbst mit enorm hohen Anforderungen an potentielle Partner und einem sorgfältig gepflegten Hauch von Exklusivität (Saturn in der Kompensation). Kommt es hingegen zu einem Kontakt, der stets mit Ängsten begonnen wird, so ist Dominiqs Gegenüber oft erstaunt über dessen Liebenswürdigkeit und Geschmeidigkeit, über seinen Schwung und seine unterhaltsamen Talente (Waageaszendent in Konjunktion zu Neptun und im Trigon zu Jupiter in den Zwillingen, Mars im dritten Feld). Im weiteren Kontakt stellt sich Dominiq dann aber so unklar, undurchsichtig und schillernd dar, daß sich der Partner verwirrt oder mißtrauisch abwendet. Wendet er sich nicht ab, sondern hakt mit konkreten Fragen nach, so zieht sich Dominiq seinerseits schnell aus dem Kontakt. Neptun in Konjunktion zum Aszendenten spiegelt also hier die unklare Selbstdarstellung Dominiqs, seine vernebelte Wahrnehmung der Umwelt und seine unklaren Ich-Grenzen, während der unterentwickelte Saturn im Skorpion in weiter Konjunktion zum Aszendenten und in Opposition zur Sonne Hemmungen, Ängste, Minderwertigkeitsgefühle und Verschlossenheit anzeigt.

Natürlich muß dies nicht so sein! Im allgemeinen ist eine Kontaktfähigkeit von fast fünfzig Prozent gar kein schlechtes Ergebnis. Unser Instrument mißt die Kontaktfähigkeit eines Menschen unter Berücksichtigung von *Wahrscheinlichkeiten,* die auf astrologischer Erfahrung und auf Lebenserfahrung beruhen. Astrologen wissen, daß ein Aszendent in Konjunktion zu Neptun und Saturn *aller Wahrscheinlichkeit nach* Hemmungen, Ängste und Minderwertigkeitsgefühle bei der Selbstbehauptung und der Kontaktaufnahme mit sich bringt: Es handelt sich eben um eine schwierig zu erlösende Konstellation, an der hart gearbeitet werden muß, ein Prozeß, der Zeit und Reifung erfordert. (In Dominiqs Fall sind die Kontaktprobleme zusätzlich verschärft, weil eben auch die Sonne stark von Saturn und Neptun verletzt wird und derart die massiven Unzulänglichkeitsgefühle noch verschärft werden. Man muß also immer ein Auge auf das Gesamthoroskop haben!) Natürlich können solche Konstellationen auch »erlöst« ausgelebt werden, aber die Erfahrung lehrt, daß wir fast alle unterhalb unserer wahren Möglichkeiten bleiben. Der Entwicklungslevel wird, um es noch einmal zu sagen, weder vom Kosmogramm

Unsere Kontaktfähigkeit

Radix
Tatjana

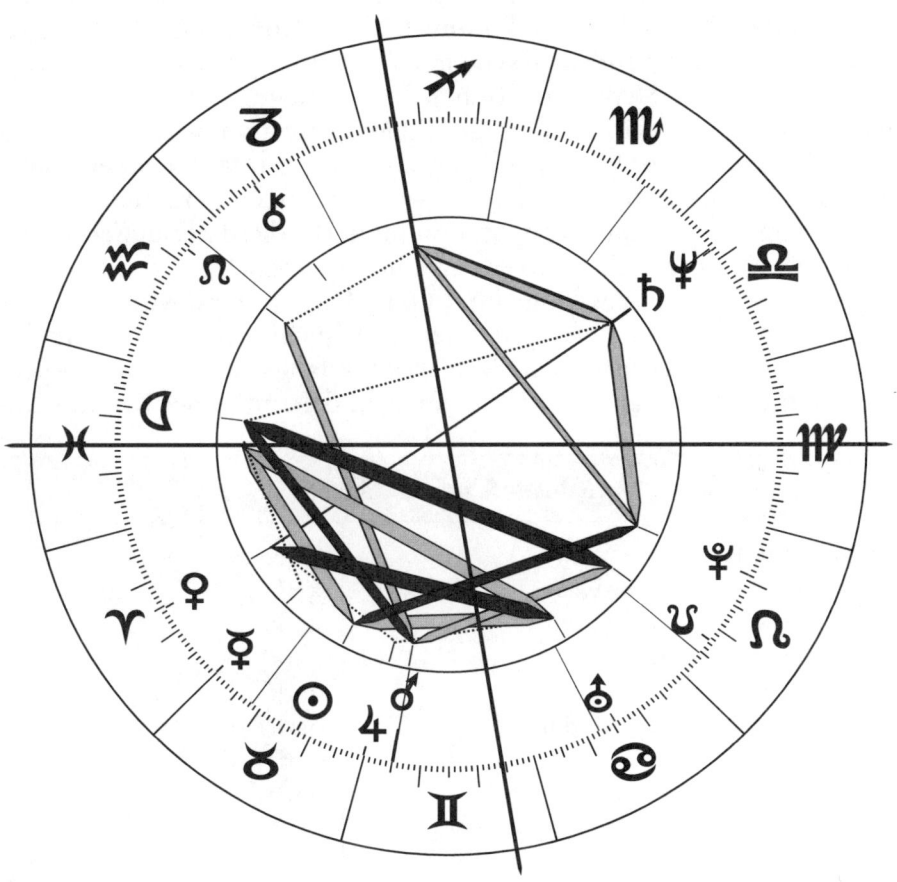

☉	17° 11' ♉
☽	7° 51' ♓
☿	29° 40' ♈
♀	15° 12' ♈
♂	4° 45' ♊
♃	29° 38' ♉
♄	22° 13' ♎
♅	15° 21' ♋
♆	21° 51' ♎
♇	20° 48' ♌
☊	7° 20' ♒
⚷	21° 00' ♑

A	15° 17' ♓
2	8° 05' ♉
3	5° 02' ♊
M	24° 09' ♐
11	12° 09' ♑
12	4° 26' ♒

Häuser nach Placidus

selbst noch von irgendeinem astrologischen Meßinstrument erfaßt: Er ist nur im persönlichen Kontakt näherungsweise abzuschätzen.

Unser nächstes Beispiel **Tatjana** ist völlig anders geartet. Tatjana hat eine freundliche, lebendige und bestimmte, dabei aber unaufdringliche Art, auf andere zuzugehen: Sie kommt leicht in Kontakt (Mars im dritten Feld in Zwillinge, Aszendent Fische mit der Grundnote Waage im Trigon zu Uranus und im Sextil zur Sonne). In der Begegnung entpuppt sich Tatjana als unterhaltsame, spritzige, interessante und wortstarke Kommunikationspartnerin. Sie ist vielseitig interessiert und informiert, hat zu allem eine Meinung und tauscht sich leidenschaftlich gerne aus (Mars in Zwillinge im dritten Haus Konjunktion Jupiter). Allerdings äußert Tatjana ihre Ansichten oft ziemlich unverblümt und ist manchmal recht scharf in ihrer Sprache (Mars in Zwillinge im dritten Haus Quadrat Mond, Widdermerkur). Das kann man mögen oder auch nicht, aber es besteht kein Zweifel, daß Tatjana in hohem Maß kontaktfähig ist (89% *starke* Kontaktfähigkeit). Wir sehen in Tatjanas Tableau, daß außer der Kopfnote des

Kontaktfähigkeit Tatjana		
Aszendent in Fische	schwach	10
Grundnote Aszendent in Waage	stark	5
Aszendent Konjunktion Mond	stark	10
Aszendent Trigon Uranus	stark	5
Aszendent Sextil Sonne	stark	5
Aszendent Halbquadrat Merkur	stark	5
Venus in Haus 1	stark	2,5
Merkur in Haus 1	stark	2,5
Mars in Zwillinge	stark	10
Grundnote Mars in Widder	stark	5
Mars in Haus 3	stark	10
Mars Konjunktion Jupiter	stark	10
Mars Quadrat Mond	stark	10
		90
Stark 80 = 89%		**Schwach 10 = 11%**

Aszendenten in Fische buchstäblich alle anderen Positionen eine *starke* Kontaktfähigkeit signalisieren. Dies illustriert einmal mehr, daß wir nicht schematisch davon ausgehen dürfen, Menschen mit einem Fischeaszendenten wären grundsätzlich sanft, vorsichtig, leicht schüchtern und hochgradig empfindlich. Hier haben wir durch das starke erste Feld mit zwei Planeten in Widder, den Zwillingemars im dritten Haus mit der Grundnote Widder und Aspekte von Sonne, Uranus und Jupiter zum Aszendenten oder zu Mars eine hervorragende Fähigkeit, unbefangen und klar auf andere zuzugehen. Eine solch starke Kontaktfähigkeit wie die Tatjanas ist ziemlich selten.

Wasserblaue Tränen

Schon blasen die Hörner
Blutig genug ist das Morgenrot
Das Bellen der Hunde zerreißt
den Geruch von bitterem Gras
Aus dünnen Nebelarmen
bricht Licht

Meine Sporen sind scharf
auch blutig schon
wie meine Hände
bekleidet mit schwarzen Spitzen
Das Glück ins blanke
Geschirr zu zwingen ist hart

Freilich am Fenster
der Seidenspinne Dein Auge
Wasserblaue Tränen
Du liebtest nicht meinen
geflügelten Fuß
Befahlst mir zu schweigen

Jetzt schweige du und
begrabe den armen Kadaver
den wir zurückließen
bei der Rose.
Ich reite davon
und seh mich nicht um

Jessie Adler Gral

3

Harmonie oder Kampf?
Der Spannungsstatus

Wie können wir wissen, ob ein Paar im Alltag freundlich und großzügig miteinander umgeht oder sich bei der kleinsten Gelegenheit an die Gurgel fährt? Wie kann man abschätzen, ob es zwei Menschen auch über physische Anziehung, sexuelle Leidenschaft und verliebte Vernarrtheit hinaus genießen können, zusammen zu sein und sich an der Gegenwart des anderen zu erfreuen? Woran sieht man, ob es für zwei Liebende genußvoll oder stressig ist, miteinander Dinge zu tun und gemeinsam Pläne umzusetzen? Der *Spannungsstatus* gibt uns auf diese Fragen Antwort.

Der *Spannungsstatus* ist ein Instrument der Partnerschaftsanalyse, das anzeigt, *wieviel Wachstumsspannung in einer Beziehung vorhanden ist und wieviel ausgleichendes, förderndes und harmonisches Potential*. Der *Spannungsstatus* leitet sich aus der Betrachtung der Interaspekte ab. Natürlich gibt es fast keine Verbindung, die nicht auch Spannungsaspekte aufweist. Zumindest habe ich noch keine gesehen. Durch die Kombination zweier Geburtskosmogramme entsteht eine solche Fülle an Interaspekten, daß fast zwangsläufig auch etliche Spannungsrelationen dabei sein werden.

Die Erfahrung hat allerdings gezeigt, daß das Maß an Spannung, das Menschen in einer *Dauerbeziehung* verkraften, nicht besonders hoch ist. Wir finden daher einen hohen *Spannungsstatus* sehr oft in Kurzzeitaffairen und in Liebesbeziehungen, die über einen kürzeren Zeitraum von ein oder zwei Jahren laufen. Dies sind *typische Wachstumsbeziehungen*, deren einziger Zweck meist darin besteht, daß beide Liebenden beim Partner einen Entwicklungsschub induzieren, der, wenn alles gutgeht, beide Menschen aus einer festgefahrenen Situation herauskatapultiert in neue Lebensformen. Es leuchtet ein, daß eine solche »Starthilfe« einen hohen Energieinput erfordert, eben ein *hohes Spannungsmaß*. Meist hält sich ja die Veränderungsliebe der Menschen – mag sie auch individuell verschieden sein – durchaus in Grenzen. Das Aufbrechen festzementierter, lebensbehindernder Strukturen und notwendiges, aber bislang blind verweigertes Wachstum der Persönlichkeit erfolgen jedoch fast immer nur auf starken Druck (von anderen Menschen oder Ereignissen hin). Für Langzeitbeziehungen aber wäre ein solch hoher Spannungslevel unzuträglich.

Spotlight auf die Interaspekte

Die Synastrie, eine der ältesten Formen der Partnerschaftsastrologie, setzt die Geburtskosmogramme zweier Menschen zueinander in Beziehung. Dazu legt man die Kosmogramme quasi »deckungsgleich« übereinander, wie wir es hier mit Dannys und Carols Horoskopen getan haben. Dabei stehen die Planeten eines Partners – hier Carols – in gewohnter Weise im Innenkreis, während Dannys Planeten im äußeren Bereich abgebildet werden. Wir stellen nun Bezüge her zwischen den Positionen von Dannys und Carols Planeten. So steht beispielsweise Carols Sonne in Konjunktion zu Dannys Merkur, Dannys Saturn in Opposition zu ihrem Jupiter und Carols Saturn im Quadrat zu Dannys Mars, während Carols Pluto auf Dannys Mond »fällt« (Konjunktion) und ihr Neptun ein Quinkunx zu seiner Sonne bildet. Dies sind *Interaspekte*. Die ältere Lehre betrachtete solche Aspekte zwischen den Planeten beider Partner als prognostisch sicheres Instrument, mit dem abgeschätzt werden konnte, wie »gut« oder wie »schlecht« die Partner zueinander »passen« und wie harmonisch oder disharmonisch die Beziehung voraussichtlich verlaufen werde. Dabei wurden Spannungsaspekte wie Quadrate und Oppositionen äußerst negativ bewertet. Meist wurden auch Konjunktionen mit Mars, Saturn und den transzendenten Planeten Uranus, Neptun und Pluto – soweit sie bereits bekannt waren – als schwierig und negativ eingestuft.

Dank der *Psychologischen* und *Transzendenten Astrologie* haben wir uns heute von solch statischen und zu kurz gegriffenen Bewertungen gelöst. Zum einen können harte Interaspekte zu unseren größten und wertvollsten Lernerfahrungen führen und das geistig-seelische Wachstum unserer Persönlichkeit unerhört fördern. Zum anderen wissen wir inzwischen, wie stark das persönliche Erleben partnerschaftlicher Spannungskonstellationen von den persönlichen Vorlieben und Abneigungen beider Liebenden und von ihrer Lern- und Wachstumsbereitschaft eingefärbt wird.

Was einem hochgradig harmoniebedürftigen Menschen mit viel Fische- und Waageenergie in einer Beziehung als absoluter Horrortrip erscheinen mag, kann für ein draufgängerisches, kampflustiges Individuum (viel Widderenergie) oder einen dämonisch tiefschürfenden Menschen, der eine »wahrhaft intensive Verbindung« mit totaler Auseinandersetzung ersehnt (viel Skorpionenergie), ein absolutes Lebenselixier sein. Ein gemütlicher Mensch von großer Sinnenfreude und Genußfähigkeit mit viel stierhaftem Beharrungsvermögen wird einer Beziehung, die zu starken Persönlichkeitsveränderungen herausfordert, weitaus weniger Reiz abgewinnen können als ein quicklebendiger, beweglicher Mensch mit einem großen

Spotlight auf die Interaspekte

Synastrie
Carol und Danny

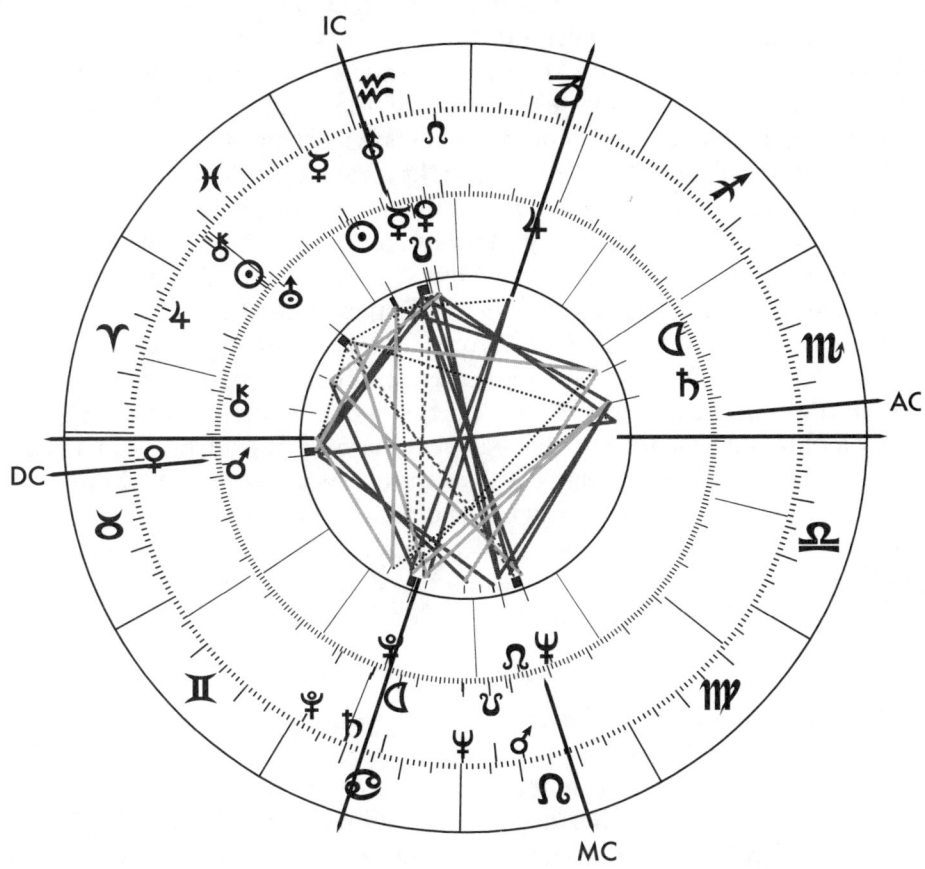

INNEN				AUSSEN	
☉	27° 11' ♒			☉	22° 59' ♓
☽	26° 40' ♍	CAROL	DANNY	☽	15° 59' ♋
☿	14° 07' ♒			☿	28° 26' ♒
♀	10° 29' ♒	A 1° 16' ♉	A 5° 47' ♍	♀	4° 37' ♉
♂	7° 02' ♉	2 4° 57' ♊	2 3° 53' ♐	♂	10° 41' ♌
♃	13° 12' ♉	3 25° 11' ♊	3 9° 14' ♑	♃	7° 00' ♈
♄	14° 17' ♍	M 12° 55' ♋	M 18° 12' ♌	♄	9° 32' ♋
♅	20° 06' ♓	11 3° 08' ♒	11 21° 20' ♍	♅	17° 43' ♒
♆	21° 03' ♌	12 3° 36' ♓	12 16° 33' ♎	♆	0° 04' ♌
♇	11° 41' ♋	Häuser nach	Häuser nach	♇	1° 14' ♋
☊	13° 10' ♌	Placidus	Placidus	☊	5° 53' ♒
⚷	21° 07' ♈			⚷	22° 13' ♓

Potential an Zwillinge- oder Wassermannenergie, der sich ohnehin ständig nach Veränderung sehnt.

Dies macht sofort klar, wie wenig hilfreich die beliebten Kochbuchanleitungen sind, die uns erklären, daß *ein* Spannungsaspekt zwischen Venus und Saturn in der Partnerschaft ein entsetzliches Unglück ist, das mit herber Zurückweisung, Herzeleid und wachsender Kälte zwischen den Liebenden verbunden sei. Wenn wir die konkreten Chancen einer Partnerschaft abwägen sollen, nützt es uns wenig zu hören, daß ein disharmonischer Mars-Pluto-Interaspekt wahrscheinlich in körperliche Gewalt ausmünden wird, und daß ein Quadrat zwischen Georgias Neptun und Harrys Mars langfristig beim letzteren Impotenz auslöst.

Allerdings ist wahr, daß Saturn-Venus, Pluto-Mars oder Neptun-Mars die beschriebenen Wirkungen haben können. Hier liegt denn auch der Nutzen der Forschung, die sich rund um die Interaspekte rankt: Wir haben heute eine Menge Informationen darüber, was *möglicherweise* bei bestimmten Interaspekten in der Partnerschaft *eintreten kann*. Um die Interaspekte als Instrument der Partnerschaftsanalyse richtig einzuschätzen, ist es jedoch sinnvoll, sich vorab die potentiellen Verbindungen unterschiedlicher Planetenenergien näher anzuschauen. Bei der Bewertung von Interaspekten konzentrieren wir uns vornehmlich auf zwei Punkte: zum ersten auf die »natürliche Verträglichkeit« der beteiligten Planeten und zum zweiten auf die Art der Winkelverbindung.

Zur »natürlichen Verträglichkeit« von Planetenenergien

Es gibt Planeten, die eine innere Verwandschaft miteinander aufweisen und »von Natur aus« gut harmonieren, so zum Beispiel *Sonne und Merkur* oder *Mond und Neptun*. Das Sonnenprinzip hat viel mit Geist und Bewußtsein zu tun, und Merkur repräsentiert den Intellekt, das Denken und die Kommunikation. Der gefühlsselige und sensible Mond steht für unser Intimitätsbedürfnis und für unterbewußte Inhalte, während Neptun uns mit immer größeren Einheiten verschmelzen will. Natürlich haben Sonne und Merkur, Mond und Neptun jeweils unterschiedliche Bedürfnisse und Ziele. Aber diese Bedürfnisse und Ziele sind *grundsätzlich verträglich*! Des weiteren gibt es kosmische Energieformen, die wenig Beziehung zueinander haben, sich aber nicht stören und sogar zusammenarbeiten können, wie zum Beispiel *Saturn und Pluto*.

Und dann gibt es noch Planetenenergien, die sich »von Natur aus« spinnefeind sind, weil ihr Charakter und ihre vitalen Bedürfnisse so grundverschieden sind. *Solche Verbindungen sind beispielsweise Venus und Ura-*

nus, Saturn und Jupiter oder *Mond und Saturn.* Die liebevolle Venus will immer in Beziehung sein und möglichst alles zusammen tun; der kühle und sprunghafte Uranus reklamiert seine individuelle Freiheit und will keinesfalls (an-)gebunden sein. Der vitale und schwungvolle Jupiter will aus dem Vollen schöpfen und ungehemmt expandieren, während der mißtrauische Saturn für sichernde Begrenzung votiert. Der kindliche und verspielte Mond will lachen, umarmen, hätscheln, spielen oder essen; der steife und strenge Saturn aber läßt ihn nicht, denn *er* braucht Ordnung, Arbeit, Struktur und Ernsthaftigkeit.

Tatsächlich kann man alle potentiellen Planetenkombinationen einmal daraufhin abklopfen, wie verträglich oder unverträglich die beteiligten Energien »von Natur aus« sind – ungeachtet des *Aspekts,* der zwischen ihnen besteht. Das Tableau: »Die natürliche Verträglichkeit von Planetenenergien« zeigt die *potentiellen* Verbindungen zwischen Planeten im Partnerschaftskosmogramm. (Man kann das Tableau auch für Planetenkombinationen im individuellen Geburtshoroskop benutzen, indem man die oberste Zeile ignoriert.) Wenn wir die bekannten zehn Planeten (Sonne und Mond werden in der Astrologie aus praktischen Gründen als Planeten geführt) in die Betrachtung einbeziehen, erhalten wir insgesamt 55 potentielle Kombinationen. Dabei spielt es im Moment keine Rolle, welcher Aspekt zwischen zwei Planeten besteht, sei es Halbquadrat, Trigon, Quintil, Opposition oder Quinkunx. Wir betrachten ausschließlich die sich aus ihrer Natur herleitende »Verträglichkeit« von Planetenenergien. Helle Kombinationen sind verträglich, hellgraue sind leicht unverträglich und dunkelgraue stehen einander feindlich gegenüber. Diese sehr erhellende Betrachtung vermittelt uns ein Gespür dafür, daß kosmische Energien sowohl wütend gegeneinander kämpfen als auch sich zärtlich miteinander verbandeln können.

Eine Verbindung zwischen *Mars und Neptun* beispielsweise ist schwierig, da der vorwärtsdrängende, energiegeladene Willensausdruck (Mars) und das sich entziehende, unterminierende, schwächliche oder spirituelle Wesen Neptuns *naturgemäß* Gegensätze sind. Mars ist klar, offen, tatkräftig und impulsiv. Er ist zu potentem Willensausdruck fähig oder auch zu brutaler Egodominanz. Neptun ist hingebungsvoll, altruistisch und von allumfassender Liebe erfüllt. Er opfert sich auf oder ist flüchtig, täuschend und betrügerisch. Was Mars tut, ist klar und deutlich zu sehen. Was Neptun tut oder unterläßt, geschieht heimlich, verwischt und auf kaum faßbare Weise. Jede dieser Kräfte zieht in eine andere Richtung. Bei unerlöster Auslebensform im Radix schwächen sie sich gegenseitig, wobei auf die Dauer gesehen Neptun gewinnt, indem er die ungestüme Marskraft lähmt. Hier ist der einzig hilfreiche Ausdruck der einer »Spiritualisie-

Die natürliche Verträglichkeit von Planetenenergien									
☉☉	☽☽	☿☿	♀♀	♂♂	♃♃	♄♄	⚷⚷	♆♆	♇♇
☉☽	☽☿	☿♀	♀♂	♂♃	♃♄	♄⚷	⚷♆	♆♇	
☉☿	☽♀	☿♂	♀♃	♂♄	♃⚷	♄♆	⚷♇		
☉♀	☽♂	☿♃	♀♄	♂⚷	♃♆	♄♇			
☉♂	☽♃	☿♄	♀⚷	♂♆	♃♇				
☉♃	☽♄	☿⚷	♀♆	♂♇					
☉♄	☽⚷	☿♆	♀♇		■ verträglich				
☉⚷	☽♆	☿♇			■ leicht unverträglich				
☉♆	☽♇				■ unverträglich				
☉♇									
10	9	8	7	6	5	4	3	2	1
Summe: 55										

rung des eigenen Willens« und ein Einsatz der eigenen Kräfte für übergeordnete, kollektive oder transzendente Ziele. Ist dies schon *in der Seele eines Menschen* (eingraviert im Geburtshoroskop) schwierig genug zu bewerkstelligen, so ist die Integration der Spannung zwischen Mars und Neptun *zwischen zwei Liebenden* noch um einiges schwieriger.

Betrachten wir andrerseits einen Aspekt von *Mars und Pluto*, wird sofort klar, daß sich hier ähnlich gelagerte Energien zu enormer Durchschlagskraft verbinden. Mag die Zielsetzung beider Energien auch unterschiedlich sein – Mars stürmt für die eigenen, egoistischen Ziele vorwärts, während sich Pluto (im Idealfall) mit ganzer Macht für überindividuelle, kollektive Ziele einsetzt – so entstehen dennoch zwischen beiden Kräften keine Reibungsverluste. Sie verbinden sich harmonisch und verstärken sich gegenseitig zu einem ungeheuren Kräftepotential.

Natürlich ist diese Einteilung der Planetenkombination in kompatible (verträgliche), leicht unverträgliche und unverträgliche recht grob. In Wirklichkeit sind beispielsweise die unter *unverträglich* eingereihten Kombinationen keineswegs alle von gleicher Wertigkeit. So sind zwar die Verbindungen *Venus und Uranus* sowie *Venus und Saturn* beide unverträglich. Doch bestehen zwischen einer Venus-Uranus-Opposition und einer Venus-Saturn-Opposition im Partnervergleich gewaltige qualitative Unterschiede, wie wir später sehen werden. Auch kommen manche

Menschen besser mit Uranus klar als mit Saturn (oder umgekehrt). Als Grundsatzinformation zur natürlichen Verträglichkeit von Planetenenergien ist die Tabelle jedoch gut geeignet.

»Böse Quadrate« und »gute Trigone«?
Aspekte im Partnervergleich

Quadrate, Trigone, Oppositionen oder Konjunktionen im Partnervergleich wurden von der älteren Astrologie im wesentlichen genauso bewertet wie Aspekte im individuellen Kosmogramm. Als besonders schädlich galten disharmonische Konjunktionen. Dann folgten Quadrate und Oppositionen und schließlich die kleineren Spannungswinkel wie Halbquadrate, Anderthalbquadrate und Quinkunxe. Sextile, Trigone und Halbsextile galten als harmonisch. Zumindest im letzteren Fall ist die moderne Astrologie durchaus nicht einhellig dieser Ansicht.

Bei der Beurteilung von Partnerschaftsaspekten zeigte die klassische Astrologie die größte Strenge: Sie bewertete alle Konjunktionen mit sogenannten »Übeltätern«, (Mars, Saturn und – soweit sie bereits bekannt waren – Uranus, Neptun und Pluto) und alle Oppositionen außer einigen wenigen mit Venus und Jupiter grundsätzlich als hemmend und schädlich. Von dieser statischen Betrachtungsweise hat sich die moderne Astrologie gelöst, indem sie das entwicklungsfähige Potential von Spannungsaspekten stärker ins Blickfeld rückte. Lois Sargent, die eins der auch heute noch lesenswerten Bücher zur Partnerschaftsastrologie[8] geschrieben hat, urteilte bereits 1958 wesentlich milder und ließ etliche der von der Klassik als negativ gebrandmarkten Aspekte als förderlich zu, so etwa die Konjunktion von Uranus mit Mond oder Sonne des Partners oder die Opposition von Venus und Uranus.

Mit Hilfe der *natürlichen Verträglichkeit* der beteiligten Planetenenergien können wir Interaspekte jetzt differenziert bewerten. So gibt es Quadrate, die von extremer »Schädlichkeit« sind und andere, die kaum ins Gewicht fallen oder sogar angenehme und aufregende Elemente aufweisen. Dies hängt von der Natur der beteiligten Planeten ab, die sich entweder leicht und fließend oder nur mühselig miteinander verbinden. Interaspekte wie *Saturn Quadrat Sonne* oder *Uranus Quadrat Mond* sind schwierige Verbindungen, die von den Partnern nicht leicht zu leben sind. Obwohl sie das geistig-seelische Wachstum beider Liebenden außerordentlich fördern können, stehen sie in unerlöster Form für harte Maßregelung und Unterdrückung eines Partners durch den anderen (Sonne/Saturn) oder für emotionale Distanzierung und totale Unzuverlässigkeit eines Partners gegenüber dem anderen (Uranus/Mond), während sich der andere dadurch immer wieder abrupt aus seinen Hoffnungen auf seelische Geborgenheit und emotionale Zugehörigkeit gerissen sieht (Mond/Uranus). Hingegen bieten Quadrate zwischen *Jupiter und Venus* oder zwischen *Mondknoten und Merkur* nur geringfügige Reibungsflächen, dafür aber durchaus angenehme Wirkungen als Kompensation.

Bei den Oppositionen verhält es sich ähnlich. Heutzutage werten wir Oppositionen im Partnervergleich grundsätzlich zunächst immer als Aspekte enormer Anziehung. Oppositionen wie die zwischen Sonne und Mond, Sonne und Venus oder Venus und Jupiter gelten als hervorragend. Auch Oppositionen wie die zwischen Jupiter und Uranus, Merkur und Venus, Venus und Uranus, Merkur und Mars, Venus und Mars, ja sogar Mars und Uranus gelten als äußerst anregend, wenngleich sie auch mit spannungsvollen Elementen durchsetzt sind. Eine *Opposition zwischen Venus und Saturn* aber oder eine solche zwischen *Mars und Neptun* sind für Liebesleute schwierig zu lebende Interaspekte. Im ersten Fall *kann* ein Partner die Liebe des anderen zurückweisen, ihn frustrieren und ständig mit beinerner Kritik ans Kreuz nageln, während im zweiten Fall einer der Partner keine Stimulierung seines natürlichen Willens-und Energieausdrucks (Mars) erfahren kann, sondern in seiner Selbstdurchsetzung immer mehr verunsichert, geschwächt und schließlich sogar »gelähmt« werden *kann* (Neptun). Ist Mars ein Mann, so *können* durch seine Partnerin zusätzlich seine Sexualität und sein Verhalten als Eroberer und Liebhaber verunsichert (»vernebelt« oder »verwässert«) werden.

Die *natürliche Verträglichkeit* der am Interaspekt beteiligten Planetenenergien entscheidet also in erster Linie darüber, ob der Aspekt leicht zu leben ist oder den Partnern Mühe und Einsatz abfordert. Diese natürliche Verträglichkeit oder ihr Fehlen ist letztlich wichtiger als die Art der Winkelverbindung[9]. Sind zwei Planetenenergien von Natur aus unverträglich (wie beispielsweise Mond und Saturn) und zusätzlich noch durch ein *Interquadrat* verbunden, so müssen Liebende natürlich noch mehr Energie und viel emotionale Ehrlichkeit aufbringen, um diesen sehr herausfordernden Partnerschaftsaspekt fruchtbar zu machen.

Daraus folgt, daß es sich bei der Beurteilung des *Spannungsstatus* ebenso verhält wie bei der Individualastrologie: Letztlich entscheidet über Wohl oder Wehe einer Beziehung immer der Bewußtseinslevel beider Partner. Menschen, die an sich gearbeitet haben, gereift sind und ihr Bewußtsein entwickelt haben, werden auch mit sehr schwierigen Partnerschaftsaspekten konstruktiver umgehen als Menschen, die unausgereift, noch sehr jung oder sehr »unbewußt« und kaum in Kontakt mit den tieferen Schichten der eigenen Seele sind.

Bei der Einschätzung von Interaspekten muß auch berücksichtigt werden, daß Menschen verschieden sind und unterschiedliche Bedürfnisse haben. Deshalb ist es notwendig, zu fragen, *wieviel Stimulierung, Wechsel, Freiraum und Aufregung (Uranus)* zwei Menschen aufgrund ihrer eigenen Persönlichkeit brauchen und »vertragen« können. Hier sind wassermann- oder zwillingebetonte Menschen (im holistischen Sinn) sicherlich aufnahmefähiger als krebs- oder stierbetonte. Ebenso ist es notwendig zu klären, *wieviel Sicherheit, Stabilität und Verantwortung (Saturn)* jeder der Liebenden braucht, *und wie ihre Bedürfnisse nach Macht, Unterwerfung und Sexualität (Pluto) aussehen.* Wie empfindet eine Frau, die in ihrem Geburtskosmogramm Saturn im siebten Feld hat (Saturn/Venus-Analogie), das Quadrat zwischen ihrer Venus und dem Saturn ihres Partners? Wahrscheinlich ist ihr diese Energie bestens vertraut und sie findet es nicht im geringsten erstaunlich, für Liebe und »Beziehung« wirklich hart arbeiten zu müssen. Was empfindet andrerseits ein Mann mit einer Mars-Uranus-Opposition in seinem Radix, wenn zu dieser Konstellation der Saturn seiner Partnerin ins Quadrat tritt? Vermutlich hat er große Probleme mit dieser Form von »Reibungsenergie« und wird sich wirklich stark gebremst und behindert fühlen.

Es ist also immer wichtig, die *persönliche Prägung* beider Liebenden durch das individuelle Geburtshoroskop zu untersuchen: Sie bestimmt maßgeblich unsere Reaktionen auf Interaspekte gleich welcher Art. Für eine stark venusbetonte Persönlichkeit oder einen Menschen mit viel Fische- oder Neptunenergie ist eine dramatische Kampfbeziehung mit Eifersuchtsszenen, Türenknallen, hitzigen Streits und leidenschaftlichen Versöhnungen ein wahrer Greuel. Andrerseits wird eine stark plutobetonte Persönlichkeit mit einem guten Potential an Feuerplaneten dasselbe Szenario als äußerst anregend empfinden. Stark feurige Menschen brauchen ein gerütteltes Maß an Dynamik und heftigem Energieausdruck, um sich in ihrer Beziehung wohl, lebendig und geliebt zu fühlen. Kurz gesagt: Was für *einen* Menschen anregend ist, kann für einen anderen störend oder bedrohlich sein.

In ihrem Buch erwähnt Lois Sargent besondere Anziehungsaspekte, die für eine Partnerschaft hilfreich, stimulierend oder ausgleichend sein können. Da sich diese Anziehungsaspekte empirisch gut bewährt haben, gebe ich sie hier wieder.

Eine *Konjunktion zwischen Mond und Sonne* beispielsweise – obwohl *in sich* leicht unverträglich – gilt als hervorragender Interaspekt zwischen Menschen verschiedenen Geschlechts und galt der klassischen Astrologie als erstrangiger »Eheaspekt« insbesondere dann, wenn der weibliche Mond die männliche Sonne harmonisch aspektierte. Das gleiche gilt für eine *Konjunktion von Venus und Mars* oder von *Mond und Uranus*, obwohl diese Kombinationen *ihrer Natur nach* alle unverträglich sind! Wie ist das zu verstehen? Hier verschmelzen bei einer Konjunktion das Männliche und das Weibliche, die ja genaugenommen ihrer Natur nach ebenfalls verschieden sind. Es handelt sich hier also in der Hauptsache um bestimmte Aspekte zu den *Gefühls- und Geschlechtsplaneten Mond, Venus, Sonne und Mars*. Sargent, in ihrer Klassifizierung von Interaspekten insgesamt überraschend modern, nennt folgende Merkmale als besonders hilfreich:

Besonders stimulierende Interaspekte in der Partneranalyse

- **Sonne – Mond:** Konjunktion, Sextil, Trigon und Opposition
- **Venus – Mars:** Konjunktion, Sextil und Trigon. Quadrate und Oppositionen zwischen diesen Planeten zeigen ebenfalls enorme Anziehung an, die jedoch mit gespannten Elementen wie Eifersucht, Widersprüchlichkeit und Abwehr einhergehen
- **Venus – Uranus:** Konjunktion, Sextil und Trigon. Hier gilt auch die Opposition als Aspekt großer Anziehung, ja der »Liebe auf den ersten Blick« schlechthin.
- **Uranus – Mond** oder **Uranus – Sonne:** Konjunktion, Sextil oder Trigon
- **Venus – Sonne** oder **Venus – Mond:** Konjunktion, Sextil, Trigon und Opposition (Oppositionen der großen Liebenden Venus galten sogar der Klassik als harmonische Relationen).
- **Mars – Mond** oder **Mars – Sonne:** Konjunktion, Sextil und Trigon
- **Sonne, Mond, Venus oder Mars im Aszendent- oder Deszendentzeichen des Partners**

Zusammenfassung: Zur Bewertung von Interaspekten

Theoretisch könnten wir nun alle Kombinationen von Planeten und persönlichen Punkten, wie sie im Tableau dargestellt sind, auf die zwischen ihnen bestehenden Aspektarten hin untersuchen. Selbst wenn wir als Hauptverbindungen nur die Aspekte *Konjunktion, Quadrat, Opposition, Trigon, Sextil, Quinkunx, Halbquadrat und Anderthalbquadrat* zulassen, erhalten wir bereits 440 potentielle Interaspekte (55 mal 8). Diese müßten sodann separat auf ihren Wert oder ihre Schädlichkeit für eine Partnerschaft überprüft und durch eine Quantifizierung in irgendein System gebracht werden. Natürlich ist ein solches Vorgehen sinnlos, da *im*

Kosmogramm buchstäblich alles mit allem in Verbindung steht und sich gegenseitig beeinflußt. Auch können bei einer solch partikulären Analyse Aspektfiguren wie das Karma-Quadrat (Großes Kreuz), das T-Quadrat oder die Große Opposition mit drei oder mehr beteiligten Planeten nicht berücksichtigt werden, obwohl sie doch die Bedeutung der daran beteiligten Einzelaspekte potenzieren oder aber in ihrer Aussage stark verändern.

Wenn Planeten meines Partners auf eine »Ecke« meines Karmaquadrats fallen, dann stehen sie automatisch in Spannungsrelation zu allen übrigen drei »Ecken«. Dies würde man aus konventioneller Sicht als äußerst problematisch werten, umso mehr, wenn Saturn, Mars, Uranus, Neptun oder Pluto an dieser Figur beteiligt sind. Bei der Betrachtung im 90-Grad-Kreis wiederum fallen die Einzelaspekte dieses Karmaquadrats – wenn es einigermaßen exakt ist – alle zusammen, derart ein Stellium bildend. Dies gilt dann auch für die Planeten des Partners, die im 360-Grad-Kreis auf einer »Ecke« meines Stelliums »sitzen«. Wie soll das nun beurteilt werden? Welches Vorgehen kann gewählt werden, um Zahl und Qualität der Interaspekte *und* die gegenseitige Aktivierung von Planetenbildern im Partnerschaftsvergleich zu bewerten?

Eine isolierte Betrachtung einzelner Interaspekte, wie sie die klassische Synastrie – wenn auch implizit und ohne Quantifizierung – im Grunde versucht hat, ist also letztlich sinnlos. Andrerseits sind die Interaspekte von enormer Wichtigkeit, da sie eine Grundvoraussetzung für Beziehung sind. Wir können uns folgende Faustregeln merken:

Vorbedingung für eine Beziehung zwischen zwei Menschen
ist ein ausreichendes Maß an Interaspekten (gleich welcher Art),
die als Kanäle für emotionalen, geistigen und sexuellen Austausch
fungieren können. Ohne Interaspekte keine Beziehung!

Ohne Interaspekte kommt kein Kontakt zustande oder er versandet rasch wieder. Wenn wir auch den rigiden Schlußfolgerungen der klassischen Astrologie heute nicht mehr anhängen, so hat sie doch die Bedeutsamkeit der Interaspekte richtig eingeschätzt. Allerdings kann man aus der Art des Interaspekts *allein* (»böses« Quadrat oder »gutes« Trigon) keine Prognose über das Gelingen oder Scheitern einer Beziehung ableiten! Winkelverbindungen sind Leitungen. Der Widerstand in einer elektrischen Leitung kann hoch sein (Quadrate, Oppositionen und disharmonische Konjunktionen) oder gering (Trigone, Sextile und harmonisierende Konjunktionen). In beiden Fällen fließt Strom. Nur müssen im ersteren Fall größere Hindernisse überwunden und vermehrte Anstrengungen gemacht werden. Was bei elektrischen Leitungen unmittelbar plausibel ist *(weniger Widerstand ist besser)*, ist es bei menschlichen Beziehungen noch lange nicht. Im Falle des Stroms ist es sicherlich hervorragend, wenn er möglichst reibungslos fließt, für menschliche Kommunikationsprozesse verbaler, emotionaler oder sexueller Art gilt dies nicht unbedingt. *Menschliche Beziehungen sind Wachstumsanforderungen!* Ohne Widerstand aber wären nur wenige Menschen genügend motiviert zu wachsen. Veränderung geschieht bekanntlich selten völlig freiwillig.

Wesentlich für die Beurteilung von Interaspekten sind einmal die natürliche Verträglichkeit der beteiligten Planeten und zum zweiten die Art der Winkelverbindung

Zusätzlich gilt: Je schwieriger die am Interaspekt beteiligten Planeten im individuellen Kosmogramm gestellt sind, desto größer ist das potentielle Konfliktpotential, wenn sie in einer Liebesbeziehung durch einen Spannungsinteraspekt aufeinanderprallen.

Über die Einordnung eines Interaspekts als »schwierig« oder »hilfreich« entscheidet neben der natürlichen Verträglichkeit und der Art der Winkelverbindung also auch der »kosmische Gehalt« der am Interaspekt beteiligten Planeten beider Partner im Geburtskosmogramm. Eine Radixsonne im zwölften Haus, die harte Quadrate von Pluto und Saturn empfängt oder in ein Aspektbild mit Halbsummen wie Mars-Saturn, Uranus-Neptun und Venus-Saturn eingebunden ist, hat einen längeren Weg vor sich, zu einem entwickelten und verantwortungsvollen Partner heranzureifen als eine Radixsonne im siebten Feld, die Trigone zu Jupiter und Merkur aufweist oder in so hübschen Halbsummen wie Venus-Mond und Mars-Jupiter steht. Schlußendlich entscheiden natürlich über das Funktionieren einer Beziehung *immer* der geistig-seelische Entwicklungslevel, die menschliche Reife und die spirituelle Integrität beider Partner, die allerdings aus dem Partnerschaftshoroskop nicht abzulesen sind. In aller Regel müssen wir aber davon ausgehen, daß sich dieser geistig-seelische Entwicklungslevel nicht im Optimalbereich befindet – schließlich sind im Kosmogramm die Entwicklungsaufgaben unseres ganzen Lebens eingraviert!

Der *Spannungsstatus*

Eine der fundamentalen Diagnosetechniken der Partnerschaftsanalyse ist die *Synastrie*. Die Synastrie besteht im großen und ganzen aus der Auflistung aller Interaspekte, meist getrennt nach »positiven« und »negativen« (hilfreichen oder schädlichen) Verbindungen. *Der Spannungsstatus ist eine Weiterentwicklung und Systematisierung dieser Synastrie.* Auch der Spannungsstatus unterteilt die Interaspekte zunächst einmal in fördernde und spannungserzeugende Aspekte. Neu jedoch ist eine stärkere Untergliederung der Interaspekte nach der Art der Winkelverbindung.

Zum ersten werden *harmonische Konjunktionen und Oppositionen* einerseits und *Trigone und Sextile* andrerseits getrennt aufgeführt, da ihnen ein völlig unterschiedliches Gewicht zukommt. Eine *Venus-Uranus-Konjunktion* im Partnervergleich ist von ihrer Wirkung her mit einem Venus-Uranus-*Trigon* überhaupt nicht zu vergleichen. Die Konjunktion nämlich aktiviert erheblich mehr Energie! Zum zweiten unterteilen wir die problematischen Aspekte nach *leicht spannungserzeugenden* (Halb- beziehungsweise Anderthalbquadrate und Quinkunxe) sowie *stark spannungserzeugenden Interaspekten* (disharmonische Konjunktionen, Oppositonen und Quadrate). Wirft man nämlich harmonische Konjunktionen und Oppositionen sowie Trigone und Sextile einerseits und disharmonische Konjunktionen und Oppositionen sowie Quadrate, Halb- und Anderthalbquadrate und Quinkunxe andrerseits allesamt in einen Topf, so trübt dies einfach den Blick.

Die kurze Affaire: Rachel und Travis

Die Differenzierung der Aspekte nach ihrem Wirkungsgrad hat den großen Vorteil, daß fast auf einen Blick erkennbar wird, wie hoch das Spannungsniveau ist, mit dem sich die Liebenden auseinandersetzen müssen. Einen Beleg dafür gibt unser erstes Beispiel Rachel und Travis. Wir sehen sofort, daß sich im rechten (spannungserzeugenden) Sektor eine Häufung von Interaspekten findet. An hilfreichen Interaspekten *(erste und zweite Spalte)* sehen wir fünfzehn, an spannungserzeugenden *(dritte und vierte Spalte)* einundvierzig. Damit stehen 73% spannungserzeugenden Interaspekten nur 27% fördernde Interaspekte gegenüber! Wir erkennen, daß bei dieser Anordnung der Interaspekte das Ausmaß der Spannung und damit der *potentielle* Grad an Disharmonie vom linken Bildbereich zum rechten hin gesehen laufend zunimmt. Am förderlichsten in ihrer Wirkung sind har-

Spannungsstatus für: Rachel und Travis			
fördernde Interaspekte		spannungserzeugende Interaspekte	
1 ☌ ☍	2 △ ✶	3 ⊾ ⚼ ⚻	4 ☌ □ ☍
☉☍☽ ♀☌A ♃☌☊	☉✶♃ ♀✶♃ ♀△♄ ☽△☊ M△☊ M△☿ M✶♆ A△♆ A✶♆	♀⚻♁ ♀⚻M ♀⚻☊ ♀⚼☽ ♀⚼♆ ♂⚻☿ ♂⚻☉ ♂⚻☽ ♂⊾A ☿⚻☿ ☿⚻☉ ☿⚻M ☿⚼♆ ☿⚼☉ ♁⚻☊ ☽⚻♃ ☽⊾♆ ♃⊾M ☉⚼♆	♀☍♂ ♀☍☉ ♀☌A ♀□♀ ♀□♀ ☉□♀ ☉□♀ ♄□♀ ♀☌♀ ☽☌♀ ☽☌♀ M☌♀ M☍M ☊□♂ ☊□☿ ♁☍A ♃□♃
3	9	19	17
Interaspekte von Saturn, Jupiter, Uranus, Neptun und Pluto zueinander			
	♀△♄ ♁✶♄ ♃✶♆	♁⊾♆ ♄⊾♆ ♃⚼♆	♆□♁ ♅□M ♄☌♀ ♅☌♀ ♅□♀
	3	3	2
3	12	22	19
Summe: 56 15 : 41 +27% : -73%			

monische Konjunktionen und Oppositionen *(erste Spalte)*, am streßerzeugendsten sind Quadrate sowie disharmonische Konjunktionen und Oppositionen *(vierte Spalte)*.

Bei der Verbindung von Rachel und Travis handelte es sich um eine kurze Liebesaffaire, die schon nach wenigen Wochen wieder auseinanderbrach. Es ist leicht zu sehen, daß in den beiden ersten förderlichen Spalten nur wenige Interaspekte zu finden sind, während sich in der vierten (schwer spannungserzeugenden) Spalte viele Aspekte finden, darunter auch besonders harte wie *Pluto Opposition Sonne, Pluto Opposition Mars, Pluto Konjunktion Saturn, Saturn Quadrat Venus und Pluto Quadrat Venus*. (Zu Pluto Konjunktion Saturn ist zu sagen, daß diese Energien zwar grundsätzlich relativ verträglich sind; wegen der »harten« und kompromißlosen Natur beider Planeten muß eine Interkonjunktion dennoch eher zu den harten Spannungsaspekten gezählt werden). Das Scheitern ihrer kurzen Liebesaffaire wird auch durch ein hohes Maß an harten Venus-Interaspekten dokumentiert: *Venus Quadrat Saturn, Venus Quadrat Pluto, Venus Quadrat Neptun* sowie weitere acht Venus-Spannungsrelationen *(Spalte 3 und 4)* sprechen eine deutliche Sprache.

Wir finden auch eine auffallend starke Häufung von Quinkunxen sowie Halb- und Anderthalbquadraten *(Spalte drei)*. Aller Erfahrung nach verhält es sich so, daß zwei Menschen, bei denen diese Spalte mit zahlreichen Interaspekten besetzt ist, während sich in den Spalten eins, zwei und vier nicht sehr viel abspielt, auch nicht besonders viel miteinander zu tun haben. Wichtige Beziehungen zeigen sich immer über klare, starke Aspekte, seien sie nun harmonischer oder spannungsgeladener Natur, über Konjunktionen, Quadrate, Oppositionen, Trigone und Sextile. Eine sehr große Zahl von kleineren Spannungswinkeln *(Spalte 3)* deutet oft darauf hin, daß die Kerne dieser beiden Menschen nur in schwacher Resonanz sind, was für eine Beziehung ungünstig ist. Von daher ist die dritte Spalte, die die schwach spannungserzeugenden Winkelverbindungen enthält, qualitativ mit den drei anderen Spalten nicht gleichgestellt, sondern schwächer zu bewerten!

Der Spannungsstatus erlaubt uns also einen sofortigen Überblick über Ausmaß und Qualität der Wachstumsspannung in einer Beziehung! Bei den herkömmlichen Darstellungsarten der Synastrie ist dies unmöglich. Wir kennen verschiedene Formen der Auflistung von harmonischen und disharmonischen Aspekten oder tabellarische Darstellungen aller Interaspekte beispielsweise in der Form, wie sie auf Seite 70 für Danny und Carol abgebildet ist. Diese Darstellung der Interaspekte liefert eine Informations*grundlage*, kann uns aber ohne weitere Untersuchungen keinen Überblick darüber verschaffen, was in dieser Beziehung wirklich los ist.

Harmonie oder Kampf? Der Spannungsstatus

Für die Interpretation des *Spannungsstatus'* gilt: *Je mehr Interaspekte im linken Bereich des Untersuchungsblattes, desto ausgeglichener und harmonischer ist die Verbindung. Je mehr Interaspekte im rechten Bildbereich, desto spannungsgeladener ist die Verbindung.* Mit Hilfe dieser Untersuchungsmethode können wir (beinahe) auf einen Blick den Charakter einer Liebesbeziehung feststellen – harmonisch oder spannungsbetont. Auch ist es durch diese Anordnung möglich, besonders harte oder besonders hilfreiche Interaspekte (im Hinblick auf ihre »natürliche Verträglichkeit«) innerhalb der einzelnen Spalten optisch leichter zu identifizieren und ihnen implizit ein stärkeres Gewicht zu verleihen.

Interaspekte Danny – Carol														
	Danny													
		☉	☽	☿	♀	♂	♃	♄	♅	♆	♇	☊	AC	MC
Carol	☉			☌ 1.3						△ 4.1				
	☽	△ 3.7		□ 1.8				⚻ 2.1	△ 3.4					
	☿		⚻ 1.3			☍ 3.4		☌ 3.6						☍ 4.1
	♀	L 2.5				□ 5.9	☍ 0.2	✶ 3.5	⚻ 0.9			☌ 4.6	□ 4.7	
	♂	L 1.0			☌ 2.4	□ 3.7		✶ 2.5				□ 1.1	☍ 1.2	
	♃		☍ 2.8	L 0.2				☍ 3.6						
	♄		△ 1.7			□ 3.6		△ 4.7	□ 3.4	⚻ 2.0				□ 3.9
	♅	☌ 2.9	△ 4.1	L 0.5							L 0.8	⚻ 0.7	⚻ 1.9	
	♆	⚻ 1.9				⚻ 1.0		☍ 3.3						☌ 2.9
	♇	☌ 4.3	⚻ 1.8			□ 4.7	☌ 2.1							
	☊					☌ 2.5		☍ 4.6						
	AC			✶ 2.8	☌ 3.4					□ 1.2	✶ 0.0	□ 4.7	☍ 4.6	
	MC		☍ 3.1	L 0.5				☍ 3.4						

Zum dritten gibt es beim Spannungsstatus *noch eine weitere Neuheit*. Wir betrachten nämlich Aspekte zu persönlichen Planeten der Partner sowie zu Aszendent, Medium coeli und Mondknoten getrennt von solchen Aspekten, die zwischen Saturn und Jupiter und den transzendenten Planeten untereinander bestehen. Im unteren Bildbereich finden sich also *Interaspekte der kollektiven Planeten Jupiter und Saturn zueinander und zu den spirituellen Planeten Uranus, Neptun und Pluto sowie Interaspekte der spirituellen Planeten untereinander*. Wozu diese Unterteilung? Interaspekte im unteren Viertel des Untersuchungsblatts machen eine Aussage über die tiefere Dimension der Liebesbeziehung und die kosmischen Lernziele beider Partner 10). Eine kräftige Besetzung dieses Bereichs im Spannungsstatusblatt zeigt immer an, daß diese beiden Menschen auf einer tieferen Ebene stark miteinander zu arbeiten haben, und zwar völlig unabhängig davon, ob sie dies in einer kurzfristigen oder langfristigen Verbindung tun. Wie lange sie es jedoch wahrscheinlich miteinander aushalten (oder ob überhaupt eine Beziehung zustande kommt), darüber geben die Interaspekte zu *persönlichen Planeten und Punkten* der Partner Auskunft. Venus Trigon Saturn ist für eine Beziehung wesentlich relevanter als Neptun Trigon Saturn!

Von höchster Bedeutung für die Alltagsbewältigung des liebenden Paares nämlich und damit für den Grad der Zufriedenheit in ihrer Beziehung sind Aspekte zu Sonne, Mond, Venus, Mars und Merkur beider Partner. Diese Interaspekte lassen Bedeutung und Gewicht bestimmter Partnerschaftsthemen erkennen. Wie ist es um unsere Kommunikation bestellt *(Merkur)*? Können wir uns verständigen? Wie steht es mit unserer Erotik und Sexualität *(Venus und Mars)*? Wie drücken wir Liebe aus und nehmen sie entgegen *(Venus)*? Können wir uns an denselben Dingen erfreuen oder hat jeder von uns unterschiedliche ästhetische und geschmackliche Vorlieben *(Venus)*? Können wir auf einer tiefen emotionalen Ebene Intimität leben oder arbeiten unsere Herzenswünsche, unsere tiefsten Bedürfnisse und unser Kinder-Ich[11] letztlich gegeneinander *(Mond)*? Wie sieht es mit unserer Kooperationsfähigkeit aus? Können wir zusammenarbeiten und gemeinsame Pläne und Projekte durchziehen oder behindern wir uns gegenseitig *(Mars)*? Mögen wir den sexuellen Selbstausdruck unseres Partners *(Mars)* oder hätten wir es lieber anders? Sind die Kerne unserer Persönlichkeiten in Resonanz? Haben wir verträgliche Bedürfnisse im Hinblick auf Selbstverwirklichung, Autonomie und Selbständigkeit *(Sonne)*?

Natürlich sind auch die Interaspekte der kollektiven und transzendenten Planeten untereinander wichtig, da sie die kosmischen Lernziele beider Liebenden spiegeln und damit eine Dimension, die weit über Liebe, Sexualität, Kommunikation und Kooperation hinausreicht. Bekommt jedoch die Beziehung im Bereich persönlicher Planetenverbindungen nicht genügend »Substanz« zugewiesen, weil nur spärliche Kommunikationskanäle (Interaspekte zu persönlichen Planeten) vorhanden sind, so können die im unteren Bildbereich angezeigten kosmischen Wachstumsziele nicht erreicht werden: Es kommt erst gar keine Verbindung zustande. *Nur spärliche Interaspekte zu persönlichen Planeten zeigen an, daß zu wenig »Resonanz« zwischen beiden Persönlichkeiten besteht.* In einem anderen Fall wieder können zwar zahlreiche Interaspekte im persönlichen Bereich vorhanden sein, doch kann zugleich das Spannungsniveau so hoch liegen, daß die Liebenden es einfach nicht mehr verkraften. Dann zerbricht die Beziehung unter zu starker Belastung (übermäßig viele und »schwergewichtige« Interaspekte im rechten Bildbereich).

Um das Maß an Spannung, das in einer Beziehung herrscht, herauszufinden, untersuchen wir, wieviele harmonische und disharmonische Aspekte vorliegen, wobei wir die Differenzierung nach leicht und schwer spannungserzeugenden beziehungsweise nach stark und leicht förderlichen Interaspekten beachten. Dabei ist vor allem entscheidend, wieviele harmonische und disharmonische Verbindungen *im persönlichen Bereich (durch Aspekte zu Sonne, Mond, Merkur, Venus und Mars)* gebildet werden. Kollektive oder transpersonale Lernaufgaben zeigen sich über Interaspekte im unteren Bildbereich. Bestehen viele harmonische Verbindungen zum *Aszendenten,* zum *Medium Coeli* oder zum *Mondknoten,* so bedeutet dies eine große Anziehung (Mondknoten und Aszendent) oder eine Förderung im beruflichen Bereich oder im Bereich der Lebensziele (Medium coeli). Entscheidend für die Beziehung aber sind die harmonischen und spannungsgeladenen Verbindungen zu Sonne, Mond, Venus, Mars und Merkur: *Hier spiegelt sich die partnerschaftliche Alltagsbewältigung.*

Haben wir das ungefähre Kräfteverhältnis im Spannungsstatusblatt ermittelt, was dank der differenzierten Aufgliederung bereits durch den rein optischen Eindruck möglich ist, so sehen wir uns die *Qualität* der gebildeten Interaspekte an. Das heißt, wir untersuchen die »natürliche Verträglichkeit« oder »Unverträglichkeit« der Planeten. Hier sind besonders die beiden Rubriken der spannungserzeugenden Aspekte zu beachten. Spannungsaspekte sind energiereicher als Trigone und Sextile. Sind die Planeten daher unverträglich, so potenziert sich die streßerzeugende Wirkung. Ein *Interquadrat des Uranus auf den Mond* wiegt schwerer als ein *Interquadrat des Merkur auf Mars.* Dies gilt natürlich in besonderem Maße für *Liebesbeziehungen,* da hier dem Gefühlsplaneten Mond eine ungleich größere Wirkung zukommt. Merkur und Mars können sich auch im Quadrataspekt immer irgendwie auseinandersetzen, sei es durch eine hitzige Diskussion oder einen lautstarken Streit. Bei Uranus und Mond ist dies wegen ihrer grundsätzlich gegensätzlichen Natur viel weniger möglich, so daß der Kontakt potentiell mit einem höheren Maß an emotionalen Schmerzen verbunden ist.

Ganz gleich, wieviele harmonische Interaspekte vorhanden sind: Letztlich sind es die spannungserzeugenden Interaspekte, die über Wohl und Wehe einer Liebesbeziehung Auskunft geben. Das *quantitative* Verhältnis von förderlichen zu spannungserzeugenden Interaspekten ist immer nur unser allererstes, grobes Maß. Hinzutreten muß in jedem Fall eine differenzierte *qualitative* Prüfung der Interaspekte. Und bei den spannungserzeugenden Interaspekten sind es vor allem die ganz »harten«, ihrer Natur nach stark unverträglichen Verbindungen wie beispielsweise *Saturn-Venus, Saturn-Mond, Saturn-Sonne, Mond-Uranus,* usw., mit deren Bewältigung die ganze Verbindung stehen oder fallen kann.

Nur wenige Menschen haben einen Bewußtseinslevel erreicht, der es ihnen ermöglicht, auch mit einer großen Menge von brutalen Interaspekten angemessen umzugehen und deren Wachstumspotential auszuschöpfen. Sicherlich sind bei *Pluto-Mond-Quadraten, Saturn-Sonne-Oppositionen* oder *Neptun-Mars-Konjunktionen* große Lernerfahrungen möglich - ebenso wie bei einem *Saturn-Pluto-Quadrat* oder einer *Opposition von Mars zu Saturn: Es* kann durchaus zu einem enormen Wachstumsschub kommen. Fast immer aber ist eine Häufung solcher Interaspekte auch mit einem größeren Maß an emotionalen Schmerzen verbunden. Hier finden sich dann harte Konflikte, gefühlsmäßiger Aufruhr und starke Wachstumsschmerzen. Manchmal ist es einfach mehr, als die beteiligten Menschen ertragen können. Dabei ist natürlich die individuelle Fähigkeit, Wachstumsspannung auszuhalten und konstruktiv zu verarbeiten, überaus unterschiedlich. Dies muß im Einzelfall jeweils geprüft werden. Repräsentieren die Planeten, die vom Partner mit scharfen Interaspekten attackiert werden, im eigenen Kosmogramm jeweils gerade die wunden Stellen? Oder sind es vorwiegend die harmonischen Konstellationen im eigenen Kosmogramm, die durch Interaspekte unter Druck geraten? Werden nämlich zu viele blinde Flecken, Schattenanteile und wunde Bereiche der Persönlichkeit vom Partner mit harten Aspekten »geprüft«, so mag es unter Umständen einfach *zuviel* sein und für den betroffenen Menschen unerträglich.

Um unseren Blick dafür zu schärfen, was der *Spannungsstatus* über Liebesbeziehungen (und jede andere Form von Verbindung) aussagen kann, behandeln wir im Folgenden sechs *Kurzportraits* von Liebesbeziehungen mit ihrem Spannungsstatusblatt. Ein *Leerformular des Spannungsstatusblatts,* das kopiert und zu eigenen Forschungszwecken benutzt werden kann, ist *im Kapitel: Praktische Übungen* auf Seite 310 abgebildet.

Andorra

Wo bist du Andor
hingegangen?
In die dunkle See
im Schattengrün weidend
wie Seevieh sacht?

Ins Haus des Schmerzes
mit gesplittertem Leib
dich windend in Tentakelarmen
böser Träume?
Bist Du vom Seil gestürzt
mit tänzelndem Bein
mitten ins gelbe
Moor der Gier?

Ich frag den Weidenzweig
die Erbsenblüte
Ich suche Dich
im Rund des alten
Opfertischs

Doch das Feuer schweigt
Die Steine haben mir
nichts zu sagen
Das Meer ist weit
Der Fluß ist immerfort
in Eile. Spöttisch
kräuselt die Erde sich
unter meinem Fuß

Andor wo immer du bist
ritz einer Gänsedaune ein
das Zeichen der Freude
Dann gib sie dem Wind
Der macht mich frei

Jessie Adler Gral

4
Fallbeispiele zum *Spannungsstatus*

Stabile gegenseitige Unterstützung: Tanjy und Wolfgang

Tanjy und Wolfgang leben seit zwölf Jahren zusammen. Ihre eheähnliche Gemeinschaft verläuft größtenteils harmonisch. Wir sehen die lange Reihe von fördernden Interaspekten (53%), während die spannungserzeugenden Interaspekte dagegen leicht abfallen (47%). Sofort ins Auge springt das relativ hohe Maß an Jupiterenergie. Es finden sich allein drei Konjunktionen mit Jupiter in der ersten (besonders günstigen) Spalte, sämtlich *Konjunktionen: Mars-Jupiter, Merkur-Jupiter und Medium coeli-Jupiter. Jupiterverbindungen,* gleich welcher Art, sollten im Spannungsstatusblatt in besonderer Weise markiert werden – vielleicht mit grünem Textmarker oder mit einem Kreis, denn sie erzeugen ein stark positives energetisches Potential. Ein gutes Quantum harmonischer Jupiterinteraspekte hilft auch einer ansonsten sehr spannungsreich geprägten Beziehung ungemein. Jupiter ermöglicht es beiden Menschen ganz natürlich, größtmögliche Toleranz, Offenheit und Großmut an den Tag zu legen, einerlei wie frustrierend, abwehrend, bremsend, gefühlskalt oder unklar sich die Partner jeweils verhalten. Ein Potential an Jupiteraspekten hilft beiden auch bei wirklich harten Erlebnissen immer wieder, einander Verständnis und Wohlwollen entgegenzubringen. *Jupiterinteraspekte machen es zwei Menschen schwer, sich wirklich böse zu sein.*

Der *Spannungsstatus* von Tanjy und Wolfgang ist befriedigend. Zwar liegen die harmonischen Aspekte nur knapp über den spannungsgeladenen, doch ist diese Zahl nicht allzu aussagekräftig. Wenn wir bedenken, daß wir sechs Spannungsaspekte untersuchen, denen nur vier harmonische Aspekte gegenüberstehen, so ist klar, daß in den meisten Fällen die Spannungsaspekte überwiegen werden. Von daher sind 53% fördernder Aspekte ein gutes Ergebnis. Die vierte Spalte ist stark besetzt. Darüber hinaus finden sich hier auch einige *harte* Interaspekte (darunter *Saturn Quadrat Sonne, Saturn Konjunktion Aszendent, Saturn Quadrat Medium coeli, Uranus Opposition Mond sowie Pluto Opposition Venus*). Andrerseits werden allein sieben der Spannungsaspekte durch Jupiter

Spannungsstatus für: Tanjy und Wolfgang			
fördernde Interaspekte		*spannungserzeugende Interaspekte*	
1 ☌ ☍	2 △ ✱	3 ∠ ⚼ ⚻	4 ☌ □ ☍
♃☌♂ ♃☌☿ ♃☌M ⊙☍M ☿☍M ♂☌M M☌M A☌A ☿☌☊ ♂☌☊	♂△M ♂✱A ♂✱♄ ♂△☽ ♂✱♇ ☿△☽ ☿△♅ ☿✱☊ ☿✱♄ ☿✱♇ ☊✱⊙ ☊△A ☊△♄ ☊✱♅ ☊✱M ☊✱♃ ☊✱♀ ♆△♀ ♆✱♀ ⊙✱♅ ⊙△♅ ⊙△A M✱A M✱A M✱♄ M△☽	♀⚻⊙ ♀∠♄ ♀⚼M ♇∠M ♇⚼⊙ ♂⚼⊙ ♆∠A ♅⚼A	♇☌♀ **♇☍♀** ♇☌☊ ♂☍☊ ☽☍☊ **♄□⊙** ♄□☿ **♄☌A** **♄□M** ♃□♃ ☿□♃ ⊙□♃ M□♃ ♂☍⊙ ♂☍☿ ♂□☽ **♅☍☽** ☿☍☿ ♆☌☿ ☊□♃
10	*26*	*8*	*20*
Interaspekte von Saturn, Jupiter, Uranus, Neptun und Pluto zueinander			
	♃✱♅ ♄△♅	♇⚻♃ ♄∠♆	♄□♃ ♆□♃ ♆□♅ ♇☌♅ ⚷☌♀ ⚷☍♇
	2	*2*	*4*
10	*28*	*10*	*24*
Summe: 72 38 : 34 +53% : -47%			

gebildet, was nicht besonders problematisch ist, da Jupiter auch in Quadraten seine natürliche Großmut nicht verliert.

Auffällig ist das außergewöhnlich hohe Maß an stark förderlichen Interaspekten *(erste Spalte)*. An der langen Reihe von Trigonen und Sextilen zu Mars, Merkur, Mondknoten und Medium coeli *(zweite Spalte)* sehen wir zudem, daß diese beiden gut kooperieren und kommunizieren können (Mars und Merkur), ihre Verbindung überwiegend genießen (Mondknoten) und einander bei Reifung, Beruf und gesellschaftlichem Aufstieg eine Hilfe sind (Medium coeli). Zusammen mit den sehr zahlreichen Jupiterinteraspekten (insgesamt 13, davon 5 im harmonischen Bereich) kann dies – trotz einiger harter Interaspekte in der vierten Spalte – als recht guter Spannungsstatus angesehen werden.

Die lebenslange Ehe: Charly und Jennifer

Die Ehe von Charly und Jennifer besteht seit rund 51 Jahren. Bis heute haben beide Partner weder das Interesse füreinander verloren noch die Kommunikation unterbrochen, wie es in so vielen langjährigen Beziehungen der Fall ist. Das *quantitative* Verhältnis von förderlichen (54%) zu spannungserzeugenden Aspekten (46%) ist sogar noch leicht günstiger als bei Tanjy und Wolfgang. Es finden sich sieben Jupiterverbindungen, davon vier im harmonischen Bereich. Es fällt auf, daß Charly und Jennifer ein wesentlich geringeres Maß an *harten* Spannungsaspekten aufweisen *(Spalte 4)*, die auch *qualitativ* längst nicht so schwierig sind wie die von Tanjy und Wolfgang. Wirklich unangenehm sind nur *Saturn Quadrat Venus, der doppelte Spannungsaspekt von Pluto und Saturn* sowie *Pluto Quadrat Mondknoten*, wobei aber dieser letzte Aspekt zugleich die Schicksalhaftigkeit oder Unausweichlichkeit der Beziehung anzeigt.

In der vierten Spalte finden sich fünf Quadrate zu Jennifers Medium coeli. Jennifer hatte sich viele Jahre lang von Charly, der heute in seinem achten Lebensjahrzehnt steht, an eigener beruflicher Verwirklichung und eigenem Hervortreten in der Öffentlichkeit hindern lassen, was für sie sehr frustrierend war, da sich ihre Sonne im zehnten Feld befindet. Heute arbeitet Jennifer ehrenamtlich bei Greenpeace mit und findet darin viel Erfüllung. In der ersten Spalte des Spannungsstatusblatts finden wir nur wenig: Eine Konjunktion von Jennifers Sonne zu Charlys Medium coeli (wie alle Ehefrauen ihrer Generation hatte Jennifer ihren Mann bei seinen beruflichen Zielen unterstützt) und eine Konjunktion beider Aszendenten. Dennoch ist auch dies insgesamt ein befriedigender *Spannungsstatus*: Es bestehen viel weniger *sehr schwierige* Spannungsaspekte als bei Tanjy und

Spannungsstatus für: Charly und Jennifer			
fördernde Interaspekte		spannungserzeugende Interaspekte	
1 ☌ ☍	2 △ ✶	3 L ⚼ ⚻	4 ☌ □ ☍
☉ ☌ M	☽ ✶ ☉	☊ ⚼ ☉	♇ ☌ ♀
A ☌ A	☽ ✶ ☿	☊ L ☽	♇ □ ☊
	☽ ✶ ♀	☊ L ♂	♄ □ ♀
	☽ △ ♄	☊ ⚼ ♃	♀ □ ☊
	☽ △ ♃	☊ ⚻ A	☉ □ A
	☽ ✶ M	☊ L ☽	♃ □ ☿
	♂ ✶ ☿	♇ L ♂	M □ ♂
	♂ ✶ ♀	♇ L A	M □ A
	♂ △ ♃	♇ L ☽	M □ ♃
	♂ △ ♃	♃ L ♂	M □ ☽
	♂ △ A	♃ L A	M □ ♆
	♂ ✶ ♃	☽ ⚼ ♆	
	☿ ✶ A	☉ L ♄	
	☿ ✶ ♃		
	☿ △ ♃		
	☿ ✶ ♆		
	☿ △ ♃		
	☊ △ ♄		
	☊ △ ☿		
	☊ △ ☊		
	☊ △ ☉		
2	29	13	11
Interaspekte von Saturn, Jupiter, Uranus, Neptun und Pluto zueinander			
	♄ △ ♃	♆ ⚼ ♃	♇ ☌ ♄ ♅ □ ♀
	♄ ✶ ♆		♇ □ ♄ ♅ □ ♂
			♃ □ ♄ ♅ □ ♄
	2	1	3
2	31	14	14
Summe: 61 33 : 28 +54% : -46%			

Wolfgang *(Spalte 4)*, aber auch erheblich weniger *sehr hilfreiche* Verbindungen *(Spalte eins)*. Auch die zur Großmut motivierenden Jupiterverbindungen von Charly und Jennifer sind mit denen von Tanjy und Wolfgang nicht zu vergleichen. Dennoch ist dieser *Spannungsstatus* recht gut. Die lange Reihe von Trigonen und Sextilen zu Mond, Mars und Merkur zeigt ein gutes Einvernehmen im Alltag und ein waches Interesse für die emotionale und sexuelle Seite der Beziehung (mit Sicherheit auch genährt durch *Venus Konjunktion Pluto* in Spalte vier!).

Der *Spannungsstatus* macht eine Aussage darüber, wieviel Spannung in einer Beziehung besteht. Er macht keine Aussage darüber, wie die beteiligten Menschen von ihrer Charakterstruktur, ihren Bedürfnissen und Wünschen und ihrem Reifegrad her in der Lage sind, mit dieser Spannung umzugehen. Es ist hilfreich, wenn sich auf der förderlichen Seite mehr Interaspekte zu persönlichen Planeten befinden als auf der spannungserzeugenden Seite; nötig ist es nicht. Sind diese beiden Bereiche pari, so ist dies in Ordnung, denn bei der Berücksichtigung von sechs Spannungsaspekten (disharmonische Konjunktionen und Oppositionen, Quadrate, Halb- und Anderthalbquadrate sowie Quinkunxe) gegenüber vier förderlichen Aspekten (harmonische Konjunktionen und Oppositionen, Trigone und Sextile) werden wir einfach sehr häufig ein ziemlich hohes Maß an Gesamtspannung finden. Sind also beide Bereiche in etwa gleich stark, so ist dies schon ein gutes Indiz.

Befinden sich auf der spannungserzeugenden Seite außerordentlich viele Aspekte, und sind diese Aspekte gleichzeitig sehr schwerwiegend (qualitative Prüfung auf Verträglichkeit der Planeten), so kann das Spannungsmaß für eine längere Beziehung zu hoch liegen. Hierzu machen aber *harmonische* Konjunktionen und Oppositionen ebenfalls eine gewichtige Aussage *(Spalte eins)*, desgleichen die Zahl und Qualität der Verbindungen mit Jupiter. Wie wir wissen, kann Jupiter in einer sehr gespannten Beziehung ein solches Maß an Toleranz und gegenseitigem Wohlwollen erzeugen, daß die beteiligten Menschen mit dem hohen Spannungsniveau umzugehen vermögen.

Liebe unter Ex-Drogenabhängigen: Nora und Belami

Bei der Verbindung zwischen Nora und Belami handelt es sich um eine seit acht Jahren bestehende Liebesbeziehung, die ziemlich unglücklich verläuft. Die Liebenden können sich nicht trennen, aber auch nicht zusammenleben. Einige Monate lang lebten sie in einer gemeinsamen Wohnung, dann zogen sie wieder auseinander. Häufig unterbrachen sie ihre

Spannungsstatus für: Nora und Belami			
fördernde Interaspekte		spannungserzeugende Interaspekte	
1 ☌ ☍	2 △ ✶	3 L ⚻ ⚼	4 ☌ □ ☍
☿ ☌ ♀ ☿ ☍ M	♀ ✶ ♀ ♃ ✶ ♀ ♂ ✶ ♀ ♂ ✶ M ♂ △ M ♂ ✶ ♄ ☉ ✶ ♄ M ✶ ♄ ☊ ✶ ♄ ☿ △ ☽ ☿ ✶ ♃ A ✶ ♀ A ✶ ♀ A ✶ ☉	♅ ⚼ ♀ ♅ ⚻ ☿ ♅ ⚻ ♂ ♅ ⚻ A ♅ L M ♀ ⚼ ☿ ♀ ⚼ ☉ ♀ ⚻ ☉ M ⚼ ☉ ☽ ⚼ ☉ ☽ ⚻ ♃ ☽ ⚼ ☊ ☊ ⚼ ☊ ☿ L ☊ A L ☊ ♆ L ♀	**♆ □ ☉** **♆ □ ☉** ♆ □ ☿ ♆ ☌ A ♆ ☌ A ♆ ☌ ♂ ♆ □ M ♆ □ M ☽ □ ♂ ☿ □ ♂ **♇ □ ♂** **♇ ☍ ♀** **♇ □ ☊** ☉ □ ☊ ♄ ☌ ☊ M □ ☊ A ☍ ☊ A □ ☿ **♄ ☌ ☽** ☉ □ ☽
2	14	16	20
Interaspekte von Saturn, Jupiter, Uranus, Neptun und Pluto zueinander			
	♃ △ ♅	♆ ⚻ ♃	♆ ☍ ♄ ♅ ☌ ♅ ♆ ☌ ♄ ♅ □ ☽ ♇ □ ♅ ♇ ☍ ♃
	1	1	4
2	15	17	24
Summe: 58 17 : 41 +29% : -71%			

Beziehung auch für einige Zeit. Nora und Belami litten aneinander und erlebten eigentlich sehr wenig gemeinsames Glück.

Hier sehen wir einen »schlechten« *Spannungsstatus*: Die spannungserzeugenden Aspekte haben mit 71% ein starkes Übergewicht. Es finden sich außergewöhnlich viele Relationen mit Neptun (insgesamt 12), die sämtlich spannungserzeugender Natur sind. Die starken und zahlreichen Neptunverbindungen – insbesondere auch der *Doppelaspekt Neptun-Konjunktion-Aszendent* – weisen auf eine unrealistische gegenseitige Idealisierung hin, auf einen hohen Grad an Unklarheit und Mißverständnissen in der Partnerschaft sowie auf eine »unehrliche« gegenseitige Schonung. Auch mit der *Doppelbetonung von Neptun Quadrat Sonne* tun sich die Liebenden gegenseitig nicht sehr wohl, sondern schwächen und unterminieren sich wechselseitig in ihrer Autonomie, Selbstständigkeit und ihrem Willensausdruck sowie in ihrer Vitalität und Lebensfreude. *Neptun Quadrat Merkur* (unklare Kommunikation) und *Neptun Konjunktion Mars* (Schwächung der Selbstbehauptungskräfte eines Partners) machen die Sache auch nicht gerade besser. Ein spannungsreicher Uranus-Einfluß *(Spalte 3)* macht die Beziehung zusätzlich instabil und erklärt das unstete, von Trennungen und erneutem Zusammenkommen gekennzeichnete Beziehungsverhalten der Liebenden. Auf unterschwelliger Ebene läuft ein Machtkampf ab *(Pluto Quadrat Mars, Pluto Opposition Venus, Pluto Quadrat Mondknoten, Pluto Quinkunx Sonne, Pluto Anderthalbquadrat Sonne, Pluto Quinkunx Merkur)*, der – dank der Verschleierungskünste Neptuns – den Augen der Protagonisten verborgen bleibt. All diesen Schwierigkeiten stehen nur fünf Jupiterverbindungen gegenüber, von denen immerhin drei stimulierender Natur sind. Doch dem erdrückenden Gesamtmaß an Spannungsaspekten gegenüber stellen sie keine große Hilfe dar. In der ersten, sehr hilfreichen Spalte finden sich nur zwei Interaspekte mit Merkur.

Nora und Belami sind abstinente ehemalige Drogenabhängige. Von Abhängigen wissen wir, daß sie auch *nach* ihrer Abstinenz vom jeweiligen Suchtmittel oft noch lange Zeit an schmerzhaften Beziehungen festhalten oder sich solche Beziehungen suchen. Aus ihrer desolaten Kindheit und von ihren kranken Erziehern her sind sie buchstäblich nichts anderes gewöhnt als Leid, Zurückweisung, Kälte und Unverständnis. Das gleiche gilt für Co-Abhängige, die als Suchtmittel ihren Partner oder ihre sonstigen Sozialbeziehungen benutzen[12]. Es dauert oft viele Jahre, bis solche Menschen sich von ihren leiderzeugenden Partnerauswahlmustern verabschieden können. Eine Beziehung wie die von Nora und Belami, die sich in einem derart unerfreulichen Spannnungsstatus spiegelt, hätten viele gesündere Menschen schon nach kurzer Zeit abgebrochen, wie wir

Spannungsstatus für: Donna und Paul

fördernde Interaspekte		spannungserzeugende Interaspekte	
1 ♂ ☍	2 △ ✶	3 ∟ ⚻ ⚼	4 ♂ □ ☍
♀ ♂ A ♀ ♂ A	♃ ✶ ☉ ♃ △ ☽ ♃ ✶ A ♆ △ A ☿ ✶ A ☊ ✶ A M ✶ A ♇ △ ☽ ♇ △ ☿ ♇ △ ♂ ♇ △ M ♂ △ ☽ ♂ △ ☿ ♂ ✶ ♆ ☊ △ ♆ ☊ △ ☉ ☊ △ ☽ ♀ ✶ ♆ M ✶ ♆	♄ ⚼ M ♆ ⚼ M M ⚼ M ♆ ⚼ A ☉ ∟ A ☽ ⚻ A ♆ ∟ A ♆ L A ♂ ∟ ☉ ♂ ⚻ ☽ ♂ ∟ ♆ ♂ ⚻ ♆ ♇ ⚻ ☉ ♇ ⚻ ♀ ♇ ⚻ ☊ ☿ ⚻ ☊	♀ □ M ♀ ♂ ♆ ♀ □ ♃ ♀ □ ☿ ☊ □ ☉ ♃ □ ☉ ☿ □ ☉ ☿ □ ☉ ♀ ☍ ♆ ♀ □ ♆ ♀ □ ☽ ☽ ⚻ ☽ ♆ ☍ ☽ ♆ □ ☽ ☉ ⚻ ☽ ♂ □ ♃ ☊ □ ♇
2	19	16	17

Interaspekte von Saturn, Jupiter, Uranus, Neptun und Pluto zueinander			
	♃ ✶ ♆ ♄ ✶ ♇ ♆ ✶ ♇	♇ ∟ ♃ ♄ ⚻ ♃	♄ □ ♆ ♄ ♂ ♆ ♆ □ ☽ ♆ □ ☿
	3	2	2
2	23	18	19
Summe: 62 25 : 37 +40% : -60%			

es im Fall von Rachel und Travis gesehen haben, deren Spannungsstatus – rein quantitativ gesehen – ähnlich unerquicklich war.

Heißer Sex und Unterwerfungsgelüste: Donna und Paul

Auch die Liebesbeziehung von Donna und Paul, die nach anderthalb Jahren zerbrach, war nicht besonders glücklich. Wir finden 40% harmonische Interaspekte, denen 60% spannungsgeladene gegenüberstehen, eine Relation, die nicht besonders gut, aber auch nicht besonders schlecht ist. Zwar finden sich insgesamt neun Jupiterverbindungen, von denen 4 harmonischer Natur sind, doch erzeugte die Massierung der Quadrate zu den persönlichen Planeten Sonne, Venus, Mond und Merkur im Beziehungsalltag ein zu hohes Maß an Spannung. Einen gerüttelten Anteil am Scheitern der Verbindung hatte die gestörte Kommunikation, die sich in dem Druck manifestiert, der auf Merkur lastete: Wir finden sieben Spannungsaspekte zu Merkur, darunter *Neptun Opposition Merkur* und *Uranus Quadrat Merkur*.

Die für jede *Liebesbeziehung* besonders wichtigen Gefühlsplaneten Mond und Venus stehen unter starkem Druck, was noch verschärft wird durch die beiden Aspektfiguren (beides T-Quadrate), in welche die Interaspekte mit Mond und Venus eingebunden sind. (Wir werden uns mit den Aussagemöglichkeiten von Aspektfiguren noch ausführlich beschäftigen). Gleichzeitig finden sich in der ersten, besonders hilfreichen Spalte nur zwei Konjunktionen, tragischerweise eine *doppelte Venus-Aszendent-Konjunktion*, die eine starke Anziehung der Liebenden durch die körperliche Erscheinung des Partners mit sich bringen. So war es trotz aller Frustrationen und harten Erlebnisse für beide Menschen extrem schwer, voneinander zu lassen, wobei die *Konjunktion zwischen Venus und Pluto*, die eine heiße, fast unwiderstehliche Anziehung spiegelt, natürlich kräftig mitmischte (zusätzlich gibt es noch ein Anderthalbquadrat des Pluto zur Venus in der dritten Spalte).

Wir bemerken auch ein nicht unbeträchtliches Maß an Pluto-Interaspekten. In der zweiten Spalte finden wir *Pluto Trigon Mond, Pluto Trigon Merkur, Pluto Trigon Mars und Pluto Trigon Medium coeli*, in der dritten Spalte *Pluto Anderthalbquadrat Sonne, Pluto Anderthalbquadrat Venus, Pluto Anderthalbquadrat Mondknoten und Pluto Halbquadrat Jupiter* und in der vierten Spalte schließlich *Pluto Konjunktion Venus und Pluto Quadrat Mondknoten*. Charakteristischerweise waren beide Menschen ständig dabei, umeinander oder gegeneinander zu kämpfen. Jeder versuchte, den anderen in seine Gewalt zu bekommen, um ihn in seinem

Sinne zu manipulieren und zu besitzen. Sobald sich einer der beiden Protagonisten aus der Beziehung lösen wollte, begann der andere einen heftigen »Belagerungskampf« mit stark erotischer Färbung und setzte sämtliche Verführungskünste ein, den Partner subtil zum Bleiben zu zwingen. Blieb er, dann gingen die gewohnten Unterwerfungsspiele und Quälereien von neuem los. (Verschärfend trat hinzu, daß beide Menschen schon von ihrem Geburtshoroskop her stark plutonische Persönlichkeiten waren!).

Natürlich war die *süße* (doppelte) Venus-Aszendent-Konjunktion für die Liebenden in gewisser Hinsicht ein Unglück, da sie ihnen die – gar nicht so liebevolle – Dynamik ihrer Beziehung verschleierte. Jedesmal, wenn sich beide nach Wochen der Trennung wiedertrafen, überkam sie unweigerlich die alte Besessenheit, und sie fielen einander verzückt in die Arme, um bald darauf einer neuen Enttäuschung entgegenzugehen.

Die Zeichen von Aszendent und Deszendent sowie die Interaspekte zu beiden persönlichen Punkten sind von enormer Bedeutung für die Anziehung zwischen zwei Menschen. Sie bewirken hochgradige Attraktion oder Abstoßung. Alles, was unseren Aszendenten berührt, spüren wir unmittelbar, behauptet *Arroyo*, und nach meiner Erfahrung ist dies völlig zutreffend. Unser Aszendent zeigt jedoch vor allem die Art und Weise an, wie wir uns in der *Außenwelt* verhalten, und wie wir in der Außenwelt von anderen wahrgenommen werden. *Zu Hause*, im Familienkreis oder mit Menschen, die uns gut vertraut sind, zeigen wir nicht unseren Aszendenten, sondern eher die Sonne, wenn wir ein Mann sind oder den Mond, wenn wir eine Frau sind. Wenn wir uns ganz wohl und geborgen fühlen – in unserem Heim oder in ähnlich geschützter Umgebung – zeigen wir sogar unser Immum coeli!

Zwar hat der Aszendent große Bedeutung für die gegenseitige Anziehung, doch tritt dies eben hauptsächlich zutage, wenn wir uns in der Außenwelt bewegen. In einer vertrauten Partnerschaft wird mein Partner wesentlich länger mit meinem Krebsmond oder meiner Schützesonne zu tun haben als mit meinem Jungfrauaszendenten, der ihn so magisch angezogen hat, da sein Pluto exakt auf meinen Jungfrauaszendenten fällt. So sind der Aszendent sowie Interaspekte zum Aszendenten zwar von enormer Wichtigkeit für die gegenseitige Anziehung; doch müssen Interaspekte zu Sonne und Mond ebenfalls vorhanden sein, damit die Liebesbeziehung eine Chance bekommt.

Im Spannungsstatusblatt von Donna und Paul finden wir relativ viele Aspekte zum *Aszendenten,* insgesamt zwölf, von denen etliche harmonischer Natur sind. Bei derart zahlreichen Interaspekten zum Aszendenten kann man immer davon ausgehen, daß es maßgeblich das *persönliche*

Erscheinungsbild, die Physis eines oder beider Partner ist, die für eine große körperliche Anziehung sorgt und so die Beziehung herstellen hilft. (Bei vielen Interaspekten zum *Medium coeli* hingegen sind es Beruf und Lebensziele, die in das Blickfeld der Partnerschaft rücken und möglicherweise eine der gemeinsam zu bewältigenden Lernaufgaben darstellen).

Wir haben nun schon einen recht guten Überblick über die Aussagemöglichkeiten des *Spannungsstatus*. Konjunktionen der transzendenten Planeten untereinander (Pluto/Pluto, Uranus/Uranus oder Neptun/Neptun) werden übrigens in den *Spannungsstatus nicht* aufgenommen. Die Konjunktionen dieser transzendenten Langsamläufer haben so gut wie keine individuelle Bedeutung, da beide Menschen in der Regel beinahe gleichaltrig sein werden. Sie sind allerdings dann von Bedeutung, wenn der transzendente Planet in einem Radixkosmogramm mit einem persönlichen Planeten im Aspekt steht. Doch wird dieser Fall im *Spannungsstatus* ohnehin erfaßt.

An dieser Stelle soll noch eine weitere Neuheit des *Spannungsstatus* eingeführt werden, die uns zusätzliche Aussagemöglichkeiten liefert. Wir *kennzeichnen* nämlich – wie bei Donna und Paul erstmalig geschehen – *Aspektfiguren, die mehrere Interaspekte untereinander verzahnen, mit einer verbindenden Klammer (vierte Spalte)*. Dies macht auch optisch klar, daß die Wirkung dieser zu Aspektfiguren zusammengebundenen Interaspekte potenziert ist, weshalb wir hier auch einen etwas größeren Orbis zulassen können. *Aspektfiguren werden nur in der vierten Spalte hervorgehoben*: Wir berücksichtigen das *T-Quadrat, das karmische Kreuz, die Große Opposition und das Große Quadrat mit jeweils drei und mehr Planeten oder persönlichen Punkten sowie das Stellium (Planetenhäufung mit drei oder mehr Planeten)*.

Im Partnerschaftsbereich empfiehlt es sich, den *Orbis der Hauptinteraspekte* – Konjunktion, Quadrat, Opposition, Trigon und Sextil – auf allerhöchstens *fünf Grad* zu beschränken. Interaspekte mit einem größeren Orbis (plaktische Aspekte) werden zwar wirksam, stehen aber nicht im Vordergrund. Sie bilden eine zwar deutlich fühlbare, aber schwer faßbare Grundschwingung. Uns kommt es jedoch darauf an, die *Hauptwirkungen* sauber herauszukristallisieren. Sind solche plaktischen Aspekte allerdings *Teil einer gemeinsamen wichtigen Aspektfigur*, so können sie auch mit einem Orbis von bis zu *sieben Grad* noch einbezogen werden: Ihre Wirkung ist wesentlich stärker, als es bei einem isolierten Interaspekt der Fall gewesen wäre. Der Orbis der kleineren Winkel Halbquadrat, Anderthalbquadrat und Quinkunx sollte in der Partnerschaftsanalyse drei Grad keinesfalls überschreiten.

Konjunktionen und Oppositionen mit Jupiter stehen immer in der ersten Spalte unter den fördernden Aspekten und werden am besten optisch gekennzeichnet (grün oder mit einem Kreis). Es ist praktisch, bei den qualitativ besonders schwerwiegenden Spannungsaspekten *(Spalte vier)* ebenso zu verfahren; hier empfiehlt sich rot oder eine rechteckige Markierung. Wir behalten im Gedächtnis, daß selbst die *Quadrate* Jupiters noch eine im großen und ganzen hilfreiche Schwingung erzeugen. Sie stehen zwar in der vierten Spalte (Quadrate), haben aber selbstverständlich keinesfalls den gleichen »Schwierigkeitsgrad« wie eine Mond-Saturn-Opposition, eine Pluto-Sonne-Konjunktion oder auch nur ein Venus-Uranus-Quadrat.

Manchmal ist die Einordnung eines Aspekts strittig. Wohin gehört beispielsweise eine *Venus-Neptun-Konjunktion?* Grundsätzlich in *Spalte eins*, da sich Venus und Neptun gut ergänzen, eine natürliche Verträglichkeit aufweisen und weich fließende Gefühle füreinander erzeugen. Steht dieser Partnerschaftsaspekt aber in Verbindung zu Saturn, Pluto, Mars oder Uranus, so muß man genau prüfen. Ist die Interkonjunktion von Venus und Neptun gar Teil eines harten Aspektbildes (zum Beispiel Karmaquadrat, T-Quadrat oder Große Opposition unter Beteiligung von Saturn, Uranus, Mars oder Pluto), so gehört sie natürlich in *Spalte vier*. Das gleiche gilt, wenn sich die am Interaspekt beteiligten Planeten Venus oder Neptun im *Geburtskosmogramm* als »wunde Stelle« eines oder beider Partner präsentieren (zum Beispiel von zahlreichen Spannungsaspekten betroffen sind oder in Konjunktion mit Chiron stehen).

Natürlich ist klar, *daß »spannungserzeugend« nicht automatisch »negativ« oder »schmerzerzeugend« bedeutet.* Eine *Interkonjunktion von Mars und Uranus* wird man sicherlich in die *vierte Spalte* einordnen. Sie kann im schlimmsten Fall zu Prügeleien führen, doch kann sie auch für eine elektrisierende Sexualität mit experimentellem Einschlag stehen oder für die Tendenz zweier Menschen, sich gegenseitig immer wieder als interessante Herausforderung zu erleben. Auch *muß* eine *Interkonjunktion von Merkur und Neptun* nicht automatisch negativ sein, obwohl die Energien dieser beiden Planeten von Natur aus nicht harmonieren. Ein solcher Interaspekt kann auch eine Art telepathischer Verständigung beider Partner anzeigen. Doch ist in jedem Fall Bemühung nötig, da Merkur und Neptun Antipoden sind. Wenn sich nicht das gesamte Spannungsstatusblatt in starker und deutlicher Weise durch Harmonie auszeichnet, würde ich sie unter die *Spannungsaspekte* einreihen. Letztlich liegt damit *die eigentliche Kunst bei der Beurteilung von Interaspekten darin, ihre Wirkung im Gesamtkontext des Partnerschaftskosmogramms abzuschätzen und zu bewerten.*

Natürlich ist der *Spannungsstatus* nur *ein*, wenn auch ein wichtiges Kriterium zur Beurteilung einer Partnerschaft. Wir werden uns später mit dem mindestens ebenso aussagekräftigen Instrument der *Gesamtvereinbarkeit* beschäftigen, das zusammen mit dem Spannungsstatus ein recht eindeutiges Bild der Chancen und Qualitäten einer Partnerschaft zeichnet.

Opfer und Retter: John und Pamela

Wenn vom Schicksal durch Transite und Direktionen der Langsamläufer zwingende Wachstumskonstellationen angezeigt sind, kann der *Spannungsstatus* einer in dieser Zeit zustandegekommenen Beziehung durchaus auch extrem hoch liegen. Ein solcher Fall ist die Verbindung von John und Pamela. Es handelt sich hier um eine Freundschaft, die fünf Jahre lang bestand. Wir sehen ein enormes Maß an Spannungsaspekten (74%), dem im harmonisierenden Bereich eher wenig gegenübersteht. Wie konnten diese beiden Menschen fünf Jahre innig lang befreundet sein und sich miteinander wohlfühlen?

John traf Pamela, als diese sich gerade an ihren als Kind erlittenen und bislang verdrängten Inzest erinnert hatte. John, ein sensitiver und kraftvoller Mann mit viel Skorpionenergie, stand Pamela in dem sehr schwierigen und schmerzhaften Prozeß der Inzestverarbeitung als treuer Freund zur Seite und gab ihr die emotionale Unterstützung, die sie in dieser Zeit mehr als alles andere brauchte. Beide veränderten sich in ihrer Freundschaft und durchbrachen Mauern, die ihnen bislang die Nutzung eines größeren Teils ihres eigenen Potentials verstellt hatten. Den hohen Energielevel, der dazu nötig war, sehen wir in den zahlreichen Interquadraten gespiegelt.

Wir bemerken, daß die hilfreichen Aspekte im persönlichen Bereich überwiegend von Venus, Mond oder Neptun gebildet werden. Auf der Gefühlsseite gab es also Harmonie und gegenseitiges Verständnis. Auch sind die Quadrate zwischen Sonne, Mars und dem Aszendenten *nicht als schwer leiderzeugende Aspekte* anzusehen: Es sind vielmehr leichtere Spannungsaspekte. Und selbst die *Quadrate von Mars zu Venus und Mond* tragen – obwohl spannungserzeugend – noch einen stimulierenden Charakter. (Eine erotische Beziehung, die beide anfangs zueinander aufzubauen versuchten, scheiterte allerdings.) Härtere Noten werden durch *Sonne Quadrat Saturn, Venus Quadrat Saturn, Mond Opposition Saturn* und *Saturn Quadrat Medium coeli* gespiegelt, gleichzeitig aber auch die tiefe Loyalität und Standhaftigkeit in ihrer Freundschaft.

Spannungsstatus für: John und Pamela			
fördernde Interaspekte		spannungserzeugende Interaspekte	
1 ☌ ☍	2 △ ✶	3 ∠ ⚼ ⚻	4 ☌ □ ☍
♀ ☍ ☽ ☊ ☌ ☽ ⚷ ☌ ☽ ♀ ☌ ♂	♀ △ ♇ ♀ ✶ ♆ ☽ △ ♇ ☽ ✶ ♇ ♂ ✶ ☊ ♂ △ ♄ A ✶ ♄ ♃ △ ☊	⚷ ⚻ ☿ ⚷ ⚼ M ⚷ ⚼ ☉ ⚷ ⚼ ☿ ⚷ ⚼ ♀ M ∠ ♀ ♀ ∠ ♀ ☿ ∠ ♀ ☉ ∠ ♀ ☊ ⚼ ♇ ♂ ∠ ☉ ♂ ∠ ☿ ♂ ⚼ ☽ A ⚼ ☽ A ⚼ ♇	☉ □ ☉ ♃ □ ♃ ☉ □ ☿ ♄ □ M ☉ □ ☿ ⚷ □ M ☉ □ ♀ ☉ □ ♂ ☉ □ ♄ ☉ □ A ☉ □ M ♂ □ ♀ ♂ □ ☿ ♂ □ M ♂ □ ☽ M □ A ☿ □ A ☿ □ ♄ ☿ □ ☿ ☽ ☍ ♄ ♀ □ ♄ ☽ □ A ♀ □ A
4	8	15	23
Interaspekte von Saturn, Jupiter, Uranus, Neptun und Pluto zueinander			
	♆ △ ⚷ ♇ ✶ ⚷ ♄ ✶ ♃	♃ ⚼ ♆ ♃ ⚼ ⚷ ♇ ∠ ♄	♇ □ ♃ ☉ ☌ ☊ ♆ □ ⚷ ♀ ☌ ☊ ☿ ☌ ☊
	3	3	2
4	11	18	25
Summe: 58 15 : 43 +26% : -74%			

Als Pamela, die in einer stationären Therapie Heilung von ihren emotionalen Traumata gesucht hatte, nach einigen Monaten heimkehrte, zerbrach die Freundschaft nach einem heftigen Streit abrupt. Pamela war kein *Opfer* mehr und wehrte sich mit Vehemenz gegen Johns Ratschläge und Hilfsangebote. Wir bemerken, daß sich fast *alle* Interquadrate in der vierten Spalte zu einer gemeinsamen Aspektfigur verbinden (T-Quadrat). Hier wird die enorme Energieballung dieser Beziehung wirklich sichtbar! Mit Blick auf das plötzliche Ende der Freundschaft exakt zu dem Zeitpunkt, als Pamela ein gutes Stück gesünder aus ihrer Therapie zurückkam, darf vermutet werden, daß ein wesentliches Merkmal und eine notwendige Bedingung für diese Beziehung »Krankheit« war. Pamela war eine seelisch kranke, durch Inzest traumatisierte Frau und John ein co-abhängiger Mann, der es brauchte, von schwachen, hilflosen Personen *gebraucht* zu werden. Für diese Sicht der Dinge spricht auch die Tatsache, daß John sofort eine neue Beziehung zu einer kranken Frau einging, diesmal zu einer Bulimikerin (Ess-Brech-Süchtige).

Ein *zu starker Spannungsstatus* treibt das Ausmaß der vibrierenden Spannung in einer Beziehung einfach zu hoch. Hier ist in aller Regel das Anpassungsvermögen der Partner überfordert, da ihr Nervenkostüm die ständigen Dissonanzen einfach nicht mehr aushält. Natürlich ist dies einerseits eine Frage der *geistig-seelischen Gesundheit* beider Partner (kranke Menschen tendieren zu schwierigen, unbefriedigenden Beziehungen), andrerseits eine Frage der *energetischen Struktur* des Individuums. Kämpferische, starke Skorpion- und Widdertypen (im holistischen Sinn, bezogen auf die Gesamtenergien im Geburtskosmogramm) halten ein höheres Maß an Spannung aus (und genießen sie sogar) als harmoniesüchtige Waagetypen, bequeme Stiertypen oder seismografisch empfindsame Fischetypen. Letztlich entscheidet natürlich auch der *Entwicklungslevel* eines Menschen darüber, wie gekonnt er mit dissonanten Energien beim Partner umgeht.

Unter normalen Umständen jedoch würde eine enge Beziehung mit einem *Spannungsstatus* wie dem zwischen John und Pamela wahrscheinlich nicht lange halten oder käme erst gar nicht zustande. Allerdings gibt es in Johns und Pamelas Fall noch eine andere hilfreiche Komponente, die es den beiden – trotz des katastrophalen Spannungsstatus' – erlaubte, eine gute fünfjährige Freundschaft zu leben. Beide waren sich nämlich geistig-seelisch in hohem Maße ähnlich: Ihre *Gesamtvereinbarkeit* war enorm hoch!

Die wunderbare Leichtigkeit des Seins: Lily und Trevor

Trevor und Lily haben einen wirklich »guten« *Spannungsstatus*. Wir finden 47% hilfreiche Interaspekte gegenüber 53% spannungsreichen Aspekten, doch wissen wir ja, daß diese Durchschnittszahl allein wenig aussagt. Was uns indessen auffällt, ist die Tatsache, daß sich allein in der *ersten Spalte drei besonders unterstützende Verbindungen mit Jupiter* finden, während die harten Interaspekte in der vierten Spalte nicht übermäßig zahlreich sind und darüber hinaus qualitativ nicht sehr schwerwiegend. Etwas mehr Gewicht dürfte das *Quadrat zwischen Neptun und Venus* haben, das gemeinsam mit dem Aspekt *Neptun Konjunktion Aszendent* eine gewisse Idealisierung Lilys durch Trevor andeutet sowie die Möglichkeit, daß Trevor – im ungünstigsten Fall – Lily im Ausdruck ihrer Weiblichkeit verunsichert oder *schwächt*. Schwieriger ist lediglich der Interaspekt *Uranus Konjunktion Mars*, der als potentielle Streitkonstellation angesehen werden muß. Gleichzeitig ist er bei einem Liebespaar jedoch auch ein Hinweis auf eine experimentelle und aufregende Sexualität.

Lily und Trevor sind seit achtzehn Jahren glücklich verheiratet und haben einen Sohn. Ihr persönliches Leben verläuft indessen weitgehend in getrennten Bahnen. Trevor verbringt sehr viel Zeit in seinem Arbeitsbereich, einem Rehabilitationszentrum, wo er als Arzt tätig ist. Lily hingegen – obwohl ebenfalls Akademikerin – kümmert sich mit Hingabe um die schöne Ausgestaltung des gemeinsamen Heims und geht ganz darin auf, für ihren Mann und den mittlerweile halberwachsenen Sohn eine gefühlvolle, ästhetisch stimmige und harmonische Atmosphäre zu schaffen. Lily ist auch eine Leseratte, eine begeisterte Tennisspielerin und viel zu unterschiedlichen kulturellen Veranstaltungen unterwegs.

Wir sehen, daß die harten Spannungsaspekte weder quantitativ noch qualitativ besonders hervortreten. Was uns aber vor allem auffällt, ist die Tatsache, *daß harte Spannungsaspekte zu Saturn, Uranus, Neptun und Pluto stark unterrepräsentiert sind!* Es hat sich gezeigt, daß solche Interaspekte mehr als alle anderen dazu tendieren, den Liebenden große emotionale Probleme und Schmerzen zu bereiten. Wir können eben mit Saturn, Uranus, Neptun und Pluto nicht besonders gut umgehen. Saturn ist hart und kalt, und die Kraft der transzendenten Energien ist für uns nur schwer faßbar, so daß sie uns oft Schwierigkeiten bereiten. Wünscht man sich also eine leichte, angenehm verlaufende Beziehung, so ist es keine schlechte Sache, wenn *harte* Interaspekte zu Saturn und den transzendenten Planeten nicht sehr zahlreich sind. Zwar kann auf diese Weise die Beziehung niemals die Intensität und Tiefe erreichen, die beim reichlichen

Die wunderbare Leichtigkeit des Seins: Lily und Trevor

\multicolumn{4}{c}{Spannungsstatus für: Trevor und Lily}
\multicolumn{2}{c	}{fördernde Interaspekte}	\multicolumn{2}{c}{spannungserzeugende Interaspekte}
1 ☌ ☍	2 △ ✱	3 ⊥ ⚻ ⊼	4 ☌ □ ☍
♃☌♂ ♃☍☽ ♃☍M ♀☌☊ A☍☊	♂✱☽ ♂✱☉ ♂△☿ ♂△♆ ♂✱♀ ♂✱M ♂△A ♇✱A ☉△A ⚳△A M✱A ♄△A ☿△M ☿✱♇ ☉✱♀ ☉✱☊ ☊✱☊	☽⊼♃ ☽⚻☽ ☽⚻M ☽⊥☿ ☉⊥♀ ☉⚻♂ ♀⊼♂ M⊼♂ ♃⊥♂ ♄⊥☊ ☿⊥♀ ☿⚻A ☿⊥☊	⚳□☉ ☽□☊ ☽□☿ ♀□☿ ♄☌☿ ♆☌A ♆□♀ ⚳☌♂
5	17	13	8
\multicolumn{4}{c}{Interaspekte von Saturn, Jupiter, Uranus, Neptun und Pluto zueinander}
	♃△⚳ ♃△♆	♇⊥♆ ♃⊥♄	♃□♆ ⚳□☿ ⚳□♆ ⚳☍♄ ⚳□♄ ☿☍⚳ ♃☍♇
	2	2	4
5	19	15	12
\multicolumn{4}{c}{Summe: 51   24 : 27   +47% : -53%}

Vorhandensein solcher Interaspekte zu Saturn und den Transsaturniern möglich ist. Doch fehlen andererseits auch die herzzerreißenden Dramen und aufwühlenden, umwälzenden Schmerzerfahrungen, die solche Interaspekte mit schöner Regelmäßigkeit begleiten. Und es gibt Menschen, die auf solche Dramen und Schmerzen lieber verzichten. Dies ist eine Frage des Geschmacks. Lily und Trevor haben beide eine starke Betonung der Zeichen Waage und Krebs in ihren Geburtskosmogrammen. Beide Zeichen aber sind harmoniebedürftig und partnerschaftsorientiert: Lautstarke Auseinandersetzungen und harte Konfrontationen sind ihnen ein Greuel! Trevor hat überdies noch eine reichliche Menge Fischeenergie.

Am stärksten besetzt in Lilys und Trevors Spannungsstatus ist die zweite Spalte, die Trigone und Sextile enthält. Hier finden sich viele angenehme Verbindungen zu *Mars* und zum *Aszendenten*. Wir verstehen unmittelbar, daß dieses Paar harmonisch zusammenarbeitet und sich auch in der Öffentlichkeit miteinander pudelwohl fühlt. Wir bemerken auch, daß sich im Spannungsstatus ingesamt *viel Jupiterenergie* findet; von neun Interaspekten mit Jupiter sind allein fünf im förderlichen Bereich, davon drei in der ersten (besonders hilfreichen) Spalte. Auch die *Venus-Mondknoten-Konjunktion* spricht von intensiver Zuneigung *(Liebesbeziehung)*.

Im Prinzip verläuft das tägliche Leben dieser beiden Menschen oft auf getrennten Bahnen, was aber von beiden großzügig toleriert und sogar als angenehm und harmonisch empfunden wird. Zwar ist dies keine ultra-intensive, tiefschürfende, in den Wahnsinn treibende Liebesbeziehung, doch ist es eine angenehme, harmonische Verbindung, in der große Seelenpein kein Ingredienz ist.

Dies waren sechs Kurzkommentare zu sechs unterschiedlichen Beziehungsmustern anhand des *Spannungsstatus*. Um auszuloten, was das Instrument des *Spannungsstatus'* von seinen Aussagemöglichkeiten her leisten kann, werfen wir jetzt noch einen – etwas längeren und intensiveren – Blick auf eine weitere Liebesbeziehung.

Die Kampfbeziehung mit emotionaler Verstrickung: Kim und Sylvester

Kim und Sylvester begegneten sich als Arbeitskollegen, als Kim ihren neuen Job in der renommierten Werbeagentur McIntuire antrat. Kim war frisch verheiratet mit Ferdinand, einem jungen Informatiker, mit dem sie schon eine Reihe von Jahren zusammengelebt hatte. Sie war eine hübsche Frau mit seidiger Haut und strahlendem Lächeln. Sylvester war ebenfalls

Spannungsstatus für: Kim und Sylvester			
fördernde Interaspekte		*spannungserzeugende Interaspekte*	
1 ☌ ☍	2 △ ⚹	3 ∠ ⚼ ⚻	4 ☌ □ ☍
☉☍☽ ☉☍M ☿☍M	♂⚹A ♃△☽ ♂△☊ M△☊ ♂△♂ ☿△♄ ♂△☿ ♇⚹☊ ♂△☉ ♂△☉ ♂⚹♄ ♂△♆ ♂△♅ M⚹♆ M⚹♄ M⚹♅ M△M M△♇ ♅△☉ ♅△☿ ♅⚹A ☉⚹A ♆⚹A ♃△♃	☽⚻☿ ☽⚻♆ ☽∠♂ ☽⚼M ☽⚻♇ ☽⚼♇ ☉∠♇ ♀⚼♇ ♀⚼♂ ♀∠A ♀⚻♃ ☊∠♃ ☊⚼☿ ☊⚻♂ ☊⚻☉	♇☍☉ ♇☍☿ ♇☌M ♇☌A ♇☍♂ ♄☌M ♄☌☊ ♄☍♀ ♅□♀ ♀□♀ ☽□♀ ☽□♅ ☽☍♆ ☽□☊ ♅☌☊ ♂□A ♂☍M A□A
3	*24*	*15*	*18*
Interaspekte von Saturn, Jupiter, Uranus, Neptun und Pluto zueinander			
	♄⚹♇ ♄⚹♅ ♄△♆ ♇⚹♆	♆∠♇	♇☌♄ ⚷□M ♅☌♄ ⚷□♇ ⚷□♃
	4	*1*	*2*
3	*28*	*16*	*20*
Summe: 67 31 : 36 +46% : -54%			

verheiratet, lebte allerdings allein. Er hatte Helena pflichtgemäß geheiratet, weil ein Kind unterwegs war, sich aber buchstäblich vom ersten Tag an geweigert, mit seiner jungen Frau in einer gemeinsamen Wohnung zusammenzuleben. Sylvester hauste in einem kleinen, düsteren Appartement, trug schäbige Klamotten und ernährte sich von Konserven und altem Schwarzbrot. Mit seinem guten Einkommen erwirtschaftete er die Altersversorgung seiner äußerst besitzergreifenden Mutter, die nach dem Tod seines Vaters (Leberzirrhose) mittellos zurückgeblieben war.

Sylvester war sehr verschlossen und lächelte selten. Obwohl er mit seinem schwarzen Haarschopf und den starken schwarzen Brauen im gutgeschnittenen Gesicht ein wirklich attraktiver Mann war, hatte er doch zugleich etwas Wild-Dämonisches in seiner Ausstrahlung – ein *einsamer Wolf*, wie Kim instinktsicher diagnostizierte. Kim – von ihrem Partner verwöhnt, aber ohne nennenswerten geistigen und sexuellen Austausch in einer scheinharmonischen Beziehung wie in einem goldenen Käfig gefangen – gefiel diese eisige Dämonie. Sie war wild darauf, ihn zu zähmen oder vielleicht zu unterwerfen.

Im Spannungsstatusblatt von Kim und Sylvester stehen 46% fördernde Aspekte 54% Spannungsaspekten gegenüber. Wir stellen fest, daß sich in der vierten Spalte eine größere Anzahl sehr schwieriger Kombinationen findet, unter anderem *Venus Opposition Saturn, Pluto Opposition Mars, Pluto Opposition Sonne, Pluto Konjunktion Aszendent und Mond Quadrat Uranus*. Die erste Spalte hingegen ist nur dünn besetzt. Wir bemerken auch, daß Verbindungen zu Jupiter rar sind: Wir finden nur Jupiter Trigon Jupiter und Jupiter Trigon Mond. Allerdings ist eine lange Reihe von Trigonen und Sextilen vorhanden, wobei viele dieser Interaspekte mit Mars oder Medium coeli gebildet werden. Interaspekte zu Mond oder Venus hingegen finden sich gehäuft in den Spalten »*Spannungserzeugende Aspekte*«.

Kim und Sylvester wurden ein außerordentlich erfolgreiches Team, das gemeinsam viele Werbeprojekte zu einem bemerkenswerten Abschluß führte. Dabei arbeiteten sie sehr loyal und partnerschaftlich zusammen. Sie hatten auch viel Spaß bei der gemeinsamen Arbeit. Hauptsächlich aber entwickelte sich eine glühende Romanze zwischen ihnen. Kim, wie rasend angezogen von Sylvester, verließ ihr Haus und ihren Ehemann und wechselte ihre gesamten Lebensumstände. Sylvesters Pluto auf Kims Aszendenten und in exakter Opposition zu ihrer Sonne übte einen fast magischen Sog auf sie aus.

Sylvester, in seinem *Radix* mit einem harten T-Quadrat zwischen Mond, Venus und Saturn ausgestattet, machte es Kim nach anfänglichem Sicheinlassen immer schwerer und ließ sich nicht lieben. Er gab den

Spröden und schwer Einzufangenden und führte ihr seine Kollektion früherer Geliebter vor, die ihr Defilee durch das gemeinsame Büro antraten. Eine der erst kürzlich abgelegten und hin und wieder aufgewärmten Geliebten brachte häufig Sylvesters Baby mit ins Büro und gab ihm neben seinem Schreibtisch die Brust, während Sylvester lachend ein Schild an die Verbindungstür zu Kims Arbeitsraum hängte: *Bitte nicht stören, Stillstunde!* Solche sadistischen Akte, deren es nicht wenige gab, bringen uns natürlich sofort die zahlreichen Interaspekte zu *Pluto* in Erinnerung (insgesamt fünfzehn, davon allein elf spannungserzeugende!), ebenso wie die harten Venus- und Mondkontakte *(dritte und vierte Spalte)*, die auf die emotionale Befindlichkeit des Partners keine Rücksicht nehmen und ungeniert auf seinen Gefühlen herumtrampeln. Kim kam durch die enormen Umwälzungen in ihrem Leben, den harten Schmerz der Trennung von ihrem Ehemann und den Schmerz der unerfüllten Liebe zu Sylvester zum ersten Mal zu einer Form von *Selbst-Bewußtsein* (Sylvesters Pluto in Opposition zu Kims Sonne), während sie vorher in einer Art Dornröschenschlaf gelegen hatte: Sie hatte von ihrer Kraft und ihren Fähigkeiten nichts gewußt.

Interaspekte beleuchten spotlightartig bestimmte »Partnerschaftsbereiche«. Manche partnerschaftlichen Aktivitäts- oder Austauschfelder werden hervorgehoben oder begünstigt, andere werden gehemmt oder benachteiligt oder befinden sich auf dem Prüfstand. Betrachten wir die durch Interaspekte zwischen Kim und Sylvester hervorgehobenen Austauschfelder, so sehen wir auf einen Blick, daß zahlreiche *harmonische* Relationen von *Mars* gebildet werden: Wir finden allein neun förderliche Verbindungen zu Mars. In Verbindung mit acht harmonischen Relationen zum *Medium coeli* formt dies klar eine *erfolgreiche Arbeits- und Kampfgemeinschaft*. Diese beiden Menschen können ausgezeichnet kooperieren und werden in gemeinsam angestrebten Zielen Erfolg haben (Natürlich haben die zahlreichen harmonischen Marskontakte auch einen starken Bezug zur Sexualität!).

Die Gefühlsplaneten *Mond und Venus* hingegen stehen unter starkem Beschuß: Sie empfangen fast ausschließlich Spannungsaspekte. In ihren Gefühlsäußerungen (Mond) und mehr noch im erotischen Bereich (Venus), dazu in ihrem Geschmack und in der Art, wie sie Liebe ausdrücken und empfangen (Venus), kommen sich diese beiden Menschen ständig ins Gehege. Zwar besteht durch die Quadrate zu Venus und Mond, die gemeinsam *ein karmisches Kreuz* bilden, eine große Anziehung, aber eben gleichzeitig auch eine elementare Unstimmigkeit. In dieses gemeinsam gebildete Karmakreuz ist auch die *Venusopposition zu Saturn* eingebunden. Es bestehen zehn disharmonische Aspekte zum Mond und acht disharmonische Aspekte zur Venus, denen im förderlichen Bereich einzig die Sonne-Mond-Opposition sowie ein Trigon von Jupiter auf Mond gegenüberstehen, was unmittelbar klarmacht, daß diese beiden Menschen es in einer *Liebesbeziehung* nicht leicht miteinander haben dürften. Gleichzeitig war es ihnen einfach nicht möglich, *kühl* zu bleiben: Die zahlreichen Marstrigone und die in eine Aspektfigur zusammengefaßten harten Pluto-Interaspekte ließen sie wie blind nach sexueller Verschmelzung streben.

Die Liebesbeziehung zwischen Kim und Sylvester scheiterte schließlich. Kim, müde und ausgebrannt von ihren Versuchen, Sylvesters Panzer zu knacken, wandte sich ernüchtert ab und begann ohne klare Aussprache – auch in dem uneingestandenen Wunsch, Sylvester zu bestrafen – neue Affairen, über deren jüngsten Stand sie ihn jeweils lachend beim Morgenkaffee im Büro informierte. Sylvester litt darunter, zeigte aber – seiner unerlösten Venus-Saturn-Quadratur im Radix entsprechend- eine kühle Miene und spielte das grausame Spiel scheinbar mit. Auch er machte neue Eroberungen. An Sylvesters geheimgehaltenem Liebesschmerz scheiterte schließlich auch die berufliche Verbindung. Sylvester verließ die Firma und machte unter Einsatz der mit Kim erarbeiten Projekte einen steilen Karrieresprung in eine andere Stadt (Kims Pluto auf Sylvesters Medium coeli). Kim war aufgewacht, hatte ihre lebenslange Fremdbestimmung abgeschüttelt und sich auf die Suche nach ihrer wirklichen Identität begeben (Sylvesters Pluto auf Kims Aszendent und in Opposition zu ihrer Sonne). Beide waren füreinander Katalysatoren, die jeweils im Leben des anderen enorm viel in Bewegung setzten. Aber eine angenehme und beglückende *Liebesbeziehung* war diese Verbindung *nicht!*

Zur Qualität einer Liebesbeziehung macht die *erste Spalte* (»Harmonische Konjunktionen und Oppositionen«) eine wichtige Aussage. Bei wesentlichen Langzeitbeziehungen werden wir hier fast immer mehrere Konstellationen finden. Und bei harmonischen Beziehungen sind es – ganz im Sinne der Klassik – oft mehrere Aspekte mit *Jupiter*. Bei Kim und Sylvester beispielsweise finden sich in der ersten Rubrik nur drei Interaspekte, sämtlich Oppositionen, von denen sich allein zwei auf das Medium coeli beziehen, also mehr mit dem beruflichen Bereich und der Lebenszielplanung zu tun haben. Eindeutig positiv und unterstützend für das *persönliche Leben des Paars* ist nur die *Opposition von Sonne und Mond*. Dieser hilfreiche Aspekt ist jedoch in seiner fördernden Wirkung eingeschränkt, da nicht nur Sylvesters Sonne, sondern zugleich auch sein Neptun eine Opposition zu Kims Mond bildet. So wurde Kim in ihren Gefühlen und ihrem Verlangen nach seelischer Geborgenheit in der Partnerschaft mit Sylvester immer wieder verunsichert: Mal war Sylvester als Mann präsent und väterlich beschützend *(Sonne Opposition Mond),* dann wieder machte er sich ungreifbar wie Nebel und ließ Kim ungeborgen und einsam zurück *(Neptun Opposition Mond).*

Insgesamt muß man sagen, daß diese schwierige Liebesbeziehung aus der ersten Rubrik fast keine Hilfen erhielt. Es gibt keine harmonischen Konjunktionen, schon gar keine mit Jupiter, und wir finden an Jupiterinteraspekten lediglich ein Trigon zwischen Jupiter und Mond und eines zwischen Jupiter und Jupiter. Dies bedeutet, daß harte Interaspekte wie Venus Opposition Saturn, Sonne Opposition Pluto, Pluto Opposition Mars, Mondknoten Konjunktion Saturn, Mond Quadrat Uranus und Saturn Konjunktion Pluto ihre Wirkung in voller Schärfe entfalten konnten. Diese Wirkung fiel umso härter aus, als Mond, Venus und Saturn in Sylvesters Geburtskosmogramm ein T-Quadrat bildeten, also »*wunde Stellen*« anzeigten. Diese emotional verkrüppelte Seite Sylvesters wurde durch Kims Mond, ihre Venus und ihren Uranus voll »getroffen«. Hätten sich beide darauf beschränkt, ihre Arbeitsbeziehung zu leben, so wären ihnen diese herben emotionalen Schmerzen erspart geblieben. Dies aber wollte Pluto, der übergreifende Entwicklungsaufgaben im Sinn hatte, nicht dulden. Und da bei beiden Protagonisten dieser wenig glücklichen Liebesbeziehung eine starkes Maß an persönlicher Unreife vorlag, waren die Auswirkungen der zahlreichen plutonischen »Machtkampfaspekte« einschneidend.

Interaspekte haben in einer Liebesbeziehung nicht alle den gleichen *Stellenwert.* Bei einer Liebesbeziehung dreht es sich um *Liebe:* Der Wunsch nach Nähe, Gefühlsaustausch, Wärme, Annahme und Harmonie steht im Vordergrund. Menschen haben keine Liebesbeziehungen, um erfolgreiche Projekte auf die Beine zu stellen, um gemeinsam ein berufliches Ziel zu erreichen oder um fließend miteinander zu kommunizieren, obwohl sich alle diese Bestrebungen hineinmischen können. In erster Linie haben sie Liebesbeziehungen, um zu *lieben.* Und dazu gehören in unerhört starkem Ausmaß *Venus und Mond.*

Insbesondere ein *Interquadrat von Saturn und Venus* ist – im Verein mit einer Menge weiterer Spannungsaspekte – für *Liebesbeziehungen* keine gute Empfehlung. Wenn es durch eine Menge harmonischer Venusinteraspekte konterkariert wird, ist es unproblematisch. Ist dies jedoch nicht der Fall, so steht es wirklich für harte emotionale Abweisung des venusischen Partners durch einen sich kalt, streng und kritisch gebärdenden Saturnpartner. Ist ein solcher Interaspekt gar Teil einer harten gemeinsamen Aspektfigur (T-Quadrat oder karmisches Kreuz), so sind emotionale Schmerzen angezeigt. Solche Verbindungen produzieren emotionales Leid, ganz gleich was sie ansonsten noch an Bewußtseinserweiterung und Wachstum induzieren mögen. Wir wissen ja, daß bereits Spannungskonstellationen von Saturn zu Venus und/oder Mond im *Geburtskosmogramm* immer eine Grundhaltung spiegeln, sich nicht liebenswert zu fühlen und große Angst oder übertriebene Steifheit und Ernsthaftigkeit in allen Liebes- und Gefühlsangelegenheiten zu zeigen. Solange solche Spannungsverbindungen zu Saturn nicht erlöst sind, glauben diese Menschen oft, für Liebe wirklich hart arbeiten zu müssen. Sie springen daher leicht auf ablehnende und im Grunde gleichgültige Partner an und geben sich dann im Zusammensein mit ihrem Granitblock unheimliche Mühe, sich die Liebe dieses Menschen »zu verdienen«. Dies ist meist ein hoffnungsloses Unterfangen.

Es leuchtet also ein, daß ein Bündel spannungsgeladener Quadrate, Oppositionen und Konjunktionen zu Venus und Mond, ebenso wie eine größere Zahl von Quinkunxen, Halb- oder Anderthalbquadraten zu Venus und Mond für eine *Liebesbeziehung* schädlich sind. Selbst wenn – wie im Fall von *Kim und Sylvester* – die harmonischen Spalten fast ebenso gut bestückt sind wie die spannungsgeladenen Spalten, hilft dies doch der Qualität einer *Liebesbeziehung* nicht im geringsten, wenn gleichzeitig sämtliche Interaspekte zu Venus und Mond geballte Spannung anzeigen. Diese beiden Menschen können befreundet sein und hervorragend miteinander arbeiten und kommunizieren, sie können eine wirklich gut funktionierende Verbindung haben, doch sollten sie nicht versuchen, eine Liebesbeziehung zu leben!

Daraus ergibt sich logischerweise auch folgendes: *Fehlen Interaspekte zu Venus fast völlig oder ganz, so können diese beiden Menschen keine Liebesbeziehung zueinander aufbauen.* Selbst eine heftige sexuelle Anziehung wird nicht in eine Liebesbeziehung münden können, weil die Venuskräfte dieser beiden Menschen durch den Partner keine Anregung erfahren. Ich habe noch nie eine Liebesbeziehung gesehen, bei der nicht etliche Interaspekte zu Venus vorhanden gewesen wären, gleichviel, ob harmonischer oder spannungsgeladener Art. Viele Verbindungen zu *Venus* ermöglichen eine Liebesbeziehung, unter Umständen nur eine disharmonische. Viele Verbindungen zu *Mars* haben mit Kooperation, gemeinsamer Arbeit und Zusammenhalt zu tun oder mit Kampf und Auseinandersetzung oder mit Sexualität. Viele Verbindungen zum *Mond* ermöglichen eine tiefe Gefühlsbeziehung, ganz gleich, ob sich beide Partner auf emotionaler Ebene ständig Schmerzen zufügen oder ob sie sich liebevoll miteinander verbinden.

Dies steht im Gegensatz zur Auffassung einiger moderner Astrologen, die in den Interaspekten lediglich Kommunikationkanäle ohne tiefere Bedeutung sehen, etwa mit Telefonleitungen vergleichbar. Sicherlich sind Interaspekte Kanäle für einen Austausch von Energien, aber an den beiden Enden des Kanals befindet sich je ein Potential, nämlich die beteiligten Planeten. Und die fließen *in* die Kanäle und vermischen sich dort. *Interaspekte sind durchaus keine wertfreien »Straßen«.* Wenn wir uns das Bild eines Cocktails vergegenwärtigen, dann ist der Interaspekt das Cocktailglas und die beiden beteiligten Planeten die Flüssigkeiten, die hineingeschüttet werden. Gießen wir Orangensaft und Gin (sagen wir Venus und Pluto) in ein hübsch mit Kirsche garniertes Glas (ein Trigon), so ergibt das ein interessantes und wohlschmeckendes Getränk. Nehmen wir hingegen Tabasco und schwarzen Tee (sagen wir Mars und Saturn) und schütten sie zusammen in einen zerkratzten Metallbecher (ein Quadrat), so ist das Ergebnis mit einiger Wahrscheinlichkeit optisch und geschmacklich unerfreulich. Natürlich beschreibt dieser Vergleich die komplexen Wirkungen von Interaspekten nur unzureichend, aber die Vermischung zweier Reagenzien in einem Gefäß macht doch einiges deutlich.

Die Anzahl und Qualität der Interaspekte *sind* ein wesentliches Kriterium zur Beurteilung einer Verbindung. Insofern hatte die klassische Astrologie recht. Allerdings mit einigen wesentlichen *Einschränkungen:*

1. Der Spannungsstatus ist nur *ein* Instrument zur Beurteilung der Chancen einer Beziehung und keineswegs das einzige, das über Wohl und Wehe einer Verbindung Auskunft gibt.
2. Interaspekte dürfen nicht isoliert betrachtet werden, wenn sie gemeinsam wichtige Interaspektfiguren bilden.

Wir kennzeichnen harte Interaspektfiguren im Spannungsstatusblatt mit einer verbindenden Klammer, um optisch anzudeuten, daß sie von ihrer Wirkung her erheblich stärker sind als isolierte Interaspekte. Im Fall von Kim und Sylvester fielen fast alle harten Interaspekte zu Mond und Venus in ein karmisches Kreuz, in das auch Saturn und Uranus eingebunden waren. So bekamen sie im Bereich von Liebe und Gefühl eine geradezu »durchschlagende Wirkung«.

3. Es muß geprüft werden, ob in den jeweiligen Grundkosmogrammen erkennbare »wunde Stellen« durch Planeten oder Aspektfiguren des Partners aktiviert werden.

Wunde oder schwache Stellen eines Menschen sind oft im Geburtskosmogramm sehr einfach zu identifizieren! Sehen wir im Horoskop von Rita eine harte *Sonne-Saturn-Konjunktion,* die von anderen Planeten überdies nur Spannungsaspekte empfängt, so können wir recht sicher sein, daß

Saturn-Sonne einer wehen Stelle in Ritas Persönlichkeitsgefüge entspricht, ganz gleich, ob sie die Konjunktion somatisiert oder projiziert, gehemmt oder kompensatorisch auslebt. Natürlich muß dabei auch das Lebensalter des betreffenden Menschen beachtet werden. So hat ein relativ junger Mensch weniger Gelegenheiten gehabt, diese schwierige Konstellation in sein Persönlichkeitsgefüge zu integrieren als ein Mensch, der schon eine Reihe von Jahren über diese Erde schreitet.

Finden wir im Radix von Charles ein *Stellium von Pluto, Venus und Saturn*, das überdies vom restlichen Kosmogramm *fast völlig isoliert* ist, so liegt es nahe, anzunehmen, daß es sich um eine wunde Stelle in Charles Persönlichkeitsgefüge handelt. Setzt nun Ginger ihre exzentrische *Uranus-Venus-Konjunktion* genau auf diese Wunde von Charles, dann dürften die Wirkungen recht explosiv ausfallen. Zugleich mit einer heißen Anziehung *(Venus Konjunktion Venus, Venus Konjunktion Uranus, Venus Konjunktion Pluto)* dürften auch alle Frustrationen, alle ausgehungerte Gier und alle Ängste von Charles, die in dieses Stellium eingebrannt waren, schlagartig aktiviert werden *(Saturn-Venus, Saturn-Uranus, Pluto-Uranus)*. Und da andrerseits auch eine Venus-Uranus-Konjunktion nicht gerade mit einer großen Fähigkeit zu harmonischem Ausgleich gesegnet ist, zeigt ein solches »Interstellium« aufwühlende Gefühle und Erlebnisse beider Menschen an. Manchmal können sich spannungssteigernde Interaspekte dann mit geradezu mörderischer Gewalt entladen. Im Gefühlsbereich und in allem, was mit Liebe und Erotik zu tun hat, lösen Ginger und Charles unter Umständen im anderen jeweils immer das »Schlechteste« aus – den unterentwickelten, deformierten und unbewußten Teil, *den Schatten*[13].

An hellem Sommertag

Schmerzbrocken treffen Dich
und zischend wie trockenes
Zedernholz im Feuer
zerspringt Deine Haut

Dunkle Schmerzzungen
schmelzen all Dein Fleisch
das flüssig in die seidigen
Flammen tropft
bis Du ganz nackt bist
Herz Hirn und Eingeweide
säuberlich verbrannt

Reglos hockst du
in einem Universum
das plötzlich
an hellem Sommertag
lichtlos geworden

Und Dein trauriger Rest
kaut hilflos
auf der Frage
wie ein Mensch der
weder Herz noch Hirn besitzt
so leiden kann

Jessie Adler Gral

5
Emotionale Vereinbarkeit und wozu man sie braucht

Manche Menschen mögen sich einfach. Das klingt banal, ist es aber nicht. Bei solchen Menschen spielt es keine Rolle, wie frustrierend, unbefriedigend oder enttäuschend sich der eine Partner dem anderen gegenüber auch verhält – es erwächst keine wirkliche Disharmonie daraus. Sogar für die weniger erfreulichen Verhaltensweisen und Charaktereigenschaften des anderen findet sich ein mildes Verständnis. Jawohl, man weiß sehr gut, daß ein solches Verhalten eigentlich nicht in Ordnung ist, und man würde es sich anders wünschen, aber es stört die Beziehung zum Partner *nicht wirklich*. Manche Menschen mögen sich einfach.

Dies ist ziemlich regelmäßig der Fall, wenn beide Partner einen hohen Grad an *emotionaler Vereinbarkeit* aufweisen. *Die emotionale Vereinbarkeit hat mit der Kompatibilität (Verträglichkeit oder Vereinbarkeit) der Gefühlsplaneten Mond und Venus zu tun.* Wir überprüfen die emotionale Verträglichkeit eines Paares durch einen Vergleich der *Farben* von Mond und Venus bei beiden Partnern. Hier spiegeln sich Ähnlichkeit oder Verschiedenheit der Gefühlsplaneten. Im emotionalen Bereich scheint Ähnlichkeit oder zumindest Verträglichkeit der beste Garant für ein angenehmes Miteinander zweier Liebender. Eigentlich kein Wunder, bedeutet Ähnlichkeit hier doch Ähnlichkeit in den Gefühlen, tiefen Bedürfnissen und Wünschen (Mond) sowie im Geschmack, im Ausdruck von Liebe und Zuneigung, in den erotischen Vorlieben und im erotisch-sexuellen Selbstausdruck (Venus).

Wenn wir alle Farben der Gefühlsplaneten komplett erfassen wollen, müssen wir beim Mond nicht nur seine Zeichen- und Hausposition sowie seine Aspekte und Grundnote beachten, sondern auch das Zeichen am Immum coeli (Mond-Analogie), dessen Grundnote, Hauptspannungsaspekte auf das Immum coeli sowie Planeten im vierten Feld. Bei der Venus sind entsprechend nicht nur Haus- und Zeichenposition, Aspekte und Grundnote zu addieren, sondern auch das Zeichen am Deszendenten (Venus-Analogie), seine Grundnote, Hauptspannungsaspekte auf den Deszendenten und Planeten im siebten Feld.

Mehr noch als im Venusbereich scheint im Mondbereich eine hohe Ähnlichkeit (oder zumindest eine umfassende Kompatibilität) hilfreich für eine enge emotionale Beziehung zu sein. Bei der Beurteilung der Vereinbarkeit richten wir uns nach den bekannten Sympathien und Antipathien zwischen den kosmischen Urenergien. Venus oder die siebte kosmische Energie verträgt sich gut mit *Neptun*, nicht aber mit *Mars oder Saturn*. *Uranus* versteht sich gut mit *Merkur, Sonne und Mars*, nicht aber mit *Venus, Mond oder Neptun. Jupiter* versteht sich mit allen außer *Saturn* und *Pluto*. Saturn verträgt sich mit niemandem außer mit *Merkur und Pluto*. Das ist Kompatibilität. Soll eine Liebesbeziehung wirklich stimmig sein und beide Partner zutiefst zufrieden machen, so ist Kompatibilität der Mondfarben erforderlich!

Die emotionale Verträglichkeit in einer Verbindung wird besonders gestört, wenn in den »Mondfarben« beider Partner große Quantitäten stark dissonanter Energien auftauchen wie beispielsweise viel *Saturn*energie bei einem Partner und viel *Jupiter*energie beim anderen oder aber viel *Mars*energie beim ersten und viel *Neptun*energie beim zweiten Partner. Ist der Mond eines Liebenden hauptsächlich durch *Neptun* eingefärbt, der Mond des anderen hauptsächlich durch *Mars*, so ist klar, daß diese Kombination für den feinfühligen, zarten, gefühlvollen und verschmelzungssüchtigen neptunischen Partner äußerst quälend ist, während der robuste und kampffreudige Marspartner oft einfach nicht begreifen wird, was er seinem überempfindlichen Sensibelchen denn nun schon wieder angetan haben soll. Seelische Harmonie ist so nicht zu erlangen.

Uranus und Saturn sind natürlich ebenfalls Kontrahenten. Livia hat ein größeres Potential an Uranusenergien in ihrem Mond, ihr Liebster Bim hingegen ein erkleckliches Potential an Saturnenergien. Livias exzentrische Freiheits- und Veränderungsliebe, ihre emotionale Sprunghaftigkeit und ihr zwischen Nähe und kühler Distanz hin- und herwechselnder Gefühlsausdruck werden für Bims saturnisch getönten Mond oft schlicht unerträglich sein. Er wird sich ungeliebt fühlen und über Livias Integrität in Zweifel geraten. Livia wiederum wird sich durch den gußeisernen, förmlichen, überangepaßten, kargen oder sogar kalten Gefühlsausdruck Bims, seine große Ernsthaftigkeit und seine »emotionale Schwere« hintergezogen fühlen. Seine Ängstlichkeit bei jedem Funken Spontaneität – kaschiert durch emotionale Strenge und Kühle – dürfte sie als bedrükkend, starr, langweilig und entnervend empfinden. Und sie wird sich ebenfalls ungeliebt fühlen. Livia wird den frischen, dynamischen Schwung, den eine uranische Färbung des Mondes mit sich bringt, bitter vermissen. Überdies wird Bim kaum Verständnis dafür aufbringen, daß Livia just im Moment nicht nach Gefühlen ist, während sie ein andermal außerordentlich herzlich und auf fröhliche Art überschwenglich sein kann. Als Ergebnis dessen wird Bim immer mißtrauischer, vorsichtiger und abwehrender und schützt sich immer rigider gegen die schreckliche Möglichkeit, von dieser extravaganten, unberechenbaren und unzuverlässigen Frau verletzt oder gar verlassen zu werden. Was natürlich über kurz oder lang höchstwahrscheinlich geschieht.

Bei der Untersuchung der Mond- und Venusfarben, mit der wir uns in diesem Kapitel beschäftigen, richten wir uns also einfach nach den herkömmlichen astrologischen Antipoden. Der rationale, unterscheidende, zählende, messende, scharf denkende und kommunizierende *Merkur* verträgt sich nicht mit dem verschwimmenden, grenzenlosen *Neptun*, der in rosenfarbenen Nebeln herumgeistert und immerzu »verschmelzen« möchte. Der strenge, steife, mißtrauische und ängstliche *Saturn*, der vorsichtig, pflichtbewußt und fast pedantisch auftritt, verträgt sich nicht mit dem expansiven, abenteuerlustigen, gutmütigen und herzlichen *Jupiter*, der in seinen optimistischen Aufwallungen manchmal wie ein Aufschneider daherkommt. *Uranus* verträgt sich nicht mit *Saturn*, wie wir gesehen haben. Und *Pluto* verträgt sich nicht mit *Uranus*, denn ihre Energien sind vollkommen entgegengesetzt. Während ein plutonisch getönter Mond im Untergrund wühlt – dräuend, besitzergreifend, stets latent eifersüchtig und voll intensiver, heiß-kalter, wütender oder zutiefst leidenschaftlicher Gefühle –, ist ein uranisch getönter Mond kristallklar, hell, blitzend, beweglich, extravagant, unberechenbar und vor allem an seiner emotionalen Freiheit interessiert. Eine *sonnenhafte* Einfärbung des Mondes verträgt sich nicht mit einer *saturnischen*. Eine Färbung des Mondes durch *Jupiter* hingegen verträgt sich dank Jupiters Großmütigkeit und Jovialität mit allen anderen Energien außer *Saturn* und *Pluto*: Bei Saturn fühlt sich Jupiter in seinem tiefsten Wesen mißverstanden und »hinuntergezogen«, während Plutos Besessenheit, überall den Schorf abzukratzen, um Krankes und »Unheiles« bloßzulegen, ihn heftig abstößt. Das auf Seite 105 abgedruckte Tableau: »Welche Archetypen vertragen sich?« illustriert diese Zusammenhänge.

Neben der energetischen Gesamtverträglichkeit, die wir im nächsten Kapitel behandeln, ist die *emotionale Verträglichkeit* einfach das Alpha und Omega einer stimmigen Liebesbeziehung. *An der grundsätzlichen emotionalen Vereinbarkeit oder Dissonanz zweier Menschen ist nichts zu ändern!* Entweder sind die Mondfarben ähnlich oder vereinbar oder sie sind dissonant! Man kann eine emotionale Unverträglichkeit zwischen Liebenden nicht durch »Arbeit an der Beziehung« heilen, was beim *Spannungsstatus*, der mit Zahl und Qualität der Interaspekte zu tun hat (harmonisch oder spannungsgeladen), durchaus in gewissem Rahmen möglich ist.

Man kann von Natur aus Unvereinbares nicht durch Aussprachen, Debatten, minutiöse Aufteilung von Rechten und Pflichten und emotionale »Klärung« vereinbar machen!

Welche Archetypen vertragen sich?		
Sonne	paßt zu	Sonne, Venus, Merkur, Mars, Jupiter und Uranus
Mond	paßt zu	Mond, Venus, Neptun, Jupiter und Pluto
Merkur	paßt zu	Merkur, Sonne, Mars, Jupiter, Saturn, Uranus und Pluto
Venus	paßt zu	Venus, Sonne, Mond, Jupiter und Neptun
Mars	paßt zu	Mars, Sonne, Merkur, Jupiter, Uranus und Pluto
Jupiter	paßt zu	allen außer Saturn und Pluto
Saturn	paßt zu	Saturn, Merkur und Pluto
Uranus	paßt zu	Uranus, Sonne, Merkur, Mars und Jupiter
Neptun	paßt zu	Neptun, Mond, Venus und Jupiter
Pluto	paßt zu	Pluto, Merkur, Mars, Saturn und Mond

Die Prägung von Mond und Venus zweier Liebender ist entweder verträglich oder sie ist es nicht! Von daher ist die emotionale Vereinbarkeit beider Partner eine wichtige Determinante für das Gelingen oder Scheitern einer Liebesbeziehung. Ist sie gegeben (und eine einigermaßen ordentliche *Gesamtvereinbarkeit* dazu), so braucht auch ein hoher *Spannungsstatus* kein unüberwindliches Hindernis für eine Verbindung zu sein. Fehlt hingegen bei guter *Gesamtvereinbarkeit* und durchschnittlichem *Spannungsstatus* die *emotionale Vereinbarkeit* der Partner, so werden sie in einer *Liebesbeziehung* nicht viel Glück miteinander erleben. Bei emotionaler Unverträglichkeit fühlen sich beide Partner in ihren tiefsten Wünschen und Bedürfnissen mißverstanden und in der Art, wie sie Liebe und Zärtlichkeit annehmen und ausdrücken, irritiert, frustriert, ignoriert oder vom anderen abgelehnt.

Wie man die Farben der Gefühlsplaneten erfaßt

Um die komplexen Mond- und Venusfarben zweier Liebender erfassen zu können, vergegenwärtigen wir uns zunächst die zwölf holistischen Energiequalitäten, mit denen die moderne Astrologie arbeitet. Sie sind in dem auf Seite 106 abgebildeten Tableau übersichtlich zusammengefaßt.

| Zwölf holistische Energiequalitäten ||||
Tierkreiszeichen	Herrschender Planet	Assoziiertes Haus	Element und Schwingungsmodalität
1 Widder	Mars	Haus 1	Kardinales Feuer
2 Stier	Venus	Haus 2	Fixe Erde
3 Zwillinge	Merkur	Haus 3	Bewegliche Luft
4 Krebs	Mond	Haus 4	Kardinales Wasser
5 Löwe	Sonne	Haus 5	Fixes Feuer
6 Jungfrau	Merkur	Haus 6	Bewegliche Erde
7 Waage	Venus	Haus 7	Kardinale Luft
8 Skorpion	Pluto	Haus 8	Fixes Wasser
9 Schütze	Jupiter	Haus 9	Bewegliches Feuer
10 Steinbock	Saturn	Haus 10	Kardinale Erde
11 Wassermann	Uranus	Haus 11	Fixe Luft
12 Fische	Neptun	Haus 12	Bewegliches Wasser

Wie wir wissen, ist dem Widder mit seinem Herrscher Mars das erste Haus assoziiert, dem Stier mit seinem Herrscher Venus das zweite Haus, dem Wassermann mit seinem Herrscher Uranus das elfte Haus, usw. Ebenso bekannt ist, daß sich in der Astrologie gleiche Sachverhalte durch sehr unterschiedliche Konstellationen manifestieren können. So hat ein Skorpionmars eine ähnliche Qualität wie eine Konjunktion von Mars mit Pluto oder auch ein Mars im achten Feld. Eine Sonne im neunten Haus hat eine der Schützesonne vergleichbare Färbung, und beide wiederum haben große Ähnlichkeit mit einem starken Jupiter-Sonne-Aspekt. Es ist nicht genau das gleiche, aber es ist ähnlich.

In der letzten Spalte des Tableaus finden sich das Element, dem die kosmische Qualität angehört (Feuer, Luft, Wasser usw.) und die Schwingungsmodalität (kardinal, fix, beweglich)[14]. Krebs, Mond und Haus vier bilden die vierte holistische Energiequalität, die kardinales Wasser symbolisiert. Schütze, Jupiter und Haus neun bilden die neunte holistische Energiequalität, die bewegliches Feuer symbolisiert. Diese zwölf kosmischen Energien sind die holistischen Urqualitäten, mit denen die moderne Astrologie arbeitet. Bei der Beurteilung der *emotionalen Vereinbarkeit* eines Paares, zu der wir die vollständigen Mond-Venus-Qualitäten erfassen müssen, benutzen wir ebenfalls diese holistischen Energien[15].

Um die komplexe Mondenergie eines Menschen, im folgenden *Mondprägung* genannt, zu erfassen, betrachten wir den Mond in seiner Zeichenposition, in seinem Haus sowie in seinen Spannungsaspekten und harmonischen Aspekten. Außerdem untersuchen wir das Immum coeli und die Hauptspannungsaspekte auf das Immum coeli. Zusätzlich einbezogen werden die *Grundnoten* des Mondes und des Immum coeli. Wie wir wissen, wird die Kopfnote eines Mondes bestimmt durch seine Position in einem Tierkreiszeichen. Ein Mond, der in der Waage steht, hat die Kopfnote Waage. Steht der Herrscher dieses Waagemondes, Venus, nun in den Zwillingen, so hat der Waagemond die Grundnote Zwillinge. Das Verhältnis von Kopf- und Grundnote läßt sich nach meiner empirischen Erfahrung ungefähr mit zwei Drittel zu einem Drittel wiedergeben. Zwei Drittel des Gewichts entfallen auf die Kopfnote, ein Drittel auf die Grundnote, die entweder in die gleiche Richtung ziehen kann oder die Kopfnote in ihrem Wesen und ihrem Ausdruck verändert. Bei einem Waagemond mit der Grundnote Zwillinge würde die Grundnote etwa in die gleiche Richtung ziehen wie die Kopfnote (Waage und Zwillinge sind beides Luftzeichen von sanguinischem Temperament und leichtem, kommunikationsfreudigem Charakter). Würde der Herrscher des Waagemondes, Venus, sich jedoch statt dessen im Skorpion finden, so würde die Grundnote des Mondes (Skorpion) die Kopfnote (Waage) modifizieren und eine mehr verdeckte, geheimnisvolle, weniger idealistische und stärker erotische Einfärbung des Mondes bewirken.

Auch beim Immum coeli erfassen wir die Grundnote. Finden wir bei einem Menschen das Immum coeli im Widder, und steht der Herrscher des Widders, Mars, gleichzeitig im Zeichen Steinbock, so haben wir ein Widder-Immum coeli mit der Grundnote Steinbock. Finden wir das Immum coeli eines Menschen in Löwe und steht die Sonne als Herrscher dieses Immum coeli in Fische, so haben wir ein Löwe-Immum coeli mit der Grundnote Fische.

Warum ist das Immum coeli in diesem Zusammenhang überhaupt wichtig? Ich habe dies in meinem Buch: *Unser innerer Geliebter* ausführlich begründet[16]. Deshalb soll hier ein kurzer Hinweis genügen. Das vierte Haus und hier speziell die Spitze des vierten Hauses, das Immum coeli, spiegeln zusammen mit dem Mond unsere *tiefste seelische Identität*. Das Immum coeli ebenso wie potentielle Planeten, die ins vierte Haus fallen, bilden einen integralen Bestandteil der Mondprägung, da sie zur innersten Natur des Menschen gehören. Diese innerste Natur wird er ganz unwillkürlich ausdrücken, wann und wo immer er sich »zu Hause« fühlt. Und dies ist der Grund, warum sie bei der *Mondprägung* berücksichtigt werden müssen.

Wollen wir eine Partnerschaft auf ihre *emotionale Vereinbarkeit* hin überprüfen, so untersuchen wir bei beiden Partnern die holistische Quali-

Radix
Yasmin

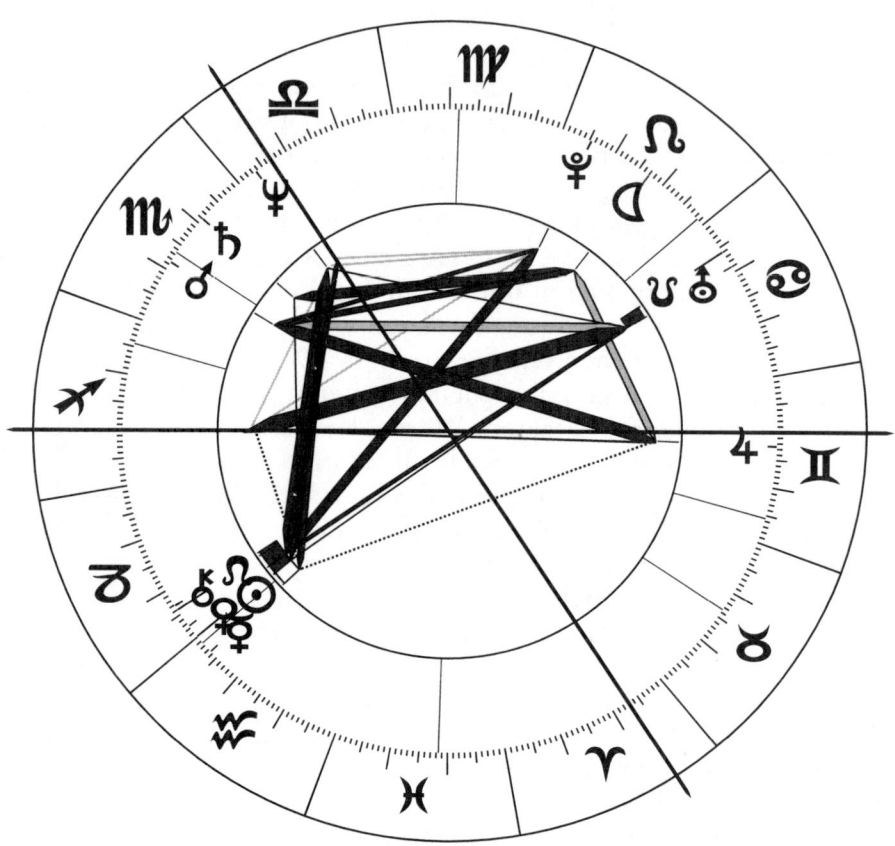

☉	29° 36'	♉
☽	12° 37'	♌
☿	3° 11'	♒
♀	27° 15'	♉
♂	18° 14'	♏
♃	17° 09'	♊
♄	8° 39'	♏
⚷	20° 41'	♋
♆	26° 02'	♎
♇	24° 21'	♌
☊	23° 44'	♉
⚸	22° 49'	♉

A	20° 11'	♐
2	1° 05'	♒
3	18° 06'	♓
M	22° 42'	♎
11	16° 14'	♏
12	4° 10'	♐

Häuser nach Placidus

tät von Mond und Venus und stellen sie einander gegenüber. Diese holistische Qualität können wir als die *Farben von Mond und Venus* ansehen. Ein Uranusquadrat auf die Venus gibt eine uranische Färbung, ein Neptuntrigon auf die Venus eine neptunische Färbung und die Konjunktion des Pluto zum Mond ergibt eine plutonische Einfärbung des Mondes.

Die glühendheiße Romanze: Corrado und Yasmin

Corrado, ein vierzigjähriger, hochbegabter Kunstmaler, der mit seiner Selbstbehauptung große Probleme hatte, verliebte sich in Yasmin, eine aparte, dunkelhaarige Schönheit, die gerade mit ihrer kleinen Tochter neu in die Stadt gekommen war. Yasmin war einige Jahre jünger als Corrado, frisch geschieden und fühlte sich in der fremden Stadt entsprechend einsam. Die beiden begegneten sich auf einer Party, die von einer Freundin Corrados, die ebenfalls Malerin war, gegeben wurde.

Corrado, der gerne und viel trank, war schon ziemlich beschickert, als Yasmin, die ihren chronischen Selbstwertproblemen zu Hause mit einigen Glückspillen abgeholfen hatte, auf der Bildfläche erschien. Corrado war sofort völlig gebannt von Yasmins Schönheit und Ausstrahlung. Ihr rabenschwarzes Haar, ihr weißes Gesicht und ihr großer blutroter Mund übten eine ungeheure Wirkung auf ihn aus. Er brachte ihr einen Drink und wich den ganzen Abend nicht von ihrer Seite. Corrado legte sich wie verrückt ins Zeug, und da er ein unterhaltsamer und eloquenter Mann war, hatte er die einsame Yasmin rasch in seinen Bann gezogen. Als das Gespräch auf das *Dritte Reich* kam und auf die furchtbare Behandlung, die den Juden zuteil geworden war, brach Yasmin in bittere Tränen aus und weinte eine Weile an Corrados Schulter, was diesen endgültig von Yasmins Sensibilität überzeugte und von ihrem »Mut, zu ihren Gefühlen zu stehen«. Beide waren völlig voneinander hingerissen, und gegen fünf Uhr morgens fuhr Corrado, volltrunken zwar, aber in absoluter Siegerlaune, Yasmin zu ihrer weit entfernten Wohnung in der Vorstadt und verlangte zu bleiben. Yasmin, die Corrado im Grunde ebenfalls wollte, hätte dennoch ein etwas langsameres Tempo vorgezogen und brachte ein wenig schwächlichen Widerstand zum Ausdruck, der aber von Corrado mit Bravour überrannt wurde. Er blieb. Corrado und Yasmin fielen ins Bett und verließen es drei geschlagene Tage lang nicht mehr.

Yasmin, eine pragmatische Steinbockfrau, die auch Venus im Steinbock aufwies, begann, Gedichte über Corrado zu schreiben. Corrado langweilte alle seine Freunde mit ekstatischen Ergüssen über Yasmins Schön-

Radix
Corrado

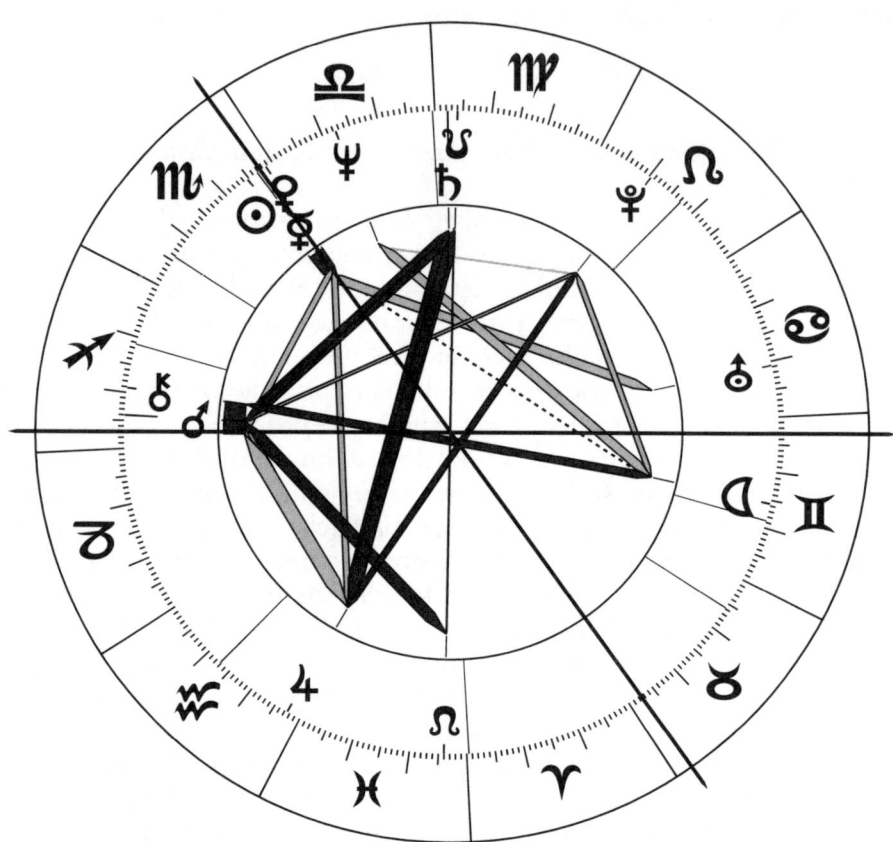

☉	5° 26'	♏
☽	14° 30'	♊
☿	3° 20'	♏
♀	1° 31'	♏
♂	24° 10'	♐
♃	27° 38'	♒
♄	27° 51'	♍
⚷	9° 24'	♋
♆	17° 46'	♎
♇	19° 43'	♌
☊	26° 08'	♓
⚸	19° 18'	♐

A	27° 39'	♐
2	12° 58'	♒
3	0° 33'	♈
M	2° 36'	♏
11	24° 19'	♏
12	11° 26'	♐

Häuser nach Placidus

heit, Bildung und ihren edlen Charakter. Traten die beiden gemeinsam in der Öffentlichkeit auf, so schienen sie von einer Art lodernder Woge umgeben zu sein. Glück, Romantik und flammende Sexualität umhüllten sie wie eine glühende Wolke und machten allen anderen aufs schmerzlichste bewußt, daß *sie* sich nicht in diesem köstlichen, rauschhaften Bewußtseinszustand befanden, den man Verliebtheit nennt. Kurz, der Blitz hatte eingeschlagen und ein loderndes Feuer entfacht.

Bei solch herzlicher Übereinstimmung und starkem erotischem Angezogensein betrachten wir natürlich die *Venus* beider Menschen. Die kompletten Venusfarben von Corrado und Yasmin, die wir aus den Geburtskosmogrammen beider Menschen herausziehen, sind unten abgedruckt. *Was* wir erfassen, steht im Tableau: Bewertungsregeln für die Venusprägung auf Seite 112. Um beispielsweise Yasmins Venusfarben zu erfassen, entnehmen wir ihrem Kosmogramm Zeichen und Haus der Venus sowie ihre Grundnote, die Spannungsaspekte zur Venus und die harmonischen Aspekte. Des weiteren entnehmen wir dem Geburtshoroskop Yasmins das Zeichen ihres Deszendenten, seine Grundnote sowie die *Hauptspannungsaspekte* (Konjunktion, Quadrat und Opposition) zum Deszendenten.

Wir sehen, daß den einzelnen Positionen in Yasmins und Corrados Venusprägung jeweils eine *Bewertung* zugeordnet wurde. Jeder Astrologe, der die holistische Energieprägung eines Menschen erfassen will, ist gezwungen, zumindest implizit eine Bewertung der vielen Einzelpositionen

Yasmins Venusprägung		
Venus in Steinbock	Venus/*Saturn*	10
Venus in Haus 1	Venus/*Mars*	10
Venus Grundnote Skorpion	Venus/*Pluto*	5
Venus Konjunktion Sonne	Venus/*Sonne*	10
Venus Konjunktion Merkur	Venus/*Merkur*	10
Venus Opposition Uranus	Venus/*Uranus*	5*
Venus Quadrat Neptun	Venus/*Neptun*	10
Venus Quinkunx Pluto	Venus/*Pluto*	5
Deszendent in Zwillinge	Venus/*Merkur*	5
Grundnote Deszendent Wassermann	Venus/*Uranus*	2,5
Deszendent Konjunktion Jupiter	Venus/*Jupiter*	2,5
	Summe	**75**

* Plaktischer Aspekt, daher nur Wertung mit 5 Punkten

vorzunehmen. Tatsächlich ist es aber kaum möglich, die Felder- und Zeichenposition der Venus, ihre Grundnote und sämtliche Aspekte der Venus sowie das Zeichen am Deszendenten, seine Grundnote, Hauptspannungsaspekte zum Deszendenten und Planeten im siebten Feld gleichzeitig im Auge zu behalten und eine angemessene implizite Bewertung vorzunehmen. Das intuitive Abwägen und Gewichten der im Kosmogramm sichtbaren Energieballungen jedoch ist absolut notwendig und wird von Astrologen ständig vorgenommen; anders wäre es nicht möglich, zu stimmigen Gesamtaussagen zu kommen. Es gibt also keinen vernünftigen Grund, warum die Bewertung nicht *direkt, offen und nachprüfbar* vorgenommen werden sollte. Wir überführen also die implizite in eine explizite Gewichtung. Alle dazu benötigten Informationen können dem unten abgebildeten Tableau: *Bewertungsregeln für die Venusprägung* entnommen werden.

Wir sehen, daß Konjunktionen, Oppositionen und Quadrate auf die Venus mit zehn Punkten bewertet werden, während Trigone und Sextile nur fünf Punkte erhalten. Zu dieser schwächeren Bewertung der harmonischen Aspekte gegenüber den Hauptspannungsaspekten ist folgendes zu sagen: Trigone und Sextile zur Venus symbolisieren grundsätzlich einen

Bewertungsregeln für die Venusprägung	
Venus im Zeichen und Haus	10
Venus in Konjunktion, Quadrat und Opposition zu anderen Planeten	10
Venus im Sextil, Trigon, Halbquadrat, Anderthalbquadrat und Quinkunx zu anderen Planeten[1]	5
Plaktische Konjunktion, Opposition und plaktisches Quadrat auf die Venus[2]	5
Grundnote der Venus	5
Deszendent im Zeichen	5
Grundnote des Deszendenten	2,5
Deszendent in Konjunktion, Quadrat und Opposition zu anderen Planeten[3]	2,5
Planeten im siebten Haus je	2,5

[1] Da dem Halbsextil meiner Erfahrung nach keine große Wirkung zukommt, bleibt es unberücksichtigt. Wer mag, kann es jedoch einbeziehen.
[2] Plaktische Aspekte sind ungenaue Aspekte außerhalb des gewählten Orbis
[3] Bei den Hauptspannungsaspekten auf den Deszendenten sollte der Orbis sehr eng gehalten werden (maximal 3 Grad), es sei denn, der Aspekt wäre in eine Aspektfigur eingebunden. In diesem Fall kann der Orbis bis 5 Grad betragen.

Corrados Venusprägung		
Venus in Skorpion	Venus/*Pluto*	10
Venus in Haus 10	Venus/*Saturn*	10
Venus Grundnote Löwe	Venus/*Sonne*	5
Venus Konjunktion Sonne	Venus/*Sonne*	10
Venus Konjunktion Merkur	Venus/*Merkur*	10
Venus Trigon Jupiter	Venus/*Jupiter*	5
Venus Anderthalbquadrat Mond	Venus/*Mond*	5
Deszendent in Zwillinge	Venus/*Merkur*	5
Grundnote Deszendent Skorpion	Venus/*Pluto*	2,5
Deszendent Quadrat Saturn	Venus/*Saturn*	2,5
	Summe	65

harmonischen Energiefluß, sind aber von Natur aus eher passiv und drängen nicht gerade zum Handeln. Tatsächlich sind es die Hauptspannungsaspekte zur Venus, die von Natur aus »dynamisch« sind und ein enormes Energiepotential zur Verfügung stellen. Sie drängen zu Taten (Quadrate) oder zu Projektionen (Oppositionen). Bekanntlich sind die Hauptspannungsaspekte sehr viel schwieriger zu integrieren als die harmonischen Verbindungen. Ein Venus-Mars-Quadrat oder eine Venus-Pluto-Opposition machen sich im psychischen Feld eines Menschen viel stärker bemerkbar als ein Venus-Mars-Trigon oder ein Venus-Pluto-Sextil! Sie sind »sperriger«, dramatischer und zugleich energiegeladener und erzwingen sich derart die Aufmerksamkeit des Betroffenen wie die seiner Umwelt. Von daher müssen sie stärker gewichtet werden.

Eine detaillierte Erläuterung der Bewertungsregeln und der Gewichtungen einzelner Positionen findet sich in meinem Buch *Unser innerer Geliebter*, in dem die Instrumente der Venus- und Mondprägung erstmalig eingeführt wurden, wenn auch unter einem andersartigen Aspekt. Wurden *damals* die Venus- und Mondprägungen erfaßt, um das *jeweilige Verhalten der Liebenden in einem Partnerkonflikt herauszufiltern (angepaßt, rebellisch oder vernunftbetont)*, so konzentrieren wir unser Augenmerk *jetzt* auf die *Farben von Venus und Mond*, um durch einen Vergleich mit den Farben der Partnervenus und des Partnermondes etwas über *die erotische und emotionale Verträglichkeit beider Menschen* herauszufinden.

Wir haben damit also die kompletten »Venusprägungen« von Yasmin und Corrado erfaßt. Um nun die *Farben* ihrer Venus zu erhalten, benutzen wir jeweils die in der zweiten Spalte *kursiv gedruckten Planetenenergien*

Venusfarben Yasmin – Corrado			
Yasmin	%	Corrado	%
Merkur	20	Merkur	23
Mars	14	Sonne	23
Pluto	14	Pluto	19
Saturn	14	Saturn	19
Sonne	14	Jupiter	8
Neptun	14	Mond	8
Uranus	10		
	100%		100%

und addieren hier alle *gleichen* Potentiale. Die Farbe *Pluto* beispielsweise taucht in Corrados Venus zweimal auf, einmal mit 10 und einmal mit 2,5 Punkten. Die Farbe *Pluto* addiert sich also zu 12,5 Punkten (19%). Die Farbe *Sonne* ist in Corrados Venus ebenfalls zweimal enthalten und addiert sich zu insgesamt 15 Punkten (23%). Im *Tableau: Venusfarben von Yasmin und Corrado* sind diese kursiv gedruckten »Farben« einander gegenübergestellt, praktischerweise gleich in Prozentwerten. Dabei ist zu beachten, daß *geringwertige Archetypen (2,5 Punkte)* in unserer Venusfarbentabelle nicht berücksichtigt werden. Dies ist zum Beispiel der Fall bei Yasmins *Jupiter*farbe in Höhe von 2,5 Punkten. (Sicher ist aufgefallen, daß sowohl Yasmin als auch Corrado Uranus im siebten Haus haben, eine Farbe, die bei ihrer Venusfunktion mit je 2,5 Punkten hätte berücksichtigt werden müssen. Yasmin hat jedoch ein größeres Uranuspotential, während Corrado außer dem Uranus im siebten Haus überhaupt keine Uranusfarbe aufweist. Bei der Farbbetrachtung wäre also Corrados Uranus weggefallen (2,5 Punkte = geringfügiges Potential), bei Yasmin hingegen dem restlichen Uranus zugeschlagen worden. Um diese Verzerrung zu vermeiden, wurde Uranus im siebten Haus bei beiden Partnern unberücksichtigt gelassen.)

Wir stellen fest, daß Yasmin und Corrado in ihren Venusfarben nicht nur kompatibel, sondern teilweise auch ähnlich sind. Bei beiden Menschen finden sich größere Quantitäten an *Merkur-, Pluto-, Sonne- und Saturnfarben*. Um zu einer vernünftigen Abwägung zu gelangen, fassen wir kompatible Farben bei jedem Partner zusammen und stellen sie einander gegenüber. Bei diesem Kombinationsprozeß haben wir grundsätzlich ein hohes Maß an Freiheit. Wir können »gleiche« Archetypen einander gegen-

Venusfarbenvergleich Yasmin – Corrado				
Merkur, Saturn, Pluto	48	Merkur, Saturn	42	42
Mars	14	Pluto	19	14
Sonne, Uranus	24	Sonne	23	23
Neptun	14	Mond, Jupiter	16	14
			Summe 93	**= Eins**

überstellen, was sich oft empfiehlt, aber ebenso gut auch *verträgliche* Archetypen, wenn sich diese Potentiale quantitativ besser ausgleichen.

Natürlich gibt es bei dreizehn Archetypen, die hier zum Vergleich anstehen, immer mehrere Möglichkeiten der Kombination. Wir suchen uns die jeweils »günstigste« aus (die quantitativ gesehen zur höchsten Vereinbarkeit führt), was völlig legitim ist, denn auch im Liebesausdruck eines Menschen (Venus) vermischen sich ja alle diese »Farben« und werden von der Seele des Partners empfangen.

So können wir die Farben *Merkur, Saturn* und *Pluto* in Yasmins Venus (48%) den Energien *Merkur* und *Saturn* in Corrados Venus gegenüberstellen (42%), denn diese Energien sind alle verträglich und gleichen sich gut aus. Des weiteren können wir Yasmins *Mars*farbe (14%) der *Pluto*farbe in Corrados Venus (19%) gegenüberstellen. Und schließlich stellen wir Yasmins *Sonnen-* und *Uranus*farbe (24%) der *Sonnen*farbe in Corrados Venus (23%) gegenüber und gleichen Yasmins *Neptun*farbe (14%) mit

Bewertungstabelle für die Vereinbarkeit		
100%	*Null*	Traumhaft
99–94%	*Nullkommafünf*	Traumhaft
93–89%	*Eins*	Hervorragend kompatibel
88–82%	*Einskommafünf*	Hervorragend kompatibel
81–75%	*Zwei*	gute Kompatibilität
74–68%	*Zweikommafünf*	noch gute Kompatibilität
67–61%	*Drei*	mittlere Kompatibilität
60–51%	*Vier*	noch kompatibel
50–31%	*Fünf*	Unverträglich
30– 0%	*Sechs*	Extrem unverträglich

Zu dieser Bewertungstabelle gibt es noch einige Zusatzregeln zu beachten, die anschließend erläutert werden.

den *Mond-* und *Jupiter*farben Corrados (16%) aus. Bei diesen Vergleichen berücksichtigen wir jeweils den Teil der Energien, der sich »deckt«.

Wie wir sehen, sind 93 Prozent der Energien in Yasmins oder Corrados Venus ähnlich oder verträglich. Übrig bleiben 7 Prozent Energien, die nicht zur Deckung zu bringen sind. Mit einer Differenz von 7 Prozent unverträglichen Energien kann ein Paar aber wirklich leben. Eine solche Kompatibilität ist sehr gut. Die unten abgebildete *Tabelle* gibt uns die *Bewertungsregeln für Vereinbarkeit* an. Bei 93% kompatibler Energien können wir die Venusverträglichkeit beider Menschen mit *Eins* bewerten. In ihrer Erotik und in der Art, wie sie Liebe ausdrücken, passen diese beiden Menschen hervorragend zueinander, und in der Tat hatten sie ja ein hochgradig intensives und überschäumendes Liebesleben.

Nach der euphorischen Anfangszeit ihrer jungen Liebe lief die Beziehung zwischen Corrado und Yasmin indessen nicht besonders gut. Zwar verstanden sie sich im erotischen Bereich hervorragend, doch im seelischen Bereich überhaupt nicht. Hier schienen sie mehr Differenzen als Übereinstimmungen zu haben: Beide fühlten sich mehr und mehr vom anderen unverstanden und litten aneinander. Corrado beklagte sich bei seinen Freunden, daß sich Yasmin ihm gegenüber emotional verschließe und auch nicht über die Unstimmigkeiten in der Beziehung sprechen wolle. Tatsächlich zog sich Yasmin immer stärker zurück und verpanzerte sich wie eine Auster. Sie fühlte sich von Corrados emotionalen Vorstößen und seinen intellektuellen Anforderungen überrumpelt und wie eine Festung berannt, auch wenn sie diese Vorwürfe nicht laut werden ließ. Solche partnerschaftlichen Probleme legen den Gedanken nahe, die Verträglichkeit beider Menschen im *Mond*bereich zu prüfen.

Yasmins Mondprägung		
Mond in Löwe	Mond/*Sonne*	10
Mond in Haus 8	Mond/*Pluto*	10
Mond Grundnote Steinbock	Mond/*Saturn*	5
Mond Quadrat Saturn	Mond/*Saturn*	10
Mond Quadrat Mars	Mond/*Mars*	5*
Mond Sextil Jupiter	Mond/*Jupiter*	5
Immum coeli in Widder	Mond/*Mars*	5
Grundnote Immum coeli in Skorpion	Mond/*Pluto*	2,5
Immum coeli Quadrat Uranus	Mond/*Uranus*	2,5
Immum coeli Opposition Neptun	Mond/*Neptun*	2,5
	Summe	**57,5**

* Plaktischer Aspekt, daher nur Wertung mit fünf Punkten

Bewertungsregeln für die Mondprägung	
Mond im Zeichen und Haus	10
Mond in Konjunktion, Quadrat und Opposition zu anderen Planeten	10
Mond im Sextil, Trigon, Halbquadrat, Anderthalbquadrat und Quinkunx zu anderen Planeten[1]	5
Plaktische Konjunktion, Opposition und plaktisches Quadrat auf den Mond[2]	5
Grundnote des Mondes	5
Immum coeli im Zeichen	5
Grundnote des Immum coeli	2,5
Immun coeli in Konjunktion, Quadrat und Opposition zu anderen Planeten[3]	2,5
Planeten im vierten Haus je	2,5

[1] Da dem Halbsextil meiner Erfahrung nach keine große Wirkung zukommt, bleibt es unberücksichtigt. Wer mag, kann es jedoch einbeziehen.
[2] Plaktische Aspekte sind ungenaue Aspekte außerhalb des gewählten Orbis
[3] Bei den Hauptspannungsaspekten auf das Immum coeli sollte der Orbis sehr eng gehalten werden (maximal 3 Grad), es sei denn, der Aspekt wäre in eine Aspektfigur eingebunden. In diesem Fall kann der Orbis bis 5 Grad betragen.

Corrados Mondprägung		
Mond in Zwillinge	Mond/*Merkur*	10
Mond in Haus 6	Mond/*Merkur*	10
Mond Grundnote Skorpion	Mond/*Pluto*	5
Mond Anderthalbquadrat Venus	Mond/*Venus*	5
Mond Trigon Neptun	Mond/*Neptun*	5
Mond Sextil Pluto	Mond/*Pluto*	5
Immum coeli in Stier	Mond/*Venus*	5
Grundnote Immum coeli in Skorpion	Mond/*Pluto*	2,5
Immum coeli Opposition Venus	Mond/*Venus*	2,5
Immum coeli Opposition Merkur	Mond/*Merkur*	2,5
Immum coeli Opposition Sonne	Mond/*Sonne*	2,5
	Summe	**55**

Mondfarben Yasmin – Corrado*			
Yasmin	%	Corrado	%
Saturn	29	Merkur	43
Pluto	24	Pluto	24
Mars	19	Venus	24
Sonne	19	Neptun	9
Jupiter	9		
	100%		100%

* Achtung: Die geringwertigen Archetypen in Yasmins Mond (Uranus und Neptun) und in Corrados Mond (Sonne) mit jeweils 2,5 Punkten bleiben unberücksichtigt!

Hier sehen wir Corrados und Yasmins Mondprägung, die wir nach dem Tableau: »Bewertungsregeln für die Mondprägung« herausgefiltert haben. Weiter unten haben wir die Mondfarben beider Liebenden gegenübergestellt. Beide haben ein gleichwertiges und verträgliches Potential an *Pluto*energie in ihrem Mond (jeweils 24%). Die restlichen Farben sind jedoch sehr verschieden.

Mondfarbenvergleich Yasmin – Corrado				
Pluto	24	Pluto	24	24
Sonne	19	Venus	24	19
Saturn	29	Merkur	43	29
Mars	19	Rest-Merkur	14	14
Jupiter	9	Neptun	9	9
			Summe 95 = *Nullkommafünf*	
			Wegen Zusatzregeln = *Vierkommafünf*	

Wie wir sehen, finden sich hier auf den ersten Blick sogar 95 Prozent kompatibler Energien, was unserer Tabelle nach einer *Nullkommafünf* entspräche. Doch bliebe bei einem solch schematischen Vorgehen vieles unberücksichtigt. Yasmin hat ein sehr großes *Saturn*potential in ihrem Mond (29%), während Corrado seinerseits überhaupt keine Saturnenergien aufweist! Saturn ist bekanntlich eine schwierige Energie und verträgt

Die glühendheiße Romanze: Corrado und Yasmin 119

sich überhaupt nicht mit den sensiblen Gefühlsplaneten. Wegen dieses hohen Saturnpotentials in Yasmins Mond müssen wir daher eine der zuvor angekündigten Regeln beachten:

Regel (4a): Weist der erste Partner ein Saturnpotential von 20% oder mehr auf, während der zweite überhaupt kein Saturnpotential hat, so ist die Gesamtnote um eins herabzusetzen. (Das gilt auch dann, wenn der zweite Partner zwar ein geringes Saturnpotential aufweist, dieses aber weniger als 15% des Saturnpotentials des ersten Partners beträgt.)

Wir setzen also die Wertung für die Gesamtvereinbarkeit auf *Einskommafünf* herab (Regel 4a). Gleichzeitig hat Corrado ein hohes Potential an *Venus*energien (24%), für die Yasmin nichts anzubieten hat. Hier müssen wir den zweiten Teil der Regel 4 beachten:

Regel (4b): Hat der zweite Partner *zusätzlich* ein Potential von Venus oder Neptun oder Mond oder Jupiter in Höhe von 20% oder mehr, ohne daß der erste Partner eine dieser Energien aufweist, ist die Gesamtnote noch einmal um einen Punkt abzusenken. (Die Gesamtnote wird nicht abgesenkt, wenn der erste Partner über eine dieser vier Energien verfügt und diese mindestens 50% des Potentials des zweiten Partners ausmacht.)

Saturn und Venus sind so antagonistisch, daß sie sich einfach nicht verständigen können und sich ständig gegenseitig Schwierigkeiten und Schmerzen bereiten. Wir senken also die Wertung für die Mondvereinbarkeit von Yasmin und Corrado auf *Zweikommafünf* ab.
Es kommt allerdings im Fall von Corrado und Yasmin noch eine weitere Regel zu Anwendung. So hat die *merkurische Färbung* in Corrados Mond mit 43 Prozent einfach ein überragendes Gewicht. Corrado wünscht sich eine Liebste, die *intellektuell* möglichst auf der Höhe sein sollte und eine *gute Rednerin*, gern auch sehr *gebildet*, da er sich ansonsten rasch langweilt. Sie sollte *im sprachlichen Bereich schnell und gewandt* sein, *wißbegierig* und *diskussionsfreudig*. Und obwohl Corrado selbst die Volksschule besucht und im Anschluß an seine Handwerkerlehre ein Kunststudium absolviert hatte – damit also nicht gerade den Prototyp des konventionell Gebildeten darstellend –, hatte er sich doch mit wachem Geist und unerschöpflichem Wissensdurst in der Schule des Lebens viel Wissen angeeignet. Kommunikation überhaupt und Kommunikation speziell über Gefühle sind für Corrado mit seinen 43% *Merkur*färbung in

seinem Mond einfach eine Notwendigkeit! (Dieses starke Lern- und Wissensbedürfnis zeigte sich auch in der Tatsache, daß Corrado fast immer in der Gesellschaft von Akademikerinnen anzutreffen war.)

Das hohe *merkurische Potential* in Corrados Mond zeigt an, daß neben dem Wunsch, tief, intensiv und innig zu fühlen und emotional zu verschmelzen – *Venus-, Neptun- und Plutofärbung* zusammen 57% –, gleichzeitig auch eine stark mentale Tönung des Gefühlslebens vorhanden ist, eine eher rationale, kommunikationsfreudige und emotional distanziertere Färbung. Wird ein Partnerschaftsbereich wie hier der Mond so einseitig von einem Archetypus dominiert, so muß beim Partner unbedingt ein Mindestmaß dieses Archetypus ebenfalls vorhanden sein, damit die Verständigung klappt. Yasmin hat in ihrem Mond nicht die geringste Merkurfärbung und für Corrados enorm hohes Merkurpotential somit keine Resonanz anzubieten.

> *Regel (2):* Hat ein Partner ein Potential (eine Farbe) in einer Stärke von 35% oder mehr, während der andere diese Farbe überhaupt nicht aufweist, ist die Gesamtnote um eins herabzusetzen. (Dies gilt auch dann, wenn der Partner die entsprechende Farbe zwar aufweist, sie aber weniger als 15% des Potentials des ersten Partners beträgt.)

Wir müssen die Bewertung der Mondkompatibilität von Yasmin und Corrado also noch einmal um eine Note mindern und landen damit bei *Dreikommafünf.* Aber dies ist noch nicht alles. Es ist nämlich durchaus nicht unwesentlich, ob die Monde zweier Liebender *verträglich* sind oder *ähnlich*! Wie wir sehen, haben Yasmin und Corrado in ihrem Mond nur eine einzige Farbe gemeinsam: ein *Pluto*potential von jeweils 24%. Alle übrigen Archetpyen sind verschieden. Hier ist die Ähnlichkeit im Gefühlsleben wirklich sehr gering.

> *Regel (6):* Haben zwei Partner weniger als ein Drittel (33,3%) gleicher Archetypen (»geringe Ähnlichkeit«), so muß die Gesamtnote um eins herabgesetzt werden. Haben zwei Partner mehr als zwei Drittel (66,6%) gleicher Archetypen (»hohe Ähnlichkeit«), so verbessert sich die Gesamtnote um einen Punkt!

Regel 6 bezieht sich auf den Grad der »Ähnlichkeit« der Partnerenergien. Zwei Partnersonnen können beispielsweise gut verträglich sein, ohne auch nur einen einzigen Archetypus (eine einzige »Farbe«) gemeinsam zu haben. Je mehr Farben oder Archetypen zwei Menschen jedoch in ihrer Sonne (ihrem Mond, ihrem Merkur) gemeinsam haben, desto größer ist die *Ähnlichkeit* beider, was natürlich die gegenseitige Verständigung zusätzlich erleichtert.

Yasmin und Corrado haben nur 24 Prozent *gleiche* Archetypen (Pluto). Damit erhält die Mondverträglichkeit von Yasmin und Corrado die Gesamtwertung *Vierkommafünf*. Und dies ist für *Liebende* in dem so sensiblen und gewichtigen *Gefühlsbereich* wirklich eine miserable Kompatibilität. Wie wir später noch sehen werden, ist nämlich für eine langfristige Liebesbeziehung eine gute Mondvereinbarkeit von ganz besonderer Bedeutung. Beim Mond ist also eine Bewertung von *Vierkommafünf* wirklich als »schlecht« anzusehen! Yasmin fühlte sich von Corrado emotional unverstanden und von seinen merkurischen Ansprüchen überfordert. Sie war keine Intellektuelle und wollte und konnte nicht permanent Gefühle analysieren. Das Verbalisieren von Gefühlen lag ihr nicht, und sie fand es gräßlich. Ihr lag weit mehr daran, ihren Selbstschutz und ihre emotionale Rüstung aufrechtzuerhalten, was für sie natürlich und naheliegend war.

Wir können uns die Verschiedenartigkeit der Monde von Yasmin und Corrado auch noch auf andere Weise klarmachen, indem wir einfach wichtige Potentiale bei jedem Partner zusammenfassen und einander gegenüberstellen. So finden sich in Yasmins Mond *Saturn-, Mars- und Plutoenergien* in Höhe von 72%. Dem stehen bei Corrado *Venus-, Pluto- und Neptunenergien* in Höhe von 57% gegenüber. Der Pluto in Verbindung mit Mars und Saturn ist jedoch ein völlig andersgearteter Pluto als der in Verbindung mit Venus und Neptun! Pluto in Verbindung mit Mars und Saturn bewirkt eine sehr »harte« Einfärbung der Seelenlandschaft, die zu herber Verschlossenheit oder defensivem Kampf neigt. Pluto in Verbindung mit Venus und Neptun andererseits ist eine eher hingabefreudige Kombination, die tiefen, intensiven, erotisch-sexuellen Austausch sucht und mehr zu *Beziehung* neigt als zu Kampf und Abgrenzung.

Wir können ohne weitere Umschweife feststellen, daß die Seelenlandschaften dieser beiden Menschen sehr unterschiedlich sind, und daß es nur wenig Brücken gibt, über die diese beiden zueinanderkommen konnten. Entsprechend erstaunt es uns nicht zu hören, daß Yasmin und Corrado in seelischen und gefühlsmäßigen Belangen beim Partner ständig auf Unverständnis stießen. Beide erfuhren im emotionalen Bereich große Verletzungen. Corrado litt bitter unter Yasmins Härte und ihrer emotionalen Unzugänglichkeit (die starke Mars/Saturnfärbung in Yasmins Mond). Er interpretierte ihre Unfähigkeit zu weicher, gefühlvoller und intensiver Hingabe (Pluto/Venus/Neptun-Färbung in Corrados Mond = 57%!) einfach als *Unwilligkeit, sich ihm zu öffnen*. Gegen Ende ihrer Beziehung war Corrado ausgehöhlt, erschöpft und verzweifelt von seinem vergeblichen Anrennen gegen Yasmins eiserne Festung. Yasmin

Spannungsstatus für: Corrado und Jasmin			
fördernde Interaspekte		spannungserzeugende Interaspekte	
1 ☌ ☍	2 △ ✶	3 ⊥ ⚻ ⚼	4 ☌ ☐ ☍
☽☌♃ ♂☌A ☽☍A	A△♇ A✶♇ A✶♀ A✶♆ A✶M ♇✶M ♂✶M ♃△M ☽✶☽ ☽✶♆ ♂✶♆ ♂△♇ ☉✶☊ ☉△♄ ♀△♄ ♀✶☊ ♄△☊ ☊✶☊	☊⚼♆ ☊⚼♅ ☊⚻♄ ☊⚻☽ ♄⊥☽ A⚻☽ ♀⊥☽ ☉⊥☽ ♂⚻☽ ♂⊥♄ ☿⚻♃ ☿⊥A ☉⊥A ♀⚻♃ M⚻♃	⌈☉☐☉ ☊☐A ├☉☐M ♂☍♃ ├☉☐♀ ☉☐♀ 7.2 └♀☐♀ ☿♂♆ 7.3 ⌈M☐♀ ├☿☐♀ ├☿☐♀ ├☿☐♀ ├☿☐☉ ├☿☐☉ └☿☐M ⌈M☌♆ │♀☌♆ │☊☐♆ ├♄☌☉ │♄☌♀ ├♄☌☿ └♄☌M ⌈♇☐♂ └♇☌☽
3	18	15	22
Interaspekte von Saturn, Jupiter, Uranus, Neptun und Pluto zueinander			
	♃△♆ ♃△♆ ♄△⚷ ♇✶♃	⚷⊥♆	♆☍♃ ⚷☐♆ ♆☐⚷ ⚷☍♃ ⚷☌A
	4	1	2
3	22	16	24
Summe: 65 25 : 40 +38% : -62%			

wiederum nahm Corrado übel, daß er die harte Grenzziehung und herbe Verschlossenheit, die sie so sehr benötigte, um sich sicher zu fühlen, nicht achtete und immer wieder überrannte (Pluto/Saturn/Mars-Färbung in Yasmins Mond = 72%). Sie fühlte sich bedroht und wurde zunehmend mißtrauischer. Als Ergebnis dessen verschloß sie sich noch stärker. Sie begriff nicht, was Corrado sich wünschte: Hingabe und offene Kommunikation über Gefühle lagen nun einmal nicht in ihrer Natur. So zerrten diese beiden Menschen in ihrer Liebesbeziehung permanent aneinander herum und litten große Schmerzen.

Eine Liebesbeziehung wie die von Corrado und Yasmin, die nach einjährigem emotionalem Leiden beider Menschen zerbrach, kann also sehr schmerzhaft sein. Einerseits gibt es im erotisch-sexuellen Bereich eine wunderbare Übereinstimmung, so daß die Liebenden immer wieder magisch zueinandergezogen werden. Andrerseits erleben sie – wenn die Beziehung wachsen und inniger werden will *(Mondebene)* – nur gegenseitiges Unverständnis, Abgetrenntheit und emotionale Schmerzen: Eine wirkliche *Intimität* ist so nicht möglich. In solchen Verbindungen keimen bei den Partnern häufig auch Gefühle großer Bitterkeit auf. Durch die gute Übereinstimmung im erotischen Bereich und in ihren Liebesäußerungen (Venus) entsteht das Gefühl: »*Er (sie) könnte ja im emotionalen Bereich ein ebenso guter Partner sein, wenn er (sie) sich nur öffnen wollte (meine Grenzen achten würde, mich nicht ständig überrollen würde, usw.)*«. Tatsächlich aber ist es die grundlegende und nicht zu verändernde *emotionale Unvereinbarkeit* beider, die es ihnen unmöglich macht, sich gegenseitig ihre tiefsten emotionalen Bedürfnisse (Mond) zu erfüllen. Entsprechend brachten auch Yasmin und Corrado für die gefühlsmäßigen Bedürfnisse des Partners kaum Verständnis auf, und nach einigen Monaten gegenseitiger Frustration war es auch mit dem guten Willen nicht mehr weit her: Die Spirale gegenseitiger Vorwürfe setzte ein, und schließlich trennte man sich.

Um ein umfassendes Bild der Beziehung zwischen Corrado und Yasmin zu erhalten, ist auf Seite 122 ihr *Spannungsstatus* abgebildet. Schon rein quantitativ betrachtet ist er nicht sehr überzeugend: Wir finden 62% disharmonischer Interaspekte. Zwar ist die *Mond-Jupiter-Konjunktion* (erste Spalte) wunderbar, aber insgesamt spielt sich in der ersten Spalte wenig ab. Jupiter bildet insgesamt neun Interaspekte, fünf davon im förderlichen Bereich, doch nur zwei Aspekte Jupiters bestehen zu persönlichen Planeten oder Punkten.

Gleichzeitig sind in der vierten Spalte *etliche besonders herbe Spannungsaspekte* zu finden, davon viele mit Saturn: *Saturn Konjunktion Sonne, Konjunktion Venus, Konjunktion Merkur* und *Konjunktion Me-*

dium coeli (in ein Aspektbild eingebunden). Auch die zu einem gemeinsamen Aspektbild verbundenen Aspekte *Neptun Konjunktion Medium coeli, Neptun Quadrat Mondknoten* und *Neptun Konjunktion Venus* sind nicht gerade besonders hilfreich. Allein *sechs der harmonischen Aspekte (erste und zweite Spalte)* werden zum *Aszendenten* gebildet, was die starke Anziehung beider Menschen durch die physische Erscheinung des Partners belegt. Mond und Venus hingegen, die für die emotionale Harmonie zuständig sind, sind überwiegend in Spannungsaspekte eingebunden *(dritte und vierte Spalte)*: Wir finden allein *15 disharmonische Aspekte zu Venus oder Mond,* denen nur sechs harmonische Aspekte gegenüberstehen. Wir sehen auch ein besonders *hohes Maß an Spannungsaspekten zu Merkur* (insgesamt 9 ohne *Merkur Konjunktion Neptun,* der zwar in ein hartes Aspektbild eingebunden ist, aber ein wenig außerhalb unseres Orbis von 7 Grad liegt). Dies illustriert Corrados Klage, sie könnten nicht miteinander *reden,* recht überzeugend. Die überwiegende Mehrheit der Quadrate in der vierten Spalte formiert sich überdies zu einem gigantischen T-Quadrat, wobei sich die Spannung hauptsächlich zwischen *Sonne, Merkur, Venus* und *Medium coeli* entfaltet. Mit Sicherheit waren für das Scheitern der Beziehung auch gravierende Kommunikationsprobleme mitverantwortlich. Doch das damit verbundene hohe emotionale Leid beider Menschen geht auf das Konto der unverträglichen Partnermonde!

Goldene Hochzeit: Charly und Jennifer

Charly und Jennifer, deren recht guten Spannungsstatus wir bereits im vierten Kapitel kennengelernt haben, haben kürzlich ihre goldene Hochzeit gefeiert. Sie sind also mehr als fünfzig Jahre verheiratet. Wir dürfen somit vermuten, daß die *emotionale Verträglichkeit* beider Menschen hoch ist. Charly und Jennifer hatten in ihrer Beziehung auch sehr schwierige Zeiten zu konfrontieren, gekoppelt mit einem beträchtlichen Maß an materieller Not nach dem zweiten Weltkrieg, was sich unter anderem in dem doppelten Spannungsaspekt von *Saturn und Pluto* ausdrückt (vergleiche dazu den *Spannungsstatus* von Charly und Jennifer auf Seite 78). Man kann also nicht sagen, daß diese fünfzig Jahre ihrer Ehe immer rosig gewesen wären. Auf zwei Dinge aber konnten sich beide Menschen immer verlassen: Auf ihre tiefgreifende emotionale Harmonie *(Mond)* und auf ihre Übereinstimmung in Liebesausdruck, Erotik und ästhetischen Vorlieben *(Venus)*.

Zu *Übungszwecken* sind die Mond-und Venusprägungen von Charly und Jennifer mit ausführlichen Erläuterungen aufgeführt, so daß die *Herleitung der Farben der Gefühlsplaneten* im Detail nachverfolgt werden kann.

Jennifers Mondprägung		
Mond in Fische	Mond/*Neptun*	10
Mond in Haus 7	Mond/*Venus*	10
Mond Grundnote Löwe	Mond/*Sonne*	5
Mond Konjunktion Uranus	Mond/*Uranus*	10
Mond Quadrat Merkur	Mond/*Merkur*	10
Mond Quadrat Venus	Mond/*Venus*	10
Mond Quadrat Mars	Mond/*Mars*	10
Immum coeli in Skorpion	Mond/*Pluto*	5
Grundnote Immum coeli Krebs	Mond/*Mond*	2,5
Mars in Haus 4	Mond/*Mars*	2,5
		Summe 75

Zwischenrechnung		
Farben	Punkte	Prozent
Mond/*Venus*	20	27
Mond/*Mars*	12,5	17
Mond/*Neptun*	10	14
Mond/*Uranus*	10	14
Mond/*Merkur*	10	14
Mond/*Sonne*	5	7
Mond/*Pluto*	5	7
	72,5	100%

Die Summe beträgt 72,5 und nicht 75, weil alle Potentiale unter fünf Punkten unberücksichtigt bleiben. Mond/*Mond* (2,5 Punkte) fällt somit aus der Betrachtung der Farben heraus!

Charlys Mondprägung		
Mond in Löwe	Mond/*Sonne*	10
Mond in Haus 1	Mond/*Mars*	10
Mond Grundnote Stier	Mond/*Venus*	5
Mond Quadrat Uranus	Mond/*Uranus*	10
Mond Quadrat Sonne	Mond/*Sonne*	10
Mond Konjunktion Mars	Mond/*Mars*	10
Mond Trigon Jupiter	Mond/*Jupiter*	5
Mond Halbquadrat Venus	Mond/*Venus*	5
Immum coeli in Skorpion	Mond/*Pluto*	5
Grundnote Immum coeli Krebs	Mond/*Mond*	2,5
	Summe	**72,5**

Zwischenrechnung		
Farben	**Punkte**	**Prozent**
Mond/*Sonne*	20	29
Mond/*Mars*	20	29
Mond/*Uranus*	10	14
Mond/*Venus*	10	14
Mond/*Jupiter*	5	7
Mond/*Pluto*	5	7
	70	100%

Die Summe beträgt 70 und nicht 72,5, weil alle Potentiale unter fünf Punkten unberücksichtigt bleiben. Mond/*Mond* (2,5 Punkte) fällt somit aus der Betrachtung der Farben heraus!

Wenn wir die Mondfarben beider Menschen gegenüberstellen, so sehen wir schon auf den ersten Blick ein hohes Maß an Verträglichkeit, das auch bei einer detaillierten Untersuchung erhalten bleibt.

Mondfarben Charly und Jennifer			
Charly	%	Jennifer	%
Sonne	29	Venus	27
Mars	29	Mars	17
Uranus	14	Uranus	14
Venus	14	Neptun	14
Jupiter	7	Merkur	14
Pluto	7	Pluto	7
		Sonne	7
	100%		100%

Fassen wir die jeweils »stimmigen« Potentiale beider Partner zusammen, so können wir Charlys *Sonnen*farbe der *Venus*farbe Jennifers gegenüberstellen. *Mars* bei Charly paßt hervorragend zu *Mars* und *Merkur* bei Jennifer. *Venus* verträgt sich mit *Neptun* und ist auch quantitativ gleich stark, und *Jupiter* verträgt sich mit *Sonne*. Und natürlich harmonieren *Pluto* und *Pluto* sowie *Uranus* und *Uranus*.

Mondfarbenvergleich Charly – Jennifer				
Sonne	29	Venus	27	27
Uranus	14	Uranus	14	14
Venus	14	Neptun	14	14
Pluto	7	Pluto	7	7
Mars	29	Mars, Merkur	31	29
Jupiter	7	Sonne	7	7
		Summe 98 = *Nullkommafünf*		
		Wegen Regel 1 = *Einskommafünf*		

Wir haben also hier eine *traumhafte* Kompatibilität der beiden Monde (98%), die nach unserer Tabelle mit *Nullkommafünf* bewertet werden muß. Dennoch ist eine weitere Regel zu beachten.

Regel (1): Sind die beiden stärksten Farben zweier Menschen unverträglich und können ausgeglichen werden, so ist die Gesamtnote um eins herabzusetzen. Kann auch nur eines der beiden Potentiale nicht ausgeglichen werden, so ist die Gesamtnote um zwei herabzusetzen.
Als ausgeglichen gilt ein Potential, wenn mindestens 85% der betreffenden Energie durch kompatible Archetypen im Planetenprofil des Partners abgedeckt sind.

Die Erfahrung hat gezeigt, daß es sich sehr ungünstig auswirkt, wenn die beiden stärksten Farben zweier Menschen nicht vereinbar sind. Nun vertragen sich zwar Charlys *Sonnen*farbe (29%) und Jennifers *Venus*farbe (27%), aber Charlys ebenso starkes *Mars*potential (29%) verträgt sich keineswegs mit Jennifers *Venus*potential! Wir müssen also hier Regel 1 anwenden, denn alles andere würde zu unzulässigen Verzerrungen führen. Allerdings sind beide Potentiale (Jennifers *Venus*- und Charlys *Mars*farbe) *ausgeglichen,* so daß sich die Bewertung der Mondvereinbarkeit von Charly und Jennifer nur um einen Punkt verschlechtert *(Einskommafünf),* was immer noch ein hervorragendes Ergebnis ist.

Angesichts solcher Mondvereinbarkeit ist es nicht erstaunlich, daß sich Charly und Jennifer in ihrer Häuslichkeit und im täglichen Zusammenleben hervorragend vertrugen und sich emotional immer nahe waren (selbst dann, wenn sie stritten, was gar nicht selten der Fall war). Solch kompatible Mondfarben sind einfach das A und O jeder stimmigen und langanhaltenden Zuneigung zwischen zwei Menschen. Hier fühlt sich das innere Kind jedes Partners vom anderen zutiefst angenommen und genährt, ermutigt und gehätschelt – selbst dann, wenn es in anderen Partnerschaftsgebieten einmal krachen sollte.

Auch in ihrer erotischen Anziehung, ihren Liebesäußerungen und ihren geschmacklichen Vorlieben *(Venus)* sind Charly und Jennifer ähnlich begünstigt. Der Venusfarbenvergleich zeigt uns fast auf den ersten Blick, wie verträglich diese beiden Venusprägungen sind.

Venusprägung Charly		
Venus in Krebs	Venus/*Mond*	10
Venus in Haus 11	Venus/*Uranus*	10
Venus Grundnote Löwe	Venus/*Sonne*	5
Venus Konjunktion Pluto	Venus/*Pluto*	10
Venus Konjunktion Saturn	Venus/*Saturn*	10
Venus Anderthalbquadrat Uranus	Venus/*Uranus*	5
Venus Halbquadrat Mond	Venus/*Mond*	5
Venus Halbquadrat Sonne	Venus/*Sonne*	5
Deszendent in Wassermann	Venus/*Uranus*	5
Grundnote Deszendent Wassermann	Venus/*Uranus*	2,5
Uranus in Haus 7	Venus/*Uranus*	2,5
		Summe 70

Venusprägung Jennifer		
Venus in Zwillinge	Venus/*Merkur*	10
Venus in Haus 10	Venus/*Saturn*	10
Venus Grundnote Zwillinge	Venus/*Merkur*	5
Venus Konjunktion Merkur	Venus/*Merkur*	10
Venus Opposition Mars	Venus/*Mars*	10
Venus Quadrat Mond	Venus/*Mond*	10
Venus Quadrat Saturn	Venus/*Saturn*	10
Deszendent in Fische	Venus/*Neptun*	5
Grundnote Deszendent Löwe	Venus/*Sonne*	2,5
Mond in Haus 7	Venus/*Mond*	2,5
Uranus in Haus 7	Venus/*Uranus*	2,5
Deszendent Quadrat Sonne	Venus/*Sonne*	2,5
		Summe 80

Venusfarben Charly und Jennifer				
Charly	%	Jennifer	%	
Uranus	36	Merkur	32	
Mond	22	Saturn	26	
Saturn	14	Mond	16	
Pluto	14	Mars	13	
Sonne	14	Sonne	6,5	
		Neptun	6,5	
	100%		100%	

Venusfarbenvergleich Charly – Jennifer				
Uranus, Sonne	50	Merkur, Sonne, Mars	51,5	50
Saturn-Pluto	28	Saturn	26	26
Mond	22	Mond, Neptun	22,5	22
Summe 98 = *Nullkommafünf*				
Wegen Regel 2 (Uranus größer als 35% bei Charly, während Jennifer überhaupt keine Uranusfarbe aufweist) = *Einskommafünf*				

Wir sehen auch hier 98% kompatibler Energien *(Nullkommafünf)*. Allerdings hat Charly 36% *Uranus*potential, während Jennifer überhaupt keine Uranusfarbe aufweist. Wie schon zuvor bei Corrado und Yasmin müssen wir hier die uns bereits bekannte Regel 2 anwenden und die Gesamtwertung um eine Note herabsetzen. *Einskommafünf* ist allerdings immer noch eine hervorragende Kompatibilität! Und so erstaunt es uns nicht zu hören, daß Charly und Jennifer nur zwei Monate, nachdem sie sich kennengelernt hatten, heirateten. Und dies, obwohl es noch nicht sehr lange her war, daß Charly – aus dem zweiten Weltkrieg heimgekehrt – erfahren hatte, daß seine Frau und seine Mutter von einer Bombe getötet worden waren. Auch er selbst war von seinen Kriegserlebnissen in Rußland schwer traumatisiert. Jennifer hingegen war immer scheu gewesen und hatte in dem winzigen Dorf, in dem sie lebte, nicht viele Möglichkeiten gehabt, potentielle Partner kennenzulernen. Doch nichts von alldem war mehr wichtig, als sich Charly und Jennifer im Frühling begegneten. Bei so viel emotionaler Übereinstimmung traten Wunden, Ängste und Vorbehalte in den Hintergrund und eine neue Öffnung der Herzen wurde möglich.

Wir sehen, wie hilfreich das *Instrument der emotionalen Verträglichkeit* ist. Hätten wir die beiden Venuspositionen in konventioneller Weise verglichen, so wären wir schwerlich zu diesem Ergebnis gelangt. Eine Venus im zehnten Haus hat andere Wünsche als eine im elften, eine Zwillingevenus ist einer anschmiegsamen, liebevollen Krebsvenus emotional viel zu kühl und sprunghaft, usw. Erst die holistische Prüfung auf Kompatibilität bringt die Wahrheit ans Licht – daß nämlich diese beiden Venusprägungen enorm verträglich sind!

Wenn wir den *Spannungsstatus* von Jennifer und Charly betrachten (abgedruckt auf Seite 78), so fällt uns auf, daß die Partner ein *Interquadrat von Saturn und Venus* haben, eine Konstellation, die für sich genommen nicht gerade für Liebesglück steht. *Beide haben aber auch einen Hauptspannungsaspekt von Venus zu Saturn in ihrem Geburtshoroskop!* Hier schadet also das Interquadrat zwischen Venus und Saturn viel weniger als üblich. Anders ausgedrückt: Wenn beide Partner unter dem gleichen Defizit leiden, stellt dies für die Beziehung kein solch gravierendes Problem dar. Wichtig ist, daß sich beide in ihren emotionalen Bedürfnissen und Reaktionen verstehen! Überdies wird – wie wir im *Spannungsstatus* sehen können – das Interquadrat zwischen Venus und Saturn durch eine ganze Reihe harmonischer Interaspekte zu Venus in seiner Wirkung weiter abgeschwächt!

Die symbiotische Kinderliebe: Anna und Roman

Es ist für eine innige, tiefe Liebesbeziehung von größter Bedeutung, daß die Monde gut zueinanderpassen. *Wenn nicht beides zu haben ist, ist Mondkompatibilität erheblich wichtiger als Venuskompatibilität.* Der Mond repräsentiert nun einmal tiefere Bedürfnisse als die Venus, nämlich ein fundamentales Verlangen des Menschen nach Berührung, Intimität, Hingabe, Schutz, Passivität, Abhängigkeit, Geborgenheit und Gehaltenwerden. Das folgende Spotlight auf die Liebesbeziehung von Roman und Anna illustriert dies.

Die Liebesbeziehung von Anna und Roman hielt acht Jahre, wobei die beiden jungen Menschen fast vom ersten Tag an zusammenlebten. Für beide war es die erste richtige Liebesbeziehung ihres jungen Lebens: Anna war gerade zwanzig und Roman drei Jahre älter. Beide hatten erst vor kurzem ihr Elternhaus verlassen und probierten ihre ersten Schritte in einem selbstständigen Leben. Beide hatten es in ihren Elternhäusern nicht besonders gut gehabt. Roman war in einem Geschäftshaushalt mit einem alkoholkranken, schwachen Vater und einer dominierenden, kontrollsüchtigen Mutter aufgewachsen. Mama hielt den Laden in Schwung, kommandierte alle Familienmitglieder herum und beanspruchte ständig volle Aufmerksamkeit für sich und ihre Forderungen. Roman und sein Bruder wurden vom Kindermädchen aufgezogen. Der Vater war bereits in Romans Adoleszenz an Leberzirrhose gestorben.

Anna hatte es noch härter getroffen. Sie stammte aus einer Familie, die von Gewalttätigkeit, Lieblosigkeit und dunklen Geheimnissen gekennzeichnet war. Anna hatte ein miserables Selbstwertgefühl, traute sich fast nichts zu und litt unter Angstanfällen und nächtlichen Alpträumen, aus denen sie schreiend und schluchzend erwachte. Der weichherzige Roman (Waagesonne in Konjunktion zu Neptun und Mond in Fische), der von Anna völlig hingerissen war, nahm sie mit Begeisterung unter seine Fittiche und beschützte und hätschelte sie wie ein geliebtes Kind. Hier war jemand, der noch schwächer war als er, und der ihn brauchte und für stark hielt. Für Anna, an brutale Behandlung gewöhnt, wurde Roman zum Gott. Sie vertraute ihm blind. *Roman konnte nichts falsch machen.*

Die gefühlsmäßige Harmonie zwischen beiden jungen Menschen war fast perfekt. Sie taten fast alles gemeinsam, teilten sich fraglos die Hausarbeit, waren immer zusammen und schliefen jede Nacht ineinanderverschlungen in einem nur neunzig Zentimeter breiten Bett, worauf sie wunderbar erfrischt erwachten. Keiner fühlte sich je durch den anderen gestört. Sie vertrugen sich bestens, erahnten ihre gegenseitigen Wünsche und Bedürfnisse fast wie mit Radar und waren stets ein Herz und eine Seele. Wenn wir die Farben ihrer Monde betrachten, so ist nicht zu übersehen, daß sie sich in unglaublich hohem Ausmaß ähneln: Man kann die Mondfarben beinahe als identisch bezeichnen.

Mondfarben Roman – Anna			
Roman	%	Anna	%
Venus	27	Venus	29
Jupiter	15	Jupiter	25
Neptun	15	Neptun	18
Uranus	15	Uranus	14
Saturn	8	Saturn	7
Pluto	8	Pluto	7
Mars	12		
	100%		100%

Mondfarbenvergleich Roman – Anna				
Venus-Neptun	42	Venus-Neptun	47	42
Uranus	15	Uranus	14	14
Saturn-Pluto	16	Saturn-Pluto	14	14
Mars-Jupiter	27	Jupiter	25	25

Summe 95 = *Nullkommafünf*
Wegen Regel 6 (85%! übereinstimmender Archetypen) = *Null*

Anna und Roman haben fast alle Mondfarben gemeinsam. Der einzige Unterschied besteht darin, daß Roman ein gewisses Quantum *Mars*energie in seinem Mond hat (12%), während *Mars* bei Anna nicht auftaucht. Diese Marsenergie Romans läßt sich aber ohne Probleme zu seiner *Jupiter*farbe schlagen (zusammen 27%) und dem Anteil an *Jupiter*energie in Annas Mond (25%) gegenüberstellen. Damit liegt die Vereinbarkeit dieser beiden Mondprägungen bei 95% *(Nullkommafünf)*, wobei hinzutritt, daß hier die Monde nicht nur hochgradig *kompatibel* sind, sondern auch hochgradig *ähnlich!* Aufgrund von 85% übereinstimmender Archetypen müssen wir die Bewertung noch um eins heraufsetzen (Regel 6) und landen damit bei *Null!* Eine solche Übereinstimmung der Mondfarben ist wirklich außerordentlich selten, und sie bildet ein fast unzerreißbares Band zwischen zwei Menschen.

In ihrem *Geschmack*, ihren *Werten* und in ihren *erotischen Vorlieben (Venus)* waren die beiden Liebenden jedoch sehr verschieden! Anna liebte auffallende, farbenfrohe, extravagante Kleidung, aber Roman war für zeitlose Eleganz. Roman aß gern raffiniert und liebte es zu kochen, während Anna diese Dinge ziemlich gleichgültig waren. Anna war sozial engagiert und in ihren Ansichten (Werten!) eher radikal. Romans Interesse für Politik beschränkte sich auf die kommentarlose Lektüre einer Tageszeitung, und er war bereits ein wenig konservativ. Anna las und diskutierte leidenschaftlich gern, Roman konsumierte lieber schweigend das Fernsehprogramm, seine Liebste im Arm und einen Teller voller Knabbergebäck vor sich. Obwohl ein solcher Lebensstil ihren Wünschen zuwiderlief, fügte sich Anna in allem, weil sie die emotionale Harmonie mit Roman mehr als alles andere brauchte, um sich von den harten Jahren im Elternhaus zu erholen.

Nach einer spannenden Anfangszeit versickerte und versandete jedoch auch das erotische Leben mehr und mehr. Anna liebte eine abwechslungsreiche und exotische Sexualität; sie wollte ihren Liebsten im Freien verführen und viele ausgefallene Experimente machen (*Uranus*farbe in Annas Venus 29%). Roman war konventioneller und vorsichtiger, dabei auch viel stiller und introvertierter; er wollte keine Zeugen und die Vorstellung, bei der Liebe »ertappt« zu werden, war ihm ein Greuel (*Pluto-Saturn*-Farben in Romans Venus 72%). Ihre Liebesbeziehung degenerierte mehr und mehr zu einem »heile Welt«-Spiel, in dem Konflikte unter den Teppich gekehrt wurden, weil man sich gegenseitig nicht »wehtun« wollte.

Venusfarben Roman – Anna			
Roman	%	Anna	%
Pluto	44	Uranus	29
Saturn	28	Sonne	21
Merkur	17	Jupiter	18
Sonne	11	Saturn	13
		Merkur	10
		Pluto	9
	100%		100%

Venusfarbenvergleich Roman – Anna				
Saturn	28	Saturn-Merkur	23	23
Pluto	44	Pluto	9	9
Merkur-Sonne	28	Uranus-Sonne-Jupiter	68	28
			Summe 60 = *Vier*	
			Wegen Regel 1 = *Sechs*	

Wir sehen, daß die Farben der Venus sehr verschieden sind. Während Annas Venus *zu 68% aus Uranus,- Sonne- und Jupiterfarben* besteht, also eine vitale, abenteuerlustige und spritzig-originelle Einfärbung aufweist, besteht Romans Venus allein *zu 72% aus Pluto- und Saturnfarben*, die Romans erotischen Wünschen einen eher dunklen, sicherheitsorientierten, herben oder auch besessenen Charakter verleihen. Für ihn war es wichtig, immer die Kontrolle (Pluto und Saturn) über die Beziehung und über Anna zu haben, was durch ihre seelische Verwundung und die dadurch bedingte Lebensuntüchtigkeit gewährleistet war. Obgleich diese

Venusqualität auch in dunkler sexueller Obsession hätte gelebt werden können, entschloß sich Roman, der im Radix nicht nur eine Waagesonne in Konjunktion zu Neptun aufwies, sondern auch noch einen »kultivierten« Waagemars, diese eher dramatische Seite seiner Persönlichkeit sicherheitshalber zu verdrängen und durch Rationalisierung und Distanzierung weitgehend zu entschärfen (17% *Merkur*tönung in seiner Venus). In den letzten zwei Jahren ihrer Beziehung Jahren ging Roman dazu über, Sexualität mehr und mehr überhaupt zu meiden, sehr zu Annas Leidwesen.

60% kompatibler Energien entsprechen einer *Vier*. Wir sehen jedoch, daß die beiden stärksten Potentiale beider Menschen, *Pluto* bei Roman und *Uranus* bei Anna, *unverträglich* sind. *Die stärkste Farbe* in einem Mond (einer Venus, einer Sonne, einem Mars) *ist immer die Qualität, die am reinsten und direktesten in Erscheinung tritt.* Sind diese stärksten Farben unverträglich, so bewirkt dies immer ein gewisses Maß an Disharmonie, ganz gleich, wie verträglich der Rest aussehen mag. Wir müssen also Regel 1 anwenden, allerdings dabei beachten, ob die fraglichen Energien durch Archetypen des Partners ausgeglichen werden können. Wir erinnern uns, daß ein Potential als *ausgeglichen* gilt, wenn mindestens 85% der betreffenden Energie durch kompatible Archetypen im Planetenprofil des Partners abgedeckt sind. Annas *Uranus*farbe in Höhe von 29% ist zwar durch die *Merkur-Sonne*-Energien in Romans Venusprofil ausgeglichen (28%). Für die *Pluto*farbe in Romans Venus gilt dies jedoch nicht! Sie findet keinen adäquaten Ausgleich. Da eines der beiden Potentiale nicht ausgeglichen werden kann, müssen wir also die Gesamtwertung um zwei Punkte absenken *(Sechs)*.

Dreh- und Angelpunkt der Liebesbeziehung war also die hochgradig ähnliche Mondfärbung, die in ihrer fast identischen Ausprägung eine stark symbiotisch gefärbte Eltern-Kind-Beziehung der beiden jungen Menschen begünstigte. Roman fing die schwer geschädigte Anna auf und behütete und beschützte sie wie ein angebetetes Kleinkind. Während Anna in der Beziehung mit Roman eine Kindheit »nachholte«, die sie nie gehabt hatte und ein bescheidenes Maß an seelischer Stabilität aufbauen konnte, wurde Roman, der sich wertlos fühlte und eine passive, resignative und träge Persönlichkeit entwickelt hatte, durch Annas blinden Glauben an seine Fähigkeiten und durch ihre warmherzige emotionale Unterstützung zu klarer und pointierter Selbstverwirklichung getrieben.

Natürlich war diese Liebesbeziehung *auch* eine Symbiose zweier verletzter Kinder, die durch eine fast perfekte Mondübereinstimmung ermöglicht wurde. Doch sollte man die emotionale Nähe und das wie ein

Spannungsstatus für: Roman und Anna			
fördernde Interaspekte		*spannungserzeugende Interaspekte*	
1 ☌ ☍	2 △ ∗	3 ∟ ⚼ ⚻	4 ☌ □ ☍
♀☌A ♀☍♅ ☉☍M ☉☌♆ ☽☍☿	☉△☉ ♃△☊ ☉△☿ ☉∗♇ ☉∗A ☉△☊ ☉∗♄ ☉△♆ ♂△♆ ☿△♆ ☊△♆ A∗♆ ♅△M ♅∗M ♅△☿ ♃∗☿ ♀∗♂ ♀∗M ♇△M ♇∗☊ ♂△♅ ☽△☊	♇⚻☽ ♇⚼☽ ♂∟☽ ♆⚻☽ ♄⚻☿ ☉⚼☿ ☿□☿ ♄∟☿ ♂⚼♅ ♂∟A ♂⚼♃ ☊∟☊ ☉∟♃ ♀∟♀ ♀⚼♅ A⚼A	♀□☿ ♀□♂ ♀□☉ ♀□♄ ♀□♃ ♀□☽ ♀□A ♇☍☉ ♇☍☿ ♄□M ♆☍M ♅☍A ♅□☽ ♅□☿ ♅☌☊ ☽□☊
5	22	16	16
Interaspekte von Saturn, Jupiter, Uranus, Neptun und Pluto zueinander			
	♅△♆ ♇∗♆ ♄∗♆ ♇∗♅	♄⚼♃	♃□♅ ⚷☍☽ ♇☌♄ ⚷☌♀ ♆□♄ ⚷□♀ ⚷□♇
	4	1	3
5	26	17	19
Summe: 67 31 : 36 +46% : -54%			

Seidenkokon wärmende Wohlbehagen, die ihnen die Übereinstimmung ihrer Partnermonde schenkte, nicht unterschätzen. Insofern wies diese achtjährige Liebesbeziehung viele erfreuliche und sinnvolle Aspekte auf. Aber eine *erotisch-sexuell stimmige* und in diesem Bereich anregende Liebesbeziehung war die Verbindung *nicht*.

Um einen noch besseren Einblick in die Verbindung zwischen Anna und Roman zu bekommen, ist hier ihr *Spannungsstatus* abgedruckt. Wie wir sehen, ist er recht gut. Es gibt eine lange Reihe von Trigonen und Sextilen, wobei *neun harmonische Interaspekte zu Neptun* auffallen *(Spalte 2 und 1)*. Dies erklärt die weichen gegenseitigen Gefühle von Mitempfinden und fließender Rücksichtnahme. Allein die doppelte harmonische Sonne-Neptun-Relation spricht hier Bände. (Die *Sonne-Neptun-Konjunktion*, die üblicherweise wohl in der vierten Spalte stehen müßte, wurde hier in die erste Spalte gesetzt, da diese Interkonjunktion Bestandteil eines Großen Trigons war, an dem beide Sonnen und verschiedene andere Partnerplaneten beteiligt waren!)

Aber wir sehen auch in der vierten Spalte einige recht harte Spannungsaspekte, darunter *Pluto Opposition Sonne, Saturn Quadrat Medium coeli, Uranus Quadrat Mond, Pluto Konjunktion Saturn* sowie *Venus Quadrat Saturn*. Auch steht Venus insgesamt unter starker Spannung – wir finden neun disharmonische Aspekte *(Spalte 4 und 3)*, was einmal mehr die Divergenzen beider Menschen im *erotischen Bereich* und in ihren *Werten* illustriert. Einige Interquadrate verbinden sich überdies zu einem karmischen Kreuz, doch sind die daran beteiligten Planeten – Venus, Merkur, Jupiter und Uranus – in dieser Kombination eher harmloser Natur.

Zusammen mit einer guten Gesamtverträglichkeit und großer emotionaler Harmonie – wie sie hier vorlagen – kann eine Beziehung mit einem solchen Spannungsstatus durchaus lange halten. Hätten beide Menschen über eine gesunde Auseinandersetzungsfähigkeit verfügt, so hätte die Verbindung möglicherweise weiterbestehen können. Natürlich kann man solch gravierende Unterschiede im Venusbereich nicht »heilen«, aber man kann einen erwachsenen Modus finden, damit umzugehen, wenn die anderen Partnerbereiche zufriedenstellend funktionieren. Dies erfordert aber sowohl klare Einsicht in die Möglichkeiten und Grenzen der Beziehung als auch Ehrlichkeit beider Partner im Umgang miteinander. Anna und Roman mit ihrer vernebelten Verschmelzungssehnsucht und ihrem neptunischen Schonungsbedürfnis waren jedoch dazu nicht in der Lage.

Man muß sich darüber im klaren sein, daß wir selten *alles* bekommen. Es wird neben verträglichen Partnerbereichen immer auch Bereiche geben, die im Kern unverträglich sind. Es obliegt dann den Liebenden, zu entscheiden, ob die Beziehung genügend Substanz und genügend Chancen für Freude, Genuß und ehrlichen Umgang miteinander bietet oder ob es einfach *zu viele* Divergenzen sind, die den Partnern buchstäblich »über den Kopf wachsen«.

Was uns Planetenprofile verraten: *Kurzdiagnose*

Mit Hilfe der folgenden Kurzdiagnose *Mondfarbenvergleich* ist es möglich, einen guten Einblick in das Gefühlsleben und Intimitätsbedürfnis eines Paares zu erhalten. Die folgenden Kurzdiagnosen dienen dazu, das Interpretieren der Planetenprofile am Beispiel zweier Partnermonde zu trainieren. Der Einfachheit halber unterstellen wir, daß das Mondprofil jedes Partners *immer nur drei Farben enthält, wobei die erste Farbe die quantitativ stärkste ist, die zweite die zweitstärkste*, usw., ohne daß konkrete Zahlen angegeben werden.

Alines Mond	Boris Mond
Venus	Pluto
Jupiter	Mars
Merkur	Neptun

Die Farben von Alines Mond sind *Venus, Jupiter und Merkur*. Hier haben wir eine seelische Landschaft, die sehr auf Liebe und Harmonie ausgerichtet ist, anpassungsfähig und auf das Du bezogen (Mond/*Venus*), das Ganze mit einer heiteren, optimistischen und großherzigen Note (Mond/*Jupiter*). Bei allem Gefühlsüberschwang (Mond/*Venus-Jupiter*) kommt dennoch der gesunde Menschenverstand (Mond/*Merkur*) nicht zu kurz. Aline ist eine Frau, die um der harmonischen Beziehung zum Gegenüber willen zu vielen großmütigen Kompromissen bereit sein wird, wobei im Konfliktfall nach liebevollen, aber auch intelligenten Lösungen gesucht wird. Alines Seelenlandschaft zeigt sehr viel Gefühlsreichtum und ein großzügiges, glückliches Gefühlsleben, ohne daß die Gefahr bestünde, davon überwältigt oder fortgerissen zu werden.

Der Mond von Boris ist durch die Farben *Pluto, Mars und Neptun* gekennzeichnet. Mond/*Pluto* zeigt wohl große Seelentiefe an, gleichzeitig aber auch eine sehr extreme Gefühlslage, die mit seelischen Erschütterungen aufwartet und zu emotionalen Verstrickungen neigt. Dabei machen die Impulsivität, das leidenschaftliche Begehren und die affektgesteuerten Handlungen von Mond/*Mars* die Dinge keinesfalls ruhiger.

Pluto und Mars als dominante Farben von Boris' Mond charakterisieren seine Gefühlslandschaft als dunkel, fanatisch, extrem und leidenschaftlich. Die gleichzeitige Anwesenheit der *Neptun*farbe in Boris' Mond mildert jedoch die kochende Gewalt seiner Gefühle durch Sensibilität und Feinfühligkeit. In seinem Gefühlsleben könnte Boris daher zwischen einem ganz und gar auf Machtkämpfe und brutale Durchsetzung seiner Wünsche und Bedürfnisse ausgerichteten Verhalten (Mond/*Pluto/Mars*) und großer Sensibilität und einer Unfähigkeit, über seine Wünsche und Bedürfnisse überhaupt nur zu sprechen (Mond/*Neptun*) hin- und herschwanken. Sein Gefühlsleben könnte aber auch von »mythologischen« Dimensionen sein. Pluto und Neptun sind transzendente Kräfte, und wenn sie mit dem Egoplaneten Mars zusammenprallen, dürfte der Crash entsprechend heftig ausfallen. So ist denkbar, daß Boris in seinem Gefühlsausdruck zwischen totaler emotionaler Intensität, sexuell getönter Machtliebe und affektgesteuerten Ausbrüchen einerseits *(Pluto/Mars)* und seismographischer Empfindsamkeit und Weltfluchttendenzen andrerseits *(Mars/Neptun)* hin- und herpendelt. In der Regel dürfte allerdings *Pluto/Mars* in Boris' Gefühlsleben dominieren.

Wie passen nun diese beiden Monde zueinander? Unterstellen wir für den Moment, daß alle Potentiale gleichgewichtig wären (jede Farbe 33,3%), so würden die Monde vorzüglich zueinanderpassen. Denn dann könnten wir Alines *Venus* mit Boris' *Neptun*, Alines *Jupiter* mit Boris' *Mars* und Alines *Merkur* mit Boris' *Pluto* ins Einvernehmen setzen. Gehen wir jedoch davon aus, daß die erste Farbe die stärkste ist, die zweite die zweitstärkste, so müssen wir *Venus mit Pluto* vergleichen, und diese beiden Farben vertragen sich nicht gut. Ebenfalls unverträglich sind *Merkur und Neptun*. Einzig verträglich ist die Kombination von Alines *Jupiter* mit Boris' *Mars*. Die Kompatibilität dieser beiden Seelenlandschaften ist dann also nicht besonders hoch, wobei allerdings die Beteiligung des Jupiter ausgleichend wirkt. Wir wissen, daß Jupiter immer eine Art *Jokerrolle* innehat, da er sich mit fast allen Planetenenergien verträgt (außer mit Saturn und Pluto). Dennoch dürften diese beiden Menschen in einer engen Liebesbeziehung nicht sehr viel emotionale Befriedigung erfahren.

Amelies Mond	Pitts Mond
Mond	Merkur
Pluto	Jupiter
Saturn	Sonne

Amelies Mond ist durch die Farben *Mond, Pluto und Saturn* gekennzeichnet. Die Beteiligung der Hauptfarbe *Mond* (also entweder eine Vierthausposition des Mondes oder seine Stellung in Krebs) an Amelies seelischer Landschaft kennzeichnet ihr Gefühlsleben als empfindsam, anpassungsfähig, zärtlich und anschmiegsam. Doch finden wir hier auch die Farbe *Pluto*. Pluto in Amelies Mond unterscheidet sich beträchtlich von der Plutoeinfärbung von Boris, bei dem neben Pluto auch der martialische Mars mitspielte. Bei Amelie haben wir eine sehr intensive, dunkle und brütende Gefühlsnatur, die zwar von heftigsten Emotionen geschüttelt wird, sich aber gleichzeitig nach tiefer Verbundenheit und regenerierender Verschmelzung sehnt. Ein starkes plutonisches Potential im Mond einer Frau hat immer auch einen Bezug zu leidenschaftlicher, tiefgründiger und unwiderstehlicher Sexualität. Die Beteiligung des *Saturn* hingegen bringt in dieses Gefühlsmagma eine tüchtige Portion Selbstbeherrschung und Kontrolle ein und damit vermutlich auch eine Tendenz, die aufwühlenden, besitzergreifenden, eifersüchtigen oder machtbesessenen Gefühle nach außen hin zu verbergen. Möglicherweise sorgt Saturn sogar dafür, daß Amelie Schwierigkeiten hat, ihre heftige Gefühlswelt in sich selbst zu *akzeptieren*, da diese »Unbeherrschtheit« Saturn ängstigt und abstößt. (Etwas Ähnliches haben wir bei der Venus von *Roman* gesehen, die zwar durch einen sehr kraftvollen *Pluto* gefärbt war, gleichzeitig aber ein ziemlich großes Potential an *Saturn* enthielt!).

Amelies Mondfarben stellen eine schwierige Kombination dar: *Mond und Saturn* sind per se Antagonisten. Der rigide, sich abgrenzende, vorsichtige, kühle und ängstliche Saturn steht den fließenden, vielschichtigen Bedürfnissen des Mondes, der nähren, behüten, spielen und schmusen möchte, äußerst ablehnend gegenüber. Dabei heizt Plutos Intensität den Konflikt eher noch an: Manchmal verbündet er sich mit der *Mond*farbe und tritt dabei fordernd oder besessen auf, hin- und hergerissen zwischen der Macht über andere und eigenen Ohnmachtsgefühlen. Dann mag er vom Partner bedingungslose Hingabe oder sogar Unterwerfung verlangen. Ein andermal tut er sich mit *Saturn* zusammen, was dem Gefühlsleben einen Zug von Selbstquälerei hinzufügt. Wir haben dann eine Frau vor uns, die trotz großer Sehnsucht nach Hingabe und Absorption (aktiv oder passiv) ihre kochenden Emotionen eisern kontrolliert und mit aller Kraft zurückhält, denn Saturn hat immer Angst vor einer Zurückweisung und neigt zur Gefühlskälte. In diesem Fall würde Amelie lieber sterben, als ihre Bedürftigkeit und ihr Verlangen zu zeigen, was zu großem inneren Druck führt. Diese eiserne Kontrolle ist mit den leidenschaftlichen Emotionen von Pluto und dem zärtlichen Hingabeverlangen der starken Mondfärbung nur sehr schwer zu vereinen.

Pitts Mondfarben bestehen aus *Merkur, Jupiter und Sonne*. Hier haben wir eine mental geprägte Seelenlandschaft *(Merkur)* mit optimistischem, großzügigem oder abenteuerlichem Einschlag. Pitt ist vermutlich ein Mensch, der gerne über Gefühle kommuniziert und dessen Seelenlandschaft voller Selbstvertrauen und Zuversicht ist, ein Mensch, der positiv denkt und positiv empfindet und in allem immer das Gute und die zukunftsträchtigen Möglichkeiten sieht. Durch die Beteiligung der Sonne kommt zusätzlich eine sehr glanzvolle Färbung in das Gefühlsleben: Stolz, Leidenschaftlichkeit und Lebenshunger werden kräftig angeheizt. Wir können in Pitt einen Menschen sehen, der ein großes emotionales Bedürfnis nach Anerkennung und Zuwendung durch seine Umwelt hat, der aber auch seinerseits aufbauend wirkt und in der Lage ist, anderen Menschen Lob und Zuwendung zu schenken. Die Beteiligung des *Merkur* dürfte auch die Gefahr vermindern, arrogant, anspruchsvoll, kritikempfindlich oder selbstherrlich aufzutreten, wie es sonst bei starker Jupiter- und Sonneneinfärbung leicht geschehen kann. Die Beteiligung des Merkur schenkt Pitt auch die Fähigkeit, die eigenen Gefühle immer aus einiger Distanz betrachten und durchdenken zu können.

Wie vertragen sich diese beiden Monde? Die *Mond*farbe Amelies ist völlig unverträglich mit der *Merkur*farbe Pitts. Allerdings können wir Amelies *Mond*farbe in Beziehung setzen zu Pitts *Jupiter*, mit dem sie sich gut verträgt, und Pitts *Merkur* in Beziehung zu Amelies *Pluto*, ebenfalls eine kompatible Kombination. Wenn die ersten und zweiten Potentiale also quantitativ nicht allzu unterschiedlich sind, ist durchaus ein gewisse Harmonie zu erlangen, aber eben nur unter dieser Bedingung. Spätestens bei der Gegenüberstellung der dritten Potentiale, *Sonne und Saturn*, ist es jedoch mit der Harmonie endgültig vorbei. Und sind die quantitativen Relationen der Mondfarben so geartet, daß wir Mond mit Merkur, Pluto mit Jupiter und Sonne mit Saturn in Beziehung setzen *müssen*, so sind diese beiden Monde komplett unverträglich. Hier hätten wir dann eine extreme Unvereinbarkeit der Mondfarben! Natürlich ist uns auch ohne fein austarierte Analyse klar, daß die dunkle, düstere, verzweifelt intensive und brütende Gefühlsnatur Armelies, die von heftigsten Emotionen geschüttelt wird, mit der glücklichen, sonnigen, strahlenden, von positivem

Denken und optimistischen Gefühlen gekennzeichneten Seelenlandschaft Pitts nichts gemein hat. Diese beiden Menschen sollten nicht versuchen, eine innige Liebesbeziehung miteinander zu leben.

Bonnies Mond	Kens Mond
Neptun	Uranus
Venus	Neptun
Jupiter	Sonne

Kens Mond enthält die Farben *Uranus, Neptun und Sonne.* Mit Uranus an erster und Neptun an zweiter Stelle haben wir hier eine »transzendente« Gefühlstönung mit einer sehr idealistischen, »abgehobenen« Färbung. Das Gefühlsleben dieses Menschen hat mythologische Dimensionen und sprengt die herkömmlichen Grenzen. Ken sucht in seinen emotionalen Bindungen letztlich nach transzendenten, ewigen Wahrheiten, die hinter den Dingen der Erscheinungswelt liegen. Gleichzeitig ist er gefühlsmäßig nicht besonders am Körper und seinen Bedürfnissen interessiert. Weder Neptun noch Uranus haben einen besonders starken Bezug zur Sinnlichkeit. Vielmehr ist Kens Gefühlsleben eher geistig-ideeller Natur. Wir können hochgradigen Idealismus erwarten, wobei das kleinere Potential an Sonne noch eine stolze, lebendige, kreative und »edle« Färbung beifügt. Ken sucht in seinen emotionalen Erfahrungen *das nicht Alltägliche, nicht Normale.* Sein Gefühlsleben ist durchaus mitleidig, altruistisch und von zarten Empfindungen getragen, aber doch – auf der persönlichen Ebene – insgesamt eher ein wenig kühl, über den Dingen stehend und entgrenzt.

Ganz anders Bonnies Gefühlsleben. Ihr Mond enthält die Farben *Neptun, Venus und Jupiter*. Mit den Hauptfarben Neptun und Venus haben wir einen außerordentlich liebebedürftigen Menschen vor uns, der weich, hingebungsvoll und verschmelzungssehnsüchtig ist. Wir finden viel neptunische Allliebe, und durch das zweitstärkste Potential *Venus* ist Bonnie auch sehr stark auf *Beziehung* ausgerichtet. Insgesamt ist ihre Seelenlandschaft wesentlich wärmer angelegt als die Kens. Durch *Venus* und *Jupiter* (an zweiter und dritter Stelle) ist dieser Mond in seinen Gefühlen und Bedürfnissen handfester, irdischer, genußorientierter, sinnlicher und heiterer. Dennoch passen die Monde von Bonnie und Ken halbwegs zueinander. Die zweitstärksten Potentiale beider, *Venus und Neptun,* sind verträglich, ebenso die drittstärksten Farben *Sonne und Jupiter*. Die wichtigsten Farben allerdings, Kens Uranus und Bonnies Neptun, entsprechen sich *nicht*. Für die tatsächliche Verträglichkeit beider Menschen kommt es jetzt darauf an, wie groß das Potential an *Uranus* bei Ken und *Neptun* bei Bonnie tatsächlich ist. Bei einer angenommenen Gleichverteilung aller Farben (jede 33,3%) ist die Verträglichkeit der Monde recht gut. Wird das Potential an Uranus bei Ken und an Neptun bei Bonnie jedoch größer, so ist keinerlei Vereinbarkeit mehr möglich. Fassen wir die beiden stärksten Potentiale beider Menschen zusammen, *Uranus-Neptun* bei Ken und *Neptun-Venus* bei Bonnie, so haben wir einen deutlich sichtbaren Gegensatz. Bonnie will *Beziehung*, Ken will *Entgrenzung*.

Marlas Mond	Dimitris Mond
Mars	Uranus
Sonne	Venus
Uranus	Saturn

Marlas Mond ist durch die Farben *Mars, Sonne und Uranus* gekennzeichnet. Damit offenbart Marlas Seelenlandschaft eine sehr heftige Gefühlsnatur, die ganz und gar auf Selbstbehauptung und Selbstdurchsetzung, auf Selbstverwirklichung und persönlichen Glanz ausgerichtet ist. Wir finden sehr rasche emotionale Reaktionen und eine sehr heftige Wunschnatur. Das kleinere Potential *Uranus* fügt Marlas Seelenlandschaft eine gelegentliche Tendenz zu Distanziertheit, Kühle, Autarkie und Gleichgültigkeit den Wünschen anderer gegenüber hinzu. Ohnehin tendiert die starke Marsbetonung zu Egoismus und Ellenbogenmentalität. Marlas Gefühlsleben ist also überaus unabhängig, heißblütig, durchsetzungsfähig, egozentriert und alles andere als sensibel und einfühlsam im Hinblick auf andere Menschen. Sie wird anderen gegenüber nicht besonders rücksichtsvoll sein, sondern eher stets darauf bedacht, in ihrer Bedürfnisbefriedigung nicht zu kurz zu kommen. Marlas Mond ist sozusagen »aus einem Guß«, da alle ihre Hauptfarben Mars, Sonne und Uranus untereinander kompatibel sind, was ihren emotionalen Wünschen, ihren tiefsten Bedürfnissen und dem Ausdruck ihres inneren Kindes eine große Durchschlagskraft verleiht.

Ganz anders Dimitris Seelenlandschaft. Sein Mond enthält die Farben *Uranus, Venus und Saturn*. Dies ist eine schwierige Kombination, da Uranus, Venus und Saturn sämtlich Antipoden sind. So kollidiert sein stärkstes Potential, *Uranus*, heftig mit seinem zweitstärksten Potential, *Venus*. Die Ziele dieser beiden Planetenenergien sind vollkommen unterschiedlich, wie wir wissen. Uranus reklamiert Freiheit und Ungebundenheit, während Venus nichts sehnlicher wünscht als Gemeinsamkeit und

Bindung. So bringt die Kombination von Uranus und Venus eine sehr instabile Gefühlstönung hervor. Wir haben zwar hier eine abenteuerlustige, flirtbereite und originelle Gefühlstönung, gleichzeitig aber auch eine Neigung zu Strohfeuerbeziehungen und außerordentlich schnell wechselnden emotionalen Standpunkten. Unter Umständen finden sich sogar eine gewisse Unberechenbarkeit oder Rücksichtslosigkeit im emotionalen Bereich, verbunden mit einer Tendenz, sich nach anfänglicher Begeisterung gelangweilt abzuwenden. Von daher passen die Monde von Marla und Dimitri bis jetzt nicht schlecht zueinander. Marlas größtes Potential *Mars* paßt zu Dimitris größtem Potential *Uranus*, und Marlas zweitgrößtes Potential, *Sonne*, paßt ebenfalls gut zu Dimitris zweitgrößtem Potential, *Venus*. Das Problem entsteht natürlich bei den drittstärksten Potentialen. Die Beteiligung des *Saturn* in Dimitris Mond bringt eine Tendenz zu Kälte, Distanziertheit, Nüchternheit und Ernst. Es könnte eine Betonung von Pflicht und Strenge in das Seelenleben einfließen. Wenn wir Dimitris Venusfarbe betrachten, eingeklemmt zwischen Uranus und Saturn, so können wir vermuten, daß Dimitri von vornherein nicht allzu nähe- und intimitätsfähig ist (Mond), obwohl er sich das vielleicht sehr wünschen mag. Wir können ein Hin- und Herpendeln zwischen der unternehmungslustigen und flirtbereiten Seite des Gefühlslebens und einer eher nüchternen, starren oder verhärteten Tönung erwarten.

Ob Dimitris und Marlas Monde sich vertragen, hängt deshalb allein von der Größe des dritten Potentials *Saturn* bei Dimitri ab. Ist dieses Potential nicht ziemlich geringfügig, so werden die Monde nicht sehr kompatibel sein, denn Saturn paßt weder zu *Mars*, noch zu *Sonne*, noch zu *Uranus* bei Marla. Ist das Saturnpotential Dimitris andererseits ziemlich geringfügig, so kommen die beiden einigermaßen miteinander aus.

Wirf einen Rubin

Wirf einen Rubin in
griechische Augen
Er fällt unendlich
Es gibt keine Wellen
Der Silberfisch
springt befreit ins Licht

Streue Dein Haar
der Erde
die Seele dem Wind
Atme den Zweig Basilikum

Das Meer
Deine mediterrane Mutter
dunkelblutfarben
singt Deine Liebe

Jessie Adler Gral

6
Die Gefühlsplaneten in vielfarbigen Kleidern

Liebesausdruck, Erotik, Gestaltung der Beziehung und Partnererwartungen

Wir wissen nun, wie herausragend wichtig für Liebesbeziehungen die *emotionale Vereinbarkeit* ist. Und es ist auch klargeworden, daß wir *allein* aus der Tierkreiszeichenposition unseres Mondes oder unserer Venus ihren Charakter und ihre Eigenschaften nur sehr unvollkommen deuten können. Jemand, der seinen Mond im Zeichen Waage hat, reagiert in Gefühlsdingen nicht unbedingt sehr venusisch, wenn sich dieser Waagemond gleichzeitig im zehnten Haus befindet, in Konjunktion zu Saturn und im Quadrat zu Uranus, während die Venus, die Herrscherin des Waagemondes, im Steinbock steht!

Um uns nun die Interpretation unserer »*holistischen Planetenprofile*« zu erleichtern, folgen zwölf Portraits der Gefühlsplaneten Mond und Venus. Bei diesen Beschreibungen wird unterstellt, daß die Emotionalplaneten durch eine unserer zwölf archetypischen Energien »eingefärbt« sind. Dabei betrachten wir sechs für Partnerschaften wichtige Komponenten: Die *emotionalen Bedürfnisse* (1) der Gefühlsplaneten, *ihren Liebes- und Gefühlsausdruck* (2) sowie die *Wünsche und Erwartungen an den Partner bzw. die Partnerin* (3), die sich aus dieser spezifischen Färbung ergeben. Des weiteren erfassen wir auch die von den Gefühlsplaneten mitgestaltete *Erotik und Sexualität* (4). Natürlich ist für die Sexualität eines Menschen im engeren Sinne *Mars* zuständig. Jedoch spielen die Gefühlsplaneten Mond und Venus eine größere Rolle, als man bisher angenommen hat. Auch verhält es sich keineswegs so, daß die Sexualität bei Frauen hauptsächlich durch Venus bestimmt würde, bei Männern durch Mars. *Vielmehr sind Mond, Venus und Mars zu unterschiedlich gewichteten Anteilen an der Gestaltung der Erotik und Sexualität eines Menschen mitbeteiligt.*

Schließlich betrachten wir die *Gestaltung der Beziehung* (5), die aus in spezifischer Weise eingefärbten Gefühlsplaneten resultiert sowie die *typischen problematischen Seiten dieser Gefühlsplaneten* (6), die sich in Beziehungen störend bemerkbar machen können. Plutonisch gefärbte Gefühlsplaneten mit ihrer »Kamikazementalität« *können* beispielsweise auf Teufel komm raus manipulieren, im Partner Schuldgefühle erzeugen und in schwierigen Fällen sezierend, verbissen oder rachsüchtig sein. Sie *können*, aber sie müssen nicht! Ich habe mich bemüht, möglichst umfassend aufzulisten, welche Ausdrucksformen in jedem Gebiet vorkommen *können*. Das bedeutet nicht, daß sie auftreten *müssen*. *Welche Verwirklichungsform wir für unsere planetarischen Konstellationen wählen, hängt immer von unserem Bewußtseinslevel ab.*

Die folgenden Beschreibungen sind idealtypischer Natur: Das heißt, sie geben vor, das übrige Horoskop sei nicht vorhanden und wirke nicht. *Selbstverständlich müssen bei einer Synthese des Kosmogramms die Wünsche und Erwartungen eines Menschen, sein Liebes- und Gefühlsausdruck usw. immer im Zusammenwirken mit dem restlichen Kosmogramm gedeutet werden, da alles im Geburtshoroskop mit allem anderen zusammenwirkt.* In diesem Kapitel betrachten wir beispielsweise den *Anteil* der in bestimmter Weise eingefärbten Gefühlsplaneten an den erotischen und sexuellen Äußerungsformen eines Menschen. Dabei ist immer zu beachten, daß der *Mars* in einer *anderen* Einfärbung dieses Verhalten durchaus verändern kann. Sind beispielsweise die Gefühlsplaneten *Mond* oder *Venus* stark durch die *Merkur-Jungfrau-Qualität* eingefärbt, so wird sich dieser Mensch – idealtypisch gesehen – im erotisch-sexuellen Bereich nicht durch besonders große Hingabefähigkeit auszeichnen und schon gar nicht leidenschaftlich sein. Hier finden sich Scheu und Zurückhaltung sowie starke Ängste, die Kontrolle zu verlieren. Hat derselbe Mensch hingegen gleichzeitig einen *pluto- oder skorpiongefärbten Mars*, so werden natürlich seine Erotik und Sexualität wesentlich heißer und leidenschaftlicher sein. Stünde hingegen der *Mars in Wassermann*, so würde sich die Tendenz zu Kühle und einer gewissen Hingabeunwilligkeit verstärken, wenngleich der uranisch getönte Mars auch Experimentierfreude und eine gewisse Tabulosigkeit einbringen würde.

Sogar dann, wenn *Mond*, *Venus* und *Mars* alle »gleich« eingefärbt sind, beispielsweise *lunar*, kann es Unterschiede geben. Haben wir zum Beispiel die Gefühlsplaneten Mond und Venus in lunarer Einfärbung (zum Beispiel im Krebs stehend oder in Haus vier), so bringt dies eine nicht besonders leidenschaftliche, sondern eher sanfte und mitfühlende Form von Erotik und Sexualität mit sich. Steht andererseits der Mars im Krebs oder in Haus vier, so kann sich das Bild vollkommen ändern. Mars im Krebs kann außerordentlich leidenschaftlich sein. Wir müssen uns immer vor Augen halten, daß einzelne Aussagen immer nur *idealtypisch* gelten, das heißt, unter der Annahme, alle anderen Planetenkonstellationen im Kosmogramm wären nicht vorhanden. Im Geburtshoroskop ist aber nichts jemals getrennt von den Einwirkungen anderer Komponenten. Aus analytischen Gründen müssen wir jedoch so vorgehen, als wäre eine solche Trennung möglich.

Die pathologischen Äußerungsformen in der Sexualität wurden bewußt ausgelassen. Sexuelle Problematiken manifestieren sich vielfach in Impotenz, Frigidität oder Hingabestörungen. Die ihnen zugrundeliegenden Ursachen können jedoch völlig verschieden sein. Sicher sind feurig gefärbte Gefühlsplaneten für sexuelle Probleme anfällig, weil sie sich leicht in ihrem Körper wie in einem Gefängnis fühlen, und weil ihnen so viel daran liegt, beim Sex »gut« oder sogar »der/die Größte« zu sein. Andrerseits sind saturnisch eingefärbte Gefühlsplaneten für Hingabestörungen sicherlich ebenso anfällig, wenngleich aus gänzlich anderen Motiven. Von Pluto eingefärbte Gefühlsplaneten können mit extremer Zwanghaftigkeit einhergehen, die ebenfalls sexuelle Problemstellungen hervorbringen, wobei die zugrundeliegenden Ursachen wiederum andere sind. So hätte man zu jeder sexuellen Problemstellung auch die zugehörigen Gründe und Motive aufführen müssen, ein Unterfangen, das nicht Gegenstand dieses Buches ist.

Doch nun zu unseren Gefühlsplaneten in vielfarbigen Gewändern und zu ihren Bedürfnissen, Wünschen, Antrieben und besonderen Charakteristika 17).

Marsisch gefärbte Gefühlsplaneten	
Emotionale Bedürfnisse	Liebes- und Gefühlsausdruck
»Ich bin der Boß!«	»Panther, Tiger & Co«
★ Starker Unabhängigkeitsdrang und enormes Bedürfnis nach Freiheit ★ Pointiertes Geltungsbedürfnis. Will anführen, der »Erste« sein und unbedingt dominieren ★ Hat ein starkes Bedürfnis nach Abwechslung, körperlicher oder geistiger Bewegung und nach Abenteuern ★ Nicht zu stillender Tatendrang. Bedürfnis, Dinge in Gang zu bringen und Projekte zu initiieren ★ Will ständig Dinge, Menschen und Situationen umgestalten und ummodeln ★ Demonstriert nach außen hin immer Stärke und Unerschütterlichkeit ★ Wünscht sich Kampf, Wettbewerb und Kräftemessen ★ Liebt und bewundert besonders das, was er *nicht* haben kann	★ Feuriger Draufgänger, der es liebt, zu erobern ★ Direkter, offener, spontaner und impulsiver Gefühlsausdruck ★ Neigt zu dramatischer Idealisierung der Angebeteten, (verstärkt durch geringe Menschenkenntnis) ★ Bringt sich kraftvoll, temperamentvoll, dynamisch, schwungvoll, energisch und stürmisch ein ★ Drückt seine Gefühle herzlich, warm und aufrichtig aus ★ Ist enthusiastisch, motivierend und ermutigend ★ Liebt es, zu beschützen und sich ständig (ungefragt) einzumischen ★ Übertreibt gern. Strapaziert sich oft bis zur Erschöpfung, um sich als »ultimativer Mann« (als »Superweib«) zu beweisen ★ Neigt generell zu Übertreibungen. Daher manchmal unsensibler, überreizter oder unbeherrschter Gefühlsausdruck ★ Steckt voller Eigensinn und Widerspruchsgeist. Kann anmaßend, dogmatisch und autoritär auftreten ★ In schwierigen Fällen heftiger oder gewalttätiger Gefühlsausdruck und Jähzorn

Marsisch gefärbte Gefühlsplaneten	
Wünsche und Erwartungen an die Partnerin	Erotik und Sexualität
»An meine Seite, Liebste!« (aber bleib einen halben Schritt hinter mir)	»Halali!«
★ Wünscht sich Anerkennung für seine Bereitschaft, für die Geliebte zu arbeiten und zu kämpfen ★ Die Partnerin muß tüchtig, arbeitsam und energisch sein, aber zugleich geduldig ★ Wünscht sich Begeisterungsfähigkeit und Tapferkeit bei seiner Liebsten ★ Sie darf auf keinen Fall langsam, ängstlich, angepaßt oder unbeweglich sein ★ Sie sollte seine zahlreichen Ratschläge und Belehrungen gutmütig aufnehmen ★ Darf sich dabei dennoch keinesfalls unterjochen lassen ★ Sie darf auf keinen Fall übermäßig kritisch veranlagt sein ★ Wünscht sich, daß die Partnerin fehlgeschlagene Pläne und gescheiterte Projekte ebenso schnell vergißt wie er selbst ★ Die Liebste darf unter keinen Umständen nachtragend oder gar rachsüchtig sein	★ Liebt die Verfolgung und Eroberung der Beute. Ein Jäger ★ Ungestüm, draufgängerisch und wild. Sexualität als Eroberungskampf und Wettbewerb ★ Der gelungene »Sieg« kann wichtiger sein als die eroberte Frau. Hat Anlagen zum Casanova ★ Braucht ständig neue Herausforderungen, Anregungen und Aufregungen, außerdem Romantik und Zauber. Verliert sonst die Lust ★ Ist selbst kaum hingabefähig. Erobert lieber ★ Dafür sehr leidenschaftlich und direkt. Zeigt heißes Begehren ★ Die heiße Sinnlichkeit kann jedoch urplötzlich umschlagen in Erkaltung ★ Ist treu, wenn Romantik, Spannung und ein Touch von Abenteuer in der Beziehung erhalten bleiben ★ Neigung zu Machismo. Kann schnell, heftig, rücksichtslos und grob sein

Marsisch gefärbte Gefühlsplaneten	
Gestaltung der Beziehung	Problematische Seiten
»Laß Dich von mir retten, Kleines!«	»Der arbeitslose Drachentöter«
★ Nicht sehr auf Bindung erpicht, eher ein Einzelgänger. Oft Mangel an echter Partnerfähigkeit ★ Neigt zu ungleichrangigen Beziehungen mit »schwächeren« Partnerinnen. Liebt »Prinzessinnen in Nöten«, die der Rettung bedürfen ★ Kann seine Partnerin nicht so lassen, wie sie ist. Spielt gern Pygmalion ★ Hat Mühe, Kompromisse zu schließen oder zu kooperieren ★ Bevormundet ungeniert und neigt zum Kommandieren ★ Die Beziehung kann zum Machtkampf werden; zumindest ist sie kampfbetont und anstrengend ★ Liebt dramatische, aufregende Beziehungen ★ Die Verbindung muß ein Ziel haben und Entwicklung zulassen. Es muß immer etwas »in Gang« gebracht werden ★ In einer innerlich bejahten Partnerschaft grenzenlos loyal. Setzt sich bis zum Umfallen für die Partnerin und die Beziehung ein ★ Die Verbindung kann jedoch durch ständigen Aktivismus gestört oder überlagert werden	★ Konkurriert permanent und muß immer eine Nasenlänge voraus sein ★ Verträgt keinerlei Einschränkung seines Freiheitsdranges ★ Langweilt sich überaus leicht. Es muß immer etwas los sein ★ Verträgt es nicht, seinen Willen nicht durchsetzen zu können ★ Sehr egozentrisch. Fast keine Fähigkeit, sich in andere einzufühlen ★ Erträgt keine Schwäche, weder bei sich noch bei anderen. Muß immer stark erscheinen ★ Extrem idealistische und hochgesteckte Vorstellungen. Rasch enttäuscht und desillusioniert ★ Naive Selbstüberschätzung. Fast unfähig zu irgendeiner Form der Selbstkritik ★ Sehr ungeduldig. Haßt Hindernisse. Haßt langsame und begriffsstutzige Menschen ★ In schwierigen Fällen ruhelos, unbeherrscht und aufbrausend ★ Im Extremfall herrschsüchtig und streitsüchtig. Wutanfälle

Verträgt sich schlecht mit stark saturnisch, neptunisch, venusisch oder lunar getönten Gefühlsplaneten des Partners

Venusisch gefärbte Gefühlsplaneten *(Stier)*	
Emotionale Bedürfnisse	Liebes- und Gefühlsausdruck
»Ach wenn doch immer alles so bliebe!«	»Saftige Rosensträuße und sattes Gold«
★ Erträgt keine Veränderungen ★ Will Kontinuität und Dauer, stets Gleichbleibendes und Beständigkeit ★ Braucht emotionale Sicherheit, Stabilität und Zufriedenheit ★ Schätzt Ruhe, heiteren Frieden und sinnliche Genüsse ★ Braucht ein klar umzäuntes eigenes Revier und viel materielle Sicherheit ★ Braucht den Schutz des Kollektivs und wünscht sich soziale Akzeptanz ★ Will sich in vertrautem Kreis sicher und aufgehoben fühlen ★ Hat ein ausgeprägtes Bedürfnis nach »Anhäufung« und »Einverleibung« (von Menschen und Materie) ★ Will aufbauen, behüten und vermehren	★ Ist kein großer Redner. Eher wenig rein verbaler Gefühlsausdruck ★ Drückt seine Gefühle lieber über Körpersprache und Berührung aus ★ Bringt sich geduldig, friedfertig, ruhig und beruhigend ein. Sehr melodische Stimme ★ Langmütiger, gemütlicher und gelassener Gefühlsausdruck ★ Kann freundlich, herzlich und charmant sein ★ Liebt traditionelle Formen der Romantik (weiße Brautkleider, Hochzeitskutschen) und vergißt als Ehefrau (Ehemann) nie den Hochzeitstag ★ Emotional warmer und sinnlicher Gefühlsausdruck. Kann sehr sanft, zärtlich und liebevoll sein ★ Ist loyal und standfest, aber auch besitzergreifend und vereinnahmend ★ Neigt (als Mann) zu Machismo. Kann sich wie ein Chauvi aufführen ★ Entschuldigt sich grundsätzlich nie für eigenes Fehlverhalten ★ Manchmal schwerblütiger, asketischer oder »geiziger« Gefühlsausdruck ★ In schwierigen Fällen Abwertung und Herabsetzung des Partners und Schuldprojektionen

Venusisch gefärbte Gefühlsplaneten *(Stier)*	
Wünsche und Erwartungen an den Partner	Erotik und Sexualität
»Sei mein sicherer Hort!«	»Vollmundiger Genuß«
★ Der Partner sollte eine konventionelle Einstellung haben. Darf ruhig etwas »altmodisch« sein ★ Braucht wegen der enormen Schönheitsliebe einen sehr gutaussehenden Partner ★ Wünscht sich einen Partner, der ihre Sinne anspricht: Wohlriechend, gepflegt und elegant ★ Der Gefährte darf auf keinen Fall unruhig oder umtriebig sein! Braucht einen seßhaften und häuslichen Partner ★ Wünscht sich den klassischen »guten Hausvater« (die »gute Hausfrau«) und ist versessen auf schmackhafte Küche ★ Wünscht sich beim Partner Beständigkeit, Treue und ein Herz für die Natur ★ Nimmt alles wörtlich und braucht daher vom Gefährten klare und gradlinige Aussagen ★ Möchte sich bei Müdigkeit und Erschöpfung beim Partner regenerieren können ★ Braucht einen Gefährten mit »Aufbaumentalität«, der mit ihr zusammen spart, sammelt und die Güter mehrt ★ Erträgt keinen zu aktiven, zu kämpferischen oder zu unabhängigen Partner	★ Sexualität hat einen sehr hohen Stellenwert. Starkes Verlangen nach sexueller Erfüllung ★ Ist stolz auf seine Potenz und seine sexuelle Leistungsfähigkeit ★ Fühlt sich in seinem Körper wohl. Starke, natürliche und warme Sinnlichkeit ★ Verkörpert das archetypische »sinnliche Weib« (das archetypische »männliche Tier«). Liebt körperliche Nähe und Sex ★ Sehr zärtlich und anhänglich. Ausgeprägte Genußfähigkeit ★ Ist sehr hingabefähig, dabei natürlich und unverkrampft ★ Hat keinen Bedarf für Verfeinerungen und Raffinessen im erotischen Bereich. Eher deftig ★ Aufgrund des übersteigerten Sicherheitsbedürfnisses sehr eifersüchtig und besitzgierig

Venusisch gefärbte Gefühlsplaneten *(Stier)*	
Gestaltung der Beziehung	**Problematische Seiten**
»Unser Bund ist für immer!«	»Der sture Aussitzer«
★ Sehr bindungsfreudig ★ Räumt der Beziehung Priorität vor Beruf und Karriere ein! ★ Erstrebt eine feste und stabile Partnerschaft ★ Sucht eine friedliche, harmonische und genußorientierte Beziehung ★ Hält nicht viel von »Gleichberechtigung«. Hält den Partner lieber in Abhängigkeit ★ Ist sehr possessiv. Will den Liebsten besitzen und fühlt sich dazu völlig berechtigt ★ Klammert. Der Partner soll möglichst nichts allein unternehmen ★ Bewältigt gemeinsam mit dem Partner auch schwere Belastungen und harte Zeiten ★ Kann für den Partner den Fels in der Brandung spielen und großen seelischen Druck aushalten ★ Wahrt nach außen hin immer die Fassade, ganz gleich, was sich in der Partnerschaft abspielt ★ Hält stur auch an längst inhaltsleer gewordenen Verbindungen fest	★ Hat nur wenig Menschenkenntnis und fällt auf jede hübsche Fassade herein ★ Kann sehr selbstzufrieden und gönnerhaft sein ★ Zeigt enorme emotionale Unbeweglichkeit. Träge und schwerfällig ★ Klebt an vergorenen Gefühlen, überlebten Selbstbildern und anachronistischem Verhalten fest ★ Frißt Ärger in sich hinein. Ist unfähig, Konflikte auszutragen oder Probleme zu diskutieren ★ Nicht kompromißfähig. Äußerst halsstarrig. Sitzt Probleme stur aus ★ Kann langweilig, träge oder freßsüchtig sein ★ In schwierigen Fällen materialistisch, gierig und hamsternd

Verträgt sich schlecht mit stark saturnisch, uranisch, merkurisch, plutonisch oder marsisch getönten Gefühlsplaneten des Partners

Merkurisch gefärbte Gefühlsplaneten *(Zwillinge)*	
Emotionale Bedürfnisse	Liebes- und Gefühlsausdruck
»Die entzückende Leichtigkeit des Seins«	»Lieber ein geistreicher Witz als ein peinlicher Liebesschwur!«
★ Insgesamt wenig *emotionale* Bedürfnisse. Geistige Bedürfnisse haben immer Vorrang ★ Ist sich seiner wenigen emotionalen Bedürfnisse überdies kaum bewußt ★ Braucht ein hohes Maß an persönlicher Freiheit ★ Braucht freie Beweglichkeit und ständige Ortsveränderungen ★ Braucht viele Menschen und stetig wechselnde unterschiedliche Kontakte ★ Wünscht sich Abwechslung als Lebensprinzip ★ Braucht Leichtigkeit und ein verspieltes emotionales Klima. Bloß kein Bierernst!	★ Liebt den Flirt. Schafft eine angenehm spritzige Atmosphäre von Spaß und Abenteuer ★ Verspielter, charmanter, bezaubernder Gefühlsausdruck. Zarte, luftgleiche Romantik ★ Auch beim Ausdruck seiner Liebe stets überlegt. Wird nicht von seinen Emotionen fortgerissen ★ Kultivierter, wortgewandter und differenzierter Gefühlsausdruck ★ Schreibt entzückende Briefe und zeigt einen köstlichen Humor ★ Verhält sich freundlich, umgänglich, sozial und schmeichelt gern ★ Kann über sich selbst lachen und ist ein begabter Unterhalter ★ Redet allerdings lieber über Gefühle, anstatt sie zu leben. Neigt zu unverbindlicher Intellektualisierung von Gefühlen ★ Neigt zu wechselhaftem und launischem Gefühlsausdruck. Kann emotional distanziert und kühl sein ★ Gelegentlich skeptischer, unterkühlter oder zynischer Gefühlsausdruck. In dunklen Stimmungen eisig ★ Im Extremfall listiger, opportunistischer oder berechnender Gefühlsausdruck

Merkurisch gefärbte Gefühlsplaneten *(Zwillinge)*	
Wünsche und Erwartungen an die Partnerin	**Erotik und Sexualität**
»Bloß kein Cocooning!«	»Some like it cool!«
★ Die Partnerin sollte sehr eigenständig sein. Darf auf keinen Fall klammern ★ Es darf keine großangelegten Diskussionen um »Pflichten« und »Verpflichtungen« geben ★ Nicht zuviel Pingeligkeit und Korrektheit, auch nicht im Umgang mit der Zeit ★ Braucht Verständnis für sein quecksilbriges »Unterwegssein« und seine unerschöpfliche Neugierde ★ Wünscht sich Beredsamkeit der Partnerin und intellektuelle Fähigkeiten. Sie sollte sich gern austauschen und etwas zu sagen haben. ★ Die Partnerin darf jedoch keinesfalls in ihn dringen oder ihn ausfragen! ★ Darf keine großen gefühlsmäßigen Ansprüche stellen. Alles soll schön leichtbeschwingt bleiben und an der Oberfläche dahinplätschern ★ Eigene Gefühle sollte sie leicht und witzig ausdrücken. Keine pathetischen Ergüsse ★ Auf keinen Fall darf sie eifersüchtig sein ★ Sie sollte sozial gesinnt sein und gerne Menschen um sich haben ★ Sie darf nicht erwarten, daß er sich um ihre emotionalen Nöte kümmert	★ Sexualität hat keinen besonders hohen Stellenwert, ist eher eine amüsante Nebensache ★ Wünscht sich die Sexualität leichtbeschwingt, spielerisch, differenziert und heiter ★ Liebt keine »grobe« Körperlichkeit. Eher ätherische Sexualität. Geist und Seele haben immer Vorrang ★ Zeigt große ästhetische Feinfühligkeit, aber nur dünnen Kontakt zum eigenen Körper und den eigenen Gefühlen ★ Weicht einer tieferen Hingabe und Intimität so weit wie möglich aus ★ Fürchtet sich vor den dunklen, primitiven und archaischen Komponenten der Sexualität ★ Liebt das Raffinierte. Setzt gern erotische Requisiten und Verführungsrituale zur Reizintensivierung ein

Merkurisch gefärbte Gefühlsplaneten *(Zwillinge)*	
Gestaltung der Beziehung	Problematische Seiten
»Fröhliche Kameraden!«	»Wer bin ich? Viele!«
★ Äußerst unschlüssig, ob er sich auf eine Beziehung einlassen soll. Massive Entscheidungsprobleme ★ Erstrebt ein reibungsloses, leichtherziges Funktionieren der Beziehung ★ Die unterhaltsame, lockere, offene und leichtbeschwingte Beziehung mit viel geistigem Austausch ★ Die schwungvolle Beziehung mit Witz und Humor ★ Gestaltet seine Liebesbeziehung baldmöglichst zur Freundschaft um ★ Braucht völlige Freiheit. Macht sich bei Anleinungsversuchen aus dem Staub! ★ Ist friedlich, kompromißbereit und stets auf Ausgleich bedacht ★ Streitet nicht! Zieht »vernünftiges« Austragen von Konflikten vor ★ Braucht unbedingt zahlreiche Kontakte zu anderen Menschen, auch zu Menschen des anderen Geschlechts ★ Verabscheut Besitzansprüche und tränenschwangere Aussprachen! ★ Kann die Rolle des verantwortungslosen kleinen Jungen oder des unsteten kleinen Mädchens spielen	★ Unentschiedenheit oder Standpunktlosigkeit. Veränderliche Anschauungen und Gefühle ★ Verabscheut es, scharf hinzusehen oder tief zu schürfen ★ Starke gefühlsmäßige Unruhe, die durch Reden und permanenten Aktivismus überspielt wird ★ Starke Tendenz zum Ausweichen und Rationalisieren ★ Ironisiert gern zur Abwehr. Flüchtig und ungreifbar. Zweifelsüchtig ★ Schwierigkeiten mit Aggression. Tut sich schwer, seinen Willen sowie Wut und Zorn auszudrücken ★ Nicht konfliktfähig. Klammert deshalb Probleme aus ★ Große Angst vor »Leidenschaft« und starken Gefühlen ★ Überaus rasch gelangweilt. Kann dann in gefühlloser Weise »ehrlich« sein

Verträgt sich schlecht mit stark neptunisch, venusisch oder lunar getönten Gefühlsplaneten des Partners

Lunar gefärbte Gefühlsplaneten	
Emotionale Bedürfnisse	Liebes- und Gefühlsausdruck
»Seelischer Tiefgang«	»Lyrische Träumerei!«
★ Hat ein enormes, fast nicht zu stillendes Liebesbedürfnis ★ Sehnt sich nach emotionaler Sicherheit und nach »Zugehörigkeit« ★ Ist sehr anlehnungsbedürftig. Fast unfähig, Alleinsein zu ertragen ★ Möchte behüten, hegen, pflegen, »nähren« und hätscheln ★ Braucht es, gebraucht zu werden ★ Braucht viel Hautkontakt, liebevolle Berührung, Zärtlichkeit und ausgedehnte Schmusestunden ★ Sehnt sich nach vollkommener Hingabe, braucht aber absolutes Vertrauen dazu ★ Liebt Romantik, Fantasie, Märchenhaftes und verträumte Oasen im Alltag	★ Ist sehr hingebungsvoll, gefühlvoll und einfühlsam. Hat enorme Fähigkeiten zum »Nähren« ★ Bringt sich sensitiv, sanftmütig und rücksichtsvoll ein ★ Zarter, weicher und zärtlicher Gefühlsausdruck ★ Geduldiger, beschützender und mütterlicher Gefühlsausdruck ★ Manchmal schüchterner, unsicherer, unbestimmter Gefühlsausdruck (»verwaschen«) ★ Spricht nicht über seine eigenen Bedürfnisse und Wünsche ★ Sehr versiert im Umgang mit Gefühlen. Kann meisterhaft manipulieren und »spielt« gern mit Gefühlen ★ Ist launisch, unbeständig und leicht gekränkt. Dann beleidigt und eingeschnappt ★ Scheut offene Auseinandersetzungen. Macht lieber Dritten gegenüber boshafte Bemerkungen ★ Kann sich ängstlich, überbesorgt, selbstmitleidig oder »jämmerlich« aufführen ★ Ist schnell den Tränen nahe und kann stundenlang schmollen ★ Geht auf Tauchstation, wenn tief gekränkt. Rückzug als Form seelischer Aggression

Lunar gefärbte Gefühlsplaneten	
Wünsche und Erwartungen an den Partner	Erotik und Sexualität
»Komm in meine Arme, Liebling!«	»Ich bin ganz Dein!«
★ Der Partner sollte weich und gefühlvoll sein: Zärtlichkeit ist lebensnotwendig ★ Braucht sehr viel Fürsorglichkeit. Der Partner sollte bemuttern und umsorgen können ★ Braucht einen familienorientierten Gefährten, der kinderlieb ist und sich wirklich gerne um Haus und Heim kümmert ★ Benötigt einen Partner, der Halt und Struktur geben kann ★ Wünscht sich Verständnis für ihre wechselnden Stimmungen und Launen ★ Möchte getröstet, aufgebaut und »gehätschelt« werden ★ Braucht einen Partner mit Initiative, der sie aus ihrer Passivität und Antriebslosigkeit herausholt ★ Sehr sentimental. Braucht häufige kleine Liebesbeweise (Blümchen, Billets doux, Lebkuchenherzchen, kleinen Nippes), um zu glauben, daß sie geliebt wird	★ Gefühle und seelische Liebe haben klare Priorität vor Sexualität ★ Ist eine verträumte Romantikerin mit viel Sinn für schöne Stunden ★ Ist sehr sinnlich und berührungsfreudig. Kuschelt leidenschaftlich gern. Schmusekatze ★ Hat eine ziehende Sehnsucht nach Verschmelzung und seelischem Austausch ★ Bei tiefem Vertrauen zum Partner außerordentlich hingebungsvoll ★ Hochsensibel in der Sexualität. Stellt sich mit seismographischer Empfindsamkeit auf den Partner ein ★ Stellt ihre *eigenen* Bedürfnisse dabei oft völlig zurück ★ Nicht besonders leidenschaftlich, eher sanfte und mitfühlende Form der Sexualität. ★ Normalerweise sehr treu. Bei stark verletzten Gefühlsplaneten jedoch heftiger (unbewußter) Groll auf den Partner ★ Kann dann ungehemmt Seitensprünge machen, kehrt aber immer ins sichere Nest zurück

Lunar gefärbte Gefühlsplaneten	
Gestaltung der Beziehung	Problematische Seiten
»Trautes Heim, Glück zu Zwein!«	»Du hast mich ja sooo verletzt!«
★ Schon in jungen Jahren außerordentlich bindungsfreudig. Heiratet gern ★ Wird häufiger das Opfer falscher Wahlen und täuschender Liebesillusionen ★ Braucht eine Beziehung als wärmendes, schützendes »Nest« ★ Gestaltet die Beziehung als sichere Basis, zu der man immer zurückkehren kann ★ Neigt zu »Mutter-Kind-Beziehungen«. Spielt daher in ihrer Verbindung entweder die umsorgende Mutter oder das unselbständige und abhängige Kindchen ★ Stellt sich schützend vor den Partner, aber stellt auch enorme emotionale Besitzansprüche ★ Kann durch Überfürsorglichkeit erstickend wirken ★ Kann sich am Partner wie mit Scheren festkrallen und zwanghaft klammern ★ Sehr treu. Wird immer versuchen, die Verbindung aufrechtzuerhalten ★ Erlebt Trennung oder Scheidung als tiefes Trauma	★ Ist überempfindlich, launenhaft und hat fürchterliche Stimmungsschwankungen ★ Ist sehr leicht eingeschnappt und schmollt mit Ausdauer ★ Durch die Meinungen anderer sehr verletzbar. Hat große Angst vor Kränkung und Zurückweisung ★ Reagiert oft (zum Selbstschutz) schroff, ruppig, abweisend, bissig oder übellaunig ★ Manipuliert unmerklich, aber gekonnt durch Hilflosigkeit oder Überfürsorglichkeit ★ Neigt dazu, Schuldgefühle im Partner zu erzeugen und durch Tränen oder demonstratives Leiden zu erpressen ★ Besitzergreifend und (ein klein wenig) herrschsüchtig, ohne es offen zu zeigen. Gefühlstyrann ★ Im ungünstigen Fall unzufrieden und unzuverlässig. Kann zwischen Wandertrieb und Nest hin- und herpendeln und eine Affäre nach der nächsten hinter sich bringen ★ Im Extremfall Regression in die Krankheit oder Weltflucht

Verträgt sich schlecht mit stark saturnisch, uranisch, merkurisch, marsisch oder sonnenhaft getönten Gefühlsplaneten des Partners

Sonnenhaft gefärbte Gefühlsplaneten	
Emotionale Bedürfnisse	Liebes- und Gefühlsausdruck
»Ich bin der Größte!« »Ich bin der Schönste!«	»Klassisches Liebesdrama!«
★ Hat ein sehr hohes Anspruchsniveau und einen unersättlichen Lebenshunger ★ Braucht es dringend, beliebt zu sein, zu lieben und geliebt zu werden ★ Möchte Anerkennung und Bewunderung für seine Einmaligkeit ★ Hat ein tiefes Bedürfnis nach Wertschätzung und Respekt ★ Will für jedermann wichtig und bedeutsam sein ★ Möchte ein selbstverständlicher und strahlender Mittelpunkt jeder Gruppe sein	★ Ist äußerst romantisch, feurig, leidenschaftlich und glutvoll ★ Spielt das Drama der Liebe mit Begeisterung und gibt sein Allerbestes ★ Ist enthusiastisch und ausstrahlend ★ Gibt dramatische Liebeserklärungen ab und tut feurige Schwüre ★ Bringt sich sonnig, heiter, lebensfroh und verspielt ein ★ Großzügiger, warmherziger und erwärmender Gefühlsausdruck ★ Überhäuft die Partnerin mit generösen und prachtvollen Geschenken ★ Macht grandiose, umwerfende Komplimente ★ Ist sehr ehrenhaft und ritterlich ★ Aufgrund sehr hochgesteckter Ideale aber schnell desillusioniert. Dann dramatisch enttäuscht ★ Sehr temperamentvoll. Zu heftigen Gefühlsausbrüchen in der Lage ★ Manchmal selbstgefälliger, arroganter oder überhitzter Gefühlsausdruck

Sonnenhaft gefärbte Gefühlsplaneten	
Wünsche und Erwartungen an die Partnerin	Erotik und Sexualität
»Sei mein Satellit!«	»Lebendige Leidenschaft!«
★ Wünscht sich eine tolle, beeindruckende und attraktive Partnerin mit Aplomb ★ Die Partnerin darf keine graue Maus sein. Er will auf sie stolz sein! ★ Darf ihm andrerseits aber auch nicht die Schau stehlen! ★ Die Gefährtin muß ihm viel Zeit und Aufmerksamkeit widmen ★ Hat einen unerschöpflichen Bedarf an Lob, Zuneigung, Anerkennung und Aufmerksamkeit ★ Möchte wie ein König behandelt werden. Erwartet selbstverständliche Anerkennung seiner Vorherrschaft ★ Erwartet, von der Gefährtin umsorgt und verwöhnt zu werden ★ Braucht eine treue und loyale Gefährtin mit unerschütterlichem Glauben an seine Herrlichkeit und Einzigartigkeit ★ Erträgt keine sehr eigenständige Partnerin und keine, die ihrem Beruf und ihren eigenen Interessen viel Zeit widmet	★ Hat einen starken Magnetismus, der niemanden kaltläßt ★ Liebt das Spiel der Liebe und spielt mit ganzem Einsatz ★ Ist hinreißend in der Liebe, lebendig, schwungvoll und entflammt ★ Liebt es, zu erobern (manchmal bloß zur Selbstbestätigung) und geht dabei sehr selbstbewußt vor ★ Bringt sich rückhaltlos und heißblütig ein ★ Immer bestrebt, aus der erotischen Begegnung etwas *Einmaliges und Wunderbares* zu machen ★ Warme, kraftvolle und verspielte Erotik ★ Sehr temperamentvoll, leidenschaftlich und genußfreudig ★ Fühlt sich immer als Hauptdarsteller seiner Inszenierung. Kann auch unsensibel und selbstsüchtig sein ★ Braucht »großartige« Inszenierungen. Verabscheut das Kleine, Banale und Alltägliche ★ Kann Playboy-(Playgirl-)Allüren zeigen ★ Benutzt im ungünstigen Fall den Partner als Spiegel für seine narzißtische Großartigkeit

Sonnenhaft gefärbte Gefühlsplaneten	
Gestaltung der Beziehung	Problematische Seiten
»Der Held und sein Schützling«	»Ihre Majestät!«
★ Geht gerne ungleichgewichtige Beziehungen ein ★ Will dominieren, führen, herrschen und Schwächere beschützen ★ Inszeniert temperamentvolle, dramatische Beziehungen, in denen er die Hauptrolle spielt ★ Kann überaus fürsorglich sein. Stellt sich schützend vor den Partner und ist zu großen Opfern fähig ★ Im Alltagsleben wenig anpassungsfähig. Erwartet bedient und hofiert zu werden ★ Hat wenig Talent, die Bedürfnisse der Partnerin zu erspüren ★ Kann nur schwer begreifen, daß andere Menschen anders sind und andere Bedürfnisse haben ★ Möchte, daß sich immer alles nur um ihn dreht. Sehr eifersüchtig schon bei geringfügigen Anlässen ★ Erlebt Interesse der Partnerin an anderen Menschen als Abwertung und Mißachtung seiner Person	★ Verabscheut schmerzliche Gefühle. »Immer gut drauf sein!« ist die Lebensmaxime ★ Erträgt es nicht, hilflos oder schwach zu sein oder zu erscheinen: Muß immer großartig sein ★ Hat Angst vor Minderwertigkeit, Versagen und dem Verlust seiner Würde ★ Neigt zu Selbstüberschätzung und Großspurigkeit. Stolz wie ein Pfau ★ Neigt zu überheblichen, gereizten Reaktionen und zu Arroganz ★ Sehr egozentrisch. Kann ohne es zu wollen auf den Gefühlen der Partnerin herumtrampeln ★ Kann einem mit seinem vereinnahmenden Totalanspruch den letzten Nerv rauben ★ Reagiert allergisch auf Kritik und ist unfähig zur Selbstkritik ★ Tut sich auch schwer, sich für Fehler zu entschuldigen ★ In schwierigen Fällen willkürlich, anmaßend und machtgierig

Verträgt sich schlecht mit stark saturnisch, neptunisch, plutonisch oder lunar getönten Gefühlsplaneten des Partners

Merkurisch gefärbte Gefühlsplaneten *(Jungfrau)*	
Emotionale Bedürfnisse	**Liebes- und Gefühlsausdruck**
»Kästchen und Raster!«	»Hättest du gern einen Kräutertee, Lieber?«
★ Wünscht sich Achtung für die von ihr geleisteten Dienste ★ Braucht Ordnung, Überschaubarkeit und Klarheit ★ Braucht Sicherheit durch die Einbindung in ein Kollektiv, in der sie einen klar definierten Platz einnimmt ★ Liebt Arbeit und das Gefühl, ein nützliches Mitglied der Gemeinschaft zu sein ★ Paßt sich liebend gern an und tritt bescheiden auf ★ Braucht Reinheit, Hygiene und einen »gesunden Tagesablauf« ★ Liebt Vorsicht und Vernunft ★ Strebt stets nach optimalem Einsatz ihrer Energien (»Kräfteökonomie«) und nach sinnvoller »Verwertung« ★ Liebt Methodik, Präzision und Sorgfalt	★ Generell erschwerter Umgang mit Gefühlen. Sehr verschlossen ★ Ein As in Gefühlsbeherrschung. Braucht viel Zeit, bis überhaupt Gefühle (sehr verhalten) gezeigt werden ★ Zensiert wirre, ungezähmte und unbegreifliche Gefühle ★ Große Angst vor Spontaneität, daher sachlicher, nüchterner, biederer oder spröder Gefühlsausdruck ★ Auch kühl reservierter oder geheimnisvoll zurückhaltender Gefühlsausdruck ★ Immer leicht besorgt, daher auch pessimistischer oder lebensängstlicher Gefühlsausdruck ★ Drückt ihre Liebe gern durch Hilfsbereitschaft und Dienstleistungen aus – Kochen, Pflege, Massage oder das Anbieten praktischer Problemlösungen ★ Benutzt Intellektualismus, endloses Gerede oder Klatsch zur Gefühlsabwehr ★ Im Extremfall schulmeisternder oder zynischer Gefühlsausdruck, Kritik und Nörgelei

Merkurisch gefärbte Gefühlsplaneten *(Jungfrau)*	
Wünsche und Erwartungen an den Partner	Erotik und Sexualität
»Perfektion bitte!«	»Bitte Vorsicht, Kräutlein rühr mich nicht an!«
★ Legt enorm hohe Maßstäbe an. Berüchtigt dafür, sehr wählerisch und kritisch zu sein ★ Liebt es, »gebraucht« zu werden. Partielle Hilfsbedürftigkeit des Partners erleichtert die Annäherung ★ Braucht einen spontanen, warmherzigen und herzlichen Partner, der ihre eigene Steifheit auflockert ★ Braucht einen Partner, der wesentlich weniger lebensängstlich und viel optimistischer ist ★ Der Partner darf gern (ein wenig) fantasievoll und (nicht übertrieben) leichtherzig sein, eben all das, was sie selbst sich streng versagt ★ Erträgt jedoch kein theatralisches Verhalten, keine Wutausbrüche, keine Tränenfluten und keine Krawallszenen ★ Bitte möglichst wenig Kritik, da von permanenter Selbstkritik gebeutelt. Außerdem ist Kritik *ihre* Domäne ★ Liebt stabile, beschützende Partner, die den Fels in der Brandung spielen können	★ Braucht in erster Linie Geistesverwandschaft. Sexualität hat keinen übermäßig hohen Stellenwert ★ Hat sich immer in der Hand und wird nie von ihren Gefühlen fortgerissen ★ Zurückhaltend und scheu. Wirkt oft tugendhaft, madonnenhaft oder statuenhaft. Taut nur langsam auf ★ Sehr zuverlässig und treu. Neigt von Natur aus zur Enthaltsamkeit. *Keine Femme fatale, kein Don Juan* ★ Hat starke Ängste vor Hingabe und davor, die Kontrolle zu verlieren ★ Leidenschaft ist für sie *terra incognita* und äußerst beunruhigend ★ Wird ihre geliebte »Ökonomie des Kräfteeinsatzes« selten zugunsten einer langen, heißen Nacht außer Kraft setzen ★ Dafür eine aufmerksame und technisch versierte Liebhaberin. Begreift schnell, was sich der Partner wünscht ★ Bleibt stets ein wenig reserviert. Braucht enorm lange Zeit und viel Vertrauen, um warmzulaufen ★ Reglementiert und ökonomisiert unter Umständen auch ihr Liebesleben ★ Im Extremfall Prüderie und verklemmte Sexualität

Merkurisch gefärbte Gefühlsplaneten *(Jungfrau)*	
Gestaltung der Beziehung	Problematische Seiten
»Zweifamilienhaus mit Dunstabzugshaube«	»Hab ich's Dir nicht gleich gesagt?«
★ Aufgrund der sehr hohen Ansprüche werden Beziehungen nicht leicht eingegangen ★ Werden sie jedoch eingegangen, wird eine sicherheitsspendende Beziehung erstrebt ★ Wünscht sich eine beständige, gewissenhafte, von Verantwortungsgefühl getragene Beziehung ★ Liebt eine geordnete, durchorganisierte Verbindung mit klarer Aufgaben- und Arbeitsteilung ★ Zeigt keine Lust zum Dominieren. Der Partner darf gerne den Ton angeben. Äußerst anpassungsbereit ★ Sehr großzügig mit Zeit und Energie, wenn der Partner Hilfe braucht oder ein unterstützendes Gespräch ★ Tagesabläufe werden bis ins kleinste Detail geregelt ★ Im Extremfall lückenlose Programmierung nicht nur der Alltagsaufgaben, sondern auch des Liebeslebens ★ Die unspontane, langweilige, überorganisierte Verbindung	★ Wirkt auf andere (aufgrund der starken Zurückhaltung) kühl, reserviert oder streng ★ Kann emotional völlig steril erscheinen, überangepaßt, farblos, dürr und leblos ★ Starke Ängste vor dem Unerklärlichen, Unberechenbaren und vor »Chaos« ★ Starke Ängste vor dem nicht Sichtbaren, Irrationalen und Metaphysischen ★ Ängstlich und übervorsichtig im Hinblick auf Krankheiten. Hypochondertum ★ Neigung zu Pedanterie und Pingeligkeit ★ Kann sich als kleinlicher Schulmeister, Gouvernante oder kritiksüchtiger Besserwisser aufführen ★ In krassen Fällen humorlos, schwunglos, intolerant und berechnend. ★ Akribischer Putzteufel

Verträgt sich schlecht mit stark neptunisch, venusisch oder lunar getönten Gefühlsplaneten des Partners

Venusisch gefärbte Gefühlsplaneten *(Waage)*	
Emotionale Bedürfnisse	**Liebes- und Gefühlsausdruck**
»Immer zu Zwein!«	»Zuckersüße Komplimente«
★ Braucht Menschen! Kann nicht alleine sein ★ Braucht Schönheit, Wohlgeruch und eine ästhetisch wohltuende Atmosphäre ★ Erträgt keine Spannungen. Braucht in ihrer Umgebung Harmonie und Gleichklang ★ Liebt Frieden und Gerechtigkeit, »Gleichheit« und Gleichberechtigung ★ Liebt Wahrheit und Fairneß im Umgang miteinander ★ Sehnt sich nach Heiterkeit, Gelöstheit und Ausgeglichenheit ★ Hat ein unstillbares Bedürfnis nach Liebe, Anteilnahme und Unterstützung ★ Ist sehr abhängig von der Aufmerksamkeit und Bestätigung ihrer Umwelt	★ Drückt ihre Gefühle liebenswürdig, anmutig und elegant aus ★ Ist unschlagbar im Flirt, da von Kindesbeinen an geübt ★ Stilvoller, diplomatischer, ausgewogener und schmeichelnder Gefühlsausdruck ★ Ist in ausbalancierter Form romantisch. Liebt schöne Feste, leise Musik, Blumen und Kerzenschimmer ★ Macht ungehemmt viele schöne Komplimente. Gewinnender, eleganter und charmanter Gefühlsausdruck ★ Bringt sich fair, partnerorientiert und friedlich ein ★ Liest dem Partner jeden Wunsch von den Augen ab und bemüht sich, ihn zu erfüllen ★ Hat manchmal Schwierigkeiten, spontan *echte* Gefühle auszudrücken ★ Dann unverbindlicher, überangepaßter oder unehrlicher Gefühlsausdruck ★ Aggressionsscheu. Verbietet sich gnadenlos alle »negativen« Gefühle wie Wut, Schmerz, Eifersucht oder Verlangen und ist daher unfähig, sie auszudrücken

Venusisch gefärbte Gefühlsplaneten *(Waage)*	
Wünsche und Erwartungen an die Partnerin	**Erotik und Sexualität**
»Zwei Herzen im Gleichklang«	»Die kultivierte Verführung«
★ Wünscht sich eine gepflegte, ästhetische und ziemlich attraktive und gutaussehende Partnerin ★ Braucht unbedingt höfliche Umgangsformen und liebenswürdige Manieren ★ Wünscht sich von der Partnerin viel Bestätigung und viele hübsche Schmeicheleien ★ Die Partnerin sollte nicht zu temperamentvoll sein. Darf keinesfalls laut brüllen! ★ Sollte keine ultraheftigen Gefühle zeigen. Auf keinen Fall flammende Wut, rasende Eifersucht oder ungezügeltes Verlangen ★ Sehnt sich nach einem friedliebenden Gegenüber. Die Partnerin sollte keine Disharmonien aufreißen oder gar Streit anzetteln ★ Wünscht sich von der Partnerin Verständnis für ihren temporären Rückzug (in ihren luftig-kühlen Elfenbeinturm)	★ Ist allzeit bereit, sich zu verlieben ★ Stilsicher und gewandt in allen Versionen der Werbung und Verführung ★ Verlockt und verführt mit bestechender Liebenswürdigkeit und Charme ★ Liebt das Spiel der Liebe als elegantes Ritual. Liebe als Menuett. Höfische Liebe ★ Ist auch in der Sexualität sehr kultiviert und ästhetisch ★ Liebt spielerische, stilisierte Erotik – nicht zu wild, zu heftig oder zu derb ★ Fühlt sich von den gröberen, dunkleren und archaischen Seiten der Sexualität leicht abgestoßen ★ Sehr empfänglich für Schönheit in ihrer Umwelt. Deshalb sehr anfällig für Versuchungen ★ Gerät leicht in Konflikt zwischen der Loyalität zur Partnerin und »aushäusigen« erotischen Verlockungen. Nur bedingt treu

Venusisch gefärbte Gefühlsplaneten *(Waage)*	
Gestaltung der Beziehung	Problematische Seiten
»Anmutiges Ballett«	»Hü oder Hott?«
★ Ist sehr auf Bindung aus. Heiratet mit Vergnügen ★ Strebt eine liebenswürdige und anmutige Beziehung an ★ Hat hohe Beziehungsideale und gestaltet ihre Liebesbeziehung nach dem »Ideal der perfekten Verbindung« ★ »Gleichwertigkeit« und »Gleichrangigkeit« sind wichtige Werte ★ Braucht ein hohes Maß an Übereinstimmung mit der Partnerin und viel Harmonie ★ Ist sehr kooperationsbereit und kompromißwillig. Kommt den Bedürfnissen der Partnerin weitmöglichst entgegen ★ Will alles zusammen machen und kann nur schwer alleine sein ★ Gerät aufgrund der enormen Anpassungsbereitschaft leicht in Abhängigkeit von der Partnerin. Oft symbiotische Beziehungen ★ Braucht und sorgt für eine rundherum liebenswürdige und angenehme Atmosphäre ★ Hat Schwierigkeiten, mit Gefühlsausbrüchen der Partnerin angemessen umzugehen ★ Erlaubt sich Aggression nur in Form argumentativer Spitzfindigkeit	★ Oft innerlich unausgeglichen, unruhig und emotional sehr instabil ★ Ist ewig unentschlossen und kann sich kaum entscheiden ★ In übertriebener Weise abhängig vom Wohlwollen und Beifall anderer ★ Neigt deshalb zu unehrlicher Überanpassung ★ Ist harmoniesüchtig. Ausgeprägte Konfliktscheu. Konflikte werden unter den Teppich gekehrt ★ Kann nicht mit Aggression umgehen. Ist unfähig, für die eigenen Rechte zu kämpfen und sich gegen Grenzverletzungen zu wehren ★ Verabscheut jede Form von Streit, außerdem Häßlichkeit, Gemeinheit und Geschmacklosigkeit ★ Liebt spielerische Flirtmanöver, die nur auf Bestätigung der eigenen Person abzielen. Täuscht daher oft ohne Absicht ★ In schwierigen Fällen restlos unverbindlich, oberflächlich, eitel, leichtfertig und emotional unbeteiligt

Verträgt sich schlecht mit stark saturnisch, uranisch, merkurisch, plutonisch oder marsisch getönten Gefühlsplaneten des Partners

Plutonisch gefärbte Gefühlsplaneten	
Emotionale Bedürfnisse	Liebes- und Gefühlsausdruck
»Sieg oder Tod!«	»Feuer und Eis!«
★ Starke Bedürfnisse nach Macht, Dominanz und Kontrolle ★ Braucht Selbstschutz und ist verschwiegen und undurchsichtig ★ Will seine (eigenen) Geheimnisse hüten, sein Inkognito wahren und mit Tarnkappe einhergehen ★ Will über sich hinauswachsen und ist deshalb in ständiger Verwandlung und Transformation begriffen ★ Bedürfnis nach tiefem Eindringen in Geist, Materie und andere Menschen. Interessiert sich nicht für Oberflächlichkeiten. Alles oder nichts! ★ Will Geheimnisse und Tabus (anderer) aufdecken und Verbotenes und Verborgenes ausspähen ★ Wünscht sich absolute Verbundenheit ★ Will alle Gefühle mit äußerster Intensität durchleben ★ Starkes Verlangen, sich anderer seelisch zu bemächtigen, sie zu vereinnahmen und zu absorbieren ★ Muß immer Sieger bleiben	★ Charismatische Ausstrahlung und große Anziehungskraft ★ Kann ohne Worte einen seelischen oder körperlichen Sog ausüben und den anderen unwiderstehlich anziehen ★ Gibt freiwillig kaum Informationen über *seine* Gefühle. Deklariert sich nicht ★ Läßt den Partner im unklaren und legt falsche Spuren. Bevorzugte Tarnung: Die Maske kühler Distanz ★ Pendelt im Gefühlsausdruck zwischen Feuer und Eis hin und her ★ Faszinierender, hintergründiger Gefühlsausdruck ★ Oder explosiver, aufwühlender, fast unerträglich intensiver Gefühlsausdruck ★ Erlebt brodelnde Leidenschaft, heftige Gefühlsausbrüche und seelische Erschütterungen ★ Kann mit seinen Worten und Gefühlen regenerieren und heilen (Schamane) ★ Kann aber auch abweisend, schroff oder brutal ehrlich sein ★ Zeigt nie offen, wenn er sich verletzt oder zurückgesetzt fühlt ★ Dann verletzender oder seelisch gewalttätiger Gefühlsausdruck ★ Im Extremfall Lust an der Erniedrigung anderer. Kastrierend und sadistisch

Plutonisch gefärbte Gefühlsplaneten	
Wünsche und Erwartungen an den Partner	Erotik und Sexualität
»Mein bist Du mit Haut und Haar!«	»Liebe = Tod, Nirwana, Hölle und Teufel!«
★ Fürchtet das Alleinsein und will Beziehung ★ Ist aber sehr mißtrauisch und wählerisch, wen er in seine Seele einläßt ★ Stellt perfektionistische Anforderungen an den Partner ★ Reagiert allergisch auf Befehle. Verlangt vom Partner ein hohes Maß an Achtung, Respekt und Höflichkeit ★ Der Partner muß zäh sein, nicht schreckhaft und soviel aushalten wie ein robuster Geländewagen im Dauereinsatz ★ Darf keinesfalls oberflächlich, schwach oder faul sein ★ Der Partner muß leidenschaftlich sein! Auf keinen Fall moderat, lauwarm oder lustlos ★ Darf aber auch nicht zu unabhängig sein. Bedingungslose Hingabe, totale Selbstauslieferung, am liebsten komplette psychische Unterwerfung sind gefragt ★ Der Partner soll tiefgründig sein und sehr gefühlsintensiv, auf keinen Fall kühl oder unzugänglich ★ Will immer der Beherrschende sein, erwartet aber vom Partner Gegenwehr (da er ihn sonst verachten müßte)	★ Von Sexualität fasziniert oder besessen ★ Besitzt einen starken erotischen Magnetismus und kann (bewußt oder unbewußt) auch mit Sexualmagie arbeiten ★ Enorme Triebkräfte. Sehr wollüstig und experimentierfreudig ★ Glühende Leidenschaft, explosive Sexualität, dämonische Erotik und fanatische Liebe ★ Hat tiefe, mystische Gefühle bei der sexuellen Vereinigung ★ Erzeugt gern sexuelle und emotionale Abhängigkeiten ★ Liebt sexuelle Machtspiele, subtile Macht-Ohnmachts-Rituale und den »Kampf der Geschlechter« ★ Ist fasziniert von der Verknüpfung von Sexualität und Gefahr ★ Ist in seiner Liebe ausdauernd und treu. Hat enorme Probleme, Seitensprünge zu verzeihen ★ Ist ungeheuer mißtrauisch und eifersüchtig, nimmt sich selbst aber ungeniert Freiheiten heraus ★ Kann unersättlich, besitzergreifend, verschlingend und sexbesessen sein ★ Im Extremfall dämonisch, sadomasochistisch oder brutal

Plutonisch gefärbte Gefühlsplaneten	
Gestaltung der Beziehung	**Problematische Seiten**
»Du bist mir verfallen!«	»Kamikaze!«
★ Die Liebesbeziehung hat absolute Priorität vor anderen Lebensgebieten ★ Hat fixierte Vorstellungen oder fixe Ideen darüber, wie eine Beziehung auszusehen habe ★ Erstrebt schicksalhafte oder extreme Beziehungen. Versteht seine Liebesverbindung als »Pakt« ★ Wünscht sich ein totales Aufgehen im anderen ★ Die Beziehung als glühender Clinch, als leidenschaftliche Verstrickung ★ Ist sehr opferbereit für die Verbindung und versteht seinen Partner – dank seines psychischen Radars – zutiefst ★ Oft aber auch heftige Ambivalenz. Hin- und Herpendeln zwischen Liebe und Haß ★ Stellt gern Abhängigkeitsverhältnisse her. Der Partner als Besitz oder als »Geisel« ★ Traktiert seinen Partner gern mit quälenden Tests und grausamen Prüfungsritualen seiner Liebe ★ Viele Krisen und Auseinandersetzungen. Braucht ab und zu einen temperamentvollen Kampf ★ Ist jedoch bereit, sich über die Reibung mit dem Partner grundlegend zu verwandeln	★ Ist in unbeugsamer, besessener Weise stolz ★ Hat zwanghafte Erwartungshaltungen und stellt unerreichbar hohe Ansprüche ★ Hat so gut wie keinen Humor. Erträgt es nicht, daß man über ihn lacht und ist unfähig, über sich selbst zu lachen ★ Mißtrauisch, eifersüchtig und possessiv. Kontrolliert und spioniert ★ Hegt starke Ängste vor »Überwältigung« ★ Hat Schwierigkeiten, zu glauben, daß er geliebt wird ★ Manipuliert auf Teufel komm raus. Erzeugt Schuldgefühle ★ Leicht voreingenommen, subjektiv und fanatisch ★ Ist nachtragend und kann mit beißendem Zynismus tiefe Wunden schlagen ★ Leicht in Gefahr, seine Liebesbeziehung zu zerstören ★ In schwierigen Fällen sezierend, bohrend, verbissen und extrem rachsüchtig ★ Im Extremfall Verschlagenheit oder Besessenheit

Verträgt sich schlecht mit stark uranisch, jovisch, neptunisch, venusisch oder sonnenhaft getönten Gefühlsplaneten des Partners

Jovisch gefärbte Gefühlsplaneten	
Emotionale Bedürfnisse	Liebes- und Gefühlsausdruck
»Wo ist der Gral?«	»Meine Göttin! Mein Abgott!«
★ Sehnt sich danach, den *Sinn* des Lebens zu erfahren ★ Sucht permanent nach Horizonterweiterung, entweder durch unstillbare Reiselust oder durch geistige Exkursionen ★ Liebt Freiheit und Unabhängigkeit ★ Ist in seinem Herzen ein Wanderer. Braucht Bewegungsmöglichkeiten, Ungebundenheit und »Unterwegssein« ★ Liebt Unfehlbarkeit. Strebt nach Gerechtigkeit und moralisch einwandfreiem Handeln (»Gutsein«) ★ Immer auf der Suche nach Visionen und philosophischer, metaphysischer oder religiöser Überhöhung des Lebens ★ Braucht Wachstum, Entwicklung, Expansion und »Fülle«, um sich wohlzufühlen ★ Liebt Überzeugungen, die allerdings wechseln können ★ Braucht immer neue Ziele, denen er nachjagen kann ★ Sehnt sich nach Gefahr, Kitzel und Abenteuern (auch sexuellen)	★ Heißblütiger Romantiker. Ist am liebsten immer verliebt. Liebe als kreatives Drama ★ Idealisiert extrem. Stellt die Partnerin auf ein Postament und betet sie dort an ★ Verschenkt sich bedenkenlos. Großherzige Gefühlsnatur voller Enthusiasmus und Begeisterung ★ Drückt seine Gefühle feurig, dynamisch, temperamentvoll und intuitiv stimmig aus ★ Überschwenglicher, mitreißender Gefühlsausdruck ★ Entwirft wundervolle Zukunftspanoramen. Vornehmer, optimistischer und idealistischer Gefühlsausdruck ★ Menschenfreundlich und wohlwollend, daher auch philosophischer und gütiger Gefühlsausdruck ★ Tendiert zu maßlosen Übertreibungen. Dann auch großspuriger, pathetischer, moralisierender oder prahlender Gefühlsausdruck ★ Gelegentlich Tendenz zu brutaler Ehrlichkeit. Kann undiplomatisch, unsensibel und taktlos sein ★ Manchmal leichtfertige Gefühlsäußerungen und Heuchelei. ★ Im Extremfall zornige Ausbrüche und flammende Wut

Jovisch gefärbte Gefühlsplaneten	
Wünsche und Erwartungen an die Partnerin	Erotik und Sexualität
»Auf nach Tahiti, Süße!«	»Feuer und Flamme!«
★ Kann nur da lieben, wo er bewundern kann ★ Wünscht sich daher eine Partnerin von »Format«, ehrenhaft und mit hohen ethischen Standards ★ Braucht eine kontaktfreudige, redefreudige und bewegungsfreudige Gefährtin, die gerne reist ★ Humor und Toleranz erwünscht ★ Will keinesfalls »runtergezogen« werden. Braucht daher eine optimistische und positiv eingestellte Partnerin mit Freude am »Lebensgenuß« ★ Liebt gebildete, mehrsprachige und kosmopolitische Gefährtinnen ★ Erträgt keine kleinkarierte, engherzige oder doktrinäre Partnerin ★ Erträgt »Alltag« und Familienleben nur in homöopathischer Dosierung ★ Braucht eine sehr aktive und selbständige Partnerin, die stets bereit ist, auszugehen, neue Menschen zu treffen oder kulturelle Veranstaltungen zu besuchen ★ Die Partnerin sollte seinen prächtigen Visionen und weitblickenden philosophischen Vorträgen mit echter Begeisterung lauschen	★ Eher leichtherzige Einstellung zum Sex. Äußerst abenteuerfreudig ★ Rasch entflammt und mit fantastischer Leichtigkeit zu verführen ★ Locker, draufgängerisch und hemmungslos. Läßt sich spontan und bedenkenlos auf sexuelle Abenteuer ein ★ Hat jedoch eine unüberwindliche Abneigung gegen Routine. Kein Mann für »*immer samstags nach vier, wenn die Kinder zum Sport sind!*« ★ Liebt ausländische, exotische oder »unerreichbare« Partnerinnen (verheiratet, am anderen Ende der Welt lebend, 20 Jahre älter oder jünger) ★ Braucht immer neue Reize und Veränderungen, um den Spaß am Sex mit der gleichen Partnerin zu behalten. »Einfallsreichtum« ist gefragt ★ Nicht sehr treu. Seitenspringer. Beißt mit Vergnügen in jeden Apfel ★ Trennt mit Leichtigkeit zwischen »Gefühl« und Sexualität ★ Kann in der Sexualität ungeschminkt sein, egozentriert, ungeschliffen oder rüde

Jovisch gefärbte Gefühlsplaneten	
Gestaltung der Beziehung	Problematische Seiten
»Ich bin kein Haustier!!!«	»Der grandiose Prediger«
★ Begeistert sich nur äußerst schwer für eine feste Bindung oder Ehe ★ Gestaltet die Verbindung am liebsten gar nicht. Verträgt keine klaren Absprachen, da sie als »Reglementierung« empfunden werden ★ Liebt eine freie, unstrukturierte oder undefinierte Beziehung ★ Braucht eine unterhaltsame, anregende und offene Beziehung. Ist auch selbst ein anregender und aufregender Partner ★ Tut freiwillig eine Menge für Partnerin und Beziehung, verträgt aber keine Forderungen ★ Will keinesfalls an Pflichten und Verantwortlichkeiten erinnert werden ★ Ist nicht domestizierbar. Demonstriert Unabhängigkeit und ist häufig »unterwegs« ★ Reagiert auf Besitzansprüche mit Kämpfen oder verschwindet ★ Liebt ein großes Haus, Dinnerparties, viele Gäste und häufige kulturelle oder sportliche Veranstaltungen ★ Hat wenig Talent zur Bewältigung der banalen Alltagsroutine	★ Unzähmbarer Charakter. Ungeeignet für sehr treue, monogame oder besitzergreifende Partnerinnen ★ Kann das Blaue vom Himmel herunter versprechen, ohne es zu halten ★ Verträgt keine emotionalen Ansprüche. Zeigt dann starke Fluchttendenzen ★ Reagiert übellaunig auf Gleichförmigkeit und einschränkende, beengende Situationen ★ Zeigt wenig Einfühlungsvermögen für die Bedürfnisse der Partnerin ★ Kann maßlose Ansprüche auf Verwöhnung stellen ★ Neigung zu grandioser Selbstüberschätzung. Sehr kritikempfindlich. ★ Kann takt- und rücksichtslos sein und explosive Wutanfälle produzieren ★ In schwierigen Fällen faul, anspruchsvoll, elitär, aufgeblasen und unzuverlässig ★ Im Extremfall überheblich, selbstherrlich, blasiert und arrogant

Verträgt sich schlecht mit stark saturnisch oder plutonisch getönten Gefühlsplaneten des Partners

Saturnisch gefärbte Gefühlsplaneten	
Emotionale Bedürfnisse	Liebes- und Gefühlsausdruck
»Alles unter Kontrolle!«	»Nur keine Entgleisungen!«
★ Hat ein unstillbares Sicherheitsbedürfnis ★ Braucht Ordnung, Kontrolle und Überschaubarkeit ★ Braucht den Schutz seiner Rüstung und ist deshalb stets beherrscht ★ Hat ein natürliches Verlangen nach Genügsamkeit, Anspruchslosigkeit oder Askese ★ Braucht zum Wohlfühlen Strukturen und ritualisierte Abläufe (alles unter Kontrolle!) ★ Liebt und braucht den Schutz des Kollektivs. Paßt sich deshalb perfekt an gesellschaftliche Spielregeln an ★ Hat ein tiefes Bedürfnis nach Abgrenzung und besteht unnachgiebig auf der Respektierung dieser (enggezogenen) Grenzen ★ Braucht es, »festzuhalten« und ist fast unfähig, loszulassen	★ Hat ein eher herbes, reduziertes und »gut gepanzertes« Gefühlsleben. Verschlossen, reserviert und kühl ★ Gefühle werden streng kontrolliert und sparsam dosiert ausgedrückt ★ Nüchterner, respektvoller und normierter Gefühlsausdruck ★ Gibt sich immer brav, angepaßt und wohltemperiert (nur keine Entgleisungen!) ★ Flirtet nie (dafür ist die Sache zu ernst) ★ Will nicht schwach erscheinen und ist daher fast unfähig, seine eigenen Bedürfnisse mitzuteilen ★ Schlichter und besonnener oder spröder und steifer Gefühlsausdruck ★ Hält sich kaum für liebenswert und erwartet deshalb immer neue Liebesbeweise ★ Unterwirft seine Gefühle einer strengen Zensur und unterdrückt den größten Teil ★ Schwerblütiger, bleierner oder »geiziger« Gefühlsausdruck ★ Verachtet manchmal die Gefühle anderer ★ Im Extremfall kalt, verschlossen, verbittert und knüppelhart

Saturnisch gefärbte Gefühlsplanetn	
Wünsche und Erwartungen an den Partner	Erotik und Sexualität
»Unterstütze meinen Aufstieg!«	»Sex ist kein Spiel!« (sondern todernst)
★ Wünscht sich vom Partner Diplomatie und perfekte Anpassung an gesellschaftliche Normen ★ Braucht einen »Gentleman« (eine »Lady«) ★ Der Partner muß gebildet, aufstiegsorientiert und von formvollendeten Manieren sein ★ Sollte viel Zeit, Geduld und einen langen Atem haben ★ Der Partner darf gerne sozial höherstehend, berühmt oder reich sein ★ Muß unbedingt ausdauernd sein und vor allem treu ★ Erwartet vom Partner Achtung, Respekt und Loyalität ★ Der Partner sollte zuverlässig, ordnungsliebend und ein »klassischer Versorger« (»Dame des Hauses«) sein ★ Darf gern ein (ganz klein) wenig extravertierter und aufgelockerter sein – er spielt dann den Maßregler dazu ★ Der Partner sollte unerschütterliche Unterstützung bei allen seinen Zielen geben	★ Sexualität hat keineswegs oberste Priorität. Neigt eher zur Enthaltsamkeit ★ Insgesamt reduziertes Bedürfnis nach Nähe, Zärtlichkeit und Hingabe. Wenig durchlässig ★ Sehr kontrolliert auch beim Sex. Bemüht sich, auch hier nicht zu »entgleisen« ★ Neigt nicht zu erotisch-sexuellem Überschwang ★ Ist dafür sehr treu und beständig. Kein Seitenspringer ★ Hohe Frustrationstoleranz im sexuellen Bereich. Ein Mangel an Übereinstimmung ist keine Katastrophe ★ Liebe und Erotik können zum unspontanen und unlebendigen Pflichtritual umfunktioniert werden ★ Wegen der ständigen Selbstkontrolle leicht verkrampft. Manchmal gestörte Hingabefähigkeit ★ Im Extremfall gehemmte, einfallslose und verklemmte oder gar keine Sexualität

Saturnisch gefärbte Gefühlsplaneten	
Gestaltung der Beziehung	Problematische Seiten
»Liebe ist Arbeit!«	»Perfekt gepanzert!«
★ Bejaht Beziehung weniger aus Liebessehnsucht, sondern weil »es sich so gehört« ★ Sucht eine konventionelle oder altmodische Beziehung mit klassischer Rollenverteilung ★ Erstrebt eine ernsthafte, verantwortungsbewußte und auf Dauer angelegte Beziehung, in der man langsam »zusammenwächst« ★ Braucht eine strukturierte Beziehung. Die Verteilung von Rechten und Pflichten muß genauestens geregelt werden ★ Sieht seine Beziehung als Pflichterfüllung an ★ Neigt zu »Eltern-Kind-Beziehungen«. Übernimmt selbst die Vater- oder Mutterrolle und sieht den Partner als Kind ★ Fühlt sich durch emotionale Heftigkeit des Partners überfordert. Erwünscht ist ein leicht formalisierter Gefühlsausdruck ★ Braucht einen fixierten Tagesablauf und die strenge Einhaltung von Ritualen ★ Ist loyal und treu. Bleibt auch bei einem kranken, belasteten oder behinderten Partner ★ Klebt starr an der äußeren Form. Hält die Verbindung auch dann noch aufrecht, wenn sie längst jeden Inhalt eingebüßt hat	★ Hat enorme Angst vor Abweisung und Verletzung. Eine Zurückweisung zu erleiden ist eine Horrorvorstellung ★ Will unter keinen Umständen schwach erscheinen und gibt daher seine Bedürfnisse nicht einmal vor sich selbst zu ★ Haßt Situationen, über die er keine Kontrolle hat ★ Verabscheut deshalb Spontaneität, Ungehemmtheit, Unwägbarkeit und Wildheit ★ Hat Angst davor, sich auszuliefern und abhängig zu werden. Fürchtet sich auch vor »Chaos« ★ Geht mit sich selbst streng ins Gericht. Neigt zu Selbstzensur und Selbstablehnung ★ In schwierigen Fällen mißtrauisch, humorlos, pessimistisch und abweisend ★ Im Extremfall unduldsam, kaltherzig, depressiv oder verbittert. ★ Emotionale Verhärtung bis zur Gefühlsstarre

Verträgt sich schlecht mit stark venusisch, neptunisch, lunar, jovisch, uranisch, marsisch oder sonnenhaft getönten Gefühlsplaneten des Partners

Uranisch gefärbte Gefühlsplaneten	
Emotionale Bedürfnisse	Liebes- und Gefühlsausdruck
»Frei wie ein Vogel!«	»Exzentrische Sprunghaftigkeit!«
★ Braucht individuelle Freiheit, Unabhängigkeit und Autonomie ★ Sehnt sich immerfort nach Loslösung von der sogenannten »Realität« ★ Braucht emotionale Leichtigkeit ★ Hat ein starkes Bedürfnis nach persönlichem Wachstum, nach Veränderung und »Individuation« ★ Sehnt sich nach Befreiung vom »Alltagstrott« und nach ungewöhnlichen Menschen, Ereignissen und Gedanken ★ Braucht, um sich wohlzufühlen, Wechselhaftigkeit und Sprunghaftigkeit ★ Wünscht sich Faszination und Stimulation ★ Strebt stets nach »Objektivierung« seiner Gefühle ★ Braucht dringend Freundschaften und Gruppenkontakte	★ Hat im allgemeinen ein eher kühles Gefühlsleben, im Wechsel mit überspannten Perioden ★ Zeigt seine Gefühle nicht gern. Ist beherrscht und stolz ★ Drückt seine Empfindungen einfallsreich, witzig oder exzentrisch aus ★ Hat oft Angst vor seinen Gefühlen, daher auch »abstrakter« oder karikaturistisch verfremdeter Gefühlsausdruck ★ Entschärft brisante oder heftige Gefühle durch Rationalisierung ★ Aber auch plötzliche, affektartige Steigerung der Gefühle möglich. Überspanntes Gefühlsleben ★ Ist anfällig für Liebeserregungen »aus heiterem Himmel« ★ Dann überraschender, »verrückter« und explosiver Gefühlsausdruck ★ Unterliegt starken Stimmungsumschwüngen. Sprunghafter, launenhafter, manchmal krampfhafter Gefühlsausdruck ★ Hat Angst vor Nähe. Jede warme Gefühlstönung kann urplötzlich »umschlagen« ★ Neigt dann zu körpersprachlichem (seltener verbalem) Ausdruck von Distanziertheit, Fremdheit und Kälte

Uranisch gefärbte Gefühlsplaneten	
Wünsche und Erwartungen an die Partnerin	Erotik und Sexualität
»Nicht zu nah!«	»Die amüsanteste Nebensache der Welt!«
★ Nicht sehr bindungsfreudig! Freiheitsliebend und unabhängig ★ Braucht immer das Gefühl, über seine Zeit frei verfügen und seine Entschlüsse unabhängig treffen zu können ★ Wünscht sich eine Partnerin, die zugleich auch »Freund« ist ★ Sie darf keine bedrängenden Forderungen nach Nähe und Verfügbarkeit stellen ★ Sie sollte keine sichtbaren Liebesbeweise erwarten oder gar abfordern ★ Wünscht sich eine Partnerin mit geschliffenem Geist, die unterhaltsam und stimulierend ist ★ Liebt es, gemeinsam mit der Partnerin menschliches Verhalten zu analysieren ★ Einmal abgegebene Versprechen müssen unbedingt eingehalten werden! ★ Braucht eine Partnerin, die ihrerseits unabhängig und eigenständig ist und in der Lage, ihr Leben größtenteils selbst zu gestalten	★ Hat eine eher distanzierte Einstellung zum Körper und seinen Funktionen ★ Nicht besonders »sinnlich«. Auch die Sexualität ist klar kopfbetont ★ Hat Probleme, sich zu öffnen ★ Keine Schmusekatze! Steht ständiger körperlicher Berührung und einem hohem Maß an Hautkontakt eher ablehnend gegenüber ★ Kann auf zuviel »klebrige« Zärtlichkeit mit Mißtrauen, Abwehr oder sogar heimlicher Verachtung reagieren ★ Insgesamt verringerte Fähigkeit zu Intimität, vertrauensvoller Hingabe und »Sich-Fallenlassen« ★ Liebt aber das Ausgefallene und Außergewöhnliche und ist sexuell sehr experimentierfreudig ★ Nicht sehr treu, es sei denn, er hätte es *ausdrücklich versprochen!* Wird von seiner Neugierde und Experimentierlust getrieben ★ Ist verführbar durch das »Ungewöhnliche«. Bringt dann viel Fantasie ein und kennt keine Tabus ★ Ist für interessante *neue, exotische* sexuelle Erfahrungen zu haben ★ Kann Sex und Freundschaft schlecht auseinanderhalten. Neigt zu Freundschaften mit erotischer Färbung

Uranisch gefärbte Gefühlsplaneten	
Gestaltung der Beziehung	Problematische Seiten
»Halte mich nicht fest!«	»Komm her! Geh weg!«
★ Sehr eheunwillig! ★ Neigt zu Strohfeueraffairen und leichtfertigen Kontaktabbrüchen ★ Bleibt nur in einer sehr liberal und großzügig gehaltenen Beziehung ★ Wünscht sich eine emanzipierte Beziehung, die ungewöhnlich und unkonventionell sein soll ★ Braucht und gewährt größtmögliche Freiheit. Will so gut wie keine klare äußere Form oder feste Absprachen ★ Verabscheut einschränkendes, besitzergreifendes Verhalten (»Klammern«) ★ Hat insgesamt eher wenig Vertrauen in die Kontinuität von menschlichen Verbindungen ★ Pendelt oft zwischen herzlicher Nähe und glaskühler Distanz hin und her ★ Flieht leicht, wenn seine geringe Toleranz für »Nähe« überschritten ist ★ Hat oft »ungleichrangige« Verbindungen zu unerreichbaren (und damit ungefährlichen) Partnerinnen	★ Hat Angst vor Nähe und ist emotional nur schwer ansprechbar ★ Kultiviert sein Gefühl seelischer Exklusivität (»Ich bin ein Wesen vom anderen Stern!«) ★ Kann sich ungeduldig, rastlos und rebellisch aufführen ★ Reagiert sehr ungnädig auf Monotonie, immer gleiche Abläufe und Langeweile ★ Verabscheut Ansprüche auf seine Person und verträgt keine geschlossenen Türen ★ Verachtet »klebrige« Gefühle und vor allem Eifersuchtsszenen ★ Kann sich schroff, rücksichtslos und skrupellos losreißen ★ In schwierigen Fällen ständig wechselnde, unverbindliche Kurzbeziehungen ★ Im Extremfall unzuverlässig, bindungsunfähig, einsam und isoliert

Verträgt sich schlecht mit stark saturnisch, plutonisch, venusisch, neptunisch oder lunar getönten Gefühlsplaneten des Partners

Neptunisch gefärbte Gefühlsplaneten	
Emotionale Bedürfnisse	Liebes- und Gefühlsausdruck
»Erlöse mich!«	»Oh himmlische Zauberliebe!«
★ Wünscht sich Durchlässigkeit aller Grenzen, Egoauflösung und innige Verschmelzung ★ Sehnt sich nach Transzendenz, mystischen Erfahrungen und Spiritualität ★ Braucht Träume und Visionen, um es auf der Erde auszuhalten ★ Braucht Romantik, Poesie und Zauber ★ Hat ein starkes Verlangen nach seelischem Schutz und Geborgenheit ★ Ist enorm durchlässig und verletzlich. Sehnt sich deshalb nach Frieden und Stille ★ Zieht sich ersatzweise zurück oder macht sich ungreifbar ★ Hat dennoch das Bedürfnis, alle und alles grenzenlos zu lieben ★ Ist veränderlich und ewig wechselhaft wie das Meer	★ Fühlt sich grenzenlos in den Partner ein und versteht ihn zutiefst. Große Mitleidensfähigkeit ★ Drückt seine Gefühle feinfühlig, verträumt und fantasievoll aus ★ Ist zu zarter, poetischer Romantik in der Lage ★ Neigt zu Schwärmerei und projiziert starke Wunschbilder auf den Partner ★ Ausufernder, überfließender oder hauchartiger, entgrenzter Gefühlsausdruck ★ Drückt sich nicht nur über Worte oder Verhalten aus, sondern arbeitet auch mit telepathischer Gedankenübermittlung ★ Liebt es, den Partner grenzenlos zu idealisieren und auf einem Podest anzubeten ★ Ist wegen starker altruistischer Neigungen fast nicht in der Lage, *eigene* Bedürfnisse auszudrücken ★ Manchmal verschleierter, nebelhafter, illusionärer oder täuschender Gefühlsausdruck

Neptunisch gefärbte Gefühlsplaneten	
Wünsche und Erwartungen an den Partner	Erotik und Sexualität
»Beschütz mich vor der rauhen Welt!«	»Nirwana und Sphärenklang!«
★ Der Partner sollte stabil und optimistisch sein ★ Sollte fähig sein, gegen Mutlosigkeit und Lebensängste ein Gegengewicht zu bilden ★ Sollte fähig sein, die Existenzbewältigung für beide zu sichern ★ Der Partner sollte über Realitätssinn, Durchsetzungsvermögen und »Ellenbogen« verfügen ★ Wünscht sich viel Einfühlungsvermögen und Verständnis für ihre gigantische Stimmungsanfälligkeit ★ Der Partner muß den Beschützer spielen können und eine Trutzburg gegen die harte Umwelt bilden ★ Sollte dennoch zugleich Sinn für Poesie, Zauber und Traumromantik haben ★ Sollte seelische Antennen haben (da Neptunier ihre Bedürfnisse nicht mitteilen) ★ Wünscht sich einen Partner, der sanft und zärtlich ist. Er darf auf keinen Fall rauh oder grob sein!	★ Emotionale Verschmelzung hat klare Priorität vor Sexualität ★ Nicht besonders »sinnlich«. Nur lockere Verbindung mit dem physischen Körper. (Neptunier bewohnen ihren Körper nicht kontinuierlich) ★ Daher ist Sublimierung der Sexualität eine der leichtesten Übungen ★ Dennoch sehr verführerisch und verführbar. Zu fantasievollen Raffinessen in der Lage ★ Überaus einfühlsam. Erahnt mit sensiblen Antennen die innersten Bedürfnisse des Gegenübers ★ Kann alles sein, was der Geliebte sich wünscht ★ Ist hingabefähig bis zur Selbstaufgabe ★ Kann »abheben« und neigt zu unwirklichen »Liebesräuschen«. Manchmal anschließende Ernüchterung ★ Ist anfällig für erotische Verirrungen. Kann leicht von anderen getäuscht werden. Täuscht auch selbst sehr überzeugend ★ Sehr eigenwillige Moralbegriffe. Ist treu mit der Seele, nicht unbedingt auch mit dem Körper ★ Neigt zu sexuellem Masochismus und kann leicht zum Opfer gemacht werden

Neptunisch gefärbte Gefühlsplaneten	
Gestaltung der Beziehung	Problematische Seiten
»Halt mich und laß mich nie mehr allein!«	»Der am Leben leidende Märtyrer!«
★ Sehr auf Beziehung erpicht. Will keinesfalls alleine sein, da Trennung als Ungeborgenheit erlebt wird ★ Braucht eine »heile«, fantasievolle, verspielte, schützende Beziehung ★ Neigt zu symbiotischen Beziehungen, in denen sie Kind bleiben darf ★ Zeigt große Hingabe- und Opferbereitschaft für den Partner. Selbstvergessene Liebe ★ Ist sehr anpassungsfähig und sucht ein reibungsloses Miteinander herzustellen ★ Hat ein starkes Harmoniestreben und vermeidet Konflikte wo menschenmöglich ★ Erträgt keinen brütenden Ärger oder langanhaltenden Groll des Partners ★ Braucht nach Streitigkeiten eine schnelle und rückhaltlose Versöhnung ★ Neigt zu Unterordnung unter die Bedürfnisse des Partners. Legt sich dem Partner bereitwillig zu Füßen ★ Verliert daher in der Beziehung oft an seelischem Raum und konkreter Macht. ★ Identifiziert sich mit dem Geliebten, unter Umständen bis zur Selbstaufopferung	★ Launisch und überempfindlich. Leicht verzagt, melancholisch, enttäuscht oder ernüchtert ★ Fühlt sich dem Leben auf der Erde nicht gewachsen und verlangt nach »Schonung« ★ Fühlt sich oft (zu Recht) unverstanden ★ Immer in Gefahr, wahllos für alles geöffnet zu sein und in idealisierte Liebesträume abzudriften ★ Kann sich nicht abgrenzen. Kaum in der Lage, *Nein* zu sagen ★ Konfliktunfähig aus Mitleid und Abgrenzungsschwäche. Kann daher leicht ausgenutzt und überfremdet werden ★ Läßt sich spielend leicht zum »Seelenmülleimer« des Partners deformieren ★ Kann sich durch Lügen und Täuschungen ungreifbar machen ★ Im Extremfall haltlos, unzuverlässig und trügerisch

Verträgt sich schlecht mit stark saturnisch, marsisch, uranisch, plutonisch, sonnenhaft oder merkurisch getönten Gefühlsplaneten des Partners

Monddunkles Gelächter

Die nackte Beugung
Deines dunklen Körpers
in weißem Laken während
unsere Leiber flüssig werden

Kreischen Möwen über
langem Meeresflügelschlag
und unsre Seufzer formen
eine breite Brücke

Ins Monddunkel
wo nur Regenbögen
farbiges Licht
versprenkeln dürfen

Wo ein Gelächter dessen
Quelle überall ist
nirgendwo
den Raum erzittern macht

Jessie Adler Gral

7
Liebestraum oder Liebesbeziehung?
Die *Gesamtvereinbarkeit*

Die *Gesamtvereinbarkeit* ist ein *neues Instrument*, mit dessen Hilfe *diagnostiziert werden kann, ob eine Beziehung zum eigenen Wesen paßt oder nicht!* Damit wird so etwas wie ein alter Traum der Astrologen realisiert. Die *Gesamtvereinbarkeit* erlaubt uns, wirklich festzustellen, wie *verträglich die Charaktere zweier Menschen sind*. Mit diesem Instrument können wir die natürliche *energetische Gesamtprägung eines Menschen messen*. Und infolgedessen können wir auch *messen, wie die energetischen Prägungen zweier Menschen zusammenpassen*. Selbstverständlich stellt sich bei jeder Form von Beziehung immer noch die Frage nach der persönlichen *Reife* und dem *Bewußtseinslevel* beider Partner. Bewußtheit auf beiden Seiten und guter Wille können vieles erleichtern. Eins können sie jedoch nicht: Sie können eine natürliche Unverträglichkeit zweier Menschen, so sie besteht, nicht in Verträglichkeit verwandeln.

Bei meinen langjährigen Untersuchungen zum Instrument der *Gesamtvereinbarkeit* ging ich zu Beginn von einer Beobachtung aus, die Arroyo mitgeteilt hat. Ihm zufolge ist nämlich die *Zeichen*-Vereinbarkeit der persönlichen Planeten Mars-Mars, Merkur-Merkur, Mond-Mond, usw. in der Partnerschaftsanalyse von besonderer Wichtigkeit. Über die Jahre hinweg konnte ich mich davon überzeugen, das dies zutrifft. Allerdings ließ diese grobe Vereinbarkeit viele Wünsche offen. Deshalb habe ich ein Instrument entwickelt, das die Vereinbarkeit zweier Partnerplaneten nicht nur nach ihrer Zeichenzugehörigkeit mißt, sondern in holistischer Weise die *energetische Prägung* eines Planeten erfaßt: Dies ist das *Planetenprofil*. Bei der *Gesamtvereinbarkeit* werden die Planetenprofile zweier Menschen einander gegenübergestellt und auf Verträglichkeit oder Verschiedenheit hin geprüft.

Planetenprofile lassen sich also auch in der Individualastrologie zur Interpretation eines Geburtshoroskops äußerst nutzbringend einsetzen, da sie die *energetische Gesamtprägung* eines Menschen deutlich werden lassen. Wenden wir dasselbe Instrument in der *Partnerschaftsastrologie* an, so nennen wir es »*Gesamtvereinbarkeit*«. Dabei handelt es sich um nichts anderes als die Gegenüberstellung und den Abgleich zweier »*Gesamt-*

prägungen«. Ich bin überzeugt, daß sich *Planetenprofile* und das Instrument der *Gesamtvereinbarkeit* in der astrologischen Deutung als von großem Nutzen erweisen werden, da sich der »energetische Aufbau« eines Menschen mit diesen Instrumenten präzise erfassen läßt.

Verschiedene Formen der Verträglichkeit

Es gibt verschiedene Arten von Verträglichkeit oder Vereinbarkeit. Wir kennen die temperamentsmäßige Vereinbarkeit, die sich nach der sogenannten *Dynamik* (oder Schwingungsmodalität) richtet. Dann gibt es die im fünften Kapitel ausführlich behandelte emotionale Vereinbarkeit, die sich auf die Ähnlichkeit, Verschiedenheit oder Verträglichkeit der *Farben von Mond und Venus* bezieht. Des weiteren gibt es die elementare Vereinbarkeit, welche die *Elemente* als Instrument im Partnervergleich nutzt. Schließlich gibt es noch die Gesamtvereinbarkeit, die eine detaillierte und exakte Bewertung der Verträglichkeit der *wichtigsten Planetenprofile* beider Partner erlaubt.

Vereinbarkeit der »Temperamente«

Die temperamentsmäßige Vereinbarkeit richtet sich nach der sogenannten Dynamik oder Schwingungsmodalität. Ein Mensch kann beispielsweise das Schwergewicht seiner Planeten in den kardinalen, fixen *oder* veränderlichen (beweglichen) Zeichen und Häusern haben. Haben zwei Menschen den Schwerpunkt ihrer Planeten in den *kardinalen Zeichen und Häusern*, so werden beide sehr handlungsorientiert und führungsstark sein. Entsprechend werden beide die Initiative ergreifen, den Ton angeben und dominieren wollen, was zu Konkurrenzkämpfen und Konflikten führen kann. Eine der beiden »Führungspersönlichkeiten« wird sich entgegen ihren wahren Bedürfnissen unterordnen müssen, um die Beziehung nicht zu gefährden, was psychologisch jedoch nicht besonders gesund ist. Wegen der gesellschaftlichen Rollenschablonen ist dies in aller Regel die Frau. Im günstigsten Fall gelingt es den Partnern, klare Kompetenzbereiche abzustecken, so daß jeder über ein Gebiet verfügt, in dem er die Autorität innehat und Entscheidungen trifft.

Sind beide mit ihren Planeten schwerpunktmäßig in den *flexiblen Zeichen und Häusern* gelagert, so dürfte jeder dem anderen die Führungsrolle zuschieben und selbst den beweglichen, schmiegsamen, neugierigen, veränderungsfreudigen und anpassungsfähigen Part übernehmen wollen, nicht aber die Verantwortung. Unausgesprochen besteht hier bei beiden Liebenden das Bedürfnis, Verantwortung abzugeben und der Anspruch an den Partner: »Lenke Du, triff Du die Entscheidungen (und laß mich für Abwechslung und kleine Veränderungen sorgen)!«

Besonders schwierig kann sich die Situation gestalten, wenn beide Partner die Mehrzahl ihrer Planeten in den *fixen Zeichen oder Häusern* haben. Dies hängt mit der Unbeweglichkeit der festen Zeichen und mit ihrem berüchtigten Starrsinn zusammen. Haben beide Partner zugleich kaum Planeten im kardinalen Bereich, so sind sie auf Anstöße von außen angewiesen, um initiativ zu werden. Hier kann das große Durchhaltevermögen der Fixzeichen dazu führen, daß man versucht, Konflikte stur auszusitzen. Haben andrerseits beide Partner zugleich kaum Planeten in den flexiblen Zeichen, so können sich Konflikte besonders unangenehm auswirken: Hier ist keiner der beiden bereit, seinen »Standort« auch nur um ein Jota zu verändern.

Es leuchtet daher ein, daß bei der *temperamentsmäßigen Vereinbarkeit* nach aller psychologischen, astrologischen und menschlichen Erfahrung *Verschiedenheit* das Beste ist. Folgende Überlegungen machen dies klar. Hat beispielsweise einer der beiden Partner das Schwergewicht seiner Planeten in kardinalen Zeichen (oder Häusern), der andere hingegen in den fixen oder flexiblen Zeichen (oder Häusern), so *führt* der erste Partner (kardinale Qualität), während der zweite den gemeinsamen Plänen und Unternehmungen *Sicherheit* und das notwendige *Durchhaltevermögen* hinzufügt (fixe Qualität), wobei er im Konfliktfall *flexibel und anpassungsbereit* reagiert (bewegliche Qualität). Gut ist auch ein Maximum an Flexibilität bei einem Partner (also eine hohe Betonung der fallenden, beweglichen Zeichen oder Häuser) und sehr viel Fixzeichen- oder Fixhäuserbetonung beim zweiten Partner, der so die übermäßige Beweglichkeit und Unbeständigkeit des flexiblen Partners durch seine Festigkeit ausgleichen kann.

Wir erinnern uns, daß die Kardinalzeichen Energien erzeugen, die Fixzeichen Energien sammeln und verdichten und die flexiblen Zeichen Energien verteilen. Wenn wir uns diese von Dane Rudhyar stammende Einteilung vor Augen halten, wird sofort klar, daß für eine optimale Kombination beider Menschen Verschiedenheit der Temperamente das Beste ist. *Bei der temperamentsmäßigen Verträglichkeit bedeutet also »Vereinbarkeit« Verschiedenheit!*

Emotionale Vereinbarkeit

Die emotionale Vereinbarkeit wird durch den kompletten Status von Mond und Venus bei beiden Partnern beschrieben. Wir haben im fünften Kapitel gesehen, daß im emotionalen Bereich *Kompatibilität beziehungsweise sogar Ähnlichkeit* der beste Garant für ein verträgliches Miteinander der beiden Liebenden ist. Eigentlich kein Wunder, bedeutet Ähnlichkeit hier doch Ähnlichkeit in den Gefühlen, tiefen Bedürfnissen und Wünschen (Mond) sowie im Geschmack, im Ausdruck von Liebe und Zuneigung, in den erotischen Vorlieben und im erotisch-sexuellen Selbstausdruck (Venus). Wenn wir uns darüber hinaus daran erinnern, daß ja die Gefühlsplaneten Mond und Venus gleichzeitig auch noch der »Anima«, dem männlichen Partnersuchbild entsprechen, wird noch klarer, wieso größtmögliche Ähnlichkeit hier nur erwünscht sein kann[18].

Elementare Vereinbarkeit – Die Elemente in der Partnerschaftsanalyse

Bei der Elementenvereinbarkeit geht es um *verträgliche Elemente*. Im westlichen Kulturkreis arbeiten wir mit vier Elementen, mit Feuer, Wasser, Luft und Erde. Bestimmte Elemente passen zusammen, andere nicht. Daran ist nichts zu ändern. *Luft und Feuer* passen optimal zusammen. *Luft und Erde* passen nicht besonders gut. *Wasser und Erde* sind optimal stimmig, *Wasser und Feuer* sind äußerst unpassend. Einigermaßen gängig sind die Kombinationen Luft – Wasser und Feuer – Erde. Gute Kombinationen sind auch Luft – Luft, Feuer – Feuer, Wasser – Wasser und Erde – Erde, obwohl sich diese Elemente natürlich nicht sehr gut gegenseitig energetisieren können, da sie beide aus demselben »Stoff« bestehen.

Sicherlich ist es berechtigt, den Gedanken elementarer Vereinbarkeit auch auf die Häuser zu übertragen. Wir kennen die quicklebendigen und sozialen Lufthäuser drei, sieben und elf und die begeisterungsfähigen und vitalen Feuerhäuser eins, fünf und neun. Wenn diese Häuser bei beiden Partnern stärker besetzt sind, passen sie gut zusammen. Und wir kennen die gefühlsbetonten und introvertierten Wasserhäuser vier, acht und zwölf und die realitätsbezogenen »Macher«-Erdhäuser zwei, sechs und zehn. Dies sind wiederum sehr stimmige Kombinationen, wenn sie in den Kosmogrammen von Liebenden auftauchen. Hingegen vertragen sich Lufthäuser nicht besonders gut mit Erdhäusern, und eine starke Besetzung der Feuerhäuser nicht mit kräftig besetzten Wasserhäusern.

Bei der Elementenvereinbarkeit ist im Grunde eine *relative Ähnlichkeit* gefragt. Luft hat *relativ* mehr Ähnlichkeit mit Feuer als mit Wasser oder Erde, weil beides *leichte* Elemente sind, die sich gut vermischen können. Wasser hat *relativ* mehr Ähnlichkeit mit Erde als mit Feuer und Luft, da beides *gewichtige* Elemente sind, die in starkem Maß der Schwerkraft unterliegen. Man kann sich die Vereinbarkeit oder Unverträglichkeit der vier Elemente in der Partnerschaftsastrologie folgendermaßen verdeutlichen:

Die Verträglichkeit der vier Elemente in der Partnerschaftsanalyse	
Luft – Feuer Wasser – Erde	Hervorragend verträglich
Luft – Luft Wasser – Wasser Feuer – Feuer Erde – Erde Luft – Wasser Feuer – Erde	verträglich
Luft – Erde Wasser – Feuer	unverträglich

Hervorragend vertragen sich immer die einander ergänzenden (komplementären) Energien wie *Luft – Feuer* oder *Erde – Wasser*. Wasser nährt die Erde und macht sie fruchtbar und geschmeidig. Erde bindet Wasser und gibt ihm Form und einen Halt. Auch Luft und Feuer stellen eine hervorragende Kombination dar. Luft facht das Feuer zu voller Flamme an. Feuer erwärmt die Luft, setzt sie in Bewegung und veranlaßt sie zur Standortveränderung. Luft stellt die Idee, das Feuer den Willen, was zu zündenden Ideen, einem wahren Gedanken- oder Ideenfeuerwerk führen kann. Diese komplementären Energien können sich gegenseitig hervorragend regenerieren, aufbauen und stimulieren.

Verträglich (kompatibel) sind natürlich alle Kombinationen gleicher Elemente wie *Luft – Luft, Wasser – Wasser, Feuer – Feuer* und *Erde – Erde*. Sie vertragen sich, denn sie sind *gleich*, aber sie sind nicht in der Lage, sich gegenseitig mit dem zu versehen, was ihnen fehlt. Diese Kombinationen bergen in sich kein Veränderungspotential, sondern neigen dazu, die an sich natürliche Verhaltensform des betreffenden Elements zu steigern oder zu übertreiben. Dies kann bei zwei Feuermenschen eine sehr heftige, heiße, überbordende Kombination sein, die sich in blindem Aktionismus niederschlägt. Zwei Wassermenschen können sich zu einer saft-und kraftlosen Beziehung verbinden, die sich in verträumtem, gefühlsschwangerem Cocooning erschöpft. Zwei übermäßig luftbetonte Individuen könnten sich die Köpfe heißdiskutieren über die optimale Beziehungsform, dabei aber ihre wirklichen Gefühle und die Bedürfnisse ihrer Körper vollkommen verdrängen. Bei zwei übermäßig erdbetonten Menschen hingegen könnte sich lähmende Langeweile breitmachen, die nie durch einen Funken Aufregung (Feuer), eine verrückte Idee (Luft) oder aufgewühlte Gefühle (Wasser) aufgestört wird.

Kompatibel sind auch die Kombinationen Luft – Wasser und Feuer – Erde. Diese Kombinationen sind in gewisser Weise interessanter als die Kombinationen von Erde – Erde, Luft – Luft, Wasser – Wasser oder Feuer – Feuer, da sie nicht ähnlich sind, aber auch nicht unbedingt aggressiv aufeinander reagieren. Elemente in den Kombinationen Luft – Wasser und Feuer – Erde können einander helfen, sich unterstützen, anregen und befruchten, aber die Beziehung ist nicht durchgängig problemfrei: Es bestehen leichte Gefahren. *Luft und Wasser* sind beides sehr bewegliche Elemente, wenn auch die Luft viel unberechenbarer ist. Der Wind weht, wo er will, während das Wasser sich nur von der Höhe in die Tiefe stürzen kann und ewig dem Meer entgegenströmt. Gemeinsam ist beiden Elementen ihre Anpassungsfähigkeit. Wasser schmiegt sich im gefühlsbetonten Bereich von Seele und Gemüt an, während die Anpassungsfähigkeit der Luft im intellektuellen Bereich sichtbar wird[19]. Ein wilder Sturm (Luft) kann das Wasser aber auch aufpeitschen, anstatt es sanft zu kräuseln, was – auf die menschliche Ebene übertragen – einen heftigen Konflikt oder die Gefahr einer Trennung heraufbeschwören könnte. Im Extremfall können sich Wassermassen in eine Schlucht ergießen und die darin befindliche Luft total verdrängen. Wiederum auf die menschliche Ebene übertragen würde dann der Luftmensch fliehen, um nicht »ertränkt« zu werden. Die Gefahren auch dieser noch relativ sanften Elementenkombination beschreibt Banzhaf anschaulich: »Überall wo Luft Wasser austrocknet, verdorren die Gefühle und die Tränen (Wasser) werden unterdrückt.... Ein Übergewicht an Wasser dagegen führt häufig zur Nebelbildung..., wenn das dem Wasser entstammende Wunschdenken der Luft die Klarheit nimmt, und so Phantasie und Wortgewandtheit zu einem Umdichten der Wirklichkeit führen«[20].

Feuer und Erde lassen sich ebenfalls ganz gut verbinden, obwohl auch diese Kombination nicht ohne Reibung ist. Die Kraft des Feuers kann dem Erdelement eine stabile Form verleihen, wie wir es am Beispiel des Tons

(Erde) sehen, der – zur Vase geformt – im Feuer gebrannt wird. Feuer bringt Tatwunsch und Willen ein, und die Erde steuert die Durchhaltekraft und Beständigkeit in der Verwirklichung bei, so daß diese oft sehr erfolgreiche Konstellation auch als »Dampfwalzen«-Kombination[21] bezeichnet wurde. Erde kann dem Feuer Substanz und Verwirklichungskraft schenken, aber sie kann die feurigen Flammen auch zu einem kümmerlichen Schwelbrand reduzieren, der außer einer dünnen Rauchfahne nichts mehr hervorbringt. Oder sie kann das Feuer gänzlich ersticken und auslöschen. Feuer im Übermaß hingegen kann die Erde verbrennen und ein wüstes schwarzes Niemandsland zurücklassen. Mit einigem Geschmack gehandhabt jedoch ist die Kombination von Feuer und Erde eine schöpferische, formgebende Verbindung, die besonders befähigt ist, Ideen und Wünsche in die Materialisierung zu bringen.

Während die Elementenkombinationen Feuer – Erde und Wasser – Luft also kompatibel sind, dabei aber eine gewisse produktive Bemühung erfordern, sind die Kombinationen Luft – Erde und Feuer – Wasser im Partnervergleich unverträglich. Diese Elemente haben überhaupt keine Ähnlichkeit miteinander und können sich nur schwer verbinden, ohne sich gegenseitig zu stören. Dabei ist die Verbindung von Feuer und Wasser sicherlich die dynamischere (und deshalb schwierigere) Kombination.

Luft und Erde gehen im Grunde gar keine echte Verbindung ein. Luft schwebt über der Erde und vermengt sich nicht mit ihr. Erde kann sich niemals zur Luft erheben. Tatsächlich können sich diese beiden Elemente immer nur an einer Grenze »begegnen« (da, wo Luft an die Erde reicht), sich aber niemals wirklich vermischen, nicht einmal dann, wenn die Erde die Luft einsperrt und gefangenhält (zum Beispiel in Form eines unterirdischen Gasfelds). Auch wird das freiheitsdurstige und flüchtige Element der Luft bei der ersten Gelegenheit, sozusagen beim ersten »Luftloch«, entweichen und sich verflüchtigen. Die schwerfällige, statische Erde aber ist nicht in der Lage, hinterherzusetzen und die Verfolgung aufzunehmen. Zwei Menschen, die Luft und Erde symbolisieren – in Reinform und ohne weitere Beimischung –, können im Grunde immer nur eine abstraktgedankliche, pragmatische oder zweckorientierte (zum Beispiel geschäftliche) Verbindung eingehen, die immer ein wenig kühl und distanziert verlaufen wird.

Den wohl größten Gegensatz auf elementarer Ebene stellt jedoch die Kombination *Feuer und Wasser* dar. Beide Elemente sind subjektiv und rastlos. Ein Schwall Wasser kann Feuer mühelos zum Erlöschen bringen. Feuer aber kann das Wasser bis zum Siedepunkt erhitzen, so daß es seine Erscheinungsform ändert und sich als Dampf verflüchtigt. Werden diese beiden Elemente durch zwei Menschen verkörpert, so können Impulsivität, Intensität und der emotionale Extremismus dieser Kombination nur durch ein großes Maß an Disziplin und Selbstkontrolle aufgefangen werden. Disziplin und Selbstkontrolle aber sind dem Wasser wie dem Feuer wesensfremd. Begegnen sich diese Elemente rein und ohne weitere Beimischung, so kann das Ergebnis hochexplosiv sein.

Wie wir gleich sehen werden, kann man mit einer Prüfung dieser sehr einleuchtenden Elementenverträglichkeit *in der Partnerschaftsanalyse* leider nur ganz grobe Vereinbarkeiten oder Unverträglichkeiten erfassen. Vieles fällt unter die Kategorie »kompatibel«, obwohl eine *genaue Prüfung der Gesamtverträglichkeit* die Unvereinbarkeit aufdecken würde. Umgekehrt kann eine Elementenprüfung ergeben, daß beispielsweise die Sonnen zweier Partner unverträglich sind, während eine holistische Prüfung zu dem Ergebnis gelangt, daß die Sonnen ausgezeichnet harmonieren. Eine mit der Elementenverträglichkeit herausdestillierte Vereinbarkeit oder Unvereinbarkeit zweier Partnerplaneten kann jederzeit durch harmonische oder spannungsgeladene Aspekte, Grundnoten und Felderbesetzungen völlig verändert werden! Insofern ist die Prüfung auf Verträglichkeit mit Hilfe der Elemente, die in der Partnerschaftsastrologie recht beliebt ist, eine ziemlich unsichere Sache!

Elementenverträglichkeit oder *Gesamtvereinbarkeit?*

Wie sehr die herkömmliche Betrachtung der reinen Elementenverträglichkeit gegenüber einer holistischen Untersuchung der *Gesamtvereinbarkeit* in die Irre führen kann, zeigt unser Beispiel **Nicola** und **Dorit**. Die beiden Frauen waren zwei Jahre lang befreundet und verstanden sich in einigen Bereichen recht gut. Wenn sie aber gemeinsam etwas Schönes oder Genußreiches unternehmen wollten, war das Ergebnis stets unbefriedigend. Nicola und Dorit haben ihre Venus beide im Feuerzeichen Schütze. Die Venus beider Frauen steht sogar auf dem gleichen Grad in Schütze! Die Grundnote von Dorits Venus ist Fische, die Grundnote von Nicolas Venus ist Skorpion; beide Grundnoten spiegeln also verträgliche Wasserenergien. Diese Kombination muß nach der Elementenbetrachtung als hochgradig vereinbar angesehen werden. Wenn wir Nicolas und Dorits Venuspositionen jedoch *holistisch* untersuchen, zeigt sich ein völlig anderes Bild.

Venusfarben Nicola – Dorit			
Nicola	%	Dorit	%
Uranus	31	Neptun	50
Sonne	25	Jupiter	21
Jupiter	20	Mond	18
Saturn	14	Merkur	11
Pluto	10		
	100%		100%

Venusfarbenvergleich Nicola – Dorit				
Jupiter	20	Neptun	50	20
Saturn	14	Merkur	11	11
Sonne	25	Jupiter	21	21
Pluto	10	Mond	18	10
				62 = *Drei*
Wegen Regel 1 (Uranus ist ausgeglichen, Neptun nicht)				= *Fünf*
Wegen Regel 2 (Neptun bei Dorit größer als 35% und Nicola hat überhaupt keine Neptunfarbe)				= *Sechs*

Die Kompatibilität beider Venuspositionen liegt zunächst bei *Drei*. Da aber die stärksten Farben beider, *Uranus* und *Neptun*, unverträglich sind, wobei Uranus zwar (durch die *Jupiter-* und *Merkur*farben Dorits in Höhe von 33%) ausgeglichen wird, Neptun aber überhaupt nicht, müssen wir nach Regel 1 die Bewertung um zwei Punkte herabsetzen *(Fünf)*. Des weiteren ist das *Neptun*potential in Dorits Venus größer als 35 Prozent, während Nicola überhaupt keine Neptunfarbe in ihrer Venus aufweist. Wir müssen deshalb die Bewertung noch einmal um einen Punkt senken (Regel 2). Die Vereinbarkeit von Nicolas und Dorits Venus entspricht also einer *Sechs*! Und wären wir nicht bereits bei *Sechs*, so müßte auch noch Regel 6 Anwendung finden, da Nicola und Dorit weniger als ein Drittel »gleicher« Archetypen aufweisen. *(Die Regeln zur Interpretation der Gesamtvereinbarkeit sind auf Seite 203/204 übersichtlich aufgelistet).*

Tatsächlich sind also die Venuspositionen beider Frauen sehr unverträglich, was sich in den Erfahrungen, die beide miteinander machten, deutlich manifestierte. Ganz offensichtlich mochten sie nicht die gleichen Dinge. Dorit liebte klassisches Theater, Nicola moderne, expressionistische Filme. Wollten beide eine Wanderung machen, so hatte Dorit Angst, sich zu verlaufen (50% *Neptunfarbe* in Dorits Venus) und wollte deshalb zuvor einen minutiösen Plan festlegen oder sich am liebsten gleich einer *geführten Wanderung* mit festdefinierten Etappen und einem konkreten Ziel anschließen (Dorit hatte außerdem einen Jungfrauaszendenten). Für Nicola war die Vorstellung, bei einer freien Waldwanderung derart festgelegt zu werden, gräßlich. Sie hätte überhaupt nichts dagegen gehabt, sich im Wald ein wenig zu verlaufen, sondern hätte dies als kleines Abenteuer in dem ohnehin bis zur Grenze des Erträglichen reglementierten modernen Leben empfunden (*Uranus-Jupiter-Farben* in Nicolas Venus 51%).

Dorit liebte es, ausgiebig zu kochen und Nicola zu einem gemütlichen Mahl in ihre Wohnung einzuladen. Nicola aß zwar mit Appetit, was Dorit gekocht hatte, denn diese war eine hervorragende Köchin, aber im Grunde machte sie sich nicht viel aus »Essen als Freizeitbeschäftigung« und hätte es bei weitem vorgezogen, etwas Interessanteres und geistig Anregenderes zu unternehmen als in der Wohnung herumzusitzen (*Uranus-Sonne-Jupiter-Farben* in Nicolas Venus 76%!). Dorit hingegen – mit ihrer introvertierten, zarten und eher empfindlichen und ängstlichen Venus – war sehr gern zu Hause und fühlte sich dort sicher, beschützt und behaglich (*Neptun-Mond-Farben* in Dorits Venus 68%). Die wenigen Plätze, an die Dorit Nicola führte, waren Nicola ein Greuel. Sie fand die Atmosphäre dort verstaubt und angegammelt, wobei sie sich von Dorits unverkennbarem Faible für Randexistenzen und Gescheiterte (Neptun unerlöst) ebenfalls unangenehm berührt fühlte. Beide Frauen konnten sich im Venusbereich wirklich auf nichts einigen, sondern immer nur faule Kompromisse schließen, die niemanden glücklich machten. Damit hätten die Freundinnen möglicherweise noch leben können, wären nicht auch ihre Monde extrem gegensätzlich gewesen. Sie hatten einfach kein Vergnügen an denselben Menschen, Dingen, Orten und Beschäftigungen. Die Freundschaft zerbrach, da Nicola sich abrupt *(Uranus!)* zurückzog.

Wir sehen hier, wie sich die – nach der Elementenbetrachtung – gute Kompatibilität der Venus bei genauer Prüfung als Windei herausstellt. Natürlich gibt es auch den umgekehrten Fall, wie unser Beispiel **Paco** und **Lucia** zeigt. Die Sonne von Paco steht in Erde, und die Grundnote seiner Sonne ist gleichfalls Erde. Lucias Sonne hingegen steht in Luft und hat eine ebenfalls luftige Grundnote. Beide Sonnen, die jeweils ausschließlich durch *Erde* oder *Luft* geprägt sind, sind nach der Elementenbetrachtung eher unverträglich. Die holistische Prüfung der Sonnenpositionen beider Liebenden ergibt jedoch eine ausgezeichnete Übereinstimmung!

Sonnenfarben Paco – Lucia			
Paco	%	Lucia	%
Merkur	48	Venus	20
Venus	15	Uranus	18
Mond	15	Merkur	18
Mars	15	Saturn	12
Neptun	7	Pluto	12
		Mars	12
		Neptun	8
	100%		100%

Sonnenfarbenvergleich Paco – Lucia				
Merkur	48	Merkur, Uranus, Saturn	48	48
Venus, Neptun	22	Venus, Neptun	28	22
Mars	15	Mars	12	12
Mond	15	Pluto	12	12
			94 = *Nullkommafünf*	
		Wegen Regel 1 =	*Einskommafünf*	

Zwar sind die beiden stärksten Farben – *Merkur* bei Paco und *Venus* bei Lucia – unverträglich. Jedoch werden beide durch Archetypen des Partners ausgeglichen, so daß wir das Ergebnis von *Nullkommafünf* nur um einen Punkt herabsetzen müssen, auf *Einskommafünf*. (So wird beispielsweise Pacos *Merkur*farbe in Höhe von 48% durch die kombinierten Energien von *Uranus, Merkur, Saturn, Mars* und *Pluto* bei Lucia mehr als ausgeglichen!) Entgegen unserer Erwartung ist die Sonnenverträglichkeit beider Menschen also sehr hoch! So kommen wir auch hier zu einem Ergebnis, das wir bestimmt nicht vorausgesehen hätten: Obwohl die Sonne von Paco im Kern sehr viel »irdischer« angelegt ist – so fehlen die transzendenten Energien *Uranus, Neptun* und *Pluto* (fast) vollkommen, ebenso wie die schwierige Energie von *Saturn*, während Lucias Sonne zu 50% aus *Saturn* und den *transsaturnischen Energien* besteht – vertragen sich diese beiden Sonnen ausgezeichnet. Tatsächlich war Lucia mit ihrer facettenreicheren Sonne für Pacos merkurisch ausgerichtete Sonne äußerst anregend. Die sechsjährige Verbindung zwischen beiden Menschen war durch starke Lernprozesse charakterisiert. Die Liebenden stammten aus unterschiedlichen Kulturkreisen, bereisten gemeinsam das jeweilige Heimatland des Partners und erlernten beide eine Fremdsprache, um einander nahe sein zu können.

Diese beiden Beispiele mögen genügen, obwohl die Reihe noch lange fortgesetzt werden könnte. Natürlich ist in manchen Fällen die Elementenvereinbarkeit beider Partner ein guter Indikator für ihre Verträglichkeit, aber in vielen Fällen eben auch *nicht*. Eine nach der Elementenprüfung festgestellte Verträglichkeit oder Unvereinbarkeit zweier Partnersonnen (Partnermonde, Partnermerkure usw.) kann jederzeit durch Felderbesetzungen, Grundnoten sowie harmonische und spannungsgeladene Aspekte auf die beiden Sonnen (Monde, Merkure) völlig konterkariert werden! *In der Partnerschaftsanalyse ist das Instrument der Elementenprüfung daher im Grunde zu grob und kann in manchen Fällen sogar auf die falsche Fährte führen.* Aus diesem Grund beziehen viele Astrologen schon seit langem in ihre Partnerschaftsanalysen die Hauspositionen und Hauptaspekte von Sonne, Mond, Mars, Venus usw. implizit mit ein. Jedoch wissen wir auch, wie schwierig die *implizite* stimmige Berücksichtigung und Gewichtung solch zahlreicher Informationspartikelchen ist. Deshalb haben wir die *Gesamtverträglichkeit* als Instrument standardisiert.

Beim Instrument der *Gesamtvereinbarkeit* handelt es sich um die holistische Untersuchung der *Positionen Sonne, Mond, Mars, Merkur und Venus*. Von diesen Positionen haben wir im Rahmen der *emotionalen Vereinbarkeit* die Gefühlsplaneten Mond und Venus bereits holistisch untersucht. In gleicher Weise verfahren wir jetzt mit Sonne, Mars und Merkur der Partner. Hinzu treten noch zwei herausragend wichtige persönliche Punkte, der *Aszendent* (das Auftreten in der Außenwelt) und das *Medium coeli* (berufliche Ziele, angestrebte gesellschaftliche Position und Lebensziele). Wir betrachten also im Folgenden die Gesamtvereinbarkeit eines Paares, und zwar genau in analoger Weise zu der uns bereits bekannten holistischen Untersuchung der Gefühlsplaneten Mond und Venus.

Die *Gesamtvereinbarkeit:* Ein neues Partneranalyseinstrument

Um die Gesamtvereinbarkeit zu überprüfen, untersuchen wir sieben wichtige Partnerschaftsbereiche: Die *geistig-körperliche Vereinbarkeit* beider Menschen und ihre bevorzugte Art des *Willensausdrucks* (Sonne), ihr *Intimitätsbedürfnis* und die Ausgestaltung ihres *inneren Kindes (Mond),* ihre *Denkweise* und die bevorzugte Art der *Kommunikation (Merkur)* sowie den *Liebesausdruck* und die *erotischen Vorlieben* beider *(Venus).* Außerdem wird geprüft, ob beide Menschen *kooperieren* können, und ob ihr *sexueller Selbstausdruck* verträglich ist *(Mars).* Schließlich schauen wir noch, ob sich die beiden bei ihrer *gemeinsamen Selbstdarstellung* und bei ihrem Auftreten in der Öffentlichkeit miteinander wohlfühlen *(Aszendent),* und untersuchen anschließend, ob die *Zielvorstellungen* beider Menschen und die *Ausrichtung ihres Ehrgeizes* harmonieren *(Medium coeli).*

Sieben wichtige Partnerschaftsbereiche	
Geistig-körperliche Vereinbarkeit beider Menschen. Bewußtsein und Wille, Wesenskern.	**SONNE**
Intimitätsbedürfnis und inneres Kind beider Menschen. Emotionale Vereinbarkeit, unbewußte Wünsche und Bedürfnisse.	**MOND**
Denkweise und Kommunikation beider Menschen.	**MERKUR**
Liebesausdruck und erotische Vorlieben beider Menschen. Geschmack, Wertvorstellungen, emotionale Vereinbarkeit, ästhetische Bedürfnisse, Lust.	**VENUS**
Kooperation und Sexualität beider Menschen. Art des Energieausdrucks und der Selbstdurchsetzung.	**MARS**
Auftreten in der Öffentlichkeit und Selbstpräsentation beider Menschen.	**ASZENDENT**
Zielvorstellungen beider Menschen im Hinblick auf Beruf, Berufung, Stellung in der Gesellschaft, Status und Lebensziele sowie die Ausrichtung ihres Ehrgeizes.	**MEDIUM COELI**

Für diese sieben Partnerschaftsbereiche untersuchen wir bei beiden Liebenden die *Farben* von Sonne, Mond, Merkur, Venus, Mars, Aszendent und Medium coeli und stellen sie einander gegenüber. Das Ergebnis unserer Arbeit sieht dann beispielsweise so aus wie das unten abgedruckte Tableau *Gesamtvereinbarkeit für Nora und Belami*. Nora und Belami sind uns bereits im vierten Kapitel begegnet *(»Liebe unter Ex-Drogenabhängigen«)*. Ein solches Archetypentableau wirkt nur auf den ersten Blick kompliziert. Tatsächlich ist es nichts anderes als eine Auflistung der »Farben« für unsere sieben definierten Partnerschaftsbereiche. Für jeden Partnerschaftsbereich gibt es eine Spalte. Jede Spalte enthält die *Planetenprofile* für beide Partner. In der ersten Spalte finden wir die *Farben* der beiden Partnersonnen, in der zweiten Spalte die *Farben* der beiden Partnermonde, usw. Diese Farben sind nichts anderes als die Archetypen, die in der Sonne (dem Mond, dem Merkur) beider Liebenden enthalten sind. Wir kennen das Verfahren grundsätzlich bereits von der holistischen Untersuchung von Mond und Venus her. Die Abänderungen sind minimal und leuchten sofort ein.

Wenn wir beispielsweise die Farben der *Sonne* untersuchen wollen, betrachten wir in der üblichen Weise Kopfnote, Grundnote, Felderposition und die harmonischen wie disharmonischen Aspekte zur Sonne. Jetzt aber nehmen wir natürlich nicht das der Venus zugeordnete siebte oder das dem Mond zugeordnete vierte Feld in unsere Betrachtung auf, sondern das der Sonne analoge *fünfte Feld*. Wir untersuchen Zeichen und Grundnote der Spitze des fünften Hauses sowie dort befindliche Planeten, *nicht aber Hauptspannungsaspekte* zur Spitze des fünften Hauses! Solche Aspekte untersuchen wir nur zu den Spitzen des ersten (Aszendent), vierten (Mond), siebten (Venus) und zehnten Hauses (Medium coeli), da diesen Häuserspitzen ein besonderes Gewicht zukommt. Beim Partnerschaftsbereich *Kommunikation (Merkur)* berücksichtigen wir analog das *dritte Feld* und dort stehende Planeten, beim Partnerschaftsbereich *Auftreten in der Öffentlichkeit (Aszendent) das erste Feld* und dort befindliche Planeten und bei den *Zielvorstellungen (Medium Coeli)* natürlich das *zehnte Feld* und dort stehende Planeten.

Gesamtvereinbarkeit für: Belami und Nora													
☉ *Wesenskern Wille Persönlichkeit*		☾ *Intimitäts-bedürfnis Gefühlsleben*		☿ *Kommuni-kation Denkweise*		♀ *Liebe Erotik Geschmack*		♂ *Sexualität Kooperation*		AC *Auftreten nach aussen, Selbst-präsentation*		MC *Ziel-vorstellungen Ehrgeiz*	
Belami	*Nora*	*Belami*	*Nora*	*Belami*	*Nora*	*Belami*	*Nora*	*Belami*	*Nora*	*Belami*	*Nora*	*Belami*	*Nora*
♄ 27	♃ 22	⛢ 23	☉ 32	♆ 37	⛢ 30	♃ 36	⛢ 34	♀ 29	☿ 42	☉ 26	☿ 40	☾ 30	☿ 40
☾ 20	⛢ 12.5	☿ 15.5	⛢ 26	♃ 32	♃ 20	♀ 18	☉ 22	☉ 24	♆ $15.\overline{3}$	♀ 24.5	♃ 20	☉ 20	♂ 20
⛢ 13	☿ 12.5	♆ 15.5	♃ 21	☿ 21	☾ 20	♇ 14	♃ 22	♇ 19	♄ $15.\overline{3}$	♄ 24.5	♂ 20	☿ 10	⛢ 10
♂ 13	♂ 12.5	♂ 11	♇ 21	⛢ 10	♂ 20	☉ 14	☾ 11	⛢ 19	☉ $15.\overline{3}$	♃ 12.5	♄ 10	♀ 10	☉ 10
♃ 10	♄ 12.5	☉ 11			♇ 10	♆ 9	♆ 11	☾ 9	♃ 12	⛢ 12.5	⛢ 10	♂ 10	☾ 10
♀ 10	☾ 10	♇ 8				♂ 9						♃ 10	♃ 10
♆ 7	♀ 6	♄ 8										♆ 10	
	♆ 6	♃ 8											
	♇ 6												
0.5		**0.5**		**4**		**0.5**		**4**		**2.5**		**4**	
Summe: 16													

Wie interpretieren wir nun ein solches Tableau *Gesamtvereinbarkeit*? Wir interpretieren spaltenweise. Wenn wir beispielsweise den Bereich *Kommunikation und geistiger Austausch* (Merkur) prüfen, so stellen wir einander gegenüber, was wir an »Gleichem« finden. Im allgemeinen wird Jupiter mit Jupiter verglichen, Mars mit Mars und Uranus mit Uranus. Belami hat die *Farbe Neptun in seiner Merkurfunktion* (37%). Nora hingegen weist überhaupt keine *Neptun*farbe in ihrem Merkur auf. Also halten wir bei Nora Ausschau nach *Mond-, Venus-* oder *Jupiter*farben, denn diese Energien sind kompatibel. Hat beispielsweise Belami *in seiner Aszendentfunktion ein größeres Potential an Sonne* (26%), so schauen wir bei Nora, ob in ihrem Aszendenten die *Sonnen*farbe ebenfalls auftaucht. Wenn nicht, prüfen wir, ob die Archetypen *Mars, Uranus, Merkur, Jupiter* oder *Venus* vorhanden sind, denn diese Archetypen passen zur Sonne. Hat einer der Liebenden ein größeres *Potential an Saturn in seiner Sonnenfunktion* (Belami 27%), so suchen wir bei Nora nach *Saturn* oder ersatzweise nach *Pluto* oder *Merkur* (*Saturn, Merkur* und *Pluto* in Noras Sonnenfunktion 31%). Welcher Archetypus zu welchem anderen paßt, haben wir bereits im Kapitel *Emotionale Vereinbarkeit* gesehen. Um unnötiges Blättern zu ersparen, ist die Tabelle der verträglichen Archetypen hier noch einmal abgedruckt.

Welche Archetypen vertragen sich?		
Sonne	paßt zu	Sonne, Venus, Merkur, Mars, Jupiter und Uranus
Mond	paßt zu	Mond, Venus, Neptun, Jupiter und Pluto
Merkur	paßt zu	Merkur, Sonne, Mars, Jupiter, Saturn, Uranus und Pluto
Venus	paßt zu	Venus, Sonne, Mond, Jupiter und Neptun
Mars	paßt zu	Mars, Sonne, Merkur, Jupiter, Uranus und Pluto
Jupiter	paßt zu	allen außer Saturn und Pluto
Saturn	paßt zu	Saturn, Merkur und Pluto
Uranus	paßt zu	Uranus, Sonne, Merkur, Mars und Jupiter
Neptun	paßt zu	Neptun, Mond, Venus und Jupiter
Pluto	paßt zu	Pluto, Merkur, Mars, Saturn und Mond

Jupiter ist der verträglichste und gutmütigste Archetypus. Er paßt zu allen anderen außer Saturn und Pluto. Neptun ist sehr sensibel und fühlt sich nur mit den gefühlsbetonten und weicheren Energien von Neptun, Mond und Venus und natürlich mit Jupiter richtig wohl. Saturn ist sehr rigide und akzeptiert außer seinen eigenen nur die Energien des mentalen Merkur und jene des radikalen Schatten- und Transformationsplaneten Pluto (Pluto gilt als einziger wirklicher »Freund« des Saturn in der Planetenhierarchie!). Der quicklebendige und bewegliche Merkur ist natürlich der anpassungsfähigste der ganzen Bande und kommt mit fast allen klar, ausgenommen die weichen Gefühlsplaneten Neptun, Mond und Venus, für deren »Gefühlsduselei« Merkur nichts übrig hat.

Wenn wir uns die Archetypen in dieser Weise als Personen mit bestimmten Eigenschaften, Verhaltensweisen, Vorlieben und Abneigungen vergegenwärtigen, bekommen wir sehr rasch ein Gespür dafür, wer mit wem kann und wer nicht. Der Mond paßt zu Pluto, weil beide introvertierte, nachtliebende und halbbewußte Geschöpfe sind, die auf innige Vereinigung drängen. Die Sonne paßt nicht zu Pluto, denn sie repräsentiert das strahlende Licht des hellen Sommertags, das sich nach außen hin entfalten will. Sie repräsentiert klares geistiges Tagesbewußtsein und Autonomie, während Pluto für die nachtdunklen unterirdischen Gewölbe steht, in denen tiefere, nur wenig bewußte Teile unserer Persönlichkeit im Schlamm nach Schätzen wühlen und versuchen, Schattengestalten des Unterbewußtseins zu mehr Menschlichkeit zu transformieren.

Wenn wir wissen, welche Archetypen zu welchen passen, ist die Interpretation der Gesamtvereinbarkeit so simpel wie das Spiel *Schiffe versenken*. Zueinander Passendes listen wir auf (mit Prozentwerten) und streichen es im Tableau aus, bis wir nichts mehr übrig haben oder nur

»unverwertbare«, weil unpassende »Reste«. *(Die Regeln, die wir dabei beachten müssen, sind auf Seite 203/204 übersichtlich zusammengestellt).* Im Anschluß daran geben wir dem untersuchten Partnerschaftsfeld eine Benotung, wie wir sie schon von der *emotionalen Vereinbarkeit* her kennen. Wir benutzen dazu die uns bereits vertraute Bewertungstabelle auf Seite 115. Wir haben also zum Schluß sieben Benotungen und können genau ermessen, wie ähnlich, wie verträglich oder wie unverträglich zwei Menschen in den für jede Partnerschaft relevanten Bereichen sind.

Wir sehen, daß Nora und Belami eine recht gute Gesamtvereinbarkeit aufweisen (Summe = 16 Punkte), in der vier Partnerschaftsgebiete hochgradig kompatibel sind! Sonne, Mond und Venus sind sogar besonders gut gestellt (alle *Nullkommafünf*), und auch der Aszendent sieht gut aus *(Zweikommafünf)*. Nicht berauschend, aber noch im Toleranzbereich sind Merkur, Mars und Medium coeli (alle *Vier*). Bei der Kommunikation, der Kooperation und den Zielvorstellungen haben beide Liebenden also auch größere Unterschiede zu verkraften. Dennoch ist dies eine gute Gesamtvereinbarkeit, wenn auch die einzelnen Gebiete in ihrer Verträglichkeit stark voneinander abweichen. Allein die traumhafte Vereinbarkeit von Sonne, Mond und Venus steht für ein tiefes gegenseitiges Verstehen. Dies erklärt die starke Faszination beider Menschen voneinander und bietet eine Erklärung dafür an, warum sie es – trotz ihres miserablen *Spannungsstatus'* (abgedruckt auf Seite 80) und wenig erlebtem gemeinsamem Glück nicht leicht haben, voneinander zu lassen.

Ist, wie bei Nora und Belami, die Gesamtvereinbarkeit zweier Menschen in etlichen Partnerschaftsbereichen hoch – bei gleichzeitig miserablem Spannungsstatus –, so findet sich auf einer subtilen Ebene ein tiefes gegenseitiges Verständnis für die Bedürfnisse, Wünsche und Bestrebungen des Partners. Doch kann sich dieses fundamentale Verständnis füreinander nur schwer in Handlungen, Kommunikation oder fließenden Gefühlen ausdrücken, weil die dramatischen und harten Interaspekte es verhindern. Dies sind unglückselige Situationen, denn eine hohe Vereinbarkeit (entweder hohe Ähnlichkeit oder hohe Verträglichkeit) ist ein starker Anziehungsfaktor zwischen zwei Menschen.

Die Gesamtvereinbarkeit zeigt, wie ähnlich sich zwei Menschen in bestimmten Partnerschaftsbereichen sind oder wie verträglich. Es gibt Kombinationen, die zwar vollkommen unähnlich sind, da nicht ein einziger Archetyp übereinstimmt, aber dennoch hervorragend kompatibel. Und es gibt Kombinationen, bei denen viele Archetypen übereinstimmen, wobei die quantitative Verteilung jedoch so »unausgeglichen« ist, daß beide Menschen vielleicht nur eine mittlere oder gar schlechte Kompatibilität erreichen.

Für mich ist im Laufe meiner Forschungen immer deutlicher geworden, *daß Menschen wirklich über psychische Sensoren verfügen, mit denen sie die Energien, sogar die Energieverteilung im Gegenüber orten können. Und sie fühlen sich von kompatiblen Energien automatisch angezogen!* Oft geht diese hohe innere Vereinbarkeit allerdings mit einem schlechten Spannungsstatus einher, und dies ist der Stoff, aus dem unglückliche Beziehungen gemacht sein können: Die Partner bereiten sich gegenseitig Schmerzen und können dennoch nur schwer voneinanderlassen. Das gleiche gilt für den Fall, daß die *Vereinbarkeit nur in bestimmten Partnerschaftsgebieten* hoch ist (beispielsweise bei Sonne, Mond und Venus), in anderen aber ausgesprochen schlecht (beispielsweise bei Merkur, Mars, Aszendent und Medium coeli). In einem solchen Fall fänden wir einerseits ein hohes Maß an emotionaler Übereinstimmung und ständige Sehnsucht der Partner nacheinander *(Mond und Venus)* sowie ein wirklich tiefgreifendes gegenseitiges Verständnis und eine Menge Faszination *(Sonne)*. Andrerseits würde das glückliche Ausleben dieser inneren (Teil-) Vereinbarkeit immer wieder gestört, weil man nicht miteinander reden kann *(Merkur)*, sich durch die Handlungen des Partners ständig irritiert und verärgert fühlt *(Mars)*, die Zielvorstellungen des Partners und die Dinge, auf die sich sein strebender Ehrgeiz richtet, lächerlich findet *(Medium coeli)* und außerdem jedesmal Streit bekommt, wenn man miteinander im Café sitzt, auf einer Party ist oder einen netten Abend unter Freunden verbringen will *(Aszendent)*.

Um uns die Analyse zu erleichtern, sind hier die bei der Gesamtvereinbarkeit zu beachtenden *sechs Regeln* übersichtlich aufgeführt (darunter auch zwei, die uns erst noch begegnen werden).

Regeln zur Gesamtvereinbarkeit

Grundsatz: Gleiches wird mit Gleichem oder Ähnlichem verglichen. Es kann sinnvoll sein, *verträgliche* Energien gegenüberzustellen anstatt *gleiche*, weil sie sich quantitativ besser ausgleichen und so die *Gesamtvereinbarkeit* erhöhen.

Regel 1   Sind die beiden stärksten Farben zweier Menschen unverträglich und können ausgeglichen werden, so ist die Gesamtnote um eins herabzusetzen. Kann auch nur eines der beiden Potentiale nicht ausgeglichen werden, so ist die Gesamtnote um zwei herabzusetzen.

Als ausgeglichen gilt ein Potential, wenn mindestens 85% der betreffenden Energie durch kompatible Archetypen im Planetenprofil des Partners abgedeckt sind.

Regel 2 Hat ein Partner ein Potential (eine Farbe wie beispielsweise Venus) in einer Stärke von 35% oder mehr, während der andere diese Farbe (Venus) überhaupt nicht aufweist, ist die Gesamtnote um eins herabzusetzen. (Dies gilt auch dann, wenn der Partner die entsprechende Farbe zwar aufweist, sie aber weniger als 15% des Potentials des ersten Partners beträgt).

Regel 3 Ist eine Farbe bei einem Partner mindestens dreimal stärker als beim anderen, ohne daß ein Ausgleich möglich ist, so ist die Gesamtnote um eins herabzusetzen. Diese Regel darf aber nur angewandt werden, wenn das kleinere Potential mindestens 15% beträgt.

Regel 4 a. Weist der erste Partner ein Saturnpotential von 20% oder mehr auf, während der zweite überhaupt kein Saturnpotential hat, so ist die Gesamtnote um eins herabzusetzen. (Dies gilt auch dann, wenn der zweite Partner zwar ein geringfügiges Saturnpotential aufweist, dieses aber weniger als 15% des Saturnpotentials des ersten Partners beträgt).

b. Hat der zweite Partner *zusätzlich* ein Potential von Venus oder Neptun oder Mond oder Jupiter in Höhe von 20% oder mehr, ohne daß der erste Partner eine dieser Energien aufweist, ist die Gesamtnote noch einmal um einen Punkt abzusenken. (Die Gesamtnote wird nicht abgesenkt, wenn der erste Partner über eine dieser vier Energien verfügt und diese mindestens 50% des Potentials des zweiten Partners ausmacht).

c. Paßt Saturn des einen Partners (in Höhe von 20% oder mehr!) zu keinem einzigen Archetypus des anderen Partners, so muß die Gesamtnote um einen Punkt gesenkt werden.

Regel 5 Weist ein Partner dreimal so viele Farben auf wie der andere (zeigt also ein wesentlich differenzierteres »Farbbild« des entsprechenden Planeten), und ein Ausgleich ist nicht möglich, wird die Gesamtnote um eins herabgesetzt *(kommt selten zur Anwendung)*.

Regel 6 Haben zwei Partner weniger als ein Drittel (33,3%) gleicher Archetypen *(»geringe Ähnlichkeit«)*, so muß die Gesamtnote um eins herabgesetzt werden. Haben zwei Partner mehr als zwei Drittel (66,6%) gleicher Archetypen *(»hohe Ähnlichkeit«)*, so verbessert sich die Gesamtnote um einen Punkt!

Dämon und Lamm

Du bist
der unbekannte Planet
Niemand
hat Dich erkannt

Sie starren Dich an
durch gefärbtes Glas
Schreien Dämon und Lamm
behaupten
sie kennen Dich

Nur einmal
unter assyrischem Himmel
trat einer durch Licht
und erkannte Dich

In den Wüsten verbrannten
Einsamkeitsdisteln
Blumen sprossen blau
Vom eben erwachten Baum
tropfte Zärtlichkeit

Du bist
der unbekannte Planet
betreten mit sachtem Fuß
und alter Seele

Jessie Adler Gral

8
Beziehungsgeschichten zur *Gesamtvereinbarkeit*

Was das Instrument der Gesamtvereinbarkeit über die Beziehung eines Liebespaares aussagt, sehen wir im Folgenden am Beispiel verschiedener prominenter Paare.

Sex- und Machtclinch oder tiefes Einverständnis?
Hillary und Bill Clinton

Bill und Hillary Clintons Ehe steht gerade derzeit (Sommer 1996) wieder im Brennpunkt des öffentlichen Interesses. Es sind zwei vielbeachtete »Schlüsselromane« erschienen, in denen Hillary und Bill überwiegend als starke, dynamische, macht- und geldgierige (Hillary) beziehungsweise glitschige und sexsüchtige (Bill) Gestalten abgelichtet werden.

Sicherlich kann man dies zu nicht geringen Teilen auf die Neigung der amerikanischen Nation zurückführen, ihre Helden zunächst auf einem Podest anzubeten, um sie anschließend wieder brutal zu demontieren (beispielsweise vor einem Wahlkampf). Die USA haben in ihrem Staatskosmogramm Neptun am Medium coeli und im Quadrat zu Mars, was die Faszination von neptunischen Führerfiguren wie Bill Clinton illustriert, von denen man sich nach einiger Zeit dann heftig enttäuscht und desillusioniert fühlt. Frauen andrerseits sind (einem Teil) der amerikanischen Volksseele am liebsten in Form starker, aber häuslicher und zurückhaltender Muttergestalten à la Barbara Bush, die mehr an Apfelkuchen interessiert sind als an politischem Wirken. Dies entspricht der kräftigen Betonung des Krebszeichens und des achten Hauses im Staatshoroskop der USA (allerdings spricht der Wassermannmond im dritten Haus eine andere Sprache). Hillary aber ist eine politische Frau, eine erfolgreiche Anwältin, die sich in vielen sozialen Gremien aktiv engagiert hat und mit ihrer Meinung nicht hinter dem Berg hält. Hinzu tritt, daß sowohl Bill als auch Hillary in ihren Geburtskosmogrammen die berüchtigte *Saturn-Pluto-Konjunktion* aufweisen, die in starker Weise in das jeweilige Aspektgefüge eingebunden ist. Saturn-Pluto aber hat – unter anderem – eine

Radix
Hillary Clinton

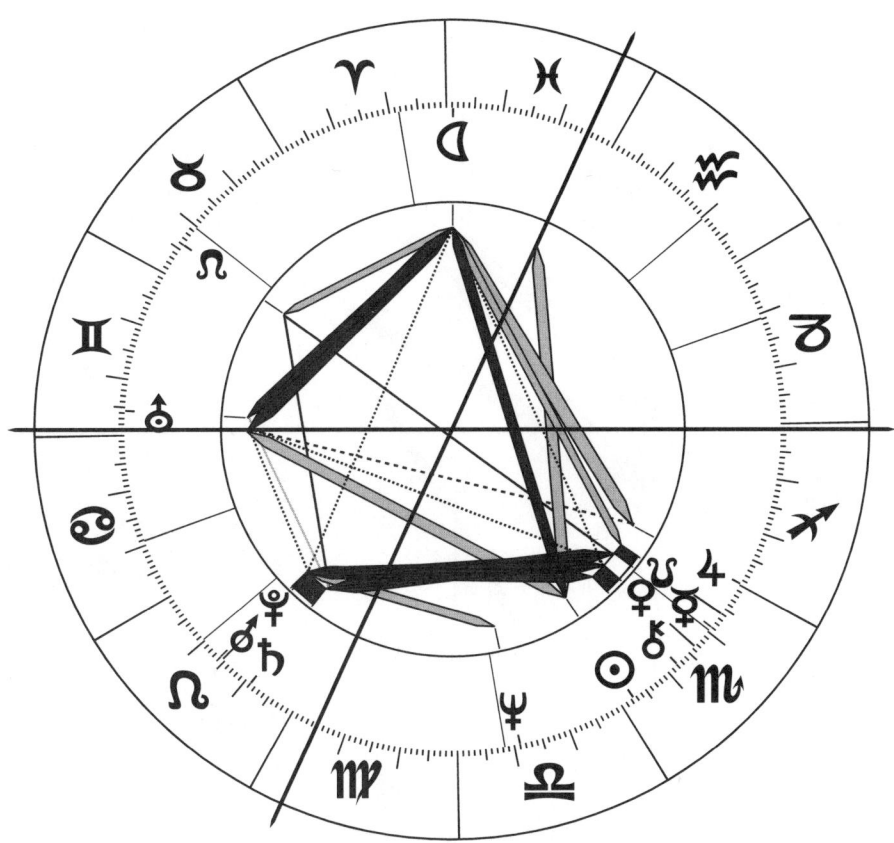

☉	2° 48' ♏
☽	29° 11' ♓
☿	21° 19' ♏
♀	16° 51' ♏
♂	14° 15' ♌
♃	0° 36' ♐
♄	21° 20' ♌
⚷	25° 55' ♊
♆	11° 22' ♎
♇	14° 51' ♌
☊	24° 18' ♉
⚸	12° 24' ♏

A	29° 49' ♊
2	19° 30' ♋
3	10° 03' ♌
M	5° 06' ♓
11	8° 41' ♈
12	20° 36' ♉

Hillary Clinton
26. 10. 1947, 20:00
Chicago / USA, 87W39, 41N52

Häuser nach Placidus

Radix
Bill Clinton

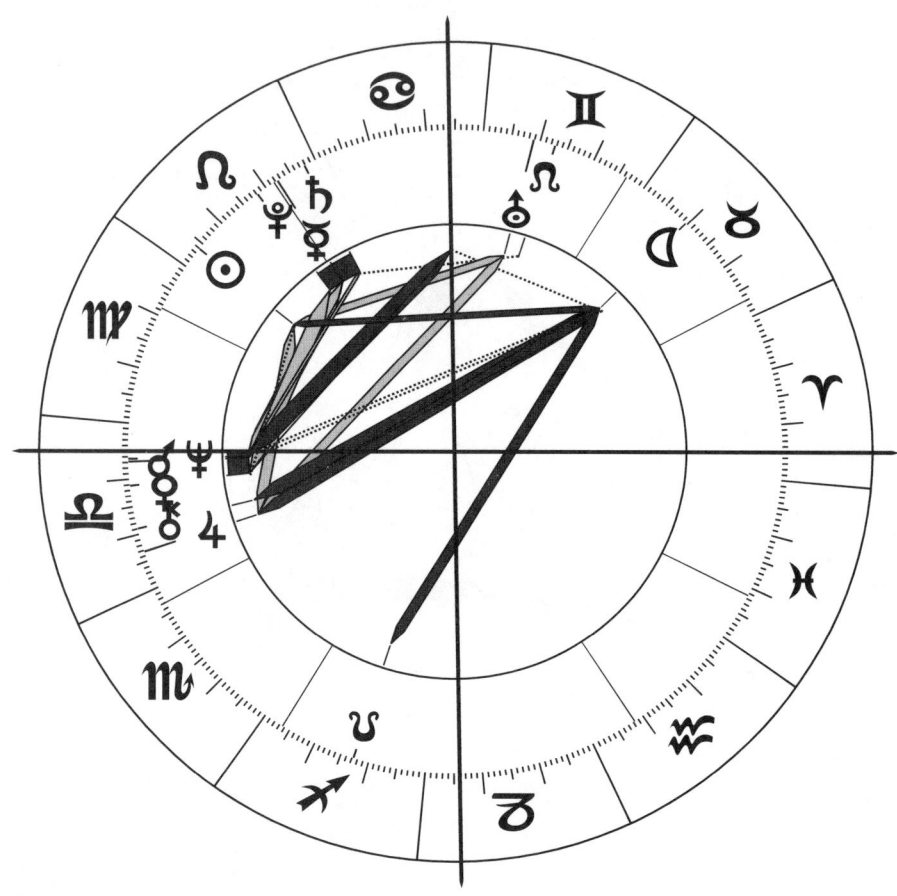

☉	26° 00'	♌
☽	20° 18'	♉
☿	7° 36'	♌
♀	11° 07'	♎
♂	6° 21'	♎
♃	23° 13'	♎
♄	2° 08'	♌
⚷	21° 08'	♊
♆	6° 51'	♎
♇	11° 51'	♌
☊	17° 15'	♊
⚸	18° 57'	♎

A	5° 29'	♎
2	3° 02'	♍
3	3° 36'	♐
M	5° 58'	♋
11	8° 17'	♌
12	8° 36'	♍

Bill Clinton
19. 8. 1946, 8:51
Hope / USA, 93W36, 33N40

Häuser nach Placidus

Menge mit Politik zu tun, wobei schwierige, harte, von Aggression und Durchsetzungskämpfen gekennzeichnete Erfahrungen angezogen werden können.

Gesamtvereinbarkeit für: Hillary und Bill						
☉ Wesenskern Wille Persönlichkeit	☽ Intimitätsbedürfnis Gefühlsleben	☿ Kommunikation Denkweise	♀ Liebe Erotik Geschmack	♂ Sexualität Kooperation	AC Auftreten nach aussen, Selbstpräsentation	MC Zielvorstellungen Ehrgeiz
Bill / Hillary	Bill / Hillary	Bill / Hillary	Bill / Hillary	Bill / Hillary	Bill / Hillary	Bill / Hillary
☿ 37 ☉ 43	♀ 24 ♆ 16	☉ 21 ♇ 34	♂ 38 ♇ 25	♀ 48 ☿ 27	♀ 33 ☽ 17	☽ 34 ♆ 50
☉ 27 ♇ 36	☉ 20 ♀ 16	☿ 21 ♄ 17	♀ 24 ☉ 19	♆ 17 ♇ 24	♂ 19 ☿ 17	♀ 22 ♀ 25
☽ 18 ♀ 21	☿ 16 ♄ 16	♀ 13.5 ☉ 13	♆ 17 ♂ 12.6	♂ 14 ☉ 14	♆ 19 ♇ 17	♂ 22 ☉ 25
♃ 9	♂ 12 ☿ 16	♄ 13.5 ♀ 13	☉ 7 ♀ 12.6	☽ 7 ♀ 14	☿ 9.6 ☿ 17	♆ 22
♀ 9	♆ 12 ♇ 12	♀ 10 ♀ 13	☿ 7 ♄ 12.6	♇ 7 ☽ 7	♄ 9.6 ♂ 8	
	♄ 8 ☿ 8	♂ 7 ♂ 10	♇ 7 ☽ 9	♄ 7 ♄ 7	☽ 9.6 ♀ 8	
	♃ 8 ♃ 8	♆ 7	♃ 9	♆ 7	☉ 8	
	♂ 8	♃ 7			♃ 8	
3.5	0.5	2.5	1	3	2.5	0.5
Summe: 13.5						

Die Tabelle zeigt die *Gesamtvereinbarkeit* von Hillary und Bill. Was erfahren wir daraus über die Ehe der beiden? Bill und Hillary haben eine *Gesamtvereinbarkeit* von 13,5 Punkten. Da wir sieben Partnerschaftsfelder haben, entspricht dies einer Durchschnittsnote von etwa *Zwei* für jeden Partnerschaftsbereich. Das ist eine sehr gute Gesamtvereinbarkeit! Diese beiden Menschen sind in fünf Partnerschaftsfeldern hochgradig kompatibel, in den restlichen zwei Bereichen bewegen sie sich im Mittelfeld (*Mars* beziehungsweise *Sonne*). Wie wir im Tableau sehen, sind MOND, VENUS und MEDIUM COELI ganz besonders gut gestellt; alle drei Partnerschaftsfelder haben die Bewertung *Nullkommafünf* beziehungsweise *Eins!* Das sind Traumwerte, die anzeigen, daß sich beide Menschen *emotional* und hinsichtlich ihrer *beruflichen Zielvorstellungen* so einig sind wie siamesische Zwillinge, was in Bills Wahlkampf zur Präsidentschaft und in der effizienten Unterstützung durch seine Frau gut zum Ausdruck kam. Wir können davon ausgehen, daß die beiden eine *liebevolle* Beziehung haben, an den gleichen Dingen Freude finden und ähnliche Wertvorstellungen halten *(Venus)*. Insgesamt ist damit die *emotionale Verträglichkeit* von Bill und Hillary (Mond und Venus), die für ein Liebespaar von erhöhter Bedeutung ist, hervorragend. Diese beiden mögen sich wirklich und verstehen sich auf einer gefühlsmäßigen Ebene zutiefst.

Auch das *Auftreten beider in der Außenwelt* ist synchron und kongruent. Hillary und Bill fühlen sich in der Öffentlichkeit zusammen pudelwohl und haben eine verträgliche Weise, sich zu präsentieren (ASZENDENT: *Zweikommafünf*). Bill zeigt sich liebevoll, herzlich und sozial (*Venus-Neptun-Farben* in Bills Aszendent 52%), Hillary frisch, spritzig und gepfeffert (*Mond-Uranus-Farben* in Hillarys Aszendent 34%), als eine Frau, die mit suggestiver Rede überzeugt (*Merkur-Pluto-Farben* in Hillarys Aszendent ebenfalls 34%). Auch noch recht gut ist der Partnerschaftsbereich *Kommunikation* (MERKUR) mit einer Benotung von *Zweikommafünf*. Im Mittelfeld liegt der Partnerbereich SONNE *(Dreikommafünf)*. Hier finden sich auch einige Differenzen, die sich insbesondere aus dem Gegensatz zwischen dem großen *Uranus*potential in Bills Sonne (37%) und dem starken *Pluto*potential in Hillarys Sonne (36%) speisen. Von daher scheinen die Insiderberichte, die Bill eine menschenfreundliche, liberale, unbekümmerte oder gar leichtsinnige Wesensart zuschreiben (*Uranus-Sonne-Jupiter-Farben* in Bills Sonne zusammen 73%), während Hillary als macht- und zielorientierte Strategin geschildert wird (*Pluto-Sonne-Farben* in Hillarys Sonne zusammen fast 80%), sehr stimmig zu sein. Auch beim Partnerschaftsbereich *Kooperation und Sexualität* (MARS) liegen Bill und Hillary im Mittelfeld *(Drei)*. Zwar passen Bills stärkste Marsfarbe *(Venus)* und Hillarys stärkste Marsfarbe *(Merkur)* nicht zueinander; sie sind jedoch durch kompatible Energien des Partnerplanetenprofils ausgeglichen.

Das Tableau *Gesamtvereinbarkeit* von *Bill und Hillary Clinton* belegt auch das von den Medien strapazierte liebesbedürftige und liebesfähige Wesen Bill Clintons, der es möglichst immer allen recht machen will. Wir sehen, daß in seinem Mond, seinem Mars, seinem Aszendenten und seinem Medium coeli entweder *Venus* oder *Mond* die mit Abstand stärksten Archetypen sind. Zusammen mit den 37% *Uranusfarbe* in Bills Sonne ergibt dies einen stark auf Frieden, soziale Gerechtigkeit und humanitäre Ziele ausgerichteten Menschen. Hillary andererseits ist ziemlich stark vom Archetypus *Pluto* bestimmt, der in ihrer Sonne (36%), ihrer Venus (25%) und in ihrem Mars (24%) eine wichtige Rolle spielt. Dies macht unmittelbar klar, warum Hillary in der amerikanischen Öffentlichkeit so konträr bewertet wird. Es ist Frauen in keinem Kulturkreis dieser Erde wirklich erlaubt, eine starke plutonische Prägung kraftvoll zum Ausdruck zu bringen. Pluto ist eben – der kulturellen Definition des Patriarchats zufolge – *nicht weiblich!* Von daher werden Frauen mit einer starken Plutobetonung, die sich erdreisten, ihre Plutoanlage auch leben zu wollen, sehr leicht in die Ecke der machthungrigen Megäre gedrängt und abgewertet, während man das gleiche oder noch viel stärkere Plutoverhalten bei einem Mann mit heimlicher, sogar neidvoller Bewunderung toleriert. Bis auf einige Unterschiedlichkeiten in den beiden Sonnen- und Marspositionen zeigt uns die *Gesamtvereinbarkeit* von Bill und Hillary jedoch ein hervorragendes Bild.

Es gibt zu denken, daß ich bei meinen Untersuchungen häufiger langjährige Ehen gefunden habe, in denen die *emotionale Vereinbarkeit (Mond und Venus)* hervorragend war und auch die restlichen Partnerschaftsgebiete gut oder zufriedenstellend, die *Sonne* aber weniger vereinbar. Ich habe hingegen *nicht eine einzige langjährige Ehe* gefunden, in der der *Mond Vier* oder auch nur *Drei* gewesen wäre! *In langanhaltenden Verbindungen war die Mondvereinbarkeit immer hervorragend!* Offenbar ist es für eine Liebesverbindung wirklich eminent wichtig, daß sich beide Menschen *emotional* vertragen (Mond und Venus). Im Sonnenbereich hingegen – dem Bereich des hellen Tagesbewußtseins – wirken sich größere Differenzen anscheinend weniger störend aus, da hier immer eine offene Auseinandersetzung über Divergenzen möglich ist. Wenn gleichzeitig Merkur (Kommunikation) und Mars (Kooperation und Sexualität) in Ordnung sind, und zugleich die Zielvorstellungen (Medium coeli) und das gemeinsame Auftreten in der Öffentlichkeit (Aszendent) kongruent, so läßt sich anscheinend auch mit zwei nur gerade noch kompatiblen Sonnen die Beziehung gut leben.

Um die Gegenüberstellung von Archetypen beider Partner im einzelnen nachvollziehen zu können, sind hier die Vergleichstabellen von Bill und Hillary abgedruckt. Sie zeigen, wie wir zu den einzelnen Bewertungen der sieben Partnerschaftsfelder kommen. Wir stellen für jedes Partnerschaftsfeld gleiche oder kompatible Energien mit ihren Prozentwerten einander gegenüber und addieren die Prozentwerte anschließend. Dabei müssen wir beim Vergleich kompatibler Energien natürlich immer die niedrigere Prozentzahl berücksichtigen, da dies den Teil an Energien spiegelt, der sich »deckt«. Wenn Bill beispielsweise *36% Venus- und Neptunfarben* in seiner Mondfunktion aufweist, und Hillary *32% Venus- und Neptunfarben*, so berücksichtigen wir natürlich nur die sich deckenden 32%! Für diejenigen, die Bills und Hillarys Sonnen-, Mond-, Merkur-, Venus-, Mars-, Aszendent- und Medium coeli-Farben im einzelnen nachvollziehen wollen, sind im Kapitel *Praktische Übungen* die Tabellen mit den entsprechenden Sonnenfarben, Mondfarben, etc. wiedergegeben. Dort ist auch zu erfahren, welche Zusatzinformationen wir bei der Sonne, dem Merkur, dem Mars, dem Aszendenten und beim Medium coeli beachten müssen.

Sonnenfarbenvergleich Bill – Hillary

Uranus, Jupiter	46	Sonne	43	43
Sonne, Venus	36	Venus	21	21
Mond	18	Pluto	36	18

82 = *Einskommafünf*
Wegen Regel 2 (Uranus größer 35%) = *Zweikommafünf*
Wegen Regel 2 (Pluto größer 35%) = *Dreikommafünf*

Mondfarbenvergleich Bill – Hillary

Venus, Neptun	36	Neptun, Venus	32	32
Pluto, Saturn	24	Pluto, Saturn	28	24
Sonne, Mars, Jupiter	40	Uranus, Jupiter, Mars, Merkur	40	40

96 = *Nullkommafünf*

Merkurfarbenvergleich Bill – Hillary

Sonne, Uranus	42	Sonne, Mars, Merkur	36	36
Pluto, Saturn, Mars	34	Pluto	34	34
Venus, Neptun, Jupiter	24	Venus	13	13

83 = *Einskommafünf*
Wegen Regel 1 (Sonne und Pluto als stärkste Farben unverträglich, aber beide ausgeglichen = *Zweikommafünf*

Venusfarbenvergleich Bill – Hillary

Mars	38	Pluto, Mars	37,$\overline{6}$	37,$\overline{6}$
Venus	24	Sonne	19	19
Neptun	17	Mond, Jupiter	18	17
Pluto, Merkur	14	Saturn	12,$\overline{6}$	12,$\overline{6}$
Sonne	7	Merkur	12,$\overline{6}$	7

93,$\overline{2}$ = *Einskommafünf*

Marsfarbenvergleich Bill – Hillary				
Neptun	17	Mond, Neptun	14	14
Venus	48	Venus, Sonne	28	28
Mars, Merkur	21	Merkur	27	21
Saturn	7	Saturn	7	7
Mond	7	Pluto	24	7

$77 = Zwei$

Wegen Regel 1 (die beiden stärksten Farben Venus und Merkur unverträglich, aber beide ausgeglichen) $= Drei$

Aszendentenfarbenvergleich Bill – Hillary				
Venus	33	Venus, Sonne, Jupiter	24	24
Saturn, Merkur	$19,\overline{2}$	Merkur	17	17
Mars	19	Mars, Uranus	25	19
Neptun	19	Mond	17	17
Mond	$9,\overline{6}$	Pluto	17	$9,\overline{6}$

$86,\overline{6} = Einskommafünf$

Wegen Regel 1 (Venus bei Bill und Uranus bzw. Pluto bei Hillary unverträglich, aber ausgeglichen) $= Zweikommafünf$

Medium coeli-Farbenvergleich Bill – Hillary				
Mond, Venus, Neptun	78	Neptun, Venus	75	75
Mars	22	Sonne	25	22

$97 = Nullkommafünf$

Spannungsstatus für: Hillary und Bill			
fördernde Interaspekte		spannungserzeugende Interaspekte	
1 ☌ ☍	2 △ ✶	3 ∟ ⚼ ⚻	4 ☌ □ ☍
♀ ☌ ♆ ♀ ☍ ☽ ☿ ☍ ☽ ☊ ☌ ☽ ♂ ☌ ☿ ♂ ☌ ♇ ☿ ☌ ♇ A ☌ M	☉ ✶ ♁ ☉ ✶ A ☉ △ M M △ M ♂ ✶ ☊ ♂ ✶ ♀ ♇ ✶ ♀ ♇ ✶ ☊ ♄ ✶ ☊ A ✶ ♃ ☿ ✶ ♆ ☽ △ ♄	☿ ∟ ♂ ☿ ⚻ ♁ ☿ ∟ ♆ ☿ ∟ A ☿ ⚼ M ☿ ⚻ M ♂ ⚻ M ♆ ⚻ M ♄ ∟ M ♄ ∟ A ♄ ∟ ♂ ♀ ⚻ ☊ ♀ ⚼ ☊ ♃ ⚻ ☊ ♆ ⚼ ☊ ♆ ∟ ☉ ☊ ⚼ ☉ ☽ ⚼ ♇ M ⚻ A	♄ ☌ ☉ ☿ □ ☉ ♃ □ ☉ ☊ □ ☉ ♄ □ ☉ ☿ □ ☉ ♄ ☌ ☽ ♂ □ ☽ ♆ □ ☽ ♆ □ ♀ ♆ ☌ ♂ ♆ ☌ A ♆ □ M ♆ □ A ♂ □ A A □ A M □ ☽ A ☍ ☽ ♂ ☍ ☽ 7.2 ♆ ☍ ☽ 7.7
8	12	19	18
Interaspekte von Saturn, Jupiter, Uranus, Neptun und Pluto zueinander			
	♄ ✶ ♃ ♄ △ ♃ ♄ ✶ ♁ ♃ △ ♁	♄ ∟ ♆ ♁ ∟ ♇	♁ □ ☿ ♁ □ ♇
	5	2	
8	17	21	18
Summe: 64 25 : 39 +39% : -61%			

Beim Archetypenvergleich stellen wir entweder *gleiche* oder *kompatible* Energien einander gegenüber. Wie wir gesehen haben, *kann es sinnvoll sein, kompatible Energien einander gegenüberzustellen, obwohl gleiche Energien vorhanden sind.* Dies ist zum Beispiel der Fall in Bills und Hillarys Sonnenvergleich, wo wir Bills Archetypen *Uranus und Jupiter* mit Hillarys Archetypus *Sonne* vergleichen und Bills Archetypus *Sonne* mit dem Archetypus *Venus* bei Hillary. Warum tun wir das? Weil diese Energien verträglich sind und in dieser Zusammenstellung die *Gesamtvereinbarkeit* verbessern! Wir müssen stets nach der *günstigsten* Kombinationsmöglichkeit der Partnerenergien suchen, allerdings dabei die quantitativen Werte beachten. Es ist immer sinnvoll, quantitativ möglichst ähnliche Potentiale einander gegenüberzustellen, weil dabei im allgemeinen gute Resultate erzielt werden. Und zum zweiten ist es sinnvoll, passende Archetypen auf beiden Seiten zusammenzufassen, so wie es beispielsweise beim *Mondvergleich* (letzte Zeile) und beim *Merkurvergleich* (erste Zeile) Bills und Hillarys geschehen ist. Dies verbessert ebenfalls die Gesamtbilanz. Dieses Vorgehen ist völlig legitim und wird uns sofort einsichtig, wenn wir uns klarmachen, daß sich in einer Persönlichkeit alle diese Energien ja ebenfalls mischen und immer nach der gleichen oder äquivalenten Energie im Partner Ausschau halten.

Damit wir uns ein umfassendes Bild von Bills und Hillarys Beziehung machen können, ist hier auch ihr *Spannungsstatus* abgedruckt. Wir sehen sofort, daß die relativ hohe innere Verträglichkeit, die sich in der *Gesamtvereinbarkeit* ausdrückt, keineswegs von einem ebenso harmonischen *Spannungsstatus* begleitet wird. Ganz im Gegenteil, wir finden eine Menge Spannung! Dabei ist die vierte Spalte nicht nur mit zahlreichen, sondern auch teilweise recht *schwerwiegend*en Spannungsaspekten bestückt.

In der ersten, besonders günstigen Spalte des Spannungsstatus finden sich ungewöhnlich viele Aspekte, was für die Beziehung eine starke Hilfe bedeutet. Die Konjunktion von *Venus und Neptun, die Opposition von Venus und Mond* sowie *die Konjunktion von Mond und Mondknoten (erste Spalte)* sprechen eine klare Sprache. Sie erzählen uns vom gefühlvollen, weichen und emotional stark engagierten Zusammenhalt dieser beiden Menschen. Die Verbindungen von *Merkur Konjunktion Mars, Pluto Konjunktion Mars* und *Pluto Konjunktion Merkur* andrerseits, die sämtlich in einem Interstellium vereint sind *(ebenfalls erste Spalte)*, erzählen uns von der geballten Durchschlagskraft dieses Paares im Denken und Handeln sowie in ihrer Kommunikation mit der Öffentlichkeit. Allerdings deutet sich hier auch schon an, wie sich diese beiden gegenseitig in hitzigen Debatten argumentativ zu überzeugen versuchen. Für eine *Ehe* – Bill und Hillary sind seit 1975 verheiratet – scheint das Maß an Spannung in den letzten beiden Spalten sehr hoch zu liegen. Wir finden nur 39% hilfreicher Aspekte, denen 61% spannungsgeladener Aspekte gegenüberstehen. Dabei liegen einige der aufgeführten harten Spannungsaspekte außerhalb unseres 5-Grad-Partnerschaftsorbis *(vierte Spalte)*. Sie müssen aber einbezogen werden, da sie sämtlich in wichtige Interaspektfiguren eingebunden sind, so daß sich ihre Wirkung verstärkt, was den größeren Orbis (7 Grad) wettmacht.

Wir erinnern uns, daß die Sonnenvereinbarkeit von Bill und Hillary im Mittelbereich war *(Dreikommafünf)*. Von daher sind die vielen Quadrate auf die *Sonne*, darunter die beiden harten Spannungsaspekte von Saturn, *(Saturn Konjunktion Sonne, Saturn Quadrat Sonne)* mit Vorsicht zu betrachten. Im Bereich der Sonne erziehen oder bevormunden sich diese beiden möglicherweise gegenseitig; auf jeden Fall haben sie wechselseitig Autorität übereinander. Allerdings zeigen die starken Saturnkontakte auch ein hohes Maß an gegenseitiger Loyalität und eine enorm starke Bindung an. Auch die (bei der *Gesamtvereinbarkeit*) sehr verträglichen *Monde (Nullkommafünf)* bekommen ihr gerütteltes Maß an Spannung ab. Wir finden ein *Quadrat des Saturn auf Mond* und zusätzlich ein *Mond-Pluto-Quadrat*, wobei dieser letztere Aspekt zugleich einer ungeheuren Anziehung entspricht, insbesondere, wenn wir berücksichtigen, daß auch noch ein *Quadrat des Pluto zur Venus* existiert! Bills Pluto steht im Quadrat zu Hillarys Venus und Hillarys Pluto steht im Quadrat zu Bills Mond. Hier kann man wirklich von einem gegenseitigen Verlangen sprechen, einander zu verschlingen, zu beherrschen, zu vereinnahmen, zu »fressen« und ganz tief in das Gegenüber einzudringen. Auch unter erotischen Gesichtspunkten sind dies »heiße« Aspekte. Mit Mond-Pluto- und Venus-Pluto-Verbindungen kann man nur schwer voneinander lassen, da jeder vom anderen förmlich wie besessen ist. Also doch Clinch?

Immer mehr kristallisiert sich das Bild einer Verbindung heraus, in der beide Protagonisten heftig miteinander und umeinander ringen und gemeinsam für bestimmte Ziele in der Außenwelt kämpfen. Eine gegenseitige unrealistische Idealisierung ist ebenfalls nicht auszuschließen, da wir auch eine Menge spannungsgeladener *Neptunenergie* finden. So steht Hillarys *Neptun in Konjunktion zu* Bills *Venus* und in einer etwas weiteren *Konjunktion zu seiner Ballung von Mars und Neptun um den Aszendenten* in Waage. Hillarys *Neptun* steht außerdem im *Quadrat zu* Bills *Medium coeli*. Zwar handelt es sich hier um einen Wiederholungsaspekt (beide sind etwa gleichaltrig), doch sind solche Wiederholungsaspekte, *wenn sie mit persönlichen Planeten oder Punkten verknüpft* sind, aller Erfahrung nach wirksam. Vermutlich idealisiert Hillary Clinton ihren Mann. Bills

Neptun andererseits steht im Quadrat zu Hillarys Aszendenten und in einer plaktischen Opposition zu ihrem Mond (Orbis 7.7 Grad); auch hier deutet sich eine stärkere Tendenz zur Idealisierung an. Gleichzeitig können diese Aspekte aber auch durchaus einer gelegentlichen bewußten Täuschung und Irreführung Hillarys durch Bill entsprechen *(Neptun Quadrat Aszendent)* und einer Tendenz, sie letztlich ungeborgen und unbehaust zurückzulassen *(Neptun Opposition Mond)*. Betrachtet man diesen *Spannungsstatus* und die *Gesamtvereinbarkeit*, so drängt sich unwillkürlich der Gedanke auf, daß an den Insiderberichten über eine äußerst turbulente Clinch-Beziehung mit beiderseitigen Machtspielen wohl doch einiges zutreffend sein könnte.

Auf jeden Fall scheint das Gesamtmaß an Spannung – selbst in Verbindung mit der ausgezeichneten *Gesamtvereinbarkeit* – für eine *Dauerbeziehung* insgesamt sehr hoch zu liegen. Bill und Hillary Clinton haben jedoch die Möglichkeit, dieses sehr hohe Maß an Spannung über ihre öffentlichen Ämter und ihren politischen Rang *(Saturn)* zu kanalisieren, was ihre Beziehung von übermäßiger Spannung entlastet. Vielleicht aber gehören Hillary und Bill Clinton auch zu den außergewöhnlichen Menschen, die in der Lage sind, ihre Spannungsinteraspekte auf einem hohem Niveau zu leben und das darin liegende Wachstumspotential voll auszuschöpfen. Die Zeit wird es erweisen.

Irreführung und kühle Staatsräson
Diana und Charles von England

Ein Beispiel für eine wenig harmonische Verbindung ist die inzwischen unter lebhafter Anteilnahme der internationalen Klatschpresse geschiedene Ehe von Lady *Diana* und dem englischen Thronfolger *Charles*. Ihre *Gesamtvereinbarkeit* hat die Gesamtnote 22, eine Bewertung, die schon deutlich schlechter ist als die von Hillary und Bill. Dennoch ist auch hier die Durchschnittsnote nur bedingt aussagekräftig. Läge jedes der sieben Partnerschaftsfelder ungefähr bei *Drei*, so könnte ein Paar damit noch gut leben. Im Fall von Diana und Charles verhält es sich indessen anders, wie uns ein Blick auf ihre Gesamtvereinbarkeit zeigt. Während wir bei der *Kommunikation (Merkur)*, den ästhetischen Vorlieben *(Venus)* und bei der *Kooperation* und *Sexualität (Mars)* eine ausgezeichnete Übereinstimmung finden, zeigen *Sonne, Mond, Aszendent* und *Medium coeli* kein berauschendes Bild.

Insbesondere bei der SONNE sieht es miserabel aus. Wir sehen auf Anhieb die grobe Unvereinbarkeit der beiden stärksten Potentiale Pluto

Radix
Diana, Princess of Wales

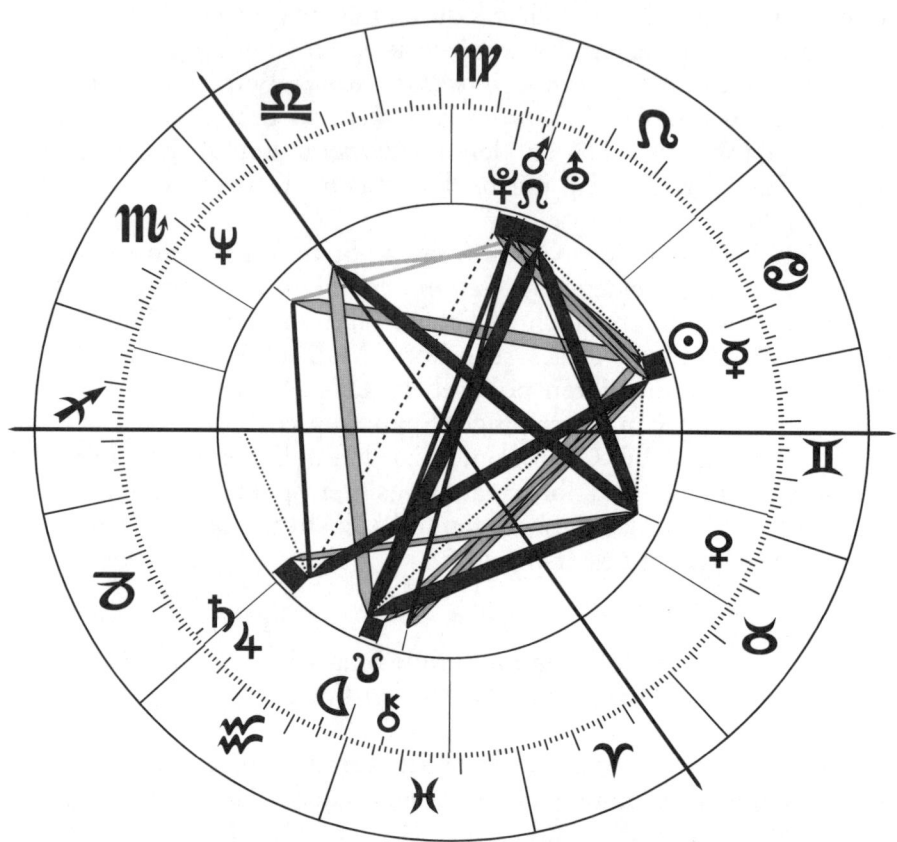

☉	9° 39'	♋
☽	25° 02'	♒
☿	3° 12'	♋
♀	24° 23'	♉
♂	1° 38'	♍
♃	5° 05'	♒
♄	27° 48'	♑
♅	23° 20'	♌
♆	8° 38'	♏
♇	6° 03'	♍
☊	29° 42'	♌
⚷	6° 27'	♓

A	18° 46'	♐
2	0° 07'	♒
3	18° 23'	♓
M	23° 03'	♎
11	16° 08'	♏
12	3° 30'	♐

Diana, Princess of Wales
1. 7. 1961, 19:45 MEZ
Sandringham / GB, 0E30, 52N30

Häuser nach Placidus

Radix
Charles von England

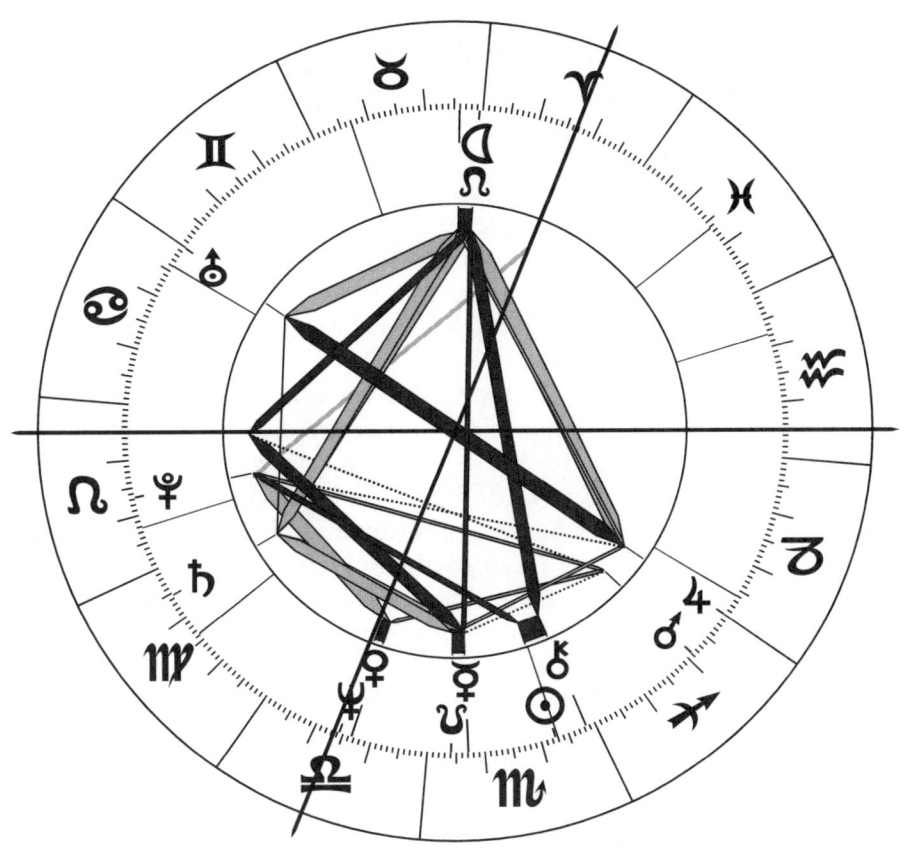

☉	22° 25' ♏	
☽	0° 25' ♉	
☿	6° 57' ♏	
♀	16° 22' ♎	
♂	20° 56' ♐	
♃	29° 52' ♐	
♄	5° 16' ♍	
♅	29° 55' ♊	
♆	14° 07' ♎	
♇	16° 33' ♌	
☊	3° 55' ♉	
⚷	28° 15' ♏	

A	5° 20' ♌
2	22° 06' ♌
3	13° 35' ♍
M	13° 12' ♈
11	22° 50' ♉
12	3° 46' ♋

Charles von England
14. 11. 1948, 21:14 GMT
London / GB, 0W10, 51N30

Häuser nach Placidus

(59%) und Venus (36%). Zwar kann Charles' *Pluto* zum Teil durch Dianas kombinierte *Mond-Pluto-Merkurfarben* (43%) aufgefangen werden, aber ein Ausgleich ist dies nicht. Wir müssen also Regel 1 anwenden und die Bewertung um zwei Punkte senken. Auch können wir Charles' *Mondfarbe* (24%) Dianas *Venusfarbe* (36%) gegenüberstellen. Das Potential an *Venus* ist jedoch bei Diana größer als 35%, während Charles überhaupt keine Venusfarbe in seiner Sonne aufweist, so daß wir die Note um einen weiteren Punkt absenken müssen *(Regel 2)*. Auch ist Charles *Plutofarbe* erheblich größer als 35%. Nun weist zwar Diana eine kleine Menge *Pluto* in ihrer Sonne auf (7%), doch ist dies kein Äquivalent, so daß die Bewertung noch einmal herabgesetzt werden muß *(Regel 2)*. Und wären wir damit nicht bereits bei *Sechs*, so müßte auch noch Regel 6 angewandt werden, da Diana und Charles weniger als ein Drittel gleiche Archetypen aufweisen *(Sieben)*. Die Sonnen des königlichen Paares sind also äußerst dissonant!

Auch die beiden MONDE sind schlecht vereinbar. Wenn wir bedenken, daß in langjährigen Beziehungen die Mondverträglichkeit im allgemeinen immer ziemlich hoch ist, so muß eine Mondvereinbarkeit von *Fünf* wirklich als dramatisch gelten! Größtenteils verantwortlich für die geringe Mondvereinbarkeit ist der scharfe Gegensatz zwischen der *Saturn*farbe in Charles Mond (24%) und der *Uranus*farbe in Dianas Mond (31%); Saturn und Uranus aber sind extreme Antipoden. Eine *Venus/Saturn*färbung des Mondes von 64% und eine *Venus/Uranus*färbung des Mondes von 62% sind eben ziemlich gegensätzlich.

Ebenfalls nicht gut sieht es beim ASZENDENTEN aus. Obwohl die Farben auf den ersten Blick ganz verträglich wirken, und Jupiter in seiner Jokerfunktion ja fast zu allen Archetypen paßt, erbringt eine genaue Prüfung doch, daß die Aszendenten nur von äußerst geringer Vereinbarkeit sind. Zwar können wir *Sonne* (24%) zu *Jupiter* (60%) ordnen, *Mond* (24%) zu dem überschießenden Teil von *Jupiter* (36%), der noch nicht abgedeckt wurde und *Merkur-Mars* (35%) zu *Uranus* (40%), denn alle diese Energien sind kompatibel. So kommen wir immerhin auf 83 Punkte *(Einskommafünf)*. Nun sind aber sowohl Dianas *Jupiter*farbe von 60% als auch ihre *Uranus*farbe von 40% größer als 35% *(Regel 2)*, während Charles diese Farben nicht einmal ansatzweise aufweist; wir müssen also die Gesamtnote um zwei Punkte absenken. So kommen wir bei der Aszendentenverträglichkeit nur auf eine *Dreikommafünf*. Außerdem haben Charles und Diana keinen einzigen Archetypus in ihrem Aszendentenprofil gemeinsam, so daß wir bei *Vierkommafünf* landen (Regel 6). Natürlich erinnern wir uns dabei sofort an die öffentlichen Auftritte des englischen Thronfolgerpaares: Diana unbefangen, lebendig und alle Welt entzückend (*Jupiter-Uranus-Farben* in Dianas Aszendent 100%!), während der wesentlich introvertierter angelegte Prinz ihr eher schweigsam, zugeknöpft und oft mürrisch hinterhertrottete (*Mond-Pluto-Merkur-Farben* 65%).

Gesamtvereinbarkeit für: Charles und Diana													
☉ Wesenskern Wille Persönlichkeit		☽ Intimitäts-bedürfnis Gefühlsleben		☿ Kommuni-kation Denkweise		♀ Liebe Erotik Geschmack		♂ Sexualität Kooperation		AC Auftreten nach aussen, Selbst-präsentation		MC Ziel-vorstellungen Ehrgeiz	
Charl.	Diana	Charl.	Diana	Charl.	Diana	Charl.	Diana	Charl.	Diana	Charl.	Diana	Charl.	Diana
♇ 59	♀ 36	♀ 40	♀ 31	☽ 38	☽ 19	♀ 26	☉ 24	♃ 30	♇ 30	☉ 24	♃ 60	♀ 25	♀ 45
☽ 24	☽ 22	♄ 24	♅ 31	♇ 24	♀ 19	☽ 21	♀ 21	☉ 30	☽ 22	☽ 24	♅ 40	♂ 25	♄ 22
☉ 17	♅ 14	☿ 20	♂ 23	☉ 9.5	♇ 14	♆ 21	☽ 17	♇ 20	☿ 22	☿ 24		♆ 25	☽ 11
	☿ 14	♃ 8	☉ 15	♂ 9.5	♅ $9.\overline{6}$	♂ 8	♅ 14	☿ 10	♅ 11	♇ 17		♃ 12.5	♇ 11
	♆ 7	♅ 8		♄ 9.5	♂ $9.\overline{6}$	♇ 8	☿ 10	♀ 10	♃ 7.5	♂ 11		♇ 12.5	♅ 11
	♇ 7			☿ 9.5	♃ $9.\overline{6}$	♅ 8	♂ 7		♀ 7.5				
					☉ $9.\overline{6}$	☿ 8	♄ 7						
					♆ $9.\overline{6}$								
6		5		0.5		0.5		1.5		4.5		4	
Summe: 22													

Die *durchschnittliche* Vereinbarkeit von Diana und Charles liegt also im mittleren Bereich, wobei die Partnerschaftsfelder MERKUR, VENUS und MARS sehr gutgestellt sind und das *Medium coeli* gerade noch im Toleranzbereich liegt. Hingegen lassen *Sonne, Mond* und *Aszendent* sehr zu wünschen übrig. Natürlich war zumindest der weibliche Part dieser sehr unglücklichen Verbindung, Diana, bei ihrer Trauung aufrichtig verliebt, eine Tatsache, die die gute Vereinbarkeit von Venus und Mars (Erotik und Sexualität) erklärt. (Wir erinnern uns daran, daß Menschen *psychische Detektoren* haben, mit denen sie die Energien in ihren potentiellen Partnern »erspüren« können.) Andrerseits war, wie wir heute wissen, der zweite Protagonist dieses königlichen Dramas bei seiner Eheschließung mit der jungen Kindergärtnerin *keineswegs* verliebt; für *ihn* handelte es sich vielmehr schlichtweg um eine aus kühler Staatsräson vollzogene Pflichtehe. Dies erklärt vermutlich die extrem schlechte Vereinbarkeit der beiden Sonnen und die wenig beeindruckende Vereinbarkeit der Monde: Diese komplexen Energien erschließen sich dem Menschen

Spannungsstatus für: Diana und Charles			
fördernde Interaspekte		*spannungserzeugende Interaspekte*	
1 ☌ ☍	2 △ ✶	3 ∟ ⚼ ⚻	4 ☌ □ ☍
☉☍♀ ♃☍A ♂☌A ♀☌M ♃☍☿	☊△♂ ♂✶M ☊△♃ A△♇ ☊✶♅ A✶♆ ☊△♇ A✶♀ ☊△☊ ☊✶☿ ☊△☽ ♃✶☽ ♅△☽ ☿✶☽ ♂△☽ ♂✶☽ ♂△♃ ♂✶♅ ♂△♅ ☿✶♇ ☿✶♄ ☿△☿ ☿△☉ ♄✶☉	☊∟♆ ☊⚼M ☊∟♀ ☊⚼A A⚼A ☽⚼A ☉⚼☉ ☿∟♇ ♀∟♂ ♃∟♂ ♆∟♂ ♆∟♂	♆□☉ ♆☌☿ ♆☍☊ ♆□A ♄□☽ ♄□☊ ♄☌♂ ♄☌☊ ♅☌☿ ♅□☉ M□☉ ♀□☉ ☽□☉ ☽□♃ ☊□♃ ☿□♃ ♆ 8.2 ☍ ☽ ♆ 8.9 ☌ M ♄ 7.6 ☍ A ☉ 7.3 □ ☊
5	24	12	16
Interaspekte von Saturn, Jupiter, Uranus, Neptun und Pluto zueinander			
	♄✶♆	♄⚻♅ ♄⚻♃	♄☌♇ ⚷☍♀ ♅☌♇ ⚷□♂ ⚷☍♄ ⚷□♅ ⚷□☽ ⚷□☊
	1	2	2
5	25	14	18
Summe: 62 30 : 32 +48% : -52%			

wesentlich langsamer als Mars- oder Venusenergien und werden somit erst nach einiger Zeit spürbar[22].

Auf Seite 222 finden wir den *Spannungsstatus* von Diana und Charles. Rein quantitativ ist er nicht schlecht. Wir finden eine Relation von 48% hilfreichen zu 52% spannungsgeladenen Interaspekten, was erfreulich aussieht, doch ist diese Relation ja nur unser allererster Anhaltspunkt. Die lange Reihe von Sextilen und Trigonen *(zweite Spalte)* wirkt bestechend, doch bestehen viele dieser harmonischen Relationen zum Mondknoten, zum Mars, zu Merkur und zum Aszendenten. Auffällig sind die vielen Verbindungen zum Mondknoten, die teils harmonischer, teils spannungsgeladener Natur sind (insgesamt 15). Nun bedeuten Mondknotenverbindungen zunächst einmal nichts anderes als eben *Verbindung*! Sie werden erst durch Interaspekte mit anderen Planeten mit Leben und Farbe gefüllt und bekommen erst dadurch den ihnen spezifischen Charakter aufgeprägt. Interaspekte zur Venus sind äußerst rar, während Mars (Zusammenarbeit und Sexualität) und Merkur (Kommunikation) ganz gut dastehen, ebenso wie Verbindungen zum Aszendenten *(erste und zweite Spalte)*. Wir finden auch zehn Aspekte mit Jupiter, von denen immerhin fünf hilfreicher Natur sind.

Dies könnte ein guter Spannungsstatus sein, wären nicht viele der harten Spannungsaspekte in der *vierten Spalte* besonders schwierig. Wir sehen auf einen Blick etliche harte Interaspekte mit *Saturn*, die untereinander noch durch zwei Interaspektfiguren verbunden sind *(vierte Spalte)*. Das gleiche gilt für mehrere harte Interaspekte mit *Neptun,* von denen sich einige zusammen mit Saturn zu einem Karmaquadrat zusammenfügen. Die *Doppelbetonungen von Saturn Quadrat Mondknoten und Saturn Konjunktion Mondknoten* sowie *Saturn Konjunktion Mars, Saturn Konjunktion Pluto und Saturn Quadrat Mond* sprechen eine deutliche Sprache: Sie erzählen uns von der Härte und Kälte, die in dieser Beziehung geherrscht haben muß. Wir finden insgesamt elf Interaspekte mit Saturn, von denen die meisten Spannungsaspekte sind. Auch Neptuninteraspekte sind reichlich vertreten. Von neun Neptuninteraspekten sind nur zwei harmonisch, bezeichnenderweise das *Sextil zwischen Aszendent und Neptun* und ein *Sextil zwischen Saturn und Neptun,* das für sich genommen auch nicht gerade ein reiner Glücksquell ist. (Die gerastert gedruckten Aspekte in der *vierten Spalte* – unter denen sich zwei weitere Spannungsaspekte mit Neptun befinden – sind Aspekte, die zwar in Aspektfiguren eingebunden sind, aber außerhalb unseres Aspektfiguren-Orbis von sieben Grad liegen. Sie wurden – wegen ihrer Einbindung in komplexe Interaspektfiguren – zwar aufgeführt, aber nicht mitgezählt!)

Insgesamt zeigt das hohe Maß an harten Saturn- und Neptunspannungsinteraspekten, die sich zudem noch zu einem Karmaquadrat und einem T-Quadrat formieren, sehr deutlich die Atmosphäre dieser durch Staatsräson zustandegekommenen Verbindung auf. Neptuns harte Verbindungen deuten Dianas unrealistische Idealisierung des Thronfolgers und ihre Blauäugigkeit an, die sie die Ehe mit einem sie nicht liebenden Mann eingehen ließ, ebenso wie die bewußte Irreführung des verliebten jungen Mädchens durch die amtierende Monarchin und ihren willfährigen Sohn *(Neptun Quadrat Aszendent, Neptun Opposition Mond, Neptun Quadrat Sonne, Neptun Konjunktion Merkur und ganz besonders Neptun Opposition Mondknoten)*. Saturns harte Aspekte zeigen die Härte, Kälte und Lieblosigkeit der Beziehung an.

In diesem Zusammenhang ist ein Spotlight auf die von Diana entwickelte *Bulimie* (Eß-Brechsucht) interessant: Die Prinzessin weist in ihrem Geburtshoroskop eine in harter T-Quadrat-Verspannung stehende *Stiervenus* auf, womit der Ernährungsaspekt gleich dreifach betont ist (Stier und Venus haben beide mit Nahrung zu tun, ebenso wie der ins T-Quadrat eingebundene Mond im zweiten Haus). Es liegt auf der Hand, daß ein seelisch gesunder Mensch es bemerkt hätte, nicht wiedergeliebt zu werden und diese Ehe vermieden hätte. Ein tiefer *Mangel an Selbstwert* sowie *Kontrollsucht* aber sind typische Merkmale von *Abhängigen* jeder Couleur, also auch von Eß-Brechsüchtigen. Natürlich wird hier nicht behauptet, Charles' Verhalten habe Diana zur Bulimikerin gemacht. Vielmehr ist zu vermuten, daß Dianas Erkrankung schon vor der Eheschließung bestand und ihre blinde Auswahl eines sie nicht liebenden Mannes in direktem Zusammenhang mit ihrem »seelischen Hunger« stand. (Ich habe diese Zusammenhänge in meinem Buch: *Die verzauberte Seele, Sucht und Spiritualität im Kosmogramm*, ausführlich analysiert.)

Vermutlich hätte ein Paar mit gut entwickeltem Bewußtsein mit diesem Spannungsstatus noch leben können, wäre nicht die Vereinbarkeit von Sonne und Mond so gering gewesen. Schon allein eine Sonne von *Sechs* und ein Aszendent von *Vierkommafünf* hätten ausgereicht, um die Beziehung – in Verbindung mit den qualitativ schwierigen Spannungsinteraspekten und dem gleichzeitigen Mangel an Venusinteraspekten – in Frage zu stellen. Die Unvereinbarkeit von Sonne *und* Mond jedoch zeigt eine tiefgehende Unterschiedlichkeit beider Menschen in ihrer gesamten Persönlichkeit, in ihrem Gefühlsleben und im Ausdruck ihres *inneren Kindes* (Mond) an.

Man muß sich im klaren sein, daß die *Gesamtvereinbarkeit* gegenüber dem *Spannungsstatus* das aussagefähigere Instrument ist. Ist die Vereinbarkeit zweier Menschen ziemlich hoch (wie bei Bill und Hillary), so kann ein relativ hohes Maß an Spannung toleriert werden. Weist hingegen die *Gesamtvereinbarkeit* zweier Menschen wesentliche Schwachgebiete auf (wie bei Diana und Charles), so kann ein quantitativ gar nicht mal so hohes Maß harter Spannungsinteraspekte der Beziehung den Garaus machen. Bei Unverträglichkeit wesentlicher Persönlichkeitsbereiche schlagen harte Spannungsinteraspekte eben doppelt und dreifach durch! Auch eine weitere Überlegung macht klar, warum die *Gesamtvereinbarkeit* gegenüber dem *Spannungsstatus* das aussagekräftigere Instrument ist: Zwischen den Horoskopen zweier Menschen bilden sich immer eine Fülle von Interaspekten, ganz gleich, ob diese beiden Menschen eine Liebesbeziehung haben, zusammen arbeiten oder sich nie gesehen haben. Ich kann das Kosmogramm von Marylin Monroe zu dem von Nelson Mandela in Beziehung setzen und fände vielleicht eine Fülle von interessanten oder auch schrecklichen Interaspekten – dennoch besteht zwischen Monroe und Mandela keine Beziehung. Was ich damit sagen will, ist folgendes: Der *Spannungsstatus,* gebildet aus den Interaspekten zweier Partner, wird erst interessant, wenn eine Beziehung zwischen beiden besteht *und* wir Informationen über die *Gesamtvereinbarkeit* dieser Menschen haben, nicht vorher. *Das primäre Informationsinstrument ist die energetische Vereinbarkeit zweier Menschen!*

Wenn wir uns an die von Journalisten und Astrologen eifrig kommentierte *Traumehe* von Charles und Diana erinnern, die jahrelang in glühenden Farben gemalt durch die einschlägigen Gazetten geisterte, so mutet die Bilanz, die wir hier ziehen müssen, doch ein wenig trübselig an. Man kann von Journalisten nicht unbedingt erwarten, daß sie hinter die Fassade blicken, aber von Astrologen schon. Wir lasen damals Dinge wie: *Diana und Charles passen glänzend zueinander, weil seine Sonne in Opposition zu ihrer Venus steht und sein Mond in Stier genau im Trigon zu ihrem Mars in Jungfrau! Usw., usf.!* Mit der isolierten Betrachtung einiger guter (oder schlechter) Einzelaspekte kommt man eben in der Synastrie nicht besonders weit! Die Aufstellung des differenzierten *Spannungsstatus'* – in Verbindung mit der miserablen Sonnen- und Mond*vereinbarkeit* – macht klar, daß es sich hier um eine wenig glückliche Verbindung handelt. Insbesondere die zahlreichen harten Interaspekte zu Neptun (*Neptun Quadrat Aszendent, Neptun Opposition Mond, Neptun Quadrat Sonne. Neptun Konjunktion Merkur und ganz besonders Neptun Opposition Mondknoten* [ein Aspekt, der nach Ebertin schon per se für eine aussichtslose Verbindung steht[23]]), sprechen hier eine ganz andere Sprache.

Der Vollständigkeit halber sei noch auf die außergewöhnlich zahlreichen, harten Spannungsinteraspekte des Chiron hingewiesen. Chiron ist zwar – weil die vorliegenden empirischen Erfahrungen mit Chiron in der Partneranalyse noch zu geringfügig sind – in unserem *Spannungsstatus* nicht enthalten. Indessen werfe ich immer einen Blick auf seine Aspekte, um ihn wenigstens informell mit einfließen lassen zu können. Daß zahlreiche Spannungsinteraspekte zu Chiron in einer ohnehin schon schwierigen Verbindung kein Glücksquell sind, ist unmittelbar klar, da Chiron – ohne erarbeitete Bewußtheit und Akzeptanz – zunächst einmal schlicht unsere (grundsätzlich unheilbare) Wunde beschreibt. *Chiron* steht in *Opposition zu Saturn, im Quadrat zum Mond, in Opposition zu Venus, im Quadrat zu Mars, im Quadrat zu Uranus und im Quadrat zum Mondknoten,* was die in dieser Ehe angesprochenen schmerzlichen Aspekte noch einmal nachdrücklich unterstreicht.

Explosionsgefahr inbegriffen!
Mia Farrow und Woody Allen

Auch die Ehe von Mia Farrow und Woody Allen ist inzwischen – sogar unter noch größerem Pressegetöse – geschieden worden. Die Umstände der Trennung waren äußerst dramatisch und anstößig. Der damals fast sechzigjährige Regisseur Woody Allen machte die achtzehnjährige, im

Gesamtvereinbarkeit für: Woody und Mia						
☉	☽	☿	♀	♂	AC	MC
Wesenskern Wille Persönlichkeit	Intimitäts- bedürfnis Gefühlsleben	Kommuni- kation Denkweise	Liebe Erotik Geschmack	Sexualität Kooperation	Auftreten nach aussen, Selbst- präsentation	Ziel- vorstellungen Ehrgeiz
Woody / Mia	Woody / Mia	Woody / Mia	Woody / Mia	Woody / Mia	Woody / Mia	Woody / Mia
♃ 28 ♄ 32	☿ 29 ♄ 30	♃ 36 ♄ 30	♀ 22 ♆ 23	☉ 22 ♄ 47	☿ 40 ☿ 22.2̄	♀ 38 ♄ 29
♄ 17 ⚷ 26	⚷ 24 ♃ 13.3̄	☽ 14 ⚷ 23	☿ 19 ♄ 17	♄ 15 ⚷ 17	♃ 30 ♀ 22.2̄	☽ 25 ♂ 29
♆ 14 ♆ 10.5	♀ 24 ♀ 13.3̄	♄ 14 ♇ 15	♂ 15 ♇ 15	⚷ 15 ♃ 12	♄ 20 ♀ 22.2̄	♂ 12.3̄ ☽ 14
☽ 11 ♀ 10.5	♇ 11.5 ♇ 13.3̄	☉ 14 ☿ 8	♇ 15 ♂ 12	♇ 15 ☽ 12	⚷ 10 ♂ 11.1̄	♄ 12.3̄ ⚷ 14
☿ 11 ☿ 10.5	♄ 11.5 ☽ 13.3̄	♀ 14 ♀ 8	♃ 7.25 ☽ 12	♀ 15 ♀ 12	♃ 11.1̄	♇ 12.3̄ ♃ 14
♂ 8 ☉ 10.5	♇ 10	⚷ 8 ♆ 8	☉ 7.25 ☉ 9	♆ 11	☽ 11.1̄	
♀ 5.5	⚷ 6.6̄		☽ 7.25 ⚷ 6	☿ 7		
♇ 5.5		☽ 8	♇ 7.25 ☿ 6			
			♆ 7.25 ♀ 6			
3	**0.5**	**4.5**	**0.5**	**4**	**2.5**	**6**
Summe: 21						

Explosionsgefahr inbegriffen! Mia Farrow und Woody Allen

Radix
Mia Farrow

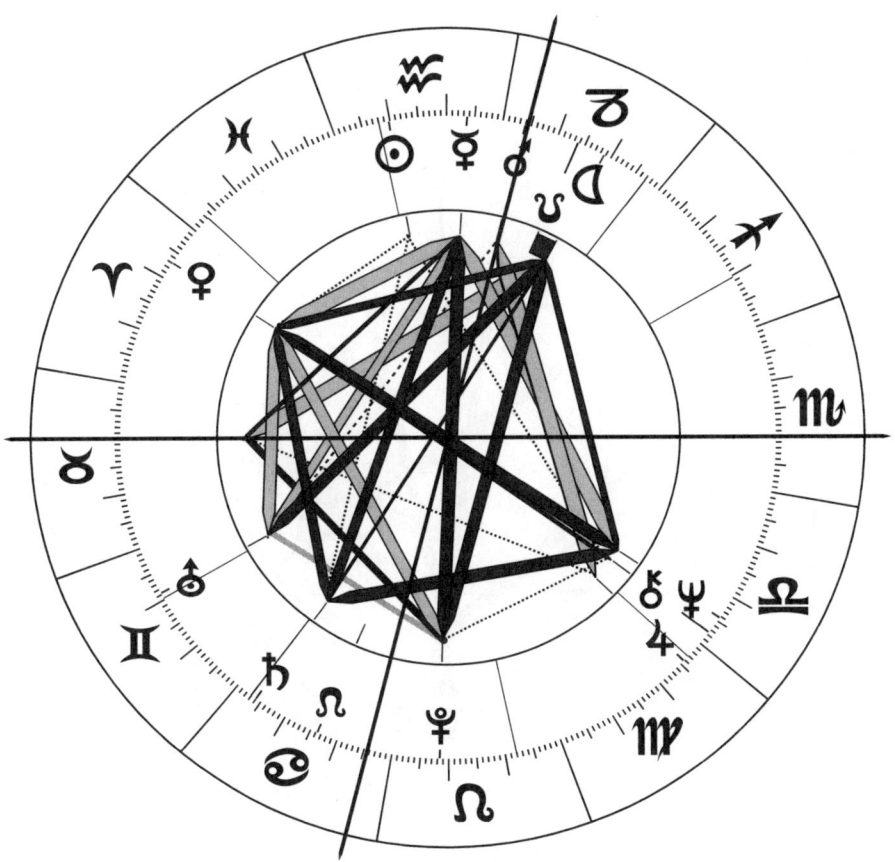

☉	20° 39'	♒
☽	11° 40'	♉
☿	6° 50'	♒
♀	7° 21'	♈
♂	26° 26'	♉
♃	26° 13'	♍
♄	4° 22'	♋
♅	9° 07'	♊
♆	6° 08'	♎
♇	8° 50'	♌
☊	16° 41'	♋
⚷	2° 53'	♎

A	10° 55'	♉
2	10° 09'	♊
3	3° 21'	♋
M	25° 59'	♉
11	22° 22'	♒
12	27° 16'	♓

Mia Farrow
9. 2. 1945, 11:27
Los Angeles / USA, 118W14, 34N03

Häuser nach Placidus

Radix
Woody Allen

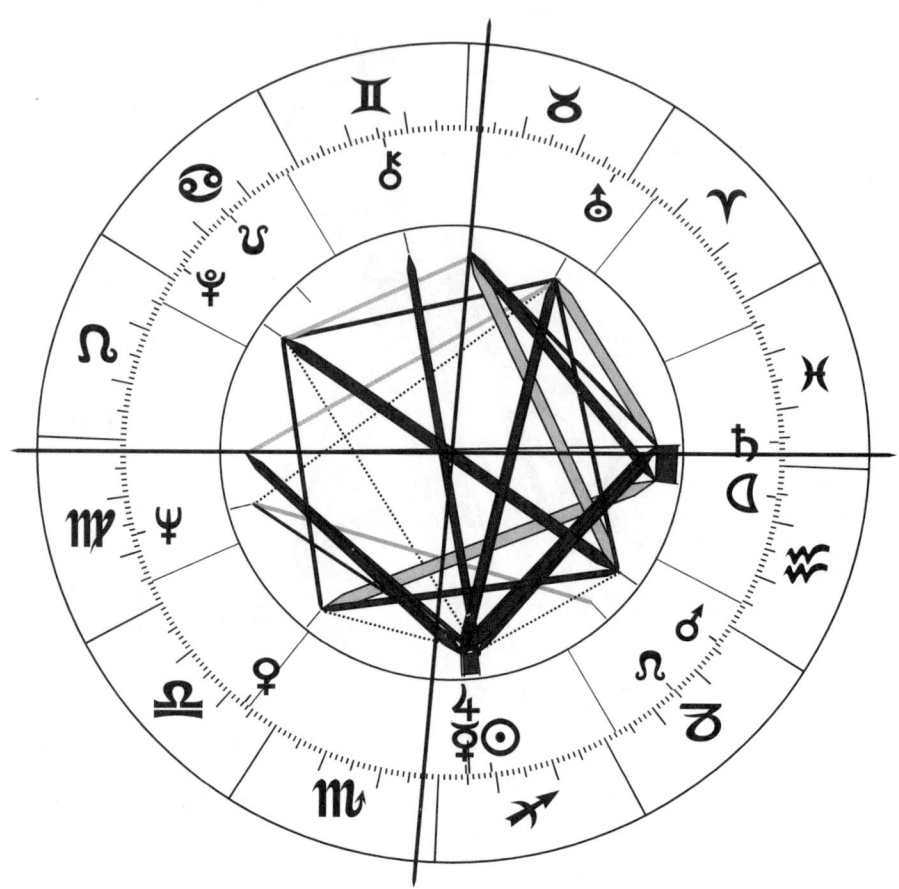

☉	9° 02' ♐
☽	24° 06' ♒
☿	4° 30' ♐
♀	22° 53' ♎
♂	26° 05' ♉
♃	5° 06' ♐
♄	4° 00' ♓
♅	2° 10' ♉
♆	16° 40' ♍
♇	27° 10' ♋
☊	14° 30' ♉
⚷	13° 57' ♊

A	2° 15' ♍
2	25° 33' ♍
3	23° 58' ♎
M	27° 11' ♉
11	2° 01' ♋
12	4° 13' ♌

Woody Allen
1. 12. 1935, 22:55
New York / USA, 73W57, 40N45

Häuser nach Placidus

gemeinsamen Haushalt lebende Adoptivtochter seiner Frau, *Song-Li*, zu seiner Geliebten. Die Schauspielerin Mia Farrow beschuldigte ihren Mann Woody des sexuellen Mißbrauchs an seiner vierjährigen Adoptivtochter Dylan. Ein griechisches Drama von klassischen Ausmaßen.

Die *Gesamtvereinbarkeit* von Mia und Woody sieht mit 21 Punkten nur wenig besser aus als die von Diana und Charles. Bei genauerem Hinsehen bemerken wir überdies wesentliche Unterschiede. Bei Diana und Charles war die Verträglichkeit von Sonne und Mond miserabel. Bei Mia und Woody ist die Vereinbarkeit des MONDES hervorragend *(Nullkommafünf)* und die der SONNE im Mittelfeld *(Drei)*. VENUS zeigt ebenfalls eine wunderbare Verträglichkeit *(Nullkommafünf)*! Auch der ASZENDENT liegt mit *Zweikommafünf* gut im Rennen. Schlecht hingegen sieht es mit der Kommunikation von Mia und Woody aus: Die beiden MERKURE sind beinahe unverträglich *(Vierkommafünf)*! Gerade noch im Toleranzbereich liegt MARS *(Vier)*. Wie wir sehen, sind bei Mias und Woodys Marsprofilen die beiden stärksten Farben, *Sonne* und *Saturn*, *unverträglich*. Da Saturn nicht ausgeglichen ist, müssen wir die Bewertung der Marsvereinbarkeit um zwei Punkte absenken (Regel 1). Des weiteren kommt hier eine neue Regel zur Anwendung:

Regel (3): Ist eine Farbe bei einem Partner mindestens dreimal stärker als beim anderen, ohne daß ein Ausgleich möglich ist, so ist die Gesamtnote um eins herabzusetzen. Diese Regel darf aber nur angewandt werden, wenn das kleinere Potential mindestens 15% beträgt.

Mias *Saturn*farbe ist mit 47 Prozent mehr als dreimal stärker als die *Saturn*farbe Woodys (15%) und kann nicht ausgeglichen werden (die *Saturn*-, *Pluto*- und *Merkur*farben Woodys erreichen nicht die nötigen 85% von Mias Saturnpotential). Daher müssen wir Regel 3 anwenden und die Bewertung der Marsvereinbarkeit noch einmal um einen Punkt senken. (Die *Farbprofiltabellen* von Mia und Woody finden sich im Kapitel: *Praktische Übungen*). In ihrer Art, zu kooperieren und ihre Sexualität zu gestalten, sind also Mia und Woody mit *Vier* nicht gerade hervorragend verträglich.

Ganz düster aber sieht es bei den *Zielvorstellungen und dem Ehrgeiz* beider aus (Medium coeli *Sechs*). Haben zwei Menschen – wie hier Mia und Woody – beim Medium coeli eine *Fünf* oder *Sechs*, so ist dies bei einem jungen Paar meistens unproblematisch, da das Medium coeli für junge Menschen einfach noch kein wichtiger Lebensbereich ist. Die gleiche Situation ist hingegen bei einem reifen Paar sehr viel ungünstiger zu beurteilen. Je älter wir werden, desto mehr Gewicht gewinnt für uns unser

Medium coeli, und desto mehr leben wir dieses Medium coeli. In gewisser Hinsicht werden wir im Laufe unseres Lebens immer mehr zu unserem Medium coeli! Dieser Prozeß wird aber erst in den mittleren Lebensjahren richtig sichtbar. Deshalb ist es für ein reifes Paar keine gute Empfehlung, wenn die *Zielvorstellungen, die Bereiche, auf die sich der Ehrgeiz richtet und ihr Bedürfnis nach Status und Prestige* so unterschiedlich sind, daß wir dort eine *Fünf* oder *Sechs* finden. (Das gleiche gilt natürlich in erhöhtem Maße und in jedem Lebensalter für Menschen, die beruflich zusammenarbeiten wollen!).

Hier zeigt sich uns also ein sehr gegensätzliches Bild. Im emotionalen Bereich *(Mond und Venus)* verstanden sich Mia und Woody prachtvoll. Auch die Persönlichkeitskerne beider, ihr Wille und ihr Wunsch nach Autonomie *(Sonne)* war noch recht gut vereinbar. Ganz sicher aber hatten beide Menschen in weiten Bereichen unterschiedliche Zielvorstellungen und fanden unterschiedliche Dinge im Leben wichtig, wie die enormen Differenzen beim *Medium coeli* nahelegen. Dies dürfte ein größeres Problem in der Beziehung gewesen sein, da beide Protagonisten bereits in mittleren Jahren waren. Und bei einer *Merkur*vereinbarkeit von *Vierkommafünf* kann man ohne weiteres sagen, daß beide im Grunde fast in verschiedenen »Zungen« sprachen und sich nur mit Mühe *wirklich* verständigen konnten. Darüber hinaus läßt eine *Marsvereinbarkeit* von *Vier* – trotz der guten emotionalen Vereinbarkeit – nicht gerade auf eine *besonders* verträgliche Sexualität schließen. Damit sind drei wichtige Partnerschaftsbereiche gerade noch vereinbar oder unvereinbar.

Lange Zeit dürfte dies sicher durch die gute Verträglichkeit von Mond und Venus sowie die ordentliche Verträglichkeit der beiden Sonnen konterkariert worden sein, zumal ja auch die Aszendenten gut vereinbar sind *(Zweikommafünf)*. Dies hat sich sicherlich günstig ausgewirkt, da beide Menschen beruflich zusammenarbeiteten und sich daher viel in der Öffentlichkeit aufhielten. Wenn aber ein Paar im Grunde beinahe aneinander vorbeiredet, in der Sexualität nicht besonders gut übereinstimmt und überdies extreme Unterschiede bei den Zielvorstellungen zu verkraften hat, so wird sich dies auf Dauer doch bemerkbar machen. Im Grunde reicht *ein* Partnerschaftsfeld mit einer Bewertung von *Fünf* oder *Sechs*, um die ganze Verträglichkeit zweier Menschen in Frage zu stellen. Wenn dieses Manko nicht durch besonders gute Vereinbarkeit in zahlreichen anderen Partnerschaftsfeldern ausgeglichen wird, ist mit Schwierigkeiten zu rechnen.

Wenn wir uns Mias und Woodys *Spannungsstatus* ansehen, so sieht er auf den ersten Blick wirklich recht gut aus! Wir finden 47% hilfreicher gegenüber 53% spannungserzeugenden Interaspekten, was keine

Spannungsstatus für: Mia und Woody

fördernde Interaspekte		spannungserzeugende Interaspekte	
1 ☌ ☍	2 △ ✶	3 ⊥ ⚻ ⚼	4 ☌ □ ☍
☽☌☉	☉△♀	☉⊥♂	☿☍☿
☽☌☊	☉△♀	☉⚼A	☿□☿
♂☌M	☉✶♆	☉⊥M	☿□A
	☉△♇	☽⚻M	☿☍☉
	☉✶⚷	☽⊥☽	☿□♂
	☿✶⚷	☽⊥♀	☿□M
	♀△⚷	☽⚼♃	♇☌♂
	♆✶⚷	☽⚻♆	♇☍♿
	♇△⚷	☿⚼♄	♂☌♂
	♃✶⚷	☊⚻♄	♀□♂
	♃△♀	☊⊥A	♀□M
	♃△♂	☿⚻♀	☉□M
	♃△M	☿⚻♂	☊☍☊
	♂△M		
	M△M		
	♄△♄		
	♄✶A		
	☊✶A		
	☽△♆		
	☊✶⚷		
3	20	13	13

Interaspekte von Saturn, Jupiter, Uranus, Neptun und Pluto zueinander			
	♃✶♆	♄⚻♆	⚷□♇
	♃△♇	♄⚻♃	⚷□♄
	♃✶⚷		⚷☍♃
	♄✶⚷		⚷☌⚷
4	2	3	
3	24	15	16
Summe: 58 27 : 31 +47% : -53%			

schlechte Relation darstellt. Vor allem aber zeigt uns schon ein erster Blick, daß die *harten* Spannungsaspekte *(vierte Spalte)* nicht übermäßig zahlreich sind. Wir sehen im *Spannungsstatus*, daß sowohl Sonne als auch Merkur sehr begünstigt stehen und viele Trigone und Sextile empfangen *(zweite Spalte)*. Wir finden eine *Mond-Mondknoten-Konjunktion* und eine *Mond-Sonne-Konjunktion (erste Spalte)*, die ebenfalls für ein herzliches Einvernehmen sprechen. Wir haben zehn Aspekte mit Jupiter, davon sind sieben im hilfreichen Bereich. Natürlich sehen wir ebenso schnell, daß die harten Spannungsaspekte in der vierten Spalte zwar quantitativ nicht zahlreich sind, dafür aber sehr auffällig. Wir finden insgesamt zwölf Aspekte mit Uranus, von denen nur ein einziger harmonischer Natur ist. Uranus, in drei harte Spannungsfiguren eingebunden, zeigt sich hier von äußerst explosiver Seite. Insbesondere die *Doppelbetonungen von Uranus-Opposition-Merkur* und *Uranus-Quadrat-Merkur* dürften in Verbindung mit der äußerst geringen *Vereinbarkeit* beider Merkure *(Vierkommafünf)* zusätzliche Schwierigkeiten hervorgebracht haben. Wahrscheinlich haben diese Aspekte daran mitgewirkt, der Kommunikation beider jene Färbung von Irrationalität, »Verrücktheit« und Unberechenbarkeit zu verleihen, die dem Drama schließlich solch »olympische Dimensionen« verlieh. Da halfen auch die zahlreichen Sextile und Trigone zu Merkur nichts mehr *(zweite Spalte)*.

Harte *Uranus*interaspekte sind – wie ich in meinem Buch *Unser innerer Geliebter (Kapitel Karmische Beziehungsrollen)* ausführlich dargelegt habe – lange nicht so schmerzerzeugend wie harte Interaspekte zu *Saturn* oder *Pluto*. Selbst die *spannungsgeladenen* Interaspekte von Uranus haben noch eine anregende, beschwingte Seite. Allerdings kann hier die Stimulation leicht zu stark werden, so daß die angenehme Erregung in zerreißende Spannung umschlägt. Auch zeigt das *Quadrat zwischen Uranus und Mars*, daß Mia und Woody eigentlich nur mit Mühe zusammenarbeiten konnten, weil ihr Freiheitsbedürfnis und der Wunsch, unabhängig zu agieren, einfach zu groß sind. In die gleiche Richtung weist die *Opposition von Pluto zu Mars*: Hier geschieht es leicht, daß der Plutopartner *(Woody)* den Marspartner *(Mia)* ständig zu kontrollieren und letztlich an selbstbestimmtem Handeln zu hindern versucht.

Allein neun der insgesamt sechzehn Interaspekte in der vierten Spalte werden durch Uranus gebildet. Zwei Spannungsinteraspekte bestehen zu Venus, zwei zu Pluto. An diesen Spannungsinteraspekten ist auch des häufigeren Mars beteiligt *(Mars Opposition Pluto, Mars Quadrat Venus, Mars Quadrat Uranus, Mars Konjunktion Mars)*. Dies macht sofort klar, daß im erotisch-sexuellen Bereich ein gehöriges Spannungspotential bestanden haben muß: Einerseits ein hochgradiges gegenseitiges Interesse bis zum »Clinch« *(Pluto Konjunktion Immum coeli, Pluto Opposition Mars, Pluto Quadrat Uranus)*, andererseits ein exaltierter Wechsel beider Partner zwischen Nähe und Distanz *(Uranus)*. Mia setzt ihre *Mars-Medium coeli-Konjunktion* genau auf den äußerst gespannt stehenden Mars von Woody, der mit Uranus und Pluto ein T-Quadrat bildet. Wir wissen, daß die berufliche Zusammenarbeit von Mia und Woody fruchtbar war und sich in mehreren erfolgreichen Filmen niedergeschlagen hat. Wir wissen *nicht*, was sich in ihrer Sexualität abgespielt hat, aber wir können davon ausgehen, daß es explosiver und nicht immer erfreulicher Natur war – dies umso mehr, als die *Marsfarben* beider Menschen nicht besonders verträglich sind. Dies könnte wesentlich beigetragen haben zu der Verbitterung und bestürzenden Härte (bis hin zu völliger gegenseitiger Abwertung), mit der die späteren Auseinandersetzungen geführt wurden. Zu diesen Schlammschlachten dürfte auch die *Opposition von Pluto und Mars* großzügig beigetragen haben: Hier ist – wenn die Dinge einmal aus dem Ruder laufen und nicht beide Menschen sehr *bewußt* mit der Situation umgehen – *wirklich* Krieg angesagt!

Wir sehen auch, daß dem elektrisierenden Einfluß des starken Uranus und den spannungssteigernden *Pluto-* und *Mars-*Interaspekten *(vierte Spalte)*, die wie potentielle Sprengsätze anmuten, zu wenig festigender Saturneinfluß gegenübersteht. Wir finden nur wenige und kaum bedeutsame Interaspekte zu Saturn, deren Einfluß nicht geeignet war, diese sehr instabile Schwingung zwischen Mia und Woody aufzufangen. Ganz gewiß haben beide Partner das Potential, sich gegenseitig erheblich zu irritieren, zu stören und zu erschüttern. Vor allen Dingen aber spüren wir, welch explosive Mischung in der vierten Spalte zusammengekocht ist. *Pluto Opposition Medium coeli, Pluto Opposition Mars, Pluto Quadrat Uranus, Uranus Quadrat Mars und Uranus Quadrat Saturn* formen ein unglaublich hohes Maß an Spannung. Wir können diese Beziehung mit einem Kessel vergleichen, bis an den Rand gefüllt mit kochender, brodelnder Ursuppe, die jederzeit überschäumen oder sogar explodieren kann.

Insgesamt kann man also sagen, daß wir hier einen *quantitativ* recht guten Spannungsstatus vor uns haben: Aufgrund der enormen Spannung von *Uranus, Pluto* und *Mars* aber im Verbund mit einem generellen Mangel an beruhigenden und festigenden *Saturn*aspekten war die Beziehung insgesamt einfach zu instabil. Es scheint dies eine Lern- und Wachstumsbeziehung auf Zeit gewesen zu sein. Auch war ja die Vereinbarkeit beider zwar im *emotionalen Bereich* ausgezeichnet und im *Sonnen*bereich immerhin von mittlerer Güte, doch können wir das gleiche von den Partnerschaftsfeldern *Kommunikation (Merkur), Kooperation* und *Sexualität (Mars)* und

Zielvorstellungen (Medium coeli) nicht sagen. Die Vereinbarkeit beider im *Merkurbereich* war mit *Vierkommafünf* denkbar gering, doch zeigt ein relativ hohes Maß an versöhnlichen *Merkurinteraspekten*, daß dieser Bereich vermutlich nicht der allerproblematischste war. Auch kann man dem Partner nicht gut vorwerfen, daß seine *Zielvorstellungen (Medium coeli = Sechs!)* mit den eigenen grob kollidieren, wenn man vernünftig, aufgeklärt und fair erscheinen möchte (Mia ist Wassermann, Woody Schütze, beides Zeichen, denen viel daran liegt, möglichst *fair und objektiv* [Wassermann] beziehungsweise möglichst *gut und edel* [Schütze] zu sein).

Wir verstehen unschwer, warum *Mars – Zusammenarbeit und Sexualität* – sich als Dreh- und Angelpunkt der Konflikte anbot: Nicht nur haben wir hier eine geringe Verträglichkeit *(Vier)*, wir haben auch sehr explosive Interaspekte auf Mars *(Mars Quadrat Uranus, Mars Opposition Pluto, Mars Konjunktion Mars)*, wobei Mars und Pluto beide mit Sexualität zu tun haben. Zusammen mit dem hohen Maß an exzentrischen *Uranus*-Spannungsaspekten, die ihrerseits mit Pluto und Mars verknüpft waren, lag das Maß an Spannung einfach zu hoch. Woodys Pluto exakt an Mias Immum coeli illustriert, wie durch ihn ihre Familie (Immum Coeli) zerstört wurde *(Pluto)*, und zwar durch Sexualität *(Pluto)*. Es kann hier nicht unsere Aufgabe sein, den Wahrheitsgehalt von Mias Beschuldigungen hinsichtlich des sexuellen Mißbrauchs, der von Woody bestritten wird, astrologisch zu überprüfen. Doch erstaunt jetzt nicht mehr, daß diese Liebesbeziehung unter solch dramatischen und tabuverletzenden Umständen »explodierte«.

Goldfischglas

Ich hab mich in
der Zeit verirrt
Jetzt steck ich fest
in klebriger Melasse
transparent wie Goldfischglas

Mein Karpfenmaul weit
geöffnet stoße ich
an die Fischglaswand
es blubbert
Draußen tanzen sie Tango
in lila Schuhen und
geschlitztem Kleid

Wie bin ich nur ins
Goldfischglas geraten?
Was tue ich
das Luftgeschöpf
in grünlich seichtem Licht
wesenlos staunend?

Ich gehöre der Wolke
dem Sturm

Jessie Adler Gral

Die folgende Beziehungsgeschichte von Malaika und Jason basiert auf mehreren Interviews mit meiner ehemaligen Klientin Malaika, die in ihrem Haus stattfanden. Namen, Orte und einige persönliche Charakteristika wurden – ohne Beeinträchtigung der Geschichte – verändert, um die Anonymität von Jason und Malaika zu gewährleisten. Es ist fast nie möglich, bei einem solchen Projekt beide Partner zur Mitarbeit zu gewinnen. Dies bringt es natürlich mit sich, daß die folgende Ehegeschichte ganz und gar aus dem Blickwinkel Malaikas dargestellt wird. Und obwohl sich Malaika als Waagegeborene sehr um Objektivität bemüht hat, müssen wir uns der zwangsläufigen »Subjektivität« dieses Blickpunkts doch bewußt sein. Es zeigt sich jedoch, daß die Kindheitsgeschichten beider Menschen ebenso wie die ziemlich aufwühlende Ehegeschichte vollkommen mit den astrologischen Erkenntnissen übereinstimmen, die wir aus der Anwendung unserer Untersuchungsinstrumente gewonnen haben. Ich danke Malaika herzlich für ihren Mut und ihre tapfere Bereitschaft, mit den intimen und schmerzlichen Details ihrer Beziehungsgeschichte an die Öffentlichkeit zu treten.

9
Jason und Malaika: Eine Ehe
Gesamtanalyse

Malaika und Jason sind achtundzwanzig Jahre verheiratet und haben zwei erwachsene Töchter. Malaika, heute Mitte fünfzig, ist eine interessante und auffallende Erscheinung. Sie trägt ihr hellblondes Haar offen bis auf die Schultern fallend, und wer in ihr gutgeschnittenes Gesicht mit den grünen Katzenaugen und dem großzügigen Mund blickt, begreift, daß sie als junge Frau eine Schönheit gewesen sein muß. An dem sieben Jahre älteren Jason hat der Zahn der Zeit ein wenig stärker genagt. Er ist ein grauer, ermüdeter und gealterter Mann. Dennoch sieht man, daß auch er als junger Mann hübsch gewesen ist. Malaika mit ihrer *Sonne-Jupiter-Konjunktion in Widder* und ihrer *Mars-Venus-Konjunktion in Zwillinge* hingegen wirkt sehr jugendlich und hat sich trotz wirklich vieler harter Erfahrungen im Leben ihre starke Ausstrahlung und ihren Humor bewahren können. Jason (*Sonne-Saturn-Merkur-Stellium in Wassermann, Steinbock-Venus* und *Mars-Jupiter-Konjunktion in Jungfrau*) war bereits in jungen Jahren introvertiert und ruhig, doch verbal eloquent. Er hat seine Fähigkeit, andere Menschen, insbesondere Frauen, auf magnetische Weise in seinen Bann zu ziehen und für seine Zwecke zu vereinnahmen, bis zur Perfektion kultiviert *(Aszendent-Pluto-Konjunktion in Krebs in Opposition zu Venus in Steinbock)*.

Malaikas Kindheit

Malaikas Kindheit war sehr unerfreulich. Sie wuchs in einer Familie mit zwei Brüdern und einer Schwester auf. Malaika war die Älteste. Sowohl ihre Kindheit als auch ihre Jungmädchenzeit waren durch erlebte Gewalt, Mißhandlungen und sexuellen Mißbrauch gekennzeichnet. Malaikas Mutter, nach eigenem Bekunden »*durch Vergewaltigung erzeugt*«, heiratete, als sie im fünften Monat war, nicht den Erzeuger ihres Kindes, sondern einen anderen. Dieser Mann, Malaikas Stiefvater, galt hinfort als ihr leiblicher Vater. Es fiel im Familienverband niemals ein Wort darüber, daß Malaika *eigentlich* von einem anderen Mann gezeugt worden war.

Allerdings zog sich die Mutter deshalb keineswegs von Malaikas leiblichem Vater zurück; statt dessen begann sie ein Dreiecksverhältnis, das sich bis zu Malaikas neuntem Lebensjahr fortsetzte.

Malaikas Mutter war lebenshungrig und leichtsinnig und genoß es, ihre zwei Männer gegeneinander auszuspielen. Ziemlich regelmäßig fanden Dreiergelage statt, bei denen getrunken, gegessen und getanzt wurde, bis die beiden Männer einen Alkoholspiegel hatten, der sie von Saufkameraden in erbitterte Kontrahenten verwandelte. Malaikas Vater zog seine Browning, Malaikas Stiefvater fuchtelte mit seiner Flinte herum, und beide bedrohten sich brüllend: »Ich knall Dich ab!« »Erst mach ich Dich kalt, du Hund!«, während die kleine Malaika dies alles durchs Schlüsselloch schreckerfüllt mitansah.

Malaikas Mutter war der Tochter gegenüber sehr feindselig eingestellt. Sie prügelte das Kind regelmäßig und machte es verbal nieder. Sie bezeichnete Malaika als arrogant und schwor, es ihr schon noch zu zeigen. Der Stiefvater war in den ersten neun Jahren einigermaßen nett zu dem Kind, veränderte sein Verhalten aber dann schlagartig. Hatte bisher die Mutter Malaika geprügelt, so verlegte sie sich jetzt darauf, ihren Mann gegen das Kind aufzuhetzen. Hinfort wurde Malaika vom Stiefvater geprügelt, nachdem dieser von der Mutter entsprechend »eingestimmt« worden war. Die Mutter brachte es immer fertig, alle anderen im Umkreis zu überzeugen, daß Malaika der letzte Dreck sei, sich unmöglich aufführe und Strafe verdiene. Das Mädchen spürte, daß zwischen den Erziehern ein Machtkampf ablief, in dem sie wie ein Blitzableiter und Sündenbock benutzt wurde. Aber sie empfand auch, daß sie kein Recht zum Leben hatte. Sie durfte nur und ausschließlich für andere leben.

Als Malaika elf Jahre alt war, wurde sie beim Nachhilfeunterricht durch einen Lehrer sexuell belästigt. Der Lehrer nötigte das hübsche Kind neben sich in eine enge Schulbank, befummelte es am ganzen Körper und befriedigte sich dabei selbst. Dies zog sich anderthalb Jahre hin. Malaika schwieg darüber, zumal sie von dem Lehrer bedroht wurde *(»Wenn Du das irgendwem erzählst, kommst Du in die Anstalt!«)*. Und da überdies ihre Mutter ihr schon von klein auf mit dem Erziehungsheim gedroht hatte *(»Du bist schwer erziehbar, ich schick Dich in die Erziehungsanstalt!«)*, brachte sie es nicht über sich, sich irgendwem anzuvertrauen. Mit zwölf Jahren wurde sie in den Ferien auf einer Alm von einem jungen Senner sexuell mißbraucht. Malaika wehrte sich auch hier nicht. Sie war wie gelähmt. Sie sagte kein Wort und bat niemanden um Hilfe. Es war ihr klar, daß sie keinen Schutz und keine Unterstützung zu erwarten hatte.

Malaikas Mutter wollte nicht, daß das intelligente Mädchen das Gymnasium besuchte. Sie verfrachtete ihre Tochter in eine Lehre als Schema-

Radix
Malaika

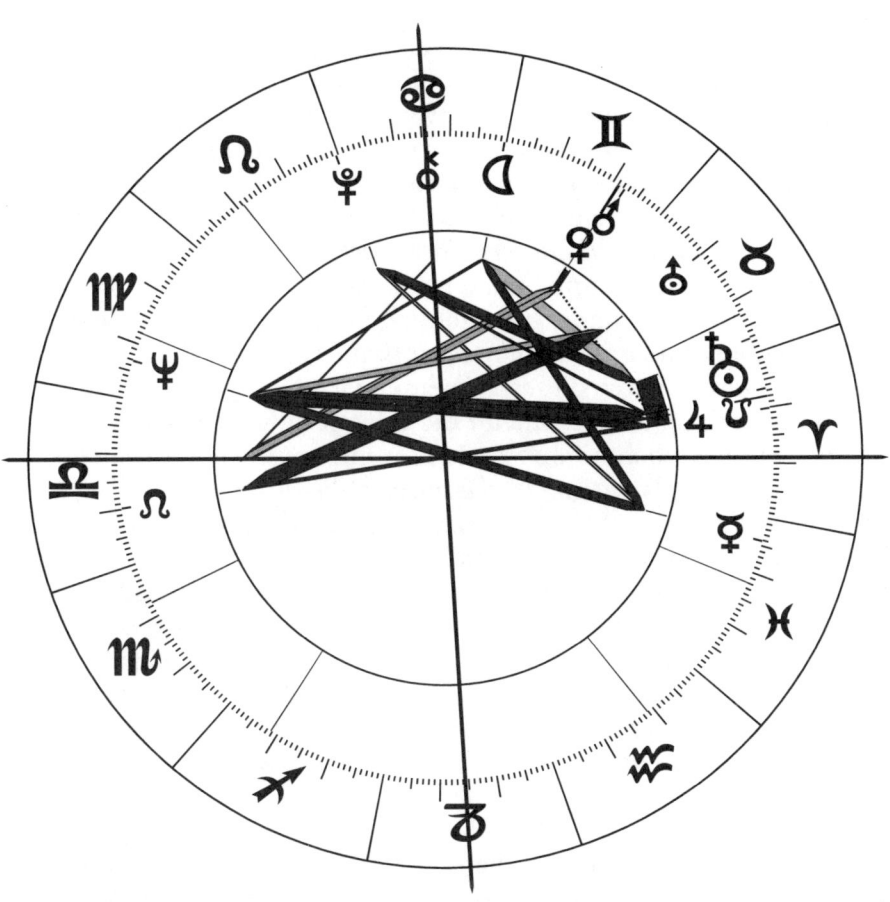

☉	23° 37' ♈
☽	0° 33' ♋
☿	26° 04' ♓
♀	9° 12' ♊
♂	7° 53' ♊
♃	22° 16' ♈
♄	2° 58' ♉
⚷	20° 20' ♉
♆	23° 21' ♍
♇	0° 37' ♌
☊	20° 03' ♎
⚸	14° 28' ♋

A	11° 43' ♎
2	7° 39' ♏
3	8° 57' ♐
M	14° 34' ♋
11	19° 04' ♌
12	18° 15' ♍

Häuser nach Placidus

zeichnerin, was Malaika haßte, da die Lehre nichts Kreatives beinhaltete. Malaika machte heimlich die Aufnahmeprüfungen für die Kunstgewerbeschule und beendete, obwohl die eifersüchtige Mutter ihr Bestes tat, das Mädchen bei ihren Professoren anzuschwärzen, ihre Ausbildung mit Erfolg. Aber ihr Leben zu Hause war ein einziger Überlebenskampf. Malaika erlebte in ihrer gesamten Kindheit und Jugend existenzbedrohende Gewalt. Einmal schrie Malaika dem Stiefvater in Panik und Wut ins Gesicht: *»Wenn ich neunzehn bin, dann geh ich aus dem Haus, und dann hast Du's!«* Daraufhin würgte sie der Stiefvater mit beiden Händen am Hals, schüttelte das Mädchen wie einen Sack Lumpen und zischte ihr drohend ins Gesicht: *»Und sag, daß Du das nicht machst, du Sauluder!«*

In Malaikas Kosmogramm finden wir das *Medium coeli*, das für die Mutter steht, *in Krebs*, und den zugehörigen *Herrscher Mond ebenfalls in Krebs, im T-Quadrat zu Neptun, Merkur und Lilith*. Malaikas Mutter wird also unter anderem durch dieses T-Quadrat von Neptun zu Merkur, Lilith und Mond beschrieben. Sie scheint diese Figur äußerst negativ ausgelebt zu haben, wie wir noch hören werden – unter anderem als *Verleumderin und Verräterin* und als *giftige Drachenmutter*, die durch böse Worte Ränke spann. Signifikator für Malaikas Mutter ist des weiteren der *Pluto im zehnten Feld in Löwe, im Quadrat zu Saturn, Sonne und Jupiter*. Hier sehen wir die *Grandiosität* und den Lebenshunger von Malaikas Mutter *(Pluto Quadrat Sonne/Jupiter)*, ebenso wie ihren *Hang zu Brutalität (Pluto Quadrat Saturn)*. Chiron steht direkt auf dem Medium coeli und zeigt damit an, daß Malaika durch ihre Mutter verletzt wurde. Als Ergebnis dessen können wir vermuten, daß Malaika lange Zeit ihres Lebens große Angst hatte, sich in der *Öffentlichkeit* mit dem, was sie ausmachte, zu *präsentieren* (die physische Welt als Erweiterung des erfahrenen Mutterbildes).

Da Malaika ihren leiblichen Vater heute noch idealisiert, kann man davon ausgehen, daß das Vaterbild gespalten ist. Malaikas *Stiefvater* wird durch *Immum coeli in Steinbock* und den *Herrscher Saturn im Quadrat zu Pluto* charakterisiert. *Sonne-Jupiter in Widder* symbolisiert den *leiblichen Vater*. Diese Konjunktion steht im Quadrat zu Pluto, einem der mütterlichen Signifikatoren. Auch Saturn, der Signifikator des Stiefvaters, steht im Quadrat zu Pluto, und wir können daraus entnehmen, daß die Beziehung der Mutter zu beiden Männern sehr gespannt war.

Mit einundzwanzig, noch auf der Kunstgewerbeschule, hatte Malaika eine Liebesbeziehung und wurde schwanger. Sie war noch nicht im vierten Monat, als ihr Geliebter an Herzinfarkt starb. Wegen der »Schande«, die zu Beginn der sechziger Jahre in einem kleinen bayrischen Dorf mit einer vorehelichen Schwangerschaft verbunden war, mußte

Malaika das Elternhaus verlassen; schließlich hatte die Mutter ein »schwaches Herz«! Fremde Menschen halfen Malaika, diese schwierige Zeit als junge, alleinstehende Mutter zu meistern. Malaika bekam ihre erste Tochter *Nicole*. Nach Beendigung der Kunstgewerbeschule begann sie, mit großem Erfolg als Grafikerin zu arbeiten. Sie war außerordentlich kreativ und galt in ihrer Agentur als »bestes Pferd im Stall«. Malaika machte Illustrationen und entwarf Spiele und verdiente zum ersten Mal in ihrem Leben einen Haufen Geld.

Jasons Kindheit

Über Jasons Kinder- und Jugendzeit haben wir leider wesentlich weniger Informationen. Jason hatte eine materiell und emotional äußerst beengte und beschränkte Kindheit. Die Familie besaß fast nichts und lebte in großer Armut. Jason – mit einem Krebsaszendenten und einem starken Fischepotential, darunter einem Fischemond, ausgestattet – war ein sehr liebebedürftiges Kind. Liebe jedoch gab es im Elternhaus nicht. Obwohl er in einer matriarchalisch geprägten Familie mit drei Frauen aufwuchs (Mutter, Tante und Schwester), fehlte es gänzlich an Wärme oder Herzlichkeit. Die Mutter war kalt und bezeigte dem kleinen Jungen so gut wie keine Zärtlichkeit. Der Vater war ein abgearbeiteter, müder Mann, der sich beständig Sorgen machte. Insgesamt trat der Vater wenig in Erscheinung, außer wenn er sich in düsteren Zukunftsvisionen erging und seine Katastrophenerwartungen verkündete. Es herrschte ein furchtbares Chaos von Hausrat, Gerümpel und Gegenständen in dem engen Haus. Nichts war je an seinem Platz, und es gab keinerlei Ordnung.

Als der kleine Jason sechs Jahre alt war, wurde er ohne klärende Aussprache unvermittelt in ein weit entferntes Kinderheim geschickt und mußte dort mehrere Monate bleiben. Dort lebte er unter wesentlich älteren Jungen. In der ganzen Zeit kam von zu Hause kein Wort und kein Brief. Einsamkeit und Kälte waren die alles beherrschenden Empfindungen des Kleinen, der früh begann, sich mit exzessivem Masturbieren zu trösten. Als man den sechsjährigen Jason ohne ein Wort der Erklärung für mehrere Monate ins Kinderheim schickte, hatte Jasons Mutter dem Kleinen nur kühl die Hand gedrückt und ihn wie einen Erwachsenen verabschiedet: »*Auf Wiedersehen, Jason!*«

Als Jason zwanzig Jahre alt war, starb seine Mutter, und er fühlte sich grenzenlos verlassen. Zugleich empfand er einen abgrundtiefe Wut. Nie hatte sie ihm gegeben, was er gebraucht hätte, und jetzt hatte sie sich

Radix
Jason

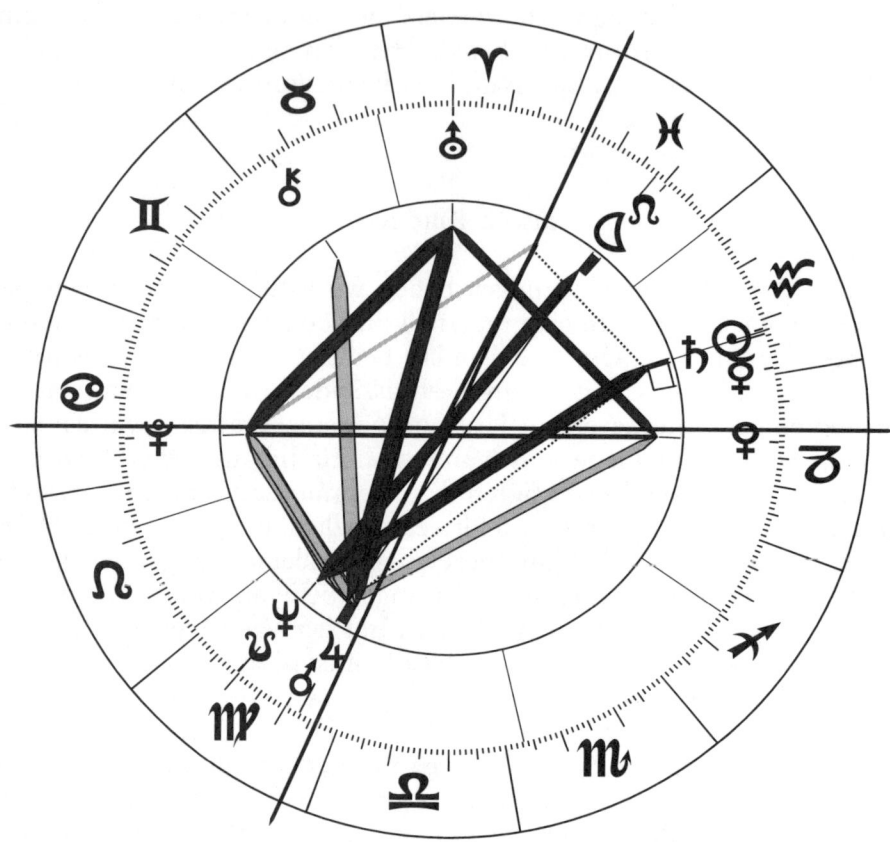

☉	8° 15'	♒
☽	11° 48'	♓
☿	1° 05'	♒
♀	17° 43'	♉
♂	19° 54'	♍
♃	22° 35'	♍
♄	7° 16'	♒
♅	19° 50'	♈
♆	9° 36'	♍
♇	22° 01'	♋
☊	9° 26'	♓
⚷	23° 34'	♉

A	20° 22'	♋
2	7° 51'	♌
3	28° 34'	♌
M	25° 58'	♓
11	3° 10'	♉
12	15° 25'	♊

Häuser nach Placidus

endgültig aus dem Staub gemacht! Voller Haß und Frustration pißte er auf ihr Grab.

Jasons Mutter wird durch das *Medium coeli in Fische* beschrieben. Der *Herrscher Neptun steht im dritten Feld in Jungfrau am Südknoten in Opposition zu Mond und Mondknoten in Fische.* Hier haben wir eine andere Auslebensform eines unentwickelten Neptun als bei Malaikas Mutter, nämlich eine nicht erreichbare, sich entziehende Muttergestalt, die möglicherweise als *Märtyrerin und als Leidende* auftrat und in ihrer Weiblichkeit verunsichert war. Höchstwahrscheinlich war sie auch *nicht in der Lage, Gefühle auszudrücken.* Für diese Lesart spricht auch der zweite Signifikator der Mutter, der eingeschlossene *Uranus im zehnten Feld im T-Quadrat zu Venus in Steinbock und Pluto in Krebs.*

Jasons Vater wird durch *Immum coeli in Jungfrau* und dessen *Herrscher Merkur in Wassermann beschrieben.* Jungfrau und Wassermann sind keine besonders gefühlsintensiven Energien und neigen nicht zur Sentimentalität. Hinzu kommt, daß *Merkur in Wassermann in ein Stellium mit Sonne und Saturn* eingebunden ist. Hier zeigen sich der *abwesende* Vater, im Wechsel mit der gelegentlichen *Härte und Strenge*, die der Vater an den Tag legte, des weiteren seine *chronische Sorgsucht* und sein immer lastendes Gefühl, doch nichts Rechtes zustande zu bringen und vom Leben wie von einer Woge überrollt zu werden. Zum anderen ist hier die *materiell knappe Kindheit* symbolisiert.

Jason wurde Grundschullehrer. Er hatte kein besonders gutes Selbstwertgefühl und eigentlich immer Angst, es nicht zu schaffen und zu versagen. Seine tiefsitzenden Insuffizienzgefühle und Versagensängste bemäntelte er mit Arroganz und Herablassung. Jason fühlte sich stark von Frauen mit kleinen Töchtern angezogen. Nach mehreren Liebschaften mit Müttern kleiner Töchter heiratete er eine zehn Jahre ältere Frau, die ebenfalls ein kleines Mädchen hatte. Mehrfach geriet er in den Verdacht, pädophil zu sein, nachdem er kleine Schülerinnen in der Schulbank auf den Schoß genommen und die Kinder dies zu Hause erzählt hatten. Es gab eine gerichtliche Untersuchung, während derer Jason vom Schuldienst beurlaubt wurde, bis das Verfahren schließlich wegen Nichtigkeit eingestellt wurde. Gleichwohl legte man Jason nahe, sich behandeln zu lassen, was er jedoch ablehnte.

Synastrie
Maleika und Jason

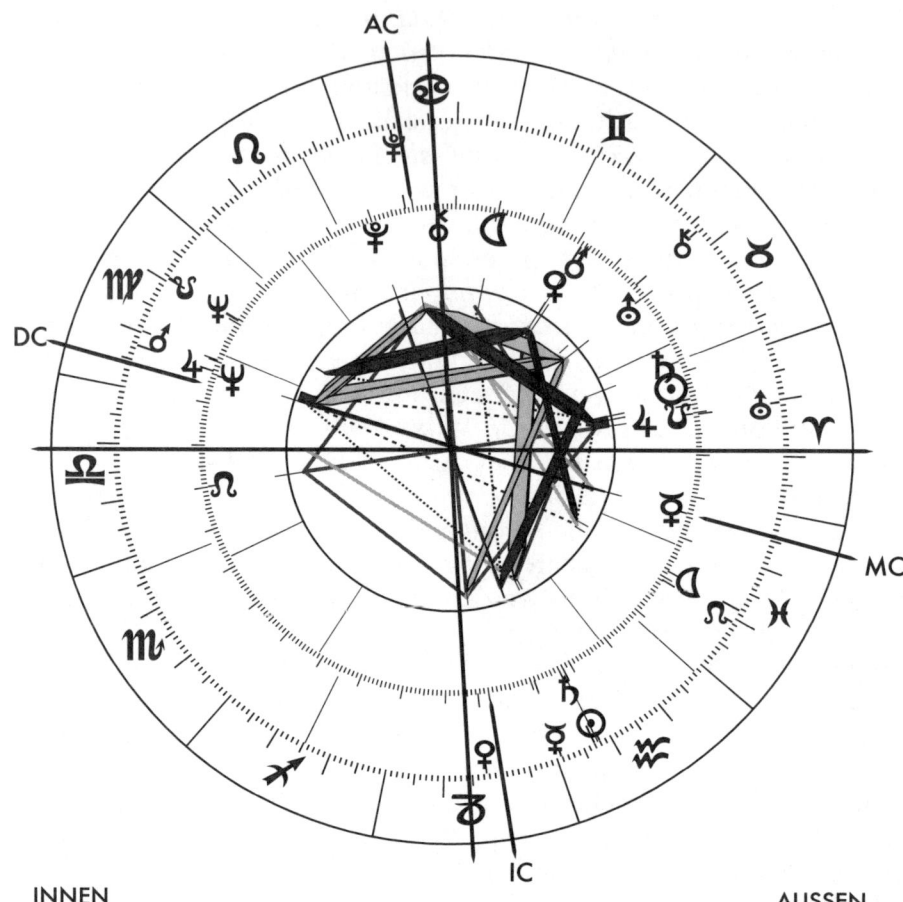

INNEN					AUSSEN	
☉	23° 37' ♈	**MALEIKA**	**JASON**		☉	8° 15' ♒
☽	0° 33' ♋				☽	11° 48' ♓
☿	26° 04' ♓	A 11° 43' ♎	A 20° 22' ♋		☿	1° 05' ♒
♀	9° 12' ♊	2 7° 39' ♏	2 7° 51' ♌		♀	17° 43' ♉
♂	7° 53' ♊	3 8° 57' ♐	3 28° 34' ♌		♂	19° 54' ♍
♃	22° 16' ♈	M 14° 34' ♋	M 25° 58' ♓		♃	22° 35' ♍
♄	2° 58' ♉	11 19° 04' ♌	11 3° 10' ♉		♄	7° 16' ♒
♅	20° 20' ♉	12 18° 15' ♍	12 15° 25' ♊		♅	19° 50' ♈
♆	23° 21' ♍	Häuser nach	Häuser nach		♆	9° 36' ♍
♇	0° 37' ♌	Placidus	Placidus		♇	22° 01' ♋
☊	20° 03' ♎				☊	9° 26' ♓
⚷	14° 28' ♋				⚷	23° 34' ♉

Die Beziehungsgeschichte von Jason und Malaika

Als Jason Malaika kennenlernte, war er fünfunddreißig Jahre alt und gerade frisch von seiner zehn Jahre älteren Partnerin geschieden. Malaika war achtundzwanzig und hatte mehrere Jahre mit großem Erfolg als Grafikerin gearbeitet. Gleichzeitig gab sie Kurse an der Kunstgewerbeschule und in *Kunst* und *Werken* an der Grundschule, wo sie dem Lehrer Jason begegnete.

Jason war sofort fasziniert von ihren wunderbaren Katzenaugen, ihrer Schönheit und ihrer starken Ausstrahlung. Malaika und Jason verwickelten sich in eine Diskussion, in deren Verlauf sich Jason sehr einfühlsam zeigte. Er bot ihr an, ihr ein Freund, ja ein Bruder zu sein. Wenige Tage später jedoch, als er ihr in den Mantel half, umarmte er sie plötzlich von hinten, drehte sie in seinen Armen zu sich um und küßte sie. Malaika war wie paralysiert. Sie entzog sich wortlos und verschwand. Hinterher bekam sie plötzlich eine Wahnsinnswut. Wieder war sie nur *Objekt*, wieder wurde sie nicht gefragt, ob es ihr paßte oder nicht. *Wieder wurde sie nur benutzt!* Sie beschloß, daß sie mit diesem *Saukerl* nichts zu tun haben wollte.

Jason jedoch blieb ihr hartnäckig auf den Fersen. Er paßte sie ab, entschuldigte sich wortreich und behauptete, es sei einfach über ihn gekommen. Er änderte jetzt seine Taktik und bezeigte ihr große Aufmerksamkeit und Bewunderung. Er war fasziniert davon, *wieviel Liebe und Güte Malaika ausstrahle! Auch hatte sie so etwas Reines und Unschuldiges! Und sie war so schön!* Malaika wurde gegen ihren Willen in seinen Bann gezogen. Eigentlich gefiel er ihr nicht, obwohl er gut aussah und intelligent zu reden verstand. *Eigentlich wollte sie ihn nicht!* Und doch gab es eine Art blinder Anziehung, eine untergründige Strömung, die sie wie rasend zu ihm hinzog. Sie fühlte es wie einen lustvollen Sog, in die Ohnmachtsposition zu geraten und von ihm vergewaltigt zu werden. Das war's, was sie kannte und was sie verdiente! Sie war von einem Lehrer mißbraucht worden und Jason war Lehrer. »*Du bist meine Schülerin!*«, sagte er nur scheinbar scherzhaft und gab ihr bald zu verstehen, daß ihn diese Vorstellung sexuell aufregte. Jason zog in Malaikas Wohnung in München ein, und Malaika sah sich einem ständigen Wechselbad von Empfindungen ausgesetzt. Einerseits verabscheute sie die ganze Situation, andererseits war sie darin wie gefangen und fühlte sich wie *unter einem Bann.*

Jason wollte sie heiraten und versprach, der siebenjährigen Nicole ein guter Vati zu sein. Sobald sich abzeichnete, daß Jason und Malaika heiraten würden, brach zwischen Malaikas Mutter, die um ihren Besitz bangte, und Jason, der sich gerade anschickte, Malaika mit Haut und Haaren in Besitz zu nehmen, ein regelrechter Machtkampf aus. Der unschuldige Anlaß der Machtfehde war Nicole. Die Siebenjährige war krank gewesen und sollte nach ärztlicher Verordnung eine Weile in Höhenluft leben. Malaika und Jason suchten gemeinsam ein Kinderheim in den Bergen aus, brachten die Kleine dort unter und besuchten sie regelmäßig. Malaikas Mutter und ihr Stiefvater, die beide sehr für Geld zu haben waren, hatten durch Intrigen und Schnüffeleien herausbekommen, daß Nicole eine Halbwaisenrente bezog. Und obwohl sie sich, als Malaika einundzwanzig war und mit dem Kind niederkam, einen Dreck um ihre Tochter gekümmert hatten, wollten sie die Enkelin samt ihrer Halbwaisenrente *jetzt* haben und unter ihre Vormundschaft bringen.

Malaikas Mutter und ihr Stiefvater brachten Malaika, die schon lange den Kontakt zu ihrer Familie abgebrochen hatte, durch Heuchelei und unter Vorspiegelung falscher Tatsachen so weit, den Aufenthaltsort des Kindes preiszugeben. Obwohl Malaika sofort Verdacht schöpfte, im Kinderheim anrief und die Heimleiterin eindringlich warnte und instruierte, gelang es den Großeltern, die Enkelin zu kidnappen und aus dem Kinderheim zu entführen. Sie brachten Nicole in ihrem vom Spielen beschmutzten Kleidchen stehenden Fußes zur Münchner Polizei und zogen ihre Show ab: *Sie hätten das arme Kind holen müssen, es sei total verwahrlost, und sie als Großeltern wären vor Sorge bereits ganz krank!* Die unerfahrene junge Polizeiassistentin erwirkte eine einstweilige Verfügung, und das Kind blieb bei den Großeltern. Malaika mußte einen Anwalt nehmen, um ihre Tochter wieder aus den Klauen von Mutter und Stiefvater freizukämpfen.

Jason unterstützte sie in dieser Zeit stark und stand ihr zur Seite. Zu Weihnachten bekam das junge Paar jedoch ein unerwartetes Geschenk. In einer auflagenstarken Münchner Tageszeitung erschien ein großaufgemachter Artikel, der von Mutter und Stiefvater lanciert worden war: *Kind muß Weihnachten in Hungerheim verbringen!* Malaika bekam einen Kreislaufkollaps und mußte ihre Arbeit in der Werkschule aufgeben. Sie hielt die ständigen Fragereien und Sticheleien einfach nicht mehr aus. Kurze Zeit darauf wurde sie entgegen ihren Wünschen schwanger. Jason gab zu, sie absichtlich geschwängert zu haben, damit sie ihn endlich heirate, was nun auch geschah. Während Jason glücklich und stolz auf seinen wunderschönen Besitz in die Ehe ging, heiratete Malaika mit dem untergründigen, wenn auch uneingestandenen Gefühl: »*Ich muß ja froh sein, daß mich überhaupt einer will!*« Jason hatte den Machtkampf um Malaika gewonnen.

Die karmischen Beziehungsrollen

Ein Instrument zur Überprüfung einer Beziehung, das sich aus den Interaspekten herleitet, sind die *karmischen Beziehungsrollen*. Ich habe dieses neue Instrument in meinem Buch *Unser innerer Geliebter* entwickelt und ausführlich dargestellt und beschränke mich daher an dieser Stelle auf einen kurzen Kommentar[24]. Das Instrument der *karmischen Beziehungsrollen* ermöglicht uns zu beurteilen, *wie die Rollenverteilung in einer Beziehung auf einer tieferen Ebene aussieht.* Interaspekte zwischen den persönlichen Planeten zweier Partner – zwischen Sonne, Mond, Merkur, Venus oder Mars – sind für die *offenkundige Atmosphäre* einer Verbindung entscheidend. Aber Verbindungen von Uranus, Neptun oder Pluto eines Partners zu persönlichen Planeten des anderen Partners bestimmen auf einer sehr komplexen, tiefergelegenen Ebene die *Grundstimmung* der Verbindung. Sie zeigen an, was möglich ist und was nicht.

Die *transzendenten Energieprinzipien Uranus, Neptun und Pluto*, die sich in Interaspekten manifestieren, legen also den *Grundcharakter einer Verbindung* fest. Wenn eine dieser transzendenten Energien im Geburtshoroskop unseres Partners zu unseren persönlichen Planeten oder zu unserem Aszendenten, Mondknoten oder Medium coeli in Verbindung tritt, so fungiert unser Partner in diesen Bereichen für uns als *kosmischer Lehrer,* der uns etwas über die beteiligte transzendente Energie vermitteln soll. Natürlich hängt es vom Entwicklungslevel des Bewußtseins unseres Partners ab, ob er uns in diesem Gebiet ein guter Lehrer ist, oder ob er uns schwere Verwundungen zufügt. Neben den transzendenten Prinzipien Uranus, Neptun und Pluto werden im Instrument der *karmischen Beziehungsrollen auch die gesellschaftlichen Planeten Saturn und Jupiter berücksichtigt.* Die karmischen Beziehungsrollen zeigen an, welchen Hauptcharakter eine Beziehung trägt, welcher Partner welchen Archetypus repräsentiert (das heißt, welche Rolle er übernimmt), und welches die tieferen Gründe für eine Liebesbeziehung sind. Hier sind Beziehungsrollen angezeigt, die wir uns nicht selbst aussuchen, sondern die uns vom kosmischen Regisseur zugewiesen werden: die *karmischen Aufgaben der Liebe.* Dabei handelt es sich um tiefere Entwicklungsaufgaben, die mit Bewußtheit und Wachstum zu tun haben sowie mit karmischen Guthaben und Schulden, die wir aus alten Zeiten mitgebracht haben, und die nun auf ihre Einlösung warten.

Wenn wir einen Blick auf das Tableau *Die karmischen Beziehungsrollen von Malaika und Jason* werfen, sehen wir sofort, daß die Interaspekte von Neptun und Pluto besonders zahlreich sind, was der ganzen Beziehung den *Hauptcharakter Pluto-Neptun* verleiht. Dies ist kein einfaches Leitmotiv für eine Verbindung, da beide beteiligten Energien *transzendenten* Charakter tragen. Sowohl Neptun als auch Pluto wollen Grenzen beseitigen, wobei jedoch ihre »Arbeitsweise« vollkommen verschieden ist. Neptun schwebt in höheren Gefilden herum und ist immerfort auf der Suche nach dem Reinen, Wahren und Guten, während sich Pluto in der Unterwelt herumtreibt, wo er wie ein Besessener aus Dreck und Abfall Gold zu machen versucht, was ihm manchmal sogar gelingt. In ihrer unerlösten Kombination wird diese Planetenverbindung jedoch auch mit *Betrug, Besessenheit, Verworrenheit, Gaukelei oder Selbstquälerei* in Verbindung gebracht[25].

Karmische Beziehungsrollen					
♃	♄	♅	♆	♇	DOPPEL-BETONUNGEN
♃ □ A $_M$	♄ □ ☉ $_M$	♅ ☍ ☊ $_J$	♆ ☌ ♂ $_M$	♇ □ ☉ $_J$	♆ ☌ ♂ ♆ □ ♂
♃ □ ♀ $_M$	♄ □ ☿ $_M$	♅ □ M $_J$	♆ ☍ M $_M$	♇ □ ☊ $_J$	♆ ⚼ ☉ ♆ ⚼ ☉
♃ ⚻ ♂ $_M$	♄ ⚼ ♂ $_M$	♅ ☌ ☉ $_J$	♆ ⚼ ☉ $_M$	♇ ☌ M $_J$	♆ ☌ ♃ ♆ ⚼ ♃
♃ ∟ ☊ $_M$	♄ △ ♀ $_J$	♅ ☌ ♃ $_J$	♆ ⚼ ♄ $_M$	♇ □ ♃ $_J$	♄ ⚼ ♂ ♄ △ ♂
♃ ⚻ ☉ $_J$	♄ △ ♂ $_J$	♅ △ ♃ $_M$	♆ ☌ ♃ $_M$	♇ ∟ ♀ $_J$	♇ ☍ ☿ ♇ △ ☿
♃ ☍ ☿ $_J$	♄ △ A $_J$	♅ △ ♀ $_M$	♆ ✱ A $_M$	♇ ∟ ♂ $_J$	♇ ☌ M ♇ △ M
		♅ △ ♂ $_M$	♆ ⚼ ☉ $_J$	♇ ✱ ♅ $_J$	♅ ☌ ♃ ♅ △ ♃
		♅ ✱ A $_M$	♆ □ ♀ $_J$	♇ ✱ ♆ $_J$	
			♆ □ ♂ $_J$	♇ △ ☿ $_J$	
			♆ ⚼ ♃ $_J$	♇ ☍ ☿ $_M$	
				♇ △ M $_M$	
				♇ ☍ ♄ $_M$	
6	*6*	*8*	*10*	*12*	*7*
Maleikas Rolle: ♄ ♆			*Jasons Rolle:* ♇ ♅ ♆		
Hauptcharakter der Beziehung: ♇ ♆					

Wie wir sehen, wird die plutonische Rolle fast ausschließlich von Jason übernommen: Neun von insgesamt zwölf Interaspekten werden durch Jasons Pluto gebildet. Zwar wirft auch Malaikas Pluto drei Interaspekte auf Jasons Planeten, doch ist einer dieser Aspekte von seinem Orbis her schon beinahe jenseits der äußersten Wirkungsgrenze. Die plutonische Rolle wird damit ganz eindeutig von Jason übernommen. *Bei einem unerlöst ausgelebten Pluto können wir Druck, subtile Ausbeutung, Manipu-*

lationen sowie ein den Partner vereinnahmendes Verhalten bis hin zum »Fressenwollen« erwarten; ferner starke Eifersucht, ein zwanghaftes Überwachen der Geliebten, gnadenlose Kontrolle sowie extreme oder gewalttätige Formen der Sexualität. Wird also ein solch starker Pluto unerlöst ausgelebt, so kann er anderen (und sich selbst) eine ganz hübsche Hölle bereiten.

Bei der uranischen Rolle, die mit acht Interaspekten schon deutlich weniger im Vordergrund steht, könnte man vermuten, daß sich die Partner diese Rolle teilen, da jeder exakt vier Aspekte seines Uranus zu Planeten des Partners aufweist. Jedoch sind die Interaspekte, die von Jasons Uranus gebildet werden, überwiegend *Spannungsaspekte*, während der Uranus von Malaika ausschließlich *harmonische Aspekte* bildet. In einem solchen Fall können wir immer davon ausgehen, daß der Partner, dessen Uranus (oder Saturn oder Pluto) *Spannungsaspekte* zu den Planeten des Partners bildet, derjenige ist, welcher die uranische (saturnische, plutonische) Rolle deutlich manifestiert. Dies einfach deshalb, weil Spannungsaspekte schwieriger zu erlösen sind als die bei harmonischen Aspekten leicht und gleichförmig fließenden Energiepotentiale. Jason ist also in der Beziehung Uranus. *Bei einem unerlöst ausgelebten Uranus können wir ein permanentes Schwanken zwischen Nähe und Distanz erwarten, einen Mangel an Kooperationsbereitschaft, temporäre Gefühlskälte, Instabilität, plötzliche Rückzugsmanöver, Seitensprünge als Mittel der Distanzierung und ein generell unberechenbares, den Partner irritierendes und verstörendes Verhalten.*

Wie sieht es nun mit der saturnischen Rolle aus? Rein quantitativ betrachtet könnten sich beide Protagonisten diese Rolle teilen. Jedoch wirft Jasons Saturn ausschließlich harmonische Aspekte auf Malaikas Planeten, während Malaikas Saturn ausschließlich Spannungsaspekte zu Jasons Planeten *Sonne, Merkur* und *Mars* bildet. Malaika übernimmt also die Rolle des Saturn. *Ein unerlöst ausgelebter Saturn könnte sich dem Partner gegenüber tadelnd, mißbilligend und kastrierend verhalten und dafür sorgen, daß er selbst grundsätzlich und unter allen Umständen »der Gute« und »oben« ist, was den Partner ständig »unten« und »im Unrecht« hält. Im günstigsten Fall sind eine stark unterstützende und stabilisierende Haltung und tiefe Loyalität denkbar (erlöster Saturn).*

Malaika spielt in dieser Beziehung also ganz eindeutig die Rolle des *Saturn*, während Jason in überwältigender Weise die Rolle des *Pluto* und an zweiter Stelle die des *Uranus* einnimmt. Die Rolle des *Neptun* teilen sich beide Protagonisten, wobei Malaika den Neptun in etwas stärkerem Maße verkörpert als Jason. Die zahlreichen Neptuninteraspekte sprechen für eine starke und unrealistische Idealisierung, die zu Anfang auf Jasons

Seite bestanden haben mag. Sie deuten auch an, daß er sich über seine eigenen beträchtlichen »Machtmotive« für seine Heirat mit Malaika nicht im klaren war. Bei Malaika sind die starken Neptuninteraspekte Indikatoren für ihre Unklarheit und »Vernebeltheit«, wahrscheinlich auch für eine gewisse Unehrlichkeit: Nicht *Liebe* war ja die eigentliche Triebfeder für ihre Eheschließung, sondern (unter anderem) ihre Unzulänglichkeitsgefühle und ihre Unfähigkeit, sich abzugrenzen und *Nein* zu sagen.

Doppelbetonungen (double-whammies nach Stephen Arroyo) spielen in einer Beziehung eine prägende Rolle und müssen mit besonderer Aufmerksamkeit betrachtet werden. Bei diesen Doppelbetonungen *(letzte Spalte in den karmischen Beziehungsrollen)* finden wir allein drei Interaspekte mit Neptun, darunter eine *doppelte Neptun-Mars-Relation (Konjunktion und Quadrat)* sowie eine *doppelte Neptun-Sonne-Relation (zwei Anderthalbquadrate)*, die in der Beziehung noch eine traurige Rolle spielen werden.

Der *Hauptcharakter der Beziehung* wird also durch die *Archetypen Neptun und Pluto* definiert. Diese transzendenten Energieprinzipien werden von den meisten auf dieser Erde lebenden Menschen über lange Zeit ihres Lebens nur sehr unvollkommen ausgedrückt, da sie schwer zu erlösen sind und vor allem auch die Integration unseres Saturn als allerersten Schritt voraussetzen. Bei einer von den geistigen Energieprinzipien Pluto und Neptun charakterisierten Verbindung – bei der der größte Teil der Interaspekte Neptuns und Plutos zusätzlich spannungsgeladener Natur ist – kann man eine Art *»Himmel-Hölle-Charakter«* der Beziehung erwarten. Einerseits finden wir hier im Anfangsstadium der Verbindung die denkbar großzügigste Idealisierung und Vergötterung. Andererseits ergibt sich nach dem Zusammenbruch dieser Idealisierung leicht ein »Kampf bis aufs Messer«, der im Untergrund und möglicherweise ohne *bewußte* Beteiligung eines oder beider Partner ausgetragen wird. Wir werden auf die *karmischen Beziehungsrollen* später noch einmal zurückkommen.

Jason und Malaika. Von Anfang an waren Erotik und Sexualität Dreh- und Angelpunkt der Beziehung zwischen Jason und Malaika und nahmen in ihrem täglichen Leben einen breiten Raum ein. Jason liebte ausgefallene Spiele sado-masochistischer Natur, wobei er gegen einen Rollenwechsel durchaus nichts einzuwenden hatte. Malaika war das Ansinnen, Jason zu schlagen und zu fesseln, total zuwider. Sie fühlte sich wie eine Idiotin dabei und konnte diesen Dingen nichts abgewinnen. Jason liebte auch Vergewaltigungsspiele und hatte eine Vorliebe für analen Sex, was Malaika verabscheute. Sie fühlte sich dadurch beschmutzt und erniedrigt.

Dennoch verweigerte sie sich nicht und zog aus den Vergewaltigungsspielchen anfangs noch eine Art von Lust.

Doch empfand sie immer stärker, daß der Sexualität zwischen ihr und Jason zunehmend etwas *Gewalttätiges* anhaftete, das von ihrem Mann ausging. Es war, als wolle er irgend etwas in ihr *niedermachen*. Immer lag der Akzent auf *beherrschen, vereinnahmen, vergewaltigen, kaputtmachen*, auf *Haß!* Malaika spürte dumpf, daß Sexualität für Jason mehr ein Mittel der Macht und Unterwerfung war als ein Quell der Freude oder des Genußes. Als sie im achten Monat mit ihrer zweiten Tochter *Saskia* schwanger war, kam es zu einem besonders brutalen sexuellen Akt. Jason ging mit überwältigender Heftigkeit auf Malaika los und durchbohrte sie fast, so daß Malaika starke Schmerzen und kurz darauf heftige Blutungen bekam. Der hinzugezogene Arzt ließ sie eiligst ins Krankenhaus bringen. Saskia wurde mit Kaiserschnitt geholt und in den Brutkasten gelegt, wo sie die nächsten anderthalb Monate zubrachte. Anschließend zogen die Ärzte die völlig zerschundene Placenta, die dem Kind im Geburtskanal vorgelagert war, ebenfalls heraus. Dieser unselige Vorfall rief in Malaika die schreckliche Erinnerung daran wach, wie sie schon einmal, Jahre früher, an einer Eileiterschwangerschaft fast verblutet wäre.

Danach ging es Malaika lange Zeit elend schlecht. Sie begann zu kränkeln. Nierenerkrankungen wechselten sich ab mit Blasenkatarrhen. Es war ihr jetzt nicht mehr möglich, in den Werkschulen zu arbeiten. Malaika machte noch eine Weile als selbstständige Grafikerin weiter, aber es kam nichts Rechtes mehr zustande. Obwohl die Sexualität des Paares kein Glücksquell für Malaika war, fühlte sie sich doch in den ersten Jahren ihrer Ehe wahnsinnig geschmeichelt durch Jasons anhaltende Bewunderung und Anbetung. Jeden Mittag in der Schulpause rief Jason sie an, erkundigte sich lang und breit nach ihrem Wohlergehen und sagte ihr hübsche Dinge. Malaika brauchte viele Jahre, um zu begreifen, wieviel Kontrolle sich in Jasons Aufmerksamkeiten verbarg. Auch wußte sie lange nicht, daß Jason von Anfang an regelmäßig ihre Handtasche und ihre persönlichen Besitztümer durchschnüffelte, um Hinweise auf ihre etwaige Untreue zu finden.

Jason hatte ständig Angst, seine Frau zu verlieren. Er war krankhaft eifersüchtig. Sobald die Eheleute gemeinsam in der Öffentlichkeit auftraten und Malaika sich mit einem *Mann* unterhielt, schaltete sich Jason ein und brachte seinen Rivalen durch drohende Ausstrahlung und eisige Blicke zur Räson. Sofort ignorierte Malaikas Gesprächspartner sie vollkommen und richtete seine Aufmerksamkeit wie ein hypnotisiertes Kaninchen ausschließlich auf Jason. Ohne ein Wort brachte Jason es fertig, die Atmosphäre, die kurz zuvor noch freundlich und entspannt gewesen war, zu vergiften. Er hatte diese Fähigkeit zu solcher Kunstfertigkeit entwickelt, daß es ihm ein Leichtes war, in eine Gruppe zu kommen und die Atmosphäre dort in kürzester Zeit förmlich zu vereisen.

Die ehrgeizige und schöpferische Malaika, die zu Hause nicht ausgelastet war, übernahm immer größere Teile von Jasons kreativer Arbeit. Sie schrieb seine Vorträge, arbeitete seine Notizen zu Schultheateraufführungen aus und gab klugen Rat, wie Jason mit schwierigen Schülern oder Eltern umgehen könne. Malaika liebte es, dabei genüßlich in der Badewanne zu liegen, während Jason auf dem Badewannenrand saß und mitschrieb, was Malaika erzählte. Dann ging er mit diesem Material in die Schule und *glänzte* damit in der Öffentlichkeit. Andrerseits ging Jason immer stärker dazu über, seine Frau zu isolieren und beinahe einzusperren, was Malaika zunehmend erbitterte.

Nach fünfjähriger Ehe kauften die Eheleute ein einsam gelegenes Haus in schöner Hanglage, das von einem großen, verwilderten Garten umgeben war. Malaika leistete mit dem Geld, das sie als Grafikerin verdient hatte, eine beträchtliche Anzahlung auf das Haus. Es war klar, daß noch viel Arbeit in das Haus gesteckt werden mußte, aber Malaika krempelte sofort die Ärmel auf und machte sich mit Feuereifer an die Arbeit. Von Anfang an band sie sich stark an das Haus und empfand es wie einen Teil ihrer selbst. Sie wünschte sich, das Haus zu einem *Ort der Begegnung* zu machen, doch Jason sorgte dafür, daß es nicht dazu kam. Mit der Behauptung, er wolle die alten Wände schöner machen und Verbesserungen schaffen, riß er sämtliche Wandverkleidungen herunter. Danach kümmerte er sich nicht mehr um die Wände, wohl wissend, daß Malaika keinen Menschen ins Haus bitten würde, solange es in diesem Zustand war. Schon bald hatte das Ehepaar keine Freunde mehr, ein Zustand, der Jason nur recht war, unter dem die gesellige Malaika aber furchtbar litt. Sie litt auch darunter, in nackten Betonwänden leben zu müssen und ohne jedes bißchen Ästhetik. *Dabei hätte das Haus so schön sein können!*

Jason aber sorgte dafür, daß sich überall Chaos und Unordnung breitmachten. Er schleppte Werkzeuge und Maschinen in sämtliche Wohnräume und machte alle Bemühungen Malaikas um eine gemütliche und ästhetische Wohnatmosphäre systematisch zunichte. Er stellte seine Hobelmaschine ins Wohnzimmer und seinen Werkzeugtisch mitten ins Eßzimmer. Malaika kämpfte dagegen an, doch vergeblich. Nach und nach mußte sie all ihre hübschen Antiquitäten und schönen Lampen verpacken und in Schränken verstauen, damit sie nicht von Jason, der äußerst nachlässig mit den empfindlichen Sachen umging, beschädigt wurden.

Spannungsstatus für: Maleika und Jason

fördernde Interaspekte		*spannungserzeugende Interaspekte*	
1 ☌ ☍	2 △ ✶	3 ∟ ⚼ ⚻	4 ☌ □ ☍
♃☍☿ M☌☿ ♅☌☉ ♀☍M	♀△☉ ♀△♅ ♀△♄ ♂△☉ ♂△♄ ♂△♅ A✶♆ A✶♅ A△☉ A△♄ M△♇ M△☽ ☿△♇	♇∟♂ ♇∟♀ ♄⚼♂ ♆⚼☉ ♆⚼☉ ☿∟☉ ☽∟☉ ♃⚻☉ ☊∟☉ ♃⚻♂ ♃∟☊ ☽⚻A ☽⚻☿	♄□☉ ♄□☿ ♄□♄ ♇☍☿ ♇☌M ♇□☊ ♇□☉ ♀□♃ ♀□☊ ♀□A ♀□☉ ♅☍☊ ♅□M ☊□A ☉□A ♃□A ☽□M ♆☍M ☿☍♂ ♆☌♂ ♇ 7.6 ☍ ☉ ☽□♂ ♆□♂ ♆□♀ ☊□♂ ☊□♀ ☽□♀
4	13	13	26
Interaspekte von Saturn, Jupiter, Uranus, Neptun und Pluto zueinander			
	♃△♅ ♇✶♅ ♇✶♆	♆⚼♃ ♆⚼♄ ♃⚻♃	♇☍♄ ♇□♃ ♅☌♃ ♆☌♃ ⚷☍♀ ⚷☌♅
	3	3	4
4	16	16	30
Summe: 66 20 : 46 +30% : -70%			

Der Spannungsstatus

Wir wissen, daß uns der *Spannungsstatus* einen sofortigen Überblick über Ausmaß und Qualität der Wachstumsspannung in einer Beziehung erlaubt. Schon ein flüchtiger Blick auf Malaikas und Jasons *Spannungsstatus* überzeugt uns davon, daß hier ein gehöriges Potential an Spannung vorliegt. Wir finden dreißig Prozent förderlicher Interaspekte gegenüber einer erdrückenden Menge von siebzig Prozent spannungserzeugender Aspekte, wobei von den Spannungsaspekten *allein fünfundvierzig Prozent harte Spannungsaspekte* sind *(vierte Spalte)*.

Interaspekte in der *ersten, besonders hilfreichen Spalte* sind spärlich. Wir finden hier eine *Opposition des Jupiter zu Merkur*, eine *Konjunktion des Uranus zur Sonne*, die im übrigen eingebunden ist in eine der harten Interaspektfiguren in der vierten Spalte und von daher auch nicht uneingeschränkt positiv beurteilt werden kann und eine *Konjunktion von Merkur und Medium coeli*. Positiv wirkt sich die *Konjunktion von Venus mit dem Immum coeli* aus, die für die häusliche Harmonie förderlich ist. Trigone und Sextile finden sich, wie wir auf einen Blick sehen, hauptsächlich zu den Geschlechtsplaneten Venus und Mars sowie zum Aszendenten und zum Medium coeli, was die Beziehung schon in gewisser Weise charakterisiert. Hauptanziehungspunkt waren die äußere Erscheinung eines oder beider Partner sowie Erotik und Sexualität *(Venus und Mars)*. Gleichzeitig zeigt uns ein schneller Blick auf die dritte und vierte Spalte des *Spannungsstatus*, daß Mars und Venus auch von zahlreichen schwierigen Spannungsaspekten betroffen sind (insgesamt fünfzehn Spannungsaspekte auf Venus und Mars).

In der *vierten Spalte* finden wir eine nicht enden wollende Reihe von Quadraten und Oppositionen, darunter etliche zu den schwierigen Planeten Saturn, Pluto und Neptun. Dabei fällt auf, daß *sämtliche* harten Interaspekte in T-Quadrate und ein gigantisches karmisches Kreuz eingebunden sind, was ihre Wirkung potenziert! Wir finden in dieser großen Anzahl harter Spannungsverbindungen auch etliche sehr schwerwiegende, wie *Saturn Quadrat Sonne, Pluto Opposition Sonne, Pluto Quadrat Sonne* sowie *zweimal ein Anderthalbquadrat des Neptun auf die Sonne* (dritte Spalte). Zwar gibt es auch einige *positive* Aspekte zur Sonne *(Venus Trigon Sonne, Mars Trigon Sonne, Aszendent Trigon Sonne in der zweiten Spalte und Uranus Konjunktion Sonne in der ersten Spalte)*, doch sind alle übrigen elf Aspekte zur Sonne spannungsgeladener Natur. Dies läßt die Vermutung zu, daß sich beide Partner im Sonnenbereich nicht gerade sehr wohltun. Hier werden Selbstvertrauen, Selbstverwirklichung,

Autonomie und Selbstständigkeit beider Partner unter schweren Druck gesetzt. Es besteht die Gefahr, daß sich beide Menschen gegenseitig hindern, frustrieren, tadeln, abwerten, blockieren, unterdrücken oder verunsichern.

Ebenfalls ziemlich herb wirkt die doppelte Verbindung *Neptun Konjunktion Mars* und *Neptun Quadrat Mars*. Beide Aspekte sind überdies in zwei harte Interaspektfiguren mit Neptun eingebunden *(vierte Spalte)*. Hier besteht die Gefahr, daß sich Malaika und Jason gegenseitig in ihrer Handlungsfähigkeit, ihrer Kraft, ihrem Energieausdruck und ihrer Aktivität unterminieren, schwächen, verwässern oder die Bemühungen des anderen subtil untergraben. In Jasons Fall ist natürlich durch diese täuschenden, unterspülenden Neptuneinflüsse auch seine Sexualität betroffen. Zwar finden wir insgesamt zwölf Aspekte mit *Jupiter*, was eine stolze Anzahl zu sein scheint, doch nur zwei davon können uneingeschränkt positiv bewertet werden, und nur einer davon besteht zu einem *persönlichen* Planeten *(Jupiter Opposition Merkur)*, was Jupiters hilfreiche Wirkung ganz entschieden einschränkt.

Ein solcher Spannungsstatus ist für ein Ehepaar keine gute Empfehlung. Der quantitative Spannungslevel liegt sehr hoch (70% spannungserzeugende Aspekte), und wir finden viele qualitativ sehr schwierige Interaspekte (außer den bereits genannten noch *Pluto Opposition Saturn, Saturn Quadrat Saturn, Uranus Opposition Mondknoten, Neptun Quadrat Venus, Uranus Quadrat Medium coeli* und *Mars Anderthalbquadrat Saturn*). Wir wissen, daß nur sehr wenige Menschen einen Bewußtseinslevel aufweisen, der es ihnen ermöglicht, auch mit einer großen Menge von sehr schwierigen Interaspekten angemessen umzugehen und deren Wachstumspotential auszuschöpfen. Bei den meisten Menschen ist ein solch geballtes Potential an *Wachstumsaspekten* jedoch unweigerlich mit einem großen Maß an emotionalen Schmerzen, Konflikten und gefühlsmäßigem Aufruhr verknüpft.

Das Strahlendiagramm

Eine genaue Aufschlüsselung der Interaspekte ermöglicht uns das *Strahlendiagramm*, ein Instrument, das sich im Grunde aus dem Spannungsstatus herleitet. Es gruppiert dort enthaltene Informationen in neuer Form. Wollen wir wissen, welche partnerschaftlichen Interaktionsfelder besonders begünstigt oder benachteiligt sind, so können wir ein Strahlendiagramm aufstellen. Will ich beispielsweise wissen, wie es um *Kooperation und Sexualität* in einer Beziehung bestellt ist, so mache ich das *Mars-*

Jason und Malaika: Eine Ehe Gesamtanalyse

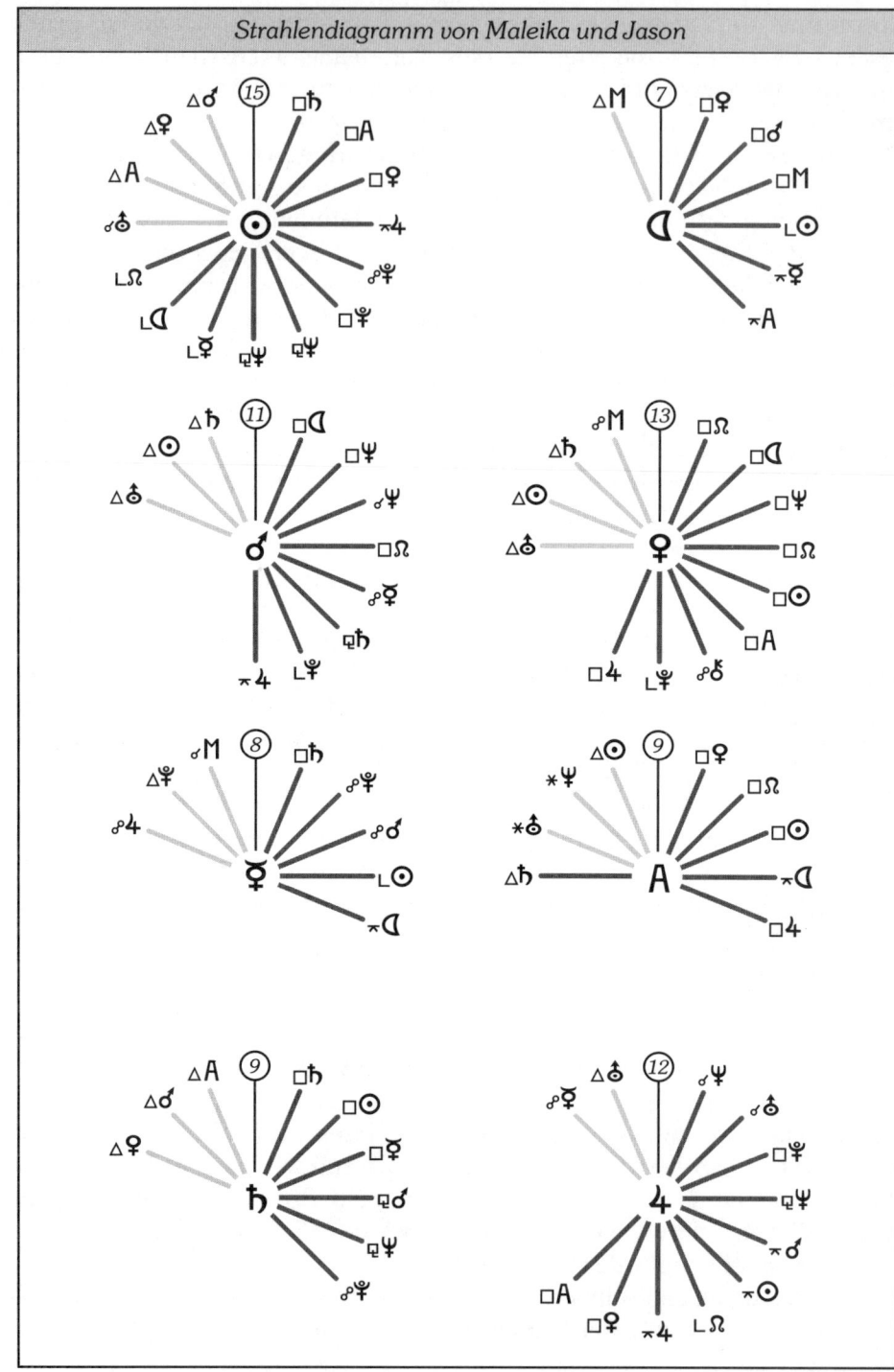

Strahlendiagramm von Maleika und Jason

Strahlendiagramm. Will ich wissen, wie es um die *Kommunikation* bestellt ist, mache ich ein *Merkur-Strahlendiagramm.* Das Strahlendiagramm ist somit nichts anderes als die grafische Darstellung aller Interaspekte zu Mars oder Merkur (Sonne, Mond, Venus usw.), und zwar derart, daß Belastungen oder Begünstigungen sofort sichtbar werden. Am besten ist es natürlich, das Strahlendiagramm *aller* relevanten Interaktionsfelder zu machen, so daß man auf einen Blick sehen kann, wie es um die Beziehung steht, wo mit Sicherheit Probleme auftreten werden und wo es besonders begünstigte Bereiche gibt. Dieser Überblick wird erleichtert, wenn man die harmonischen Aspekte grün und die Spannungsaspekte rot tönt.

Kennen wir die Beziehungsgeschichte eines Paares *nicht* und haben keine weitergehenden Informationen über die beteiligten Menschen, so müssen wir bei der Interpretation des *Strahlendiagramms* (wie auch des *Spannungsstatus'*) eine gewisse Vorsicht walten lassen. Ein Aspekt wie beispielsweise *Saturn Quadrat Sonne* kann von entwickelten und bewußten Menschen auch positiv ausgelebt werden – als stabile und loyale Unterstützung, Achtung und Respekt für den Sonnenpartner sowie hilfreiche und konstruktive Kritik durch den Saturnpartner. Das gleiche gilt für alle übrigen Spannungsinteraspekte. Haben wir jedoch nähere Informationen über die Liebenden und wissen etwas über ihre Beziehungsgeschichte, wie es hier der Fall ist, so fällt es natürlich relativ leicht, die Auslebensform von Spannungsaspekten zu diagnostizieren; in einem solchen Fall können wir auf konjunktivische Formulierungen weitgehend verzichten und das Strahlendiagramm beherzter interpretieren.

Im *Strahlendiagramm von Malaika und Jason* wird deutlich, daß das partnerschaftliche Interaktionsfeld *Sonne* sehr schlecht wegkommt. Von insgesamt fünfzehn Interaspekten sind elf reine Spannungsaspekte, darunter ziemlich schwerwiegende wie *Sonne Quadrat Saturn, Sonne Quadrat Pluto* und die *Doppelbetonung von Sonne Anderthalbquadrat Neptun*. Das bedeutet, daß sich beide Menschen in ihrer Selbstverwirklichung, ihrem Autonomiestreben, ihren Willensäußerungen, ihrer Potenz, ihrer Ausstrahlungskraft und in ihrer körperlichen Vitalität gegenseitig behindern und beeinträchtigen.

Das partnerschaftliche Interaktionsfeld *Mond* andrerseits empfängt mit sieben Interaspekten für ein Ehepaar erstaunlich wenig Resonanz. Auch hier sind die meisten Aspekte spannungsreicher Natur, wenn auch – mit Ausnahme des *Quadrats von Mars auf Mond* – qualitativ nicht besonders schwerwiegend. Der einzig rundherum positive Aspekt ist das Trigon des Mondes zum Medium coeli eines Partners. Im *emotionalen Bereich* bestehen also verhältnismäßig wenig Rezeptoren füreinander, von denen die meisten überdies eher spannungsgeladener oder antinomischer Natur sind. Das *innere Kind* beider Partner erfährt durch die Gefühle, Bedürfnisse und Wünsche des anderen wenig Unterstützung!

Im Bereich von Geschmack, Erotik und dem Geben und Nehmen von Liebe *(Venus)* überwiegen ebenfalls die Spannungsaspekte (neun), wobei die *Opposition von Venus zu Chiron* und das *Quadrat von Venus zu Neptun* als schwierig hervorzuheben sind. Andrerseits finden wir auch vier hilfreiche Aspekte, darunter die harmoniefördernde und besänftigende *Konjunktion der Venus zum Immum coeli*. Als besonders *begünstigt* kann das partnerschaftliche Interaktionsfeld *Venus* jedoch *nicht* angesehen werden.

Noch weniger erfreulich sieht es mit der *Sexualität* und der *Kooperation* aus *(Mars)*. Auch hier überwiegen die Spannungsaspekte (acht), darunter sehr schwerwiegende wie die *Doppelrelation Mars Quadrat Neptun und Mars Konjunktion Neptun*, ferner ein *Anderthalbquadrat von Saturn zu Mars*. Demgegenüber finden wir nur drei Trigone. Das Interaktionsfeld Sexualität und Kooperation muß demnach als ein wenig harmonischer Bereich betrachtet werden, in dem die Partner dazu tendieren, unehrlich miteinander umzugehen und sich gegenseitig die Kraft nehmen.

Eine ähnliche Bewertung erfährt der Bereich *Kommunikation und geistiger Austausch (Merkur)*. Wenn wir *Jupiter Opposition Merkur* als harmonischen Aspekt akzeptieren, finden wir drei fördernde Interaspekte gegenüber fünf Spannungsaspekten. Mit den härteren Interaspekten *Merkur Quadrat Saturn, Merkur Opposition Pluto* und *Merkur Opposition Mars* stehen jedoch *Kommunikation* und *geistiger Austausch* gleichzeitig auch unter scharfem Druck.

Saturn (Urteilskraft, Verantwortungsgefühl, Durchhaltevermögen, Kritik, Strukturen, Grenzen, Behinderungen) stellt sich ebenfalls nicht allzu gut dar. Den drei harmonischen Trigonen zu Mars, Venus und dem Aszendenten stehen insgesamt sechs Spannungsinteraspekte gegenüber, die allesamt einen ziemlich unerfreulichen Charakter aufweisen. Hier ist nicht besonders viel Wohlwollen zu erwarten, sondern eher eine Neigung zu herber Kritik.

Jupiter (Glaube, gegenseitige Unterstützung, Ethik und Moral, die Werte der Beziehung) macht ebenfalls keinen hilfreichen Eindruck. Von zehn Spannungsinteraspekten müssen sechs als stark disharmonisch betrachtet werden. Der Grund, warum ein *Quinkunx Jupiters zur Sonne* oder ein *Quadrat Jupiters zum Aszendenten* nicht als stark disharmonisch bezeichnet werden, liegt einfach in dem gebenden, großmütigen und expansiven Charakter des Jupiterprinzips begründet. Dennoch handelt es sich um Spannungsaspekte. Demgegenüber finden wir nur zwei förderliche Interaspekte mit Jupiter. Durch die transzendenten Energien *Uranus, Neptun* und *Pluto* hingegen wird Jupiter unter schweren Druck gesetzt. Hier sind Konflikte im Bereich der Werte und moralischen Urteile zu erwarten. Auch mit der gegenseitigen Unterstützung dürfte es in vielen Fällen nicht allzu weit her sein.

Etwas besser sieht es beim *Aszendenten* aus. Hier halten sich hilfreiche und spannungserzeugende Interaspekte beinahe die Waage. Auch sind die fünf Spannungsinteraspekte qualitativ nicht besonders schwerwiegend. Der Aszendent ist damit deutlich weniger belastet als die übrigen Interaktionsfelder. Wir können davon ausgehen, daß beide Partner das Erscheinungsbild des anderen und sein Auftreten in der Außenwelt mögen und sich davon angezogen fühlen. Im Auftreten nach außen hin könnten sich die Partner möglicherweise sogar unterstützen, wenn Jason ein solches gemeinsames Auftreten in der Öffentlichkeit zugelassen hätte. Wie wir wissen, ging er jedoch ziemlich bald dazu über, Malaika mit seinem kompensatorisch ausgelebten starken Pluto immer mehr ans Haus zu binden und zu isolieren. Derart symbolisieren die hilfreichen Interaspekte zum Aszendenten wenig mehr als das *Angezogensein* der Partner durch die äußere Erscheinung des anderen. Möglicherweise haben die harmonischen Interaspekte auch dafür gesorgt, daß die tiefgehende Disharmonie der Partnerschaft für Außenstehende nur wenig sichtbar geworden ist.

Insgesamt macht das Strahlendiagramm von Malaika und Jason keinen positiven Eindruck. Der *Mond* ist der Partnerschaftsbereich, der die wenigsten Aspekte empfängt, was für ein Ehepaar ungünstig ist. Diese Aspekte sind darüber hinaus zumeist Spannungsaspekte. Die *Sonnen* beider sind von enormer Spannung betroffen, was bedeutet, daß die beiden Persönlichkeiten gegeneinander kämpfen und sich nicht gegenseitig helfen und unterstützen. Erotik und Sexualität *(Venus und Mars)* sind ebenfalls keine begünstigten Interaktionsfelder; das gleiche gilt für die Kommunikation *(Merkur)*. Insgesamt stehen besonders *Sonne, Mars* und *Saturn* unter scharfem Druck. Ihnen stehen auf der anderen Seite keine eigentlich begünstigten partnerschaftlichen Austauschfelder gegenüber, die einen Ausgleich schaffen könnten.

Jason und Malaika. Fast vom ersten Tag ihrer Beziehung an schrieb Jason Malaika jeden Tag einen Liebesbrief, den er dann auf irgendeiner Kommode oder auf dem Eßzimmertisch deponierte. Diese Gewohnheit behielt er siebenundzwanzig (!) Jahre bei, bis zu dem Tag, an dem sich die genervte Malaika diesen *Quatsch* zornentbrannt verbat. Die Briefe variierten nur wenig in ihrem Wortlaut. *»Mein liebstes Schatzi, Du bist mein ein und alles! Ich liebe Dich mehr als mein Leben! Ich habe niemanden sonst* *auf der Welt. Ich verehre und respektiere dich! Ich werde mich bemühen, endlich ich selbst zu werden, und ich bin Dir dankbar, daß Du mir dabei hilfst. Es tut mir leid, daß ich so grob zu Dir war. Ich kann gar nicht verstehen, was über mich kam! Du bist so schön und so intelligent und strahlst so viel Liebe aus. Ich werde mich wirklich bemühen, ein guter Ehemann und ein guter Vater zu werden...!«* Malaika ließ sich durch diese Briefe immer wieder einfangen und betören. Aber in der Realität des täglichen Lebens herrschte Brutalität. Auch fühlte sich Malaika mehr und mehr durch Jasons Unberechenbarkeit irritiert. Sie wußte nie, welche Pläne er als nächstes wieder über den Haufen werfen und für welche Käufe er als nächstes wieder Schulden anhäufen würde. Sie wurde immer nervöser und durchgedrehter.

Die Sexualität wurde immer mehr zum Brennpunkt ihrer Dissonanzen. Dabei wollte Malaika eigentlich gerne Sex und versuchte auch den kruden Begegnungen mit ihrem Mann noch Lust abzugewinnen. Zu Anfang ihrer Beziehung verschafften ihr sogar die Vergewaltigungsspiele, die Jason so liebte, eine gewisse Lust, aber hinterher bestrafte sie sich dafür, daß sie Lust empfunden hatte. In ihrem Elternhaus war Sexualität tabuisiert gewesen, obwohl die Verhältnisse alles andere als »ordentlich« gewesen waren: So hatte Malaika als Kind mitangesehen, wie es die Mutter mit einem fremden Mann unter dem Küchentisch trieb, obwohl der Stiefvater ganz in der Nähe des Hauses war. Jasons Sexbesessenheit aber nahm immer absurdere Formen an. Er stahl Malaikas Slips und zog sie an. Er wollte von ihr gefesselt und geschlagen werden. Er wollte, daß sie auf ihn urinierte, was Malaika, die diesen Dingen wirklich keinen Reiz abgewinnen konnte, glatt verweigerte. Mehr und mehr machten die Härte und Gewalttätigkeit, die Jason im erotischen Bereich vorlegte, sie ganz krank.

Malaika wurde allergisch gegen ihren Mann. Wenn er mit ihr schlief, begann es Malaika überall zu jucken und zu beißen. Sie begann ihre Arme blutig zu kratzen, eine Form von *Selbstverletzung*[26], die sie schon als Kind häufiger praktiziert hatte. Jetzt aber wurde es richtig schlimm. *»Ich war jedesmal ganz krank, wenn er wieder seinen Dreck bei mir abgeladen hatte!«* Malaika drang in Jason, um zu erfahren, was die Triebfeder seiner Gewalttätigkeit sei. Jason gab schließlich zu, daß ihre Reinheit und Unschuld ihn anzöge und daß er den Drang habe, das kaputtzumachen. Als Malaika stärker drängte, gab er noch mehr preis: *»Ich habe immer Angst, Dich zu verlieren. Ich will einfach, daß Du mein Besitz bist und meine Sklavin!«* Unterdessen hatte Malaika ihre eigenen Schwierigkeiten mit der Sexualität. Hatte sie trotz allem Lust gefühlt und einen Orgasmus gehabt, so empfand sie hinterher, daß ihr Strafe gebühre und bekam Blasenkatarrh oder ein anderes Leiden. Immer wieder war ihr, als ob die feindselige und ewig alles verbietende Mutter hinter ihr stehe und ihr diese Lust nicht erlaube. Es war förmlich, *als läge auf der Sexualität ein Bannfluch.*

Die Beziehung von Malaika und Jason degenerierte immer mehr. Als Malaika vierzig war, probte sie erstmals den Aufstand. Gegen Jasons erbitterten Widerstand ging sie für sechs Wochen nach England, um ihr Englisch zu perfektionieren. Während ihres Aufenthaltes in Großbritannien träumte sie, daß zu Hause in ihrem Bett eine andere Frau läge. Malaika erkrankte und reiste vorzeitig heim. Als Jason zum zweiten Mal zu später Stunde »Elternsprechabend« hatte, setzte Malaika ihn so lange unter Druck, bis er seine Affaire mit der Mutter einer Schülerin zugab. Malaika war zutiefst getroffen. »*Was fällt Dir eigentlich ein!*« schrie sie. »*Alles hab ich Dir gegeben, alles hab ich Dir geopfert, und Du gehst einfach hin und fängst ein Verhältnis mit einer anderen an!*« »*Ich hab geglaubt, du kommst nicht mehr zurück*«, war Jasons lahme Entschuldigung. Malaika ging in die Verweigerung. »*Weißt Du was*«, brüllte sie, »*Du kannst Deinen Scheiß alleine machen! Nichts tu ich mehr für Dich! Aus! Ende! Und wenn Du nicht Schluß machst mit dieser Frau, dann kannst Du abhauen! Ich hab genug von Dir! Komm mir bloß nicht mehr mit Deinen schwierigen Schülern, Deinen Theateraufführungen, Deinen Rechtsproblemen und Deinen Vorträgen! Damit kannst du alleine fertig werden in Zukunft!*«

Jason reagierte mit einem spektakulären Nervenzusammenbruch. Ärzte und ein Psychiater versammelten sich um sein Bett und unterstützten ihn, da er die Symptome eines psychischen Breakdowns perfekt vorspielte. »*Ich kann nicht mehr weiter*«, jammerte er, »*ich schaffe es nicht mehr!*« Und Malaika beugte sich der Erpressung und setzte bei den Behörden Himmel und Hölle in Bewegung, um die Frühpensionierung durchzusetzen, damit wenigstens genug Geld für die Familie hereinkam. Immerhin war Jason erst achtundvierzig.

Anschließend zerstörte Jason als erstes das Badezimmer. Mit der Begründung, etwas Neues und Besseres machen zu wollen, riß er die Badewanne und die Waschbecken heraus. Dann beließ er das Bad in diesem Zustand. Mehrere Jahre wusch sich die Familie gezwungenermaßen am Küchenausguß, bis Malaika eigenhändig eine Dusche baute. Jason begann Malaikas Pläne und Vorhaben systematisch zu unterlaufen und zu torpedieren, obwohl er zunächst immer so tat, als ob er sie unterstützen wolle. Heimlich jedoch sabotierte er alles, was sie anfing. Malaika baute im Haus auf; Jason riß alles wieder nieder. Sie entrümpelte die Zimmer; er schleppte neue Gerätschaften und Bauschutt hinein.

Die Interaspektfiguren

Interaspektfiguren sind ein grafisches Untersuchungsinstrument, das wesentliche Teilinformationen aus dem Spannungsstatus in einer neuen Form präsentiert. *Interaspektfiguren* erlauben einen raschen Überblick darüber, wie die Protagonisten einer Liebesbeziehung (und jeder anderen Form von Beziehung) aufeinander einwirken. Solche Aspektfiguren werden am besten direkt aus der Synastriezeichnung entnommen, da sie hier am leichtesten zu identifizieren sind. Jason und Malaikas Planeten bilden insgesamt drei T-Quadrate und ein karmisches Kreuz.

In Figur 1 wird Jasons *Geburts-T-Quadrat zwischen Aszendent/Pluto, Venus und Uranus* von Malaikas überschäumender *Sonne-Jupiter-Konjunktion am Südknoten »getroffen«*. Malaika setzt ihre Sonne-Jupiter-Konjunktion auf Jasons Uranus und damit ins Quadrat zu seiner Venus und seinem Aszendenten, was sicher zunächst ermutigende, erweiternde und angenehm erregende Wirkungen gehabt haben dürfte. Aber gleichzeitig setzt sie diese überbordende Konjunktion eben auch ins Quadrat zu Jasons starkem, aber kompensatorisch ausgelebten Pluto. Jason mit seinem machtvollen Pluto *unterdrückte* also einen wirklich hilfreichen, kraftvollen und optimistischen Teil von Malaikas Persönlichkeit (»Er macht mir immer alles kaputt!«) und irritierte *(Uranus)* sie gleichzeitig durch seine Unberechenbarkeit und Sprunghaftigkeit. (»Er bringt mich völlig durcheinander, ich kann nicht mehr klar denken, wenn er da ist!«) Gleichzeitig wird Malaikas Medium coeli in Krebs – durch eine exakte Konjunktion zu Chiron ohnehin geschwächt stehend – durch Jasons Uranus und Pluto unter zusätzliche Spannung gestellt. Dies illustriert in unschöner Weise, wie Jason Malaika einsperrt (»Ich kam nicht mehr hinaus [in die Öffentlichkeit]!«) und wie er durch Irritation und Unterdrückung Malaikas Lebensziele und ihren Ehrgeiz torpedierte (»Er hat mir immer allen Schwung genommen!«).

In Figur 2 finden wir etwas ganz Ähnliches. Jason hat in seinem Geburtshoroskop eine *Opposition zwischen Neptun am Südknoten in Jungfrau und seiner Mond-Nordknoten-Konjunktion in Fische*. Wir haben hier eine eher sanfte, zurückgezogene, sehnsuchtsvolle, insgesamt empfindliche und vielleicht »schwächliche« Tönung des Gefühlslebens, vermutlich auch – wie die Kindheitsgeschichte nahelegt – eine weitgehende Verdrängung *(Neptun)* des inneren Kindes *(Mond)*. Zu dieser Opposition setzt nun Malaika ihre kraftvolle und kreative *Mars-Venus-Konjunktion* in Zwillinge *ins Quadrat,* was keine besonders guten Auswirkungen hat. Malaikas Mars irritiert den sanften Fischemond von Jason, so daß er sich

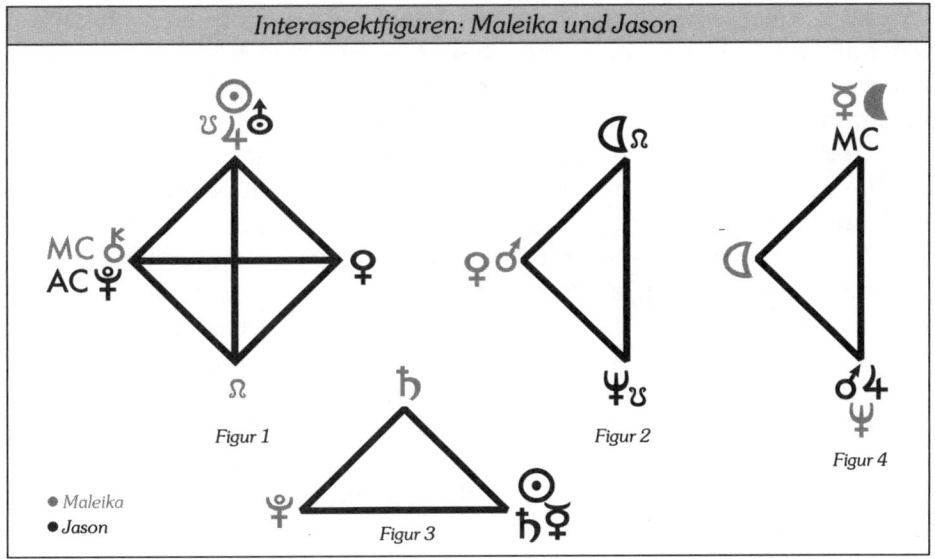

überwältigt oder hart angefaßt fühlt, und geht insgesamt mit Venus-Mars im mentalen Zwillingezeichen für den stark neptunisch getönten Gefühlsbereich Jasons zu grob vor, so daß sich Jason emotional oft zurückziehen dürfte. Gleichzeitig verunsichert und unterminiert Jason mit seinem täuschenden Neptun am Südknoten ihre kraftvolle Kreativität (Mars-Venus-Konjunktion) und/oder benutzt sie für seine eigenen Zwecke (Wir erinnern uns hier an die Badewannenszenen, in denen Jason Malaikas verbale und kreative Fähigkeiten für seine eigenen Auftritte als Lehrer auszubeuten pflegte. Malaika ihrerseits klagt darüber, früher sehr kreativ gewesen zu sein und heute überhaupt nichts mehr auf die Beine zu bringen). Wir können davon ausgehen, daß diese Interaspektfigur für beide Protagonisten ziemlich schmerzliche Auswirkungen hatte, da hier einerseits die hochempfindlichen *Gefühlsplaneten* eingebunden sind (*Venus* und *Mond* sowie das Beziehungssymbol *Mondknoten*), andrerseits aber Neptun und Mars die Dinge in unguter Weise unter Spannung setzen (*Mars*) oder unterminieren (*Neptun*).

Die Interaspektfiguren 1 und 2 demonstrieren, wie Malaikas »beste Anlagen«, die relativ kraftvollen, kreativen, mutigen, expansiven und optimistischen Anteile ihrer Persönlichkeit, von Jasons Planeten unter starken Druck gesetzt, irritiert oder schleichend verunsichert werden. Ebenso wenig glücklich allerdings sehen die beiden nächsten Aspektfiguren aus, die Malaikas Einwirkungen auf Jason spiegeln.

Figur 3 zeigt, wie die isolierte und unter starker innerer Spannung stehende *Sonne-Merkur-Saturn-Konjunktion* Jasons in Wassermann durch Malaikas *Pluto und Saturn* zusätzlich unter Druck gerät. Hier können wir vermuten, daß eine ohnehin schon geschwächte, von mangelndem Selbstwert und Insuffizienzgefühlen gekennzeichnete Anlage *(Saturn-Sonne-Merkur-Stellium)* durch die harten Einwirkungen von Saturn und Pluto der Partnerin diszipliniert, getadelt, abgewertet oder unterdrückt werden. Auch dies ist eine wenig zur Entwicklung neigende Figur: Hier ist der Druck auf einen ohnehin geschwächten Persönlichkeitsanteil einfach zu stark. Zudem hat Malaika ihren Pluto über lange Strecken des gemeinsamen Lebens nicht zur Verfügung, sondern erlebt ihn in der Hemmung (als plutonisches »Opfer«). Unterdrückte Menschen aber haben sich schon zu allen Zeiten mit dem einzigen Mittel gewehrt, das ihnen zur Verfügung stand, mit *Manipulation.* Des weiteren lebt Malaika ihren Saturn in der Kompensation aus, was mit Elternrollenspiel und einer Menge Kritik und Tadel verbunden sein dürfte. In diesem Zusammenhang ist es interessant zu wissen, daß Malaika im Verlauf ihrer Ehe dazu überging, mit ihrem Mann wie mit einem kleinen Jungen zu sprechen, manchmal wie eine gütige, dann wieder wie eine strenge und tadelnde »Mutter«.

Das *Quadrat zwischen beiden Saturnen* zeigt an, daß Malaika und Jason im Grunde Angst voreinander haben und daher beide versuchen werden, in die Autoritätsposition zu gelangen. Aber so, wie Jason in der *ersten Figur* die »Oberhand« hat, da *sein Pluto und Uranus* beteiligt sind, so hat Malaika die Oberhand in der *dritten Figur,* da *ihr Pluto* beteiligt ist. Die transzendenten Energien sind immer stärker als die persönlichen Planeten und selbst als die kollektiven Energien Saturn und Jupiter. Tritt nämlich eine dieser transzendenten Energien zu unseren persönlichen Planeten oder unserem Medium coeli oder Aszendent in Kontakt, so fungiert unser Partner in diesen Bereichen für uns als kosmischer Lehrer, der uns einiges über die beteiligte transzendente Energie lehren soll. Wie unser Partner diese Rolle ausfüllt, hängt von seinem eigenen Bewußtseinslevel und seiner spirituellen Entwicklung ab. Im besten Fall wird er seiner Rolle gerecht; schlimmstenfalls aber fügt er uns schwere Wunden zu. Die transzendenten Energien sind unserem persönlichen Willen und unserer Kontrolle nicht mehr unterworfen und bleiben daher gegenüber den persönlichen Planeten auf lange Sicht immer Sieger[27].

In Figur 4 wiederum sehen wir, wie Jasons »*bester Teil*«, seine expansive *Mars-Jupiter-Konjunktion in Opposition zu seinem Medium Coeli,* die ihm eine wirkliche Kraftquelle hätte sein können (wenn auch die Konjunktion in Jungfrau stattfindet und Mars und Jupiter beide rückläufig sind), von Malaikas *Neptun* verunsichert und verwässert wird. Zwar setzt sie ihre

Merkur-Lilith-Konjunktion auf sein Medium coeli und stärkt damit seine berufliche Verwirklichung. Sie übermittelt ihm etwas, nämlich Inspiration und Ideen, die er in sein Berufsfeld tragen kann, wobei ihre beeindruckende Fähigkeit zu inspiriertem Reden und ihr Zugang zum archaischen Unbewußten Jason gleichzeitig subtil entmutigt haben dürften. Mit ihrer *Merkur-Lilith-Konjunktion in Opposition zu Neptun und im Quadrat zum Mond*, die alle auf seinen *Mars* einwirkten, muß Malaika Jason überdies wie eine überwältigende, dunkle, faszinierende und geheimnisvolle Gestalt erschienen sein, wie Engel *(Neptun)* und Drache *(Mond Quadrat Lilith)* in einer Person.

Gleichzeitig aber raubte Malaika ihm durch ihren unerlösten Neptun auf seiner Mars-Jupiter-Konjunktion auf subtile und kaum faßbare Weise die Kraft. Mit ihren ausufernden Bemühungen, Jason auch im beruflichen Bereich zu »helfen«, lähmte Malaika, die ihrerseits kein Selbstvertrauen hatte und sich an einem noch »Hilfloseren« stabilisieren mußte, Jasons ohnehin nicht allzu stark ausgeprägte Tatkraft (Mars) und seinen Intellekt (Mars/Jupiter in Jungfrau im dritten Haus) bis zur Impotenz. Zusätzlich steht Malaikas *Krebsmond im Quadrat zu Jasons Medium coeli*; hier ist die Gefahr angezeigt, daß Malaika Jasons berufliche Verwirklichung durch Launen, Reizbarkeit und starke Stimmungsschwankungen unterschwellig torpediert. Natürlich laufen solche außerordentlich schädlichen Prozesse weitgehend unbewußt ab: Sie sind Spiegel der in der Kindheit erlittenen Verletzungen und der zur Bedeckung dieser Wunden entwickelten Abwehrmechanismen.

Dies sind vier sehr wenig glückverheißende Aspektfiguren. Beide unterdrücken im Partner gut gestellte kreative Anteile und setzen schwache, ängstliche Schattenbereiche zusätzlich unter unerträglich harten Entwicklungsdruck. Man kann unumwunden sagen, daß diese beiden Menschen einander nicht wohltun, sondern füreinander eher schädlich sind. Wir erleben die Kollusion[28] zwischen einem *depressiven* und vermutlich *sexsüchtigen* Mann, der seine Frau unterdrückt und kleinhält und einer *co-abhängigen* Frau, die in ihrem ebenso großen Mangel an Selbstwert darauf angewiesen ist, daß ein hilfloser und lebensuntüchtiger Partner permanent »im Unrecht« ist. (Ich habe die Kollusion zwischen *Abhängigen* unterschiedlicher Art und ihren co-kranken Partnern in meinem Buch *Die verzauberte Seele* ausführlich beschrieben und mit zahlreichen Fallgeschichten illustriert.)

Die vier aufgefundenen Interaspektfiguren sind sehr schwierig. Selbst bei einem besonders hohen Entwicklungsniveau beider Partner, das ihnen ermöglichen würde, diese Aspektfiguren »in hoher Potenz« auszuleben, wären sie immer noch schwierig! Hier werden durch Interaspektfiguren

Planetenkräfte zwangsweise verbunden, die ihrer Natur nach hochgradig disharmonisch sind: *Neptun-Mars, Saturn-Sonne und Pluto-Sonne gleich doppelt.* Wenn man solche Aspektfiguren sieht und dazu den stark geladenen *Spannungsstatus,* so drängt sich schon die Frage auf, ob das, was Menschen zueinandertreibt, wirklich immer Liebe ist.

Jason und Malaika. Nach seiner Frühpensionierung bekam Jason Lust, Schreiner zu werden. Er kaufte Baugeräte und Werkzeuge, bis Keller und Werkräume überquollen, vieles davon in mehrfacher Ausfertigung. Er begann eine Lehre bei einem weit entfernten Schreiner, wozu eine Eigentumswohnung gekauft werden mußte, damit Jason während seiner Lehre dort wohnen konnte. Um all dies zu finanzieren, nahm Jason zwei Hypotheken im Gesamtwert von etwa 500.000 DM auf das Haus auf. Der Schreiner hatte nach einigen Monaten genug von Jason und warf ihn hinaus. Schon immer hatte Jason häufig Auseinandersetzungen mit Autoritätspersonen gehabt, mit Gemeindevorstehern, Schulräten und mit seinen Direktoren. Malaika hatte die Schwierigkeiten dann jeweils durch persönlichen Einsatz beilegen müssen, da Jason Probleme einfach ignorierte.

Seit ihrer ersten Verweigerung, in deren Gefolge sich Malaika unendlich langsam aus der plutonischen Verstrickung mit Jason zu lösen begann, erpreßte Jason sie immer häufiger durch »Krankheit«. Damit die Familie von den von ihm verursachten Schulden herunterkam, erklärte er sich bereit, verschiedene Gelegenheitsjobs anzunehmen. Doch schon nach kurzer Zeit rief er von seiner neuen Arbeitsstelle aus Malaika an: »*Komm mich holen, Putzili, mir ist so schlecht, ich mußte erbrechen, ich hab Schweißausbrüche...*« Und die herbeistürzende Malaika fand einen kalkweißen Jason, der sofort in die Klinik gebracht werden mußte, wo er auf Verdacht auf Herzinfarkt untersucht wurde. Die behandelnde Ärztin allerdings konnte nichts finden. Sämtliche Untersuchungswerte waren normal.

Jason fühlte sich unzufrieden und unglücklich. Solch ein Leben hatte er nicht gewollt! Er wollte angesehen und geachtet sein, er wollte nicht hart arbeiten müssen. Und er wollte Macht! Er konnte sein Leben, so, wie es war, nicht akzeptieren. Er empfand auch einen starken Neid auf Malaikas Kreativität, jetzt, da sie ihm die Früchte dieser Kreativität nicht mehr zur Verfügung stellte. Er wollte sein, was Malaika war, und haben, was sie hatte, ihren inneren Reichtum! Mehr und mehr setzte Jason seine simulierten Krankheiten ein, um aus seinen selbstverursachten Schwierigkeiten herauszukommen. Gleichzeitig schrieb er Malaika Liebesbriefe. »*Ich liebe dich über alles! Ich bin süchtig nach dir! Ich will nicht ohne Dich leben!*«

Auch mit den Kindern lief es nicht gut. Nicole war ihrem neuen Vater gegenüber immer schon sehr zurückhaltend gewesen, und Saskia entwickelte sich mehr und mehr zum Problemkind. Natürlich sah nach außen hin alles perfekt aus. Am Familientisch jedoch würgte Jason jede Fröhlichkeit ab. Wenn Malaika mit den Kindern scherzte und Witze erzählte, war Jason sauer, daß Malaika im Mittelpunkt stand. Aber er selbst *konnte* keine Witze erzählen. Auch wollte er nicht, daß gelacht wurde. Er strahlte eine konstante Frostigkeit aus, in der etwas wie eine Drohung spürbar wurde: *Wehe, ihr lacht! Wehe, ihr seid glücklich!* Schließlich sagte bei den Mahlzeiten keiner mehr ein Wort.

Wenn die Kinder Malaika um Rat fragten, war Jason sauer. Sie sollten zu *ihm* kommen! Kamen sie jedoch zu ihm, und er wußte die Antwort nicht, dann machte er die Kinder nieder, daß sie mit solchen blöden Fragen ankamen, deren Antwort man eigentlich wissen müßte. Nur wenn Jason das Haus verließ, wurden die drei Frauen lebendig. Es wurde getanzt, gelacht und getobt. Kaum war Jason wieder da, so war es, als ob sich eine Eisdecke über das Haus legte. Jason wollte ein Klima der Strenge und Kontrolle. Alles sollte reguliert und beaufsichtigt sein. *Er mußte einfach die Kontrolle haben!*

Jason wollte nicht, daß die Kinder schlauer würden als er. Niemand sollte klüger sein. Er versuchte, seine Töchter an einer qualifizierten Ausbildung zu hindern. Mit zwölf wurde Saskia von der Schule verwiesen. Malaika, die ihr eigenes Abitur mühselig auf dem zweiten Bildungsweg nachgeholt hatte und wollte, daß es ihrer Tochter besser erging, nahm in einer entfernten Kleinstadt eine Wohnung und zog mit dem Mädchen dorthin. Hier sollte Saskia in Ruhe ihr Abitur machen. Gleichzeitig war ihr diese Wohnung ein willkommener Fluchtpunkt, um Jasons immerwährenden Ansprüchen zu entgehen, auch wenn sie sich dies nicht eingestand. Mit aller Kraft schubste sie die lernfaule Saskia zum Abitur.

Als Malaika fünfzig Jahre alt war, wollte Jason um jeden Preis noch ein Kind mit ihr – um sie *festzuhalten*, wie er freimütig zugab –, doch Malaika war für eine weitere Schwangerschaft nicht mehr zu haben. Kurz darauf – Saskia war gerade vor den Abiturprüfungen und Malaika zum erstenmal ohne ihre Tochter für zwei Wochen in Urlaub gefahren – wurde Saskia schwanger. Sie weigerte sich, eine Abtreibung vornehmen zu lassen. Nach ihrem Abitur gingen Malaika, Saskia und ihr jugendlicher Freund zurück in das einsame Haus mit den kahlen Betonwänden, wo Jason auf sie wartete. Jason gab sich nach außen freundlich, wollte aber im Grunde nicht, daß seine Tochter einen Mann hatte. *Seine Weiber gehörten ihm! Das war SEIN Harem!*

Natürlich funktionierte das Zusammenleben nicht lange. Nach drei Monaten machte sich Saskias Freund aus dem Staub, weil er die Atmosphäre nicht mehr ertrug. Saskia bekam ihr Kind, war aber von Anfang an buchstäblich unfähig, sich um die Kleine zu kümmern. Malaika, die bereits geahnt hatte, daß mal wieder alles an ihr hängenbleiben würde, war völlig geschockt und sah ihre schlimmsten Erwartungen bestätigt. *»Ich muß das Kind nehmen! Saskia kann ja gar nichts mit dem Kind anfangen. Sie ist ja so hilflos!«* Wie sehr hatte Malaika gehofft, daß sie nun endlich das *Recht* hätte, ihren eigenen Weg zu gehen! Jetzt mußte sie diese Hoffnung begraben. Damit war die Freiheit, die bereits am Horizont aufgeleuchtet war, wieder dahin. *Wieder einmal war Malaika eingeengt, wieder einmal hatte sie alle Lasten am Hals!* Jason und Malaika kamen überein, Saskias Kind als ihr Kind anzunehmen und später zu adoptieren.

Schon immer hatte es keinerlei Streitkultur zwischen den Eheleuten gegeben. Wenn Probleme auftauchten, wurden sie von Jason beharrlich ignoriert, bis die Dinge so bedrängend wurden, daß Malaika in die Bresche sprang und den Karren aus dem Dreck zog. Nach seiner Frühpensionierung hatte Jason auch angefangen, Antiquitäten zu restaurieren, wobei er sich ziemlich untüchtig anstellte. Nicht nur nannte er den Kunden einen völlig unrealistisch niedrigen Preis, der nicht einmal die Hälfte der aufgewandten Arbeitsstunden deckte; schlimmer war, daß er mit einer Restaurierung anfing, es dann leid wurde und den Auftrag ignorierte, bis die Kunden das Telefon heißlaufen ließen. Dann mußte Malaika seine Arbeit fertigmachen. Nach einiger Zeit verweigerte sie auch hier die ihr aufgezwungene Mitarbeit und forderte Jason energisch auf, um Himmels willen keine Restaurierungsaufträge mehr anzunehmen, denn *sie* werde sich *nicht* mehr darum kümmern!

Jason reagierte mit einem weiteren hysterischen Zusammenbruch und mußte in die Klinik gebracht werden. Seine lebensverneinende Einstellung und seine Destruktivität traten immer klarer zu Tage. Er provozierte Malaika systematisch mit seiner Untüchtigkeit und seiner Verweigerungshaltung. Immer häufiger verlor Malaika den Kopf und setzte ihn ihrerseits unter Druck. Dann preßte Jason heraus: *»Ja, ich will, daß Du mich kaputtmachst, dann brauche ich mich nicht selbst umzubringen!«* Das hinderte ihn jedoch nicht daran, gleichzeitig Malaika kaputtmachen zu wollen. Er begann eine Affaire mit einer sechsunddreißigjährigen Frau, die eine Zeitlang in Malaikas und Jasons Haus lebte. Resi nannte Malaika und Jason auf eigenen Wunsch *Mami* und *Daddy*. Als Malaika, die unverdrossen glaubte, daß Jason mit keiner anderen Frau jemals wieder etwas anfangen würde, dahinterkam, bekam sie einen Ausbruch und prügelte auf Jason ein. Und Jason gestand, jawohl, er habe sie *»kaputtmachen wollen, damit ich das Haus bekomme, und damit diese Frau für mich tut, was du früher für mich getan hast!«* Letztlich schien es ihm egal zu sein, wer kaputtging. Einer von beiden mußte dran glauben.

Die Gesamtvereinbarkeit

Die *Gesamtvereinbarkeit* von Malaika und Jason ist mit 25,5 Punkten wirklich nicht gut! Zu dem »geladenen« *Spannungsstatus* und den dramatischen *Aspektfiguren* tritt damit eine hohe Unvereinbarkeit dreier Partnerschaftsfelder. Die Lösung der Frage, weshalb die Ehe überhaupt so lange gehalten hat, ist wahrscheinlich im partnerschaftlichen Interaktionsfeld Mond zu suchen, das mit *Nullkommafünf* eine ausgezeichnete Verträglichkeit aufweist. Das *innere Kind* und das *Gefühlsleben* von Malaika und Jason sind sowohl hochgradig *verträglich* als auch zu nicht geringen Teilen *ähnlich* (54% *gleiche* Archetypen). Der Aszendent beider Partner ist ebenfalls recht gut verträglich (*Zweikommafünf*).

Gesamtvereinbarkeit für: Maleika und Jason						
☉ Wesenskern Wille Persönlichkeit	☽ Intimitätsbedürfnis Gefühlsleben	☿ Kommunikation Denkweise	♀ Liebe Erotik Geschmack	♂ Sexualität Kooperation	AC Auftreten nach aussen, Selbstpräsentation	MC Zielvorstellungen Ehrgeiz
Mal. / Jason	Mal. / Jason	Mal. / Jason	Mal. / Jason	Mal. / Jason	Mal. / Jason	Mal. / Jason
♀ 24 ♇ 25	☽ 28 ♆ 42	♆ 37 ☉ 27	♃ 30 ♄ 26	♀ 29 ☿ 30	♀ 60 ☽ 18	☽ 100 ♆ 29
♂ 21 ⚷ 17	☿ 18 ♃ 26	☿ 27 ⚷ 23	♂ 26 ⚷ 26	♃ 29 ♃ 15	☿ 20 ♆ 18	♃ 29
♃ 13.5 ♀ 17	♃ 18 ♀ 21	☽ 18 ♄ 18	♀ 22 ♀ 19	☿ 24 ⚷ 15	♂ 20 ⚷ 18	☿ 14
♆ 13.5 ♄ 17	♄ 18 ♂ 11	♆ 9 ♀ 18	☉ 13 ♆ 15	♆ 9 ☽ 15	♀ 18	☉ 14
♅ 7 ♆ 8	♆ 18	♃ 9 ♂ 14	♆ 9 ♃ 7	☉ 9 ♆ 11	♆ 9.3	♆ 14
☿ 7 ♃ 8			♂ 7	♄ 7	♂ 9.3	
♄ 7 ♂ 8				♀ 7	♃ 9.3	
⚷ 7						
3.5	**0.5**	**6**	**5.5**	**2**	**2.5**	**5.5**
Summe: 25.5						

Eine Sonnenvereinbarkeit von *Dreikommafünf* ist zwar nicht berauschend, aber doch noch im Mittelfeld. Eine Überraschung bietet Mars, der mit *Zwei* eine Verträglichkeit aufweist, die man sicher nicht erwartet hätte. *Merkur*, *Venus* und *Medium coeli* jedoch zeichnen mit *Sechs* beziehungsweise *Fünfkommafünf* ein wenig erfreuliches Bild! Die Interaktionsfelder *Erotik und Geschmack (Venus), geistiger Austausch, Denkweise und*

Kommunikation (Merkur) sowie *Lebensziele, beruflicher Ehrgeiz und Bedürfnisse nach Status (Medium coeli)* bilden ständige Störfelder. Hier sind die Energien beider Partner einfach zu unterschiedlich! Diese Unterschiedlichkeit kann auch nicht durch die anderen Interaktionsfelder abgefedert werden.

Besonders im Bereich der Kommunikation (Merkur) sieht es miserabel aus. Malaikas Kommunikation ist zu großen Teilen neptunisch-mondischer Natur (*Neptun und Mond* in Malaikas Merkurfunktion 55%). Malaika kommuniziert also oft verschleiert, undeutlich, unklar, verwischend, fantasievoll, sehnsuchtsvoll, chaotisch, schonend oder vielleicht auch unehrlich, nur hin und wieder unterbrochen durch stark mentale und rationale Einsprengsel (27% *Merkur*farbe in Malaikas Merkurfunktion). Jasons Kommunikation hingegen wird sehr stark durch *Sonne, Uranus, Saturn* und *Mars (82%)* bestimmt, hat also einen klaren, direkten, sprunghaft originellen, wahrscheinlich gelegentlich auch schroffen, harten oder selbstherrlichen Charakter, der Malaika in ihrer neptunisch verwischten Denk- und Redeweise oft heftig vor den Kopf stoßen dürfte. Die beiden stärksten Farben in der Merkurfunktion von Malaika und Jason – *Neptun und Sonne* – sind unverträglich, wobei Neptun nicht ausgeglichen werden kann (Regel 1). Malaikas *Neptun*farbe ist stärker als 35%, während Jason überhaupt keine *Neptun*farbe aufzuweisen hat (Regel 2). Schließlich haben Jason und Malaika nicht einen einzigen Archetypus in ihrer Merkurfunktion gemeinsam (Regel 6). Eine Bewertung von *Sieben* ist in unserer Tabelle nicht mehr vorgesehen, aber eigentlich müßte die Kommunikation von Jason und Malaika mit *Sieben* bewertet werden, so schlecht passen ihre Merkurenergien zueinander! *(Die Farbtabellen zur Gesamtvereinbarkeit von Malaika und Jason befinden sich im Kapitel: Praktische Übungen).*

Man sollte *eine schlecht funktionierende Kommunikation nicht unterschätzen!* Selbst wenn alle anderen partnerschaftlichen Austauschgebiete in dieser *Gesamtvereinbarkeit* gut wären, was nicht der Fall ist, würde eine solch behinderte Kommunikation und eine so grundlegende Verschiedenheit im Denken und Urteilen die Partner unter enormen Streß setzen und eine ständige Gefährdung der Verbindung darstellen.

Zusätzlich sind aber auch der *Geschmack und* die *erotischen Vorlieben* beider Partner (Venus) unter starkem Druck. Im erotischen Bereich empfinden und agieren beide Menschen vollkommen unterschiedlich, wie die beiden stärksten Potentiale (Malaikas *Jupiter*farbe in Höhe von 30% und Jasons *Saturn*farbe in Höhe von 26%) bereits andeuten. Jasons *Saturn*potential ist größer als 20 Prozent, und Malaika hat keinerlei *Saturn*farbe in ihrer Venus. Diese beiden Menschen haben wirklich nicht an denselben

Dingen Vergnügen und verhalten sich auch im erotischen Sektor *(Venus)* ihrer Natur nach äußerst unterschiedlich: Malaika expansiv, offen, dynamisch, feurig, herzlich, idealistisch und egozentriert *(Jupiter-, Mars- und Sonnenfarben* in Malaikas Venus fast 70%), Jason zugeknöpft, emotional kühl, abgrenzend, auf seine Sicherheit bedacht, wenig »gebend«, sprunghaft und latent gewalttätig *(Saturn-, Uranus-, Pluto- und Marsfarben* in Jasons Venus 74%). Hier werden sich schon im Vorfeld von *Anziehung* und *Verführung* sowie ganz allgemein bei jeder Form angestrebten *Vergnügens* die großen Unterschiede beider Menschen schmerzhaft bemerkbar machen.

Wie aber vertragen sich diese Aussagen mit der guten *Mars*vereinbarkeit von *Zwei?* Macht nicht die Beziehungsgeschichte deutlich, daß gerade die Sexualität das heißeste Minenfeld dieser unglücklichen Verbindung ist? Hier ist zum ersten an die sehr schwierigen *Interaspekte* zu Mars zu erinnern, insbesondere an die doppelte Spannungsrelation von *Mars-Neptun.* Zum anderen aber zeigt sich hier, daß die Hauptprobleme nicht immer unbedingt da liegen, wo sie von den Betroffenen »geortet« oder festgemacht werden!

Wenn wir mit jemandem Sex haben wollen, müssen wir ihn oder sie zuvor in irgendeiner Weise darauf einstimmen, damit er oder sie Lust dazu hat und einverstanden ist. Alles aber, was mit Flirt, Tändelei, »Anmache«, Verführung, Lust, erotischem Angezogensein usw. zu tun hat, gehört ins Reich der Venus! Die Venus von Malaika und Jason ist hochgradig unverträglich. Jasons Erotik hat eine eher harte oder gewalttätige Form mit deutlich dunkleren Unterströmungen, die sich überhaupt nicht mit Malaikas offener, frischer und unternehmungslustiger Venus verträgt. Davon bleibt natürlich die Sexualität (Mars) nicht unbeeinflußt. Wie kann ich Sex mit jemandem genießen, dessen Annäherungsform und Verhalten mich abtörnen oder sogar anwidern? Auf diese Unverträglichkeit der Venus weisen sowohl Malaikas Abwehrsymptome (Haut als unser größtes Kontaktorgan = Waage/Venus-Symbol) als auch ihre häufigen Nieren- und Blasenerkrankungen (Venus) hin! *Venus geht eben dem Mars zeitlich voran,* vor allen Dingen bei Frauen! Malaika fühlte sich von ihrem Mann *nicht angezogen* (Venus) und hatte *deshalb* bei der Sexualität (Mars) keinen Spaß. Für Jason stellte sich dieses Problem weniger, da Männer ohnehin stärker ihren Mars leben als ihre Venus und im allgemeinen ihre Venus erst im Anschluß an das Ausleben des Mars entwickeln[29].

Es dürfte so gut wie unmöglich für beide gewesen sein, *gemeinsame* Freuden zu genießen, da ihr *Geschmack,* ihre *ästhetischen Vorlieben* und ihre Auslöser für *Lust* einfach zu unterschiedlich waren, was an zahlreichen Facetten der Beziehungsgeschichte deutlich wird. So war es für

Malaika keine Selbstverständlichkeit, bei der Liebe auch einen Orgasmus zu haben, da offensichtlich für ihre Bedürfnisse kein Raum war. Erotische Harmonie ist so nicht zu erreichen. Von daher ist klar, daß Erotik und Sex – auch ohne die gewalttätig entgleisten dunkleren Unterströmungen von Jasons Sexualität – im Zusammenleben des Paars keinen Glücksquell darstellten. Andererseits wurde – entsprechend der guten Marsvereinbarkeit – die Sexualität auch keineswegs »auf Eis gelegt«! Beide Partner kämpften und rangen 28 Jahre lang bis zum bitteren Ende miteinander darum, im erotischen Bereich zu irgendeiner Form von »Übereinstimmung« zu kommen!

Wie aber ist es zu verstehen, daß beide Menschen ständig gegeneinander arbeiteten, wenn doch die Marsvereinbarkeit gut war (Mars = Kooperation)? Auch hier gilt wieder, daß die eigentlichen Probleme manchmal an anderer Stelle liegen, als es auf den ersten Blick scheint. Malaika und Jason waren durchaus fähig, in gewissen Grenzen zu kooperieren (wobei man auch hier wieder die täuschenden und unehrlichen Mars-Neptun-Interaspekte im Auge behalten muß!). Sie kauften gemeinsam und einverständlich ein Haus und einigten sich problemlos, das uneheliche Kind ihrer Tochter Saskia als ihre eigenes Kind anzunehmen, usw. Nicht die Kooperation war schlecht, sondern die Kommunikation! Meistens sprachen beide über völlig verschiedene Dinge, während sie der Ansicht waren, sich geeinigt zu haben. Und des weiteren haben wir neben der katastrophalen Kommunikation auch ein völlig unverträgliches *Medium coeli (Fünfkommafünf)*, was erklärt, wieso ihre Konflikte mit zunehmender Dauer der Beziehung beständig schlimmer wurden. Malaikas 100%ige *Mond*färbung ihres Medium coeli dokumentiert überdeutlich, wie wichtig für sie *das Haus* war und wie sehr sie sich wünschte, daraus eine *Stätte der Begegnung* zu schaffen (*Mond/Krebs*: die große Familie als Lebensziel). Zwar vertragen sich die *Jupiter-, Neptun-* und *Pluto-Archetypen* Jasons mit Malaikas *Mond*färbung (72%), doch hat Jason seinerseits keine *Mond*färbung (Regel 2), und die beiden haben in ihrem Medium coeli nicht einen einzigen Archetypus gemeinsam (Regel 6). Außerdem kommt hier die selten eingesetzte Regel 5 zur Anwendung: Gegenüber Malaikas völlig eindimensional *mond*gefärbtem Medium coeli weist Jasons Medium coeli mehr als dreimal so viele Farben auf, was die Bewertung der Vereinbarkeit schließlich auf *Fünfkommafünf* senkt.

Bei den Lebenszielen und dem beruflichen Ehrgeiz beider Partner sowie ihrem individuellen Bedürfnis nach Status finden wir gravierende Unvereinbarkeiten! Jetzt wird uns auch Jasons unpraktische, unrealistische und beinahe infantile Lebenseinstellung deutlicher verständlich (*Jupiter-* und *Neptun*farben in Jasons Medium coeli fast 60%!). Wird ein solch hohes

Potential an Jupiter- und Neptunenergien *unerlöst* ausgelebt, so finden wir den *unpraktischen Träumer*, den *verantwortungslosen Spinner* oder den *scheinheiligen Fantasten*, der sich für auserwählt hält. (Auch in Jasons Mond sind *Neptun/Jupiter*-Energien mit fast 70% dominierend!) Wenn wir uns an die von Jason aufgenommenen Hypotheken erinnern, an seine abstrusen und wirren Anschaffungen ganzer Maschinenparks, die in einem grauenvollen Chaos überall gelagert wurden und an seine fast kindlichen Versuche, Möbel zu restaurieren und die Arbeit dann hinzuwerfen, so fällt es uns nicht schwer, dies den unerlöst ausgelebten Energien von Neptun-Jupiter zuzuordnen, ebenso wie seine Fantasien von Glanz und Größe, denen keinerlei praktische Tatkraft gegenüberstand (*Jupiter-*, *Neptun-* und *Sonne*archetypen in Jasons Medium coeli 72%!).

Elementare Unverträglichkeiten in der archetypischen Struktur zweier Persönlichkeiten lassen sich nicht durch Arbeit an der Beziehung heilen. Sie sind und bleiben Störfelder, und wenn sie überhand nehmen, können sie die ganze Beziehung wirklich in eine Hölle verwandeln. Mehr noch: *Ist die Gesamtvereinbarkeit zwischen zwei Menschen gering, so hilft auch ein relativ gutartiger Spannungsstatus der Beziehung nicht viel weiter!* Grundsätzliche Unverträglichkeiten im energetischen Bereich lassen sich nicht oder nur sehr oberflächlich durch harmonische Interaspekte konterkarieren. Alles, was durch ein hohes Maß an harmonischen Interaspekten in einem solchen Fall bewirkt wird, ist, daß die grundsätzlichen Unverträglichkeiten beider Menschen nicht so rasch und schmerzhaft spürbar werden. *Andrerseits darf bei einer zugrundeliegenden hohen Gesamtvereinbarkeit zweier Menschen ihr Spannungsstatus ein deutlich höheres Maß an Spannung aufweisen!* In einem solchen Fall sind die Spannungsaspekte aufgrund der hohen Verträglichkeit oder Ähnlichkeit der Energien beider Partner sehr viel leichter zu handhaben. Dies war der Fall bei Bill und Hillary, die eine sehr gute *Gesamtvereinbarkeit* aufweisen, gleichzeitig jedoch einen *Spannungsstatus*, der auch wirklich harte Interaspekte enthält und insgesamt ein ziemlich hohes Maß an Spannung spiegelt.

Jason und Malaika. Bei Problemen – ganz gleich, ob es sich um Schulden, nicht eingehaltene Verträge oder Meinungsverschiedenheiten handelte – zog sich Jason zurück, bis die Dinge so heißliefen, daß Malaika alles wieder in Ordnung brachte. Wenn sie sich weigerte, wurde Jason krank, und alles wurde noch schlimmer. Sie ging zum Anwalt und ließ das Haus auf sich überschreiben, damit Jason nicht noch der Familie das Haus wegnahm. In den Räumen zwischen den kahlen Betonwänden stapelten sich unterdessen Jasons sinnlose Werkzeug- und Maschinenparks. Überall war Zementstaub.

Malaikas Freude an ihrer Schöpferkraft und Kreativität war mittlerweile fast erstickt. Es dauerte fast achtundzwanzig Jahre, bis sie die manipulative Rachsucht in Jasons Verhalten wirklich mitbekam. »*Er hat mich bestraft, wenn ich dem kleinen Buben nicht mehr gegeben hab', was er haben wollte*«, lautete die späte Erkenntnis. »*Dann hat er gedroht und manipuliert. Er ist ein kleines Kind geblieben. Und maßlos dazu. Er konsumiert maßlos! Und es bringt ihm gar nichts! Er nimmt meine ganze Energie und kann nicht mal was damit anfangen. Er ist wie ein Faß ohne Boden, ein Moloch! Er ist ein kleines Biest geblieben!*« Mehr und mehr sah sie ihn als *Bubi*, *Waschlappen* und *Versagergestalt*, die nichts Rechtes zustandebrachte. Gleichzeitig hatte sie Angst vor ihm und ordnete ihm eine fürchterliche, unterschwellige Macht zu wie einer alttestamentarischen dunklen Gottheit. Sie fühlte sich von ihm ausgesaugt, erstickt und an jeder konstruktiven Handlung gehindert. Dennoch begann Malaika unter dem unerträglich gewordenen Druck endlich zu kämpfen und bereitete (heimlich, um Jasons immerwährender Überwachung und Torpedierung zu entgehen) ihren Auszug aus der Ehe vor.

Die Destruktivität dieser Beziehung ist mit Sicherheit ein Ergebnis der zahlreichen plutonischen Spannungsinteraspekte, wobei wir uns erinnern, daß die Rolle des Pluto von Jason eingenommen wurde. Was ist aus einer solchen Beziehung zu lernen? Jason tritt als Lehrer für Pluto auf. Malaika hat in ihrem Geburtshoroskop ein *Sonne-Pluto-Quadrat*, hat ihren Pluto indessen nicht zur Verfügung und lebt ihn in der Hemmung aus. Sie fühlte sich in ihrem Leben nacheinander von ihrer Mutter, ihrem Stiefvater und ihrem Ehemann kontrolliert, dominiert, unterdrückt, mißbraucht, ausgebeutet und – im Fall von Mutter und Stiefvater – auch gewalttätig mißhandelt, so daß ihr buchstäblich »die Luft zum Atmen wegblieb«. Entsprechend entwickelte sie häufige Luftwegserkrankungen und mehrfache Lungenentzündungen (*Merkur in Fische Opposition Neptun* sowie Mars-Venus in *Zwillinge* in Malaikas Geburtshoroskop).

Jason hat seinen Pluto ebenfalls nicht zur Reife entwickelt, sondern lebt ihn in der Kompensation aus, wie dies bei Männern mit starkem achtem kosmischem Prinzip häufig der Fall ist. Damit ist er im plutonischen Bereich für Malaika zwar ein Lehrer, aber kein guter. Hier werden die notwendigen Plutolektionen auf schmerzhafteste Weise erlernt, durch *drastische Unterdrückung, spinnenartig aussaugende Ausbeutung und durch eine nicht zu stillende Gier nach Liebe und Zuwendung,* die sich den Anschein äußerer Liebenswürdigkeit gibt (Jasons Aszendent/Pluto-Konjunktion in Opposition zu Venus in Steinbock unerlöst). Unerbittlich prüft das Schicksal uns immer wieder an der gleichen wunden Stelle, bis »der Groschen gefallen ist«. Es ist nicht daran zu zweifeln, daß Malaika auf diesem äußerst schmerzhaften und traurigen Weg irgendwann ihre Plutolektion – nämlich ihre eigene Macht endlich für sich selbst zu reklamieren – erlernt haben wird, nachdem sie zuvor ihre *eigenen Rechte (Saturn)* durchgesetzt und die volle *Verantwortung* für ihre *eigenes* Leben übernommen hat. Dieser Zeitpunkt scheint jetzt gekommen.

10
Praktische Übungen

Die folgenden Übungen sind für Studentinnen und Studenten der Astrologie und für interessierte Leser und Leserinnen gedacht. Mit der Durcharbeitung dieser Aufgaben machen Sie sich das Instrumentarium der modernen Partnerschaftsastrologie zu eigen und können es fortan zur Untersuchung Ihrer eigenen Beziehungen einsetzen.

Zwanzig Fragen zur Partnerschaftsanalyse

1 Welche PA-Instrumente können wir zur Überprüfung einer *Liebesbeziehung* einsetzen?
2 In welcher *Reihenfolge* setzen wir die in diesem Buch behandelten PA-Instrumente zweckmäßigerweise ein, wenn wir eine *Liebesbeziehung* untersuchen wollen?
3 Erarbeiten Sie aus *Hillary Clintons* Geburtskosmogramm ihre *Merkurprägung* und stellen Sie sie in einer Tabelle dar.
4 Auf welche Weise gelangen wir von Hillarys Merkurprägung zu den »Farben« ihres Merkur? Erstellen Sie *Hillarys Merkurfarben-Tabelle*.
5 Untersuchen Sie in *Bill Clintons* Kosmogramm seine *Venusprägung* und erstellen Sie seine *Venusfarbentabelle*.
6 Interpretieren Sie die *Hauptfarben von Bill Clintons Venus* und fügen Sie sie zu einer »Gestalt« zusammen. Was sagen Bills Venusfarben über seinen Geschmack und seine erotischen und ästhetischen Vorlieben aus?
7 Wie sieht *Mia Farrows Sonnenprägung* aus? Erstellen Sie anschließend Mias *Sonnenfarbentabelle*.
8 Interpretieren Sie Mias Sonnenfarben nach eigenem Empfinden und experimentieren Sie dabei. Auf welche Weise charakterisieren Mias Sonnenfarben ihre Persönlichkeit?
9 Wir erhalten als Ergebnis eines fertigen *Spannungsstatus'* eine Relation von 40% förderlichen zu 60% spannungserzeugenden Interaspekten. Wie ist dieses Ergebnis zu bewerten?

10 Inwiefern können wir aus dem *Spannungsstatus* etwas über die Art der Beziehung, die möglich ist, herauslesen?
11 Wie ist die *dritte Spalte* im Instrument *Spannungsstatus* zu bewerten? Und wohin plazieren wir den Interaspekt *Jupiter Quadrat Uranus*?
12 *Dianas und Charles Monde* (abgedruckt auf Seite 221) bestehen beide zu mehr als einem Drittel aus identischen Venusfarben. Warum passen sie trotzdem so schlecht zueinander?
13 Untersuchen Sie *Hillarys Venusprägung* und stellen Sie die *Farben ihrer Venus* zusammen.
14 Erstellen Sie den *Venusfarbenvergleich von Bill und Hillary* (Bills Venusfarben wurde in Aufgabe 5 untersucht) und suchen Sie die »*günstigste*« *Kombinationsmöglichkeit*. Benoten Sie Ihre Kombination der Farben und beachten Sie dabei die auf Seite 203/204 zusammengestellten *Regeln*.
15 Erstellen Sie den *Merkurfarbenvergleich* von *Mia und Woody*. Welche *Regeln* müssen bei diesem Vergleich Anwendung finden?
16 Charakterisieren Sie *Malaikas* Gefühlsleben, ihr inneres Kind, ihre Hege- und Pflegebedürfnisse und ihr Verlangen nach Intimität. Benutzen Sie dazu Malaikas *Mondfarben* (abgedruckt auf Seite 269).
17 Zeichnen Sie drei wichtige *Spannungs-Interaspektfiguren* von *Mia und Woody* auf.
18 Erläutern Sie die mutmaßlichen *Auswirkungen dieser drei Interaspektfiguren* auf Zusammenleben und gegenseitige Verständigung von Mia und Woody.
19 Inwieweit spielt der *Entwicklungslevel* zweier Partner beim *Spannungsstatus* eine Rolle?
20 Warum spielt der *Entwicklungslevel* zweier Partner bei der *Gesamtvereinbarkeit keine* Rolle?

Lösungen

1 Den *Spannungsstatus*, die *emotionale Vereinbarkeit*, das *Strahlendiagramm*, die *karmischen Beziehungsrollen*, die *Gesamtvereinbarkeit*, die *Interaspektfiguren*, ferner noch das *Composite* und das *Combin*[30].
2 Um die Beziehungsgeschichte von Malaika und Jason optimal zu illustrieren, wurden die Partnerschafts-Untersuchungsinstrumente in der in Kapitel 9 angegebenen Reihenfolge eingesetzt. Bei einer normalen Partnerschaftsanalyse dürfen jedoch Effizienzgesichtspunkte nicht außer acht gelassen werden. Deshalb überprüfen wir in der Praxis eine *Liebesbeziehung* auf folgende Weise:

a. *Den Spannungsstatus.* Als erstes müssen wir herausfinden, ob genügend Interaspekte vorhanden sind, da ohne ein ausreichendes Maß an Interaspekten keine Beziehung zustandekommt oder rasch wieder versandet.
b. *Die emotionale Vereinbarkeit.* Hierbei ist ganz besonders auf die Mond-Vereinbarkeit zu achten. Ist sie miserabel, so hat die Beziehung als *Liebesbeziehung* wenig Chancen. Ist sie akzeptabel, setzen wir die Prüfung fort.
c. *Die Gesamtvereinbarkeit,* um zu sehen, auf welchen Gebieten die Liebenden in welchem Maß harmonieren.
d. *Die Interaspektfiguren* erlauben uns zu sehen, in welcher Form die Liebenden aufeinander einwirken.
e. Die *karmischen Beziehungsrollen* und das *Strahlendiagramm* untersuchen wir bei Bedarf. Sie liefern uns weitere Informationen über die Dynamik der Partnerschaft. Der Einsatz dieser Instrumente lohnt sich besonders dann, wenn ein Paar zusammenbleiben möchte oder wenn sich ein Partner Klarheit über die tieferen Gründe des Scheiterns einer wenig konstruktiven Beziehung wünscht.

3 So sieht die fertige Lösung aus.

Hillarys Merkurprägung		
Merkur in Skorpion	Merkur/*Pluto*	10
Merkur in Haus 6	Merkur/*Merkur*	10
Merkur Grundnote Löwe	Merkur/*Sonne*	5
Merkur Konjunktion Venus	Merkur/*Venus*	10
Merkur Quadrat Saturn	Merkur/*Saturn*	10
Merkur Quadrat Mars	Merkur/*Mars*	5*
Merkur Quadrat Pluto	Merkur/*Pluto*	10
Haus 3 in Löwe	Merkur/*Sonne*	5
Grundnote Haus 3 Skorpion	Merkur/*Pluto*	2,5
Mars in Haus 3	Merkur/*Mars*	2,5
Pluto in Haus 3	Merkur/*Pluto*	2,5
Saturn in Haus 3	Merkur/*Saturn*	2,5
	Summe	**75**

* Plaktischer Aspekt, daher nur Wertung mit fünf Punkten

4 Wir entnehmen Hillarys Merkurprägung alle gleichen Archetypen – also beispielsweise alle *Pluto*-Notierungen, alle *Sonnen*-Notierungen, alle *Mars*-Notierungen usw. und ihre jeweilige Punktezahl – und addieren sie. Anschließend rechnen wir die erhaltenen Farben in Prozentwerte um, um eine bessere Vergleichsbasis zu haben. So sieht Hillarys Merkur*farben*-Tabelle aus:

Hillarys Merkurfarben		
Merkur/*Pluto*	25	34%
Merkur/*Saturn*	12,5	17%
Merkur/*Sonne*	10	13%
Merkur/*Merkur*	10	13%
Merkur/*Venus*	10	13%
Merkur/*Mars*	7,5	10%
Summe	**75**	**100%**

5 So sieht die fertige Lösung aus.

Bills Venusprägung		
Venus in Waage	Venus/*Venus*	10
Venus in Haus 1	Venus/*Mars*	10
Venus Grundnote Waage	Venus/*Venus*	5
Venus Konjunktion Neptun	Venus/*Neptun*	10
Venus Konjunktion Mars	Venus/*Mars*	10
Venus Sextil Pluto	Venus/*Pluto*	5
Venus Sextil Merkur	Venus/*Merkur*	5
Venus Halbquadrat Sonne	Venus/*Sonne*	5
Deszendent in Widder	Venus/*Mars*	5
Grundnote Deszendent Waage	Venus/*Venus*	2,5
Deszendent Opposition Neptun	Venus/*Neptun*	2,5
Deszendent Opposition Mars	Venus/*Mars*	2,5
	Summe	**72,5**

	Bills Venusfarben	
Venus/*Mars*	27,5	38%
Venus/*Venus*	17,5	24%
Venus/*Neptun*	12,5	17%
Venus/*Sonne*	5	7%
Venus/*Merkur*	5	7%
Venus/*Pluto*	5	7%
Summe	**72,5**	**100**

6 Hier eine mögliche Interpretation. Im Venusbereich ist Bill Clinton mit 45% *Mars-Pluto*-Färbung ein leidenschaftlicher Mann, der heiß begehrt und dessen Lust rasch entflammt, wobei es ruhig etwas heftig und kämpferisch zugehen darf. Andrerseits finden wir auch 41% *Venus-Neptun*-Färbung in seiner Venus. Dies ist ein starker Gegensatz zu der leidenschaftlich-heftigen Prägung durch *Mars-Pluto*. Hier sind Sensibilität, Weichheit, Sehnsüchte, eine starke Neigung zur Idealisierung der Liebespartnerinnen und eine gewisse Verführbarkeit angezeigt. Mit allein 24% *Venus*färbung in seiner Venus ist Bill Clinton ein Mann, der »schöne« Frauen sehr zu schätzen weiß und sich von ihnen angezogen fühlt. Und da er überdies in seiner Gesamtpersönlichkeit einen starken Waageanteil aufweist (darunter Mars und Aszendent in Waage), können wir erwarten, daß es ihm lieber ist, wenn der leidenschaftlich-intensive, leicht kämpferische und Spannungen aufreißende Anteil seiner Venus von den Frauen seiner Umgebung ausgedrückt wird. Die Venus und ihre Farben sind zugleich ja auch *Anima*bestandteile, also Bestandteile von Bill Clintons *Partnersuchbild*.

7 So sieht die fertige Lösung aus.

Mias Sonnenprägung		
Sonne in Wassermann	Sonne/*Uranus*	10
Sonne in Haus 10	Sonne/*Saturn*	10
Sonne Grundnote Zwillinge	Sonne/*Merkur*	5
Sonne Anderthalbquadrat Neptun	Sonne/*Neptun*	5
Sonne Anderthalbquadrat Saturn	Sonne/*Saturn*	5
Sonne Halbquadrat Venus	Sonne/*Venus*	5
Haus 5 in Löwe	Sonne/*Sonne*	5
Grundnote Haus 5 Wassermann	Sonne/*Uranus*	2,5
Jupiter in Haus 5	Sonne/*Jupiter*	2,5
	Summe	50

Mias Sonnenfarben			
Sonne/*Saturn*		15	32%
Sonne/*Uranus*		12,5	26%
Sonne/*Merkur*		5	10,5%
Sonne/*Neptun*		5	10,5%
Sonne/*Venus*		5	10.5%
Sonne/*Sonne*		5	10,5%
	Summe	47,5	100%

Achtung: Das Potential von Sonne/*Jupiter* in Höhe von 2,5 Punkten fällt aus der Betrachtung der Sonnen*farben* heraus!

8 Hier eine mögliche Interpretation. Mias Hauptsonnenfärbung besteht aus 32% *Saturn*. Dies kennzeichnet Mia (von einem gewissen Lebensalter an) als kompetente, tüchtige, pflichtbewußte und verantwortungsvolle Persönlichkeit. Einen großen Gegensatz dazu bilden 26% *Uranus*färbung in Mias Sonne. Hier ist ein exzentrischer, abenteuerlustiger, vielleicht leicht ausgeflippter und äußerst eigenwilliger Teil ihrer Persönlichkeit abgebildet, der zu der starken *Saturn*färbung in großem Kontrast steht. (Mia lebte eine Zeitlang in Indien und suchte um Unterweisung bei *Maharishi*, dem Guru der Beatles, nach). Es

steht zu vermuten, daß Mia in jüngeren Jahren überwiegend ihre Uranusfärbung auslebte und ihren Saturn an die Außenwelt delegierte. Wir erinnern uns daran, daß die junge Mia den rund 30 Jahre älteren Frank Sinatra ehelichte, also eine *Vaterfigur (Saturn)*, damit jedoch zugleich einen Mann, der für die saturnische Rolle nicht besonders geeignet war. Fassen wir die Farben *Merkur, Sonne, Saturn* und *Uranus* zusammen, so haben wir eine Persönlichkeit vor uns, die nicht sehr gefühlsbetont ist, sondern eher klar, kühl, nüchtern und rational. Als weichere Komponenten finden wir nur je 10,5% *Venus*- und *Neptun*färbung in Mias Sonne. Wenn wir uns das Tableau *Gesamtvereinbarkeit* von Mia und Woody auf Seite 226 anschauen, stellen wir fest, daß Mia nicht nur in ihrer Sonne, sondern auch in ihrem Mond (30%), ihrem Merkur (30%), ihrem Mars (47%) und in ihrem Medium coeli (29%) als Hauptbestandteil eine *saturnische* Färbung aufweist. Wir brauchen uns also nicht zu wundern, wenn die reife Mia klare, strenge und hohe Anforderungen stellt und sich als verantwortungsbewußtes, pflichtbewußtes, kompetentes, wenn auch eher nüchternes Geschöpf präsentiert. Mia ist Mutter von insgesamt 12 Kindern, wobei etliche dieser Kinder adoptiert wurden. Hier spiegelt sich ihr Verantwortungsbewußtsein für die hilfsbedürftigen Kinder ebenso wie ihre Fähigkeit zu selbstloser Liebe (der *Neptun*anteil in ihrer Venus beträgt 23%!). Eine derart hohe Beimengung an *Saturn*farben in der Sonne und in vielen anderen für die Partnerschaft relevanten Gebieten macht natürlich in jüngeren Jahren auch sehr anfällig für Ängste, Insuffizienzgefühle und Minderwertigkeitshaltungen und kann leicht dazu führen, daß maßregelnde und bevormundende Partner ins eigene Leben gezogen werden.

9 Diese Relation sagt nicht besonders viel aus, da sie weder besonders gut noch besonders schlecht ist. Viel wichtiger in solchen Fällen ist die *qualitative* Prüfung der Aspekte in der *vierten* Spalte auf ihre »Schädlichkeit« hin. Ferner muß untersucht werden, wieviele und welche Aspekte in der *ersten* Spalte der »besonders förderlichen Interaspekte« stehen, die harmonische Konjunktionen und Oppositionen einbezieht. Diese Spalte ist erfahrungsgemäß *immer* diejenige, die am wenigsten bestückt ist. Von daher sind bereits fünf oder sechs Aspekte in der ersten Spalte als sehr gut zu bewerten, wobei natürlich die Qualität der Aspekte beachtet werden muß. Außerdem spielt es eine Rolle, welches Maß an Jupiterenergie – besonders an harmonischer Jupiterenergie – wir im *Spannungsstatus* finden.

10 Der Charakter der Planeten, die hauptsächlich in Interaspekte verwickelt sind, macht eine Aussage über die Art der Beziehung, die wir

erwarten können. Wenn wir uns den *Spannungsstatus* von Tanjy und Wolfgang anschauen (abgedruckt auf Seite 76), so sehen wir in der zweiten Spalte viele Interaspekte mit *Mars, Merkur* und dem *Medium coeli* sowie in der ersten Spalte ebenfalls viele Interaspekte zum *Medium coeli*. Dies zeigt uns, daß es sich hier vermutlich um eine Beziehung handelt, in der sich die Partner auseinandersetzen und kooperieren, und in der geistiger Austausch und heftige Debatten eine wichtige Dimension darstellen. Gleichzeitig nehmen die beiderseitigen beruflichen Perpektiven und Lebensziele einen breiten Raum ein. Finden wir andrerseits in einem *Spannungsstatus* viele Interaspekte mit *Venus* (vergleiche dazu den *Spannungsstatus* von Roman und Anna auf Seite 136, der dreizehn Interaspekte mit Venus enthält), so wissen wir, daß es sich hier aller Wahrscheinlichkeit nach um eine *Liebes*beziehung handelt. (In Ausnahmefällen könnte es natürlich auch eine Beziehung sein, in der die gemeinsame Beschäftigung mit *Kunst* oder einem anderen typisch venusischen Gebiet eine wichtige Rolle spielt). Rückschlüsse darauf, ob diese Liebesbeziehung eher harmoniebetont oder stark gespannt verläuft, können wir der Art der Interaspekte entnehmen. In Romans und Annas Fall finden sich sieben Quadrate auf die Venus (vierte Spalte), was zwar eine starke gegenseitige Anziehung anzeigt, aber gleichzeitig auch fundamentale Unterschiedlichkeiten in den Venusbedürfnissen der Liebenden.

11 Interaspekte in der dritten Spalte wirken schwächer als diejenigen in der ersten oder vierten Spalte. Ist überdies die dritte Spalte im Spannungsstatus diejenige, die am stärksten mit Interaspekten bestückt ist, so wissen wir, daß diese Beziehung nicht besonders wichtig oder eng werden wird. Wichtige Beziehungen zeigen sich über starke, klare Interaspekte, über Konjunktionen, Oppositionen, Quadrate, Trigone und Sextile. Eine große Menge von Halb- und Anderthalbquadraten sowie Quinkunxen (und Halbsextilen) zeigt an, daß die Kerne dieser beiden Menschen nicht in enger Resonanz sind. Der Interaspekt *Jupiter Quadrat Uranus* gehört in den untersten Teil der vierten Spalte des *Spannungsstatus*'.

12 Die Inkompatibilität (Unvereinbarkeit) von Charles' und Dianas Mond speist sich hauptsächlich aus dem scharfen Gegensatz zwischen 24% *Saturn*farbe in Charles Mond und 31% *Uranus*farbe in Dianas Mond, denn diese beiden Archetypen sind extreme Antipoden. Verschärft wird die Sache dadurch, daß Diana in ihrem Mond auch noch 23% *Mars*farbe hält, die ebenfalls mit Charles' starrem und strengem *Saturn* unvereinbar sind.

13 So sieht die fertige Lösung aus.

Hillarys Venusprägung		
Venus in Skorpion	Venus/*Pluto*	10
Venus in Haus 5	Venus/*Sonne*	10
Venus Grundnote Löwe	Venus/*Sonne*	5
Venus Konjunktion Merkur	Venus/*Merkur*	10
Venus Quadrat Mars	Venus/*Mars*	10
Venus Quadrat Pluto	Venus/*Pluto*	10
Venus Quadrat Saturn	Venus/*Saturn*	10
Venus Anderthalbquadrat Mond	Venus/*Mond*	5
Haus 7 in Schütze	Venus/*Jupiter*	5
Grundnote Haus 7 Schütze	Venus/*Jupiter*	2,5
Deszendent Quadrat Mond	Venus/*Mond*	2,5
	Summe	80

Hillarys Venusfarben		
Venus/*Pluto*	20	25%
Venus/*Sonne*	15	19%
Venus/*Mars*	10	12,$\overline{6}$%
Venus/*Merkur*	10	12,$\overline{6}$%
Venus/*Saturn*	10	12,$\overline{6}$%
Venus/*Jupiter*	7,5	9%
Venus/*Mond*	7,5	9%
Summe	80	100%

14 Die Antwort finden Sie auf Seite 212. Regeln waren in diesem Fall keine zu beachten. Welche anderen Kombinationsmöglichkeiten haben Sie gefunden? Sind diese quantitativ genauso günstig?

15 So sieht die fertige Lösung aus.

Merkurfarbenvergleich Mia – Woody			
Jupiter, Venus	50	Venus, Neptun, Mond	24	24
Sonne, Uranus + Rest-Jupiter	48	Merkur, Uranus	31	31
Saturn	14	Saturn	30	14
Mond	14	Pluto	15	14

83 = *Einskommafünf*
Wegen Regel 1 (Jupiter und Saturn unverträglich, Saturn unausgeglichen)
= *Dreikommafünf*
Wegen Regel 2 (Jupiterfarbe bei Woody größer 35% und Mia hat keine Jupiterfarbe)
= *Vierkommafünf*

16 Malaikas Mond besteht zu 46% aus *Mond-Neptun*-Energien. Nehmen wir noch die *Jupiter*farbe hinzu, so haben wir eine Kombination von *Mond-Jupiter-Neptun*-Farben in Höhe von 64%. Diese Farben konstituieren ein äußerst mitfühlendes, durchlässiges, weiches, mitleidiges und großmütiges Gefühlsleben. Dieser Frau sind die Bedürfnisse anderer Menschen nicht egal, und sie weist einen hohen Grad an »Mütterlichkeit« auf. Wir können also erwarten, daß Malaika andere Menschen gerne pflegt, bemuttert, hätschelt und sich um ihre vitalen Bedürfnisse kümmert. Mit fast 50% *Mond-Neptun*farben in ihrem Mond ist Malaika auch selbst ein Mensch, der umhegt werden möchte, der anhänglich ist und sich nur schwer von Menschen trennen kann. Auch die Ablösung von der Mutter kann sich schwierig gestalten. Es besteht die Möglichkeit, daß ein großer Teil von Malaikas Gefühlsleben kindlich abhängig bleibt; es besteht aber auch die Möglichkeit, daß sie sich zum Prototyp der »großen Mutter« entwickelt. 36% *Saturn-Merkur*energien in Malaikas Mond bringen in ihr Gefühlsleben, ihr inneres Kind und ihre Bedürfnisse nach Intimität und Nähe jedoch auch ein ordentliches Potential an Rationalität, Strenge und realistischer Vorsicht ein, unter Umständen sogar an Hemmung. Hier würden dann die überwältigenden Bedürfnisse nach Beschütztwerden, Umsorgung und Abhängigkeit streng kontrolliert oder sogar abgewehrt. Dieses Szenario hat einige Wahrscheinlichkeit für sich, da Malaika in ihrem Kosmogramm zugleich ein starkes Widderpotential aufweist, darunter eine Widdersonne im Quadrat zu Pluto. Für eine Frau mit Widdersonne ist ein solch gefühlsbetonter,

passiver und abhängiger Mond ohnehin schwierig zu leben; daher können wir erwarten, daß die *Saturn-und Merkur*farben stärker, als es ihnen eigentlich quantitativ entspricht, in den Vordergrund treten. Dies ändert jedoch nicht das geringste an ihrer grundlegend passiven, weichen, schutzbedürftigen und mitfühlenden *Gefühlsnatur*.

17 Drei wichtige Spannungsinteraspektfiguren von Mia und Woody sind die folgenden:

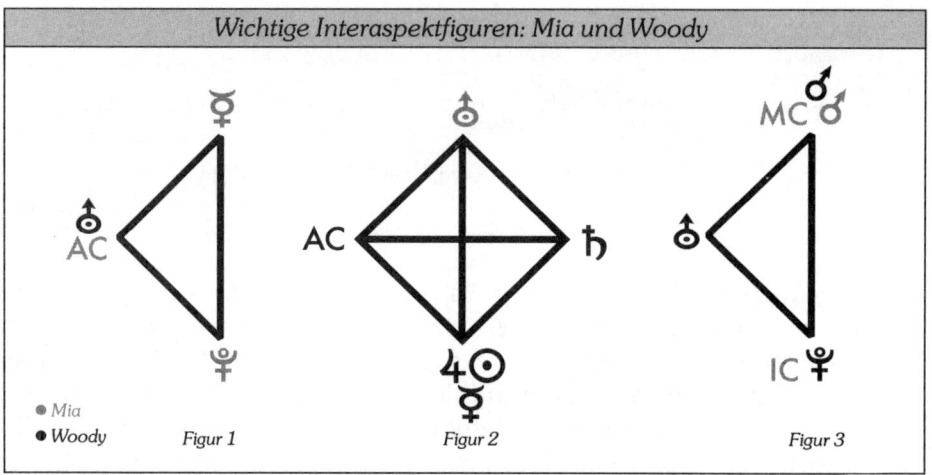

18 Mias Merkur-Pluto-Opposition bildet mit ihrem Aszendenten ein lockeres T-Quadrat (Figur 1). Woody setzt seinen Uranus in eine weite Konjunktion zu Mias Aszendenten, was anregend und vielleicht befreiend auf Mias Aszendenten gewirkt haben kann. Gleichzeitig wirft Woodys Uranus aber auch Quadrate auf Mias Merkur-Pluto-Opposition. Ein Uranus unseres Partners an unserem Aszendenten kann zwar erfrischend und stimulierend wirken, kann aber auch irritierend, ärgerlich und verstörend sein. Uranus unseres Partners im Quadrat zu unserem Merkur kann dazu führen, daß er uns ständig oberschlau daherkommt, unsere Meinung nicht gelten läßt, alles besser weiß und eine Art von permanenter »Obstruktionspolitik« treibt. Uranus unseres Partners im Quadrat zu unserer Merkur-Pluto-Opposition kann dazu führen, daß unsere festgefügten (oder auch fixierten) Meinungen vom Partner ständig angegriffen werden. Haben wir unsere Merkur-Pluto-Opposition bislang in der Hemmung ausgelebt, so würde ein Quadrat des Uranus unseres Partners auf diese Konstellation dazu führen, daß wir nun endlich lernen müssen, unsere Meinung auszudrücken und unser Recht auf freien Meinungsausdruck

und eigene Urteile gegen ständige Quertreibereien des Partners zu verteidigen. Sind in dieser Figur die Kräfte noch einigermaßen gleichverteilt, da Mias *Pluto* und Woodys *Uranus* involviert sind (beides *transzendente* Energien), so ist dies in der nächsten Figur keineswegs mehr der Fall.

Woodys T-Quadrat in den flexiblen Zeichen, bestehend aus Aszendent-Deszendent-Achse, Saturn und seinem Stellium in Schütze (Sonne, Merkur und Jupiter), wird von Mias Uranus zu einem Karma-Quadrat (Großes Kreuz) erweitert (Figur 2). Saturn in Spannungsrelation zum Aszendenten, zu Jupiter, Sonne und Merkur wie bei Woody beschreibt eine Persönlichkeit, die keineswegs »jupiterartig« vor Lebensfreude, Vitalität und Selbstvertrauen strotzt, wie man vielleicht bei einem solch starken Schützepotential erwarten dürfte. Vielmehr sind hier schwere Selbstzweifel und Insuffizienzgefühle angezeigt, möglicherweise Hemmungen oder ein ausgeprägter Pessimismus in Denken und Kommunikation und ein Mangel an Glauben und Vertrauen ins Leben, die erst in mühseliger Kleinarbeit an der eigenen Persönlichkeit, in einem langwierigen Wachstums- und Reifeprozeß, überwunden werden müssen. Woodys Saturn steht exakt an seinem Deszendenten; in dieser Position eignet er sich natürlich auch in vorzüglicher Weise zur »Projektion« aller hemmenden und einschränkenden Einflüsse, die in Woodys Seele selbst beheimatet sind. Mias Uranus, der nun in Spannung zu den drei übrigen »Ecken« des gemeinsam gebildeteten Karmaquadrats tritt, wirkt in dieser Figur wie ein Sprengsatz und erregt ständig den Zorn und die Empörung des saturnischen Partners, weil Uranus sich einfach und schlicht da Freiheit nimmt, wo Saturn sie sich streng versagt. Das Ergebnis kann unerfreulich sein. Einerseits findet zwar eine starke Anregung der Sonne-Jupiter-Merkur-Kräfte Woodys durch Mias Uranus statt; andrerseits aber finden wir eben auch den erbitterten Grimm der Aszendent-Saturn-Opposition, die von Mias unbekümmertem und unorthodoxen Uranus (der sich um Saturns Regeln nicht schert), voll »getroffen« wird. Eine sehr destruktive Verhaltensweise Saturns wäre der Versuch, Uranus an seinem freiheitlichen Willensausdruck oder natürlichen Verhalten zu hindern, ihn mit schweren Vorwürfen in die Defensive zu treiben oder ihn sogar »einzusperren«, was aber auf Dauer nicht gelingen kann, da Uranus »stärker« ist als Saturn. Hier können erbitterte Kämpfe angezeigt sein.

Die nächste Interaspektfigur (Figur 3) ist potentiell noch gewalttätiger. Woody weist in seinem Kosmogramm ein T-Quadrat zwischen seiner Mars-Pluto-Opposition und seinem Uranus auf. Mars-Pluto ist eine rohe und archaisch wilde Kraft, die zwar ein enormes und günstigstenfalls heilendes und regenerierendes Kräftepotential anzeigt, im Extremfall aber auch den potentiellen Vergewaltiger kennzeichnet, wobei das Quadrat des Uranus auf diese mächtige Achse die potentielle Gewalttätigkeit dieser Figur noch anheizt. Auf diese heikle Mars-Pluto-Achse Woodys setzt Mia sehr exakt ihre MC-IC-Achse und ihren Mars in Konjunktion zu ihrem Medium coeli. Die Marspositionen beider Partner sind also in minutengenauer Konjunktion an Mias MC, wobei Woodys Pluto an Mias IC und Woodys Uranus im Quadrat zu dieser Achse zu liegen kommt. Hier erstaunt uns der Ausbruch von Gewalt und heftigen Konflikten nicht mehr. In Verbindung mit den sonstigen Spannungsfiguren und der wenig günstigen Vereinbarkeit besonders im Mars- und Merkurbereich nimmt es nicht wunder, wenn die Auseinandersetzungen von Mia und Woody in solche Schlammschlachten ausarteten und darüber hinaus die Sexualität zum Dreh- und Angelpunkt der ganzen Geschichte wurde. Natürlich bedeutete die Konjunktion der beiden Marspositionen an Mias MC zunächst auch einen gewaltigen Push für Mias Schauspielkarriere. Darüber hinaus deutet diese Ballung aber eine sehr anstrengende und kampfbetonte berufliche Kooperation an, die überdies nur so lange glatt lief, wie Mia sich durch Woodys Pluto an ihrem IC widerstandslos beherrschen ließ. Natürlich kann man andersherum auch sagen, daß Mias »Kampfkräfte«, die möglicherweise – wie es bei Frauen so häufig der Fall ist – ein wenig unterentwickelt waren, durch Woodys »brutales« Mars-Pluto-Uranus-T-Quadrat den dringend benötigten, gewaltigen Anstoß erhielten.

19 Ohne individuelle Kenntnis der Persönlichkeiten zweier Partner können wir nie genau wissen, wie diese beiden Menschen ihre im Spannungsstatus gespiegelten Interaspekte ausleben. Ein Spannungsaspekt wie *Mond Opposition Saturn* kann im Extremfall dazu führen, daß der Saturnpartner den Mondpartner kalt behandelt, ihn wegen seiner Angewohnheiten unbarmherzig kritisiert und heruntermacht und seinen Wunsch nach Zugehörigkeit, Anhänglichkeit und Zärtlichkeit schroff zurückweist. Wird andrerseits der Aspekt *in seiner höchsten Potenz* gelebt, so kann der Saturnpartner dem Mondpartner eine stabile Unterstützung seines flutenden Gefühlslebens bieten, während sich der Mondpartner der Stabilität und Loyalität seines Saturnpartners stets sicher sein kann. Gleichzeitig kann der Mondpartner die Strenge und Steifheit seines Saturnpartners im emotionalen Bereich auflockern.

20 Das PA-Instrument *Gesamtvereinbarkeit* mißt in weitgehend objektiver Weise, wie die energetischen *Gesamtprägungen* zweier Menschen zusammenpassen. Die energetische Gesamtprägung eines Menschen wird durch sein Geburtshoroskop und die darin enthaltenen Energien beschrieben und festgelegt. Dieses »Energieprofil« eines Menschen ist nicht zu ändern. Stellt man es dem Energieprofil eines zweiten Menschen gegenüber, so passen die Energien entweder zueinander oder sie passen nicht. Daher spielt der Bewußtseinslevel der beiden, also die Auslebensebene ihrer im Geburtshoroskop eingravierten Planetenkonstellationen, beim Abgleich der *Verträglichkeit keine* Rolle.

Für diejenigen, die ihre Kenntnisse durch weitere Praxis mit dem Instrument der Gesamtvereinbarkeit vertiefen möchten, sind in der Folge *alle* Planetenprägungstabellen von *Bill* und *Hillary, Mia* und *Woody* sowie *Malaika* und *Jason* abgedruckt. *Leerformulare des Spannungsstatus' und der Gesamtvereinbarkeit, die zu eigenen Forschungszwecken kopiert werden können, finden sich am Schluß dieses Kapitels.*

Hillarys Sonnenprägung		
Sonne in Skorpion	Sonne/*Pluto*	10
Sonne in Haus 5	Sonne/*Sonne*	10
Sonne Grundnote Löwe	Sonne/*Sonne*	5
Haus 5 in Waage	Sonne/*Venus*	5
Grundnote Haus 5 Skorpion	Sonne/*Pluto*	2,5
Venus in Haus 5	Sonne/*Venus*	2,5
Neptun in Haus 5	Sonne/*Neptun*	2,5
		Summe 37,5

Hillarys Mondprägung		
Mond in Fische	Mond/*Neptun*	10
Mond in Haus 10	Mond/*Saturn*	10
Mond Grundnote Waage	Mond/*Venus*	5
Mond Trigon Jupiter	Mond/*Jupiter*	5
Mond Quadrat Uranus	Mond/*Uranus*	10
Mond Anderthalbquadrat Mars	Mond/*Mars*	5
Mond Anderthalbquadrat Pluto	Mond/*Pluto*	5
Mond Anderthalbquadrat Venus	Mond/*Venus*	5
Immum coeli in Jungfrau	Mond/*Merkur*	5
Grundnote Immum coeli Skorpion	Mond/*Pluto*	2,5
		Summe 62,5

Lösungen

Hillarys Merkurprägung		
Merkur in Skorpion	Merkur/*Pluto*	10
Merkur in Haus 6	Merkur/*Merkur*	10
Merkur Grundnote Löwe	Merkur/*Sonne*	5
Merkur Konjunktion Venus	Merkur/*Venus*	10
Merkur Quadrat Saturn	Merkur/*Saturn*	10
Merkur Quadrat Mars	Merkur/*Mars*	5*
Merkur Quadrat Pluto	Merkur/*Pluto*	10
Haus 3 in Löwe	Merkur/*Sonne*	5
Grundnote Haus 3 Skorpion	Merkur/*Pluto*	2,5
Mars in Haus 3	Merkur/*Mars*	2,5
Pluto in Haus 3	Merkur/*Pluto*	2,5
Saturn in Haus 3	Merkur/*Saturn*	2,5
	Summe	**75**

* Plaktischer Aspekt, daher nur Wertung mit fünf Punkten

Hillarys Venusprägung		
Venus in Skorpion	Venus/*Pluto*	10
Venus in Haus 5	Venus/*Sonne*	10
Venus Grundnote Löwe	Venus/*Sonne*	5
Venus Konjunktion Merkur	Venus/*Merkur*	10
Venus Quadrat Mars	Venus/*Mars*	10
Venus Quadrat Pluto	Venus/*Pluto*	10
Venus Quadrat Saturn	Venus/*Saturn*	10
Venus Anderthalbquadrat Mond	Venus/*Mond*	5
Haus 7 in Schütze	Venus/*Jupiter*	5
Grundnote Haus 7 Schütze	Venus/*Jupiter*	2,5
Deszendent Quadrat Mond	Venus/*Mond*	2,5
	Summe	**80**

Hillarys Marsprägung		
Mars in Löwe	Mars/*Sonne*	10
Mars in Haus 3	Mars/*Merkur*	10
Grundnote Mars Skorpion	Mars/*Pluto*	5
Mars Konjunktion Pluto	Mars/*Pluto*	10
Mars Konjunktion Saturn	Mars/*Saturn*	5*
Mars Anderthalbquadrat Mond	Mars/*Mond*	5
Mars Quadrat Venus	Mars/*Venus*	10
Mars Sextil Neptun	Mars/*Neptun*	5
Mars Quadrat Merkur	Mars/*Merkur*	5*
Haus 1 in Zwillinge	Mars/*Merkur*	5
Grundnote Haus 1 Skorpion	Mars/*Pluto*	2,5
	Summe	**72,5**

* Plaktischer Aspekt, daher nur Wertung mit fünf Punkten

Hillarys Aszendentenprägung		
Aszendent in Zwillinge	Aszendent/*Merkur*	10
Grundnote Aszendent Skorpion	Aszendent/*Pluto*	5
Aszendent Konjunktion Uranus	Aszendent/*Uranus*	10
Aszendent Quadrat Mond	Aszendent/*Mond*	10
Aszendent Halbquadrat Mars	Aszendent/*Mars*	5
Aszendent Halbquadrat Pluto	Aszendent/*Pluto*	5
Aszendent Trigon Sonne	Aszendent/*Sonne*	5
Aszendent Quinkunx Jupiter	Aszendent/*Jupiter*	5
Aszendent Anderthalbquadrat Venus	Aszendent/*Venus*	5
	Summe	**60**

Hillarys Medium coeli-Prägung			
Medium coeli in Fische		Medium coeli/*Neptun*	10
Grundnote Medium coeli Waage		Mecium coeli/*Venus*	5
Medium coeli Trigon Sonne		Medium coeli/*Sonne*	5
Mond in Haus 10		Medium coeli/*Mond*	2,5
		Summe	**22,5**

Bills Sonnenprägung			
Sonne in Löwe		Sonne/*Sonne*	10
Sonne in Haus 11		Sonne/*Uranus*	10
Sonne Grundnote Löwe		Sonne/*Sonne*	5
Sonne Sextil Jupiter		Sonne/*Jupiter*	5
Sonne Sextil Uranus		Sonne/*Uranus*	5
Sonne Quadrat Mond		Sonne/*Mond*	10
Sonne Halbquadrat Venus		Sonne/*Venus*	5
Haus 5 in Wassermann		Sonne/*Uranus*	5
Grundnote Haus 5 Zwillinge		Sonne/*Merkur*	2,5
		Summe	**57,5**

Bills Mondprägung			
Mond in Stier		Mond/*Venus*	10
Mond in Haus 8		Mond/*Pluto*	10
Mond Grundnote Waage		Mond/*Venus*	5
Mond Quadrat Sonne		Mond/*Sonne*	10
Mond Anderthalbquadrat Mars		Mond/*Mars*	5
Mond Anderthalbquadrat Neptun		Mond/*Neptun*	5
Mond Quinkunx Jupiter		Mond/*Jupiter*	5
Immum coeli in Steinbock		Mond/*Saturn*	5
Grundnote Immum coeli Löwe		Mond/*Sonne*	2,5
Immum coeli Quadrat Mars		Mond/*Mars*	2,5
Immum coeli Quadrat Neptun		Mond/*Neptun*	2,5
		Summe	62,5

Bills Merkurprägung			
Merkur in Löwe		Merkur/*Sonne*	10
Merkur in Haus 11		Merkur/*Uranus*	10
Merkur Grundnote Löwe		Merkur/*Sonne*	5
Merkur Konjunktion Pluto		Merkur/*Pluto*	10
Merkur Konjunktion Saturn		Merkur/*Saturn*	10
Merkur Sextil Mars		Merkur/*Mars*	5
Merkur Sextil Neptun		Merkur/*Neptun*	5
Merkur Halbquadrat Uranus		Merkur/*Uranus*	5
Merkur Sextil Venus		Merkur/*Venus*	5
Haus 3 in Schütze		Merkur/*Jupiter*	5
Grundnote Haus 3 Waage		Merkur/*Venus*	2,5
		Summe	72,5

Lösungen

Bills Venusprägung		
Venus in Waage	Venus/*Venus*	10
Venus in Haus 1	Venus/*Mars*	10
Venus Grundnote Waage	Venus/*Venus*	5
Venus Konjunktion Neptun	Venus/*Neptun*	10
Venus Konjunktion Mars	Venus/*Mars*	10
Venus Sextil Pluto	Venus/*Pluto*	5
Venus Sextil Merkur	Venus/*Merkur*	5
Venus Halbquadrat Sonne	Venus/*Sonne*	5
Deszendent in Widder	Venus/*Mars*	5
Grundnote Deszendent Waage	Venus/*Venus*	2,5
Deszendent Opposition Neptun	Venus/*Neptun*	2,5
Deszendent Opposition Mars	Venus/*Mars*	2,5
		Summe 72,5

Bills Marsprägung		
Mars in Waage	Mars/*Venus*	10
Mars in Haus 1	Mars/*Mars*	10
Mars Grundnote Waage	Mars/*Venus*	5
Mars Konjunktion Neptun	Mars/*Neptun*	10
Mars Konjunktion Venus	Mars/*Venus*	10
Mars Anderthalbquadrat Mond	Mars/*Mond*	5
Mars Sextil Merkur	Mars/*Merkur*	5
Mars Sextil Saturn	Mars/*Saturn*	5
Aszendent in Waage	Mars/*Venus*	5
Grundnote Aszendent Waage	Mars/*Venus*	2,5
Neptun in Haus 1	Mars/*Neptun*	2,5
Venus in Haus 1	Mars/*Venus*	2,5
Jupiter in Haus 1	Mars/*Jupiter*	2,5
		Summe 75

Bills Aszendentenprägung		
Aszendent in Waage	Aszendent/*Venus*	10
Grundnote Aszendent Waage	Aszendent/*Venus*	5
Aszendent Konjunktion Mars	Aszendent/*Mars*	10
Aszendent Konjunktion Neptun	Aszendent/*Neptun*	10
Aszendent Sextil Saturn	Aszendent/*Saturn*	5
Aszendent Sextil Merkur	Aszendent/*Merkur*	5
Aszendent Anderthalbquadrat Mond	Aszendent/*Mond*	5
Venus in Haus 1	Aszendent/*Venus*	2,5
Jupiter in Haus 1	Aszendent/*Jupiter*	2,5
	Summe	**55**

Bills Medium coeli-Prägung		
Medium coeli in Krebs	Medium coeli/*Mond*	10
Grundnote Medium coeli Stier	Medium coeli/*Venus*	5
Medium coeli Quadrat Mars	Medium coeli/*Mars*	10
Medium coeli Quadrat Neptun	Medium coeli/*Neptun*	10
Medium coeli Quadrat Venus	Medium coeli/*Venus*	5*
Medium coeli Halbquadrat Mond	Medium coeli/*Mond*	5
Saturn in Haus 10	Medium coeli/*Saturn*	2,5
	Summe	**47,5**

* Plaktischer Aspekt

Lösungen

Mias Sonnenprägung		
Sonne in Wassermann	Sonne/*Uranus*	10
Sonne in Haus 10	Sonne/*Saturn*	10
Sonne Grundnote Zwillinge	Sonne/*Merkur*	5
Sonne Anderthalbquadrat Neptun	Sonne/*Neptun*	5
Sonne Anderthalbquadrat Saturn	Sonne/*Saturn*	5
Sonne Halbquadrat Venus	Sonne/*Venus*	5
Haus 5 in Löwe	Sonne/*Sonne*	5
Grundnote Haus 5 Wassermann	Sonne/*Uranus*	2,5
Jupiter in Haus 5	Sonne/*Jupiter*	2,5
		Summe 50

Mias Mondprägung		
Mond in Steinbock	Mond/*Saturn*	10
Mond in Haus 9	Mond/*Jupiter*	10
Mond Grundnote Krebs	Mond/*Mond*	5
Mond Quadrat Venus	Mond/*Venus*	10
Mond Opposition Saturn	Mond/*Saturn*	10
Mond Quadrat Neptun	Mond/*Neptun*	10
Mond Quinkunx Uranus	Mond/*Uranus*	5
Mond Quinkunx Pluto	Mond/*Pluto*	5
Immum coeli in Krebs	Mond/*Mond*	5
Grundnote Immum coeli Steinbock	Mond/*Saturn*	2,5
Immum coeli Oppposition Mars	Mond/*Mars*	2,5
Pluto in Haus 4	Mond/*Pluto*	2,5
		Summe 77,5

Mias Merkurprägung		
Merkur in Wassermann	Merkur/*Uranus*	10
Merkur in Haus 10	Merkur/*Saturn*	10
Merkur Grundnote Zwillinge	Merkur/*Merkur*	5
Merkur Opposition Pluto	Merkur/*Pluto*	10
Merkur Trigon Neptun	Merkur/*Neptun*	5
Merkur Trigon Uranus	Merkur/*Uranus*	5
Merkur Sextil Venus	Merkur/*Venus*	5
Merkur Quinkunx Saturn	Merkur/*Saturn*	5
Haus 3 in Krebs	Merkur/*Mond*	5
Grundnote Haus 3 Steinbock	Merkur/*Saturn*	2,5
Saturn in Haus 3	Merkur/*Saturn*	2,5
		Summe 65

Mias Venusprägung		
Venus in Widder	Venus/*Mars*	10
Venus in Haus 12	Venus/*Neptun*	10
Venus Grundnote Steinbock	Venus/*Saturn*	5
Venus Opposition Neptun	Venus/*Neptun*	10
Venus Quadrat Saturn	Venus/*Saturn*	10
Venus Quadrat Mond	Venus/*Mond*	10
Venus Sextil Uranus	Venus/*Uranus*	5
Venus Sextil Merkur	Venus/*Merkur*	5
Venus Trigon Pluto	Venus/*Pluto*	5
Venus Halbquadrat Sonne	Venus/*Sonne*	5
Deszendent in Skorpion	Venus/*Pluto*	5
Grundnote Deszendent Löwe	Venus/*Sonne*	2,5
Deszendent Quadrat Pluto	Venus/*Pluto*	2,5
Deszendent Quadrat Merkur	Venus/*Merkur*	2,5
		Summe 87,5

Mias Marsprägung

Mars in Steinbock	Mars/*Saturn*	10
Mars in Haus 10	Mars/*Saturn*	10
Grundnote Mars Krebs	Mars/*Mond*	5
Mars Trigon Jupiter	Mars/*Jupiter*	5
Mars Anderthalbquadrat Uranus	Mars/*Uranus*	5
Aszendent in Stier	Mars/*Venus*	5
Grundnote Aszendent Widder	Mars/*Mars*	2,5
Uranus in Haus 1	Mars/*Uranus*	2,5
	Summe	45

Mias Aszendentenprägung

Aszendent in Stier	Aszendent/*Venus*	10
Grundnote Aszendent Widder	Aszendent/*Mars*	5
Aszendent Quadrat Merkur	Aszendent/*Merkur*	10
Aszendent Quadrat Pluto	Aszendent/*Pluto*	10
Aszendent Anderthalbquadrat Jupiter	Aszendent/*Jupiter*	5
Aszendent Trigon Mond	Aszendent/*Mond*	5
Uranus in Haus 1	Aszendent/*Uranus*	2,5
	Summe	47,5

Mias Medium coeli-Prägung

Medium coeli in Steinbock	Medium coeli/*Saturn*	10
Grundnote Medium coeli Krebs	Mecium coeli/*Mond*	5
Medium coeli Konjunktion Mars	Medium coeli/*Mars*	10
Medium coeli Anderthalbquadrat Uranus	Medium coeli/*Uranus*	5
Medium coeli Trigon Jupiter	Medium coeli/*Jupiter*	5
Sonne in Haus 10	Medium coeli/*Sonne*	2,5
Merkur in Haus 10	Medium coeli/*Merkur*	2,5
	Summe	40

Woodys Sonnenprägung		
Sonne in Schütze	Sonne/*Jupiter*	10
Sonne in Haus 4	Sonne/*Mond*	10
Sonne Grundnote Schütze	Sonne/*Jupiter*	5
Sonne Konjunktion Merkur	Sonne/*Merkur*	10
Sonne Konjunktion Jupiter	Sonne/*Jupiter*	10
Sonne Quadrat Neptun	Sonne/*Neptun*	10
Sonne Quadrat Saturn	Sonne/*Saturn*	10
Sonne Anderthalbquadrat Pluto	Sonne/*Pluto*	5
Sonne Halbquadrat Mars	Sonne/*Mars*	5
Sonne Halbquadrat Venus	Sonne/*Venus*	5
Haus 5 in Steinbock	Sonne/*Saturn*	5
Grundnote Haus 5 Fische	Sonne/*Neptun*	2,5
Mars in Haus 5	Sonne/*Mars*	2,5
		Summe 90

Woodys Mondprägung		
Mond in Wassermann	Mond/*Uranus*	10
Mond in Haus 6	Mond/*Merkur*	10
Mond Grundnote Stier	Mond/*Venus*	5
Mond Konjunktion Saturn	Mond/*Saturn*	5*
Mond Trigon Venus	Mond/*Venus*	5
Immum coeli in Skorpion	Mond/*Pluto*	5
Grundnote Immum coeli Krebs	Mond/*Mond*	2,5
Sonne in Haus 4	Mond/*Sonne*	2,5
Merkur in Haus 4	Mond/*Merkur*	2,5
Jupiter in Haus 4	Mond/*Jupiter*	2,5
		Summe 50

* Plaktischer Aspekt

Lösungen

Woodys Merkurprägung

Merkur in Schütze	Merkur/*Jupiter*	10
Merkur in Haus 4	Merkur/*Mond*	10
Merkur Grundnote Schütze	Merkur/*Jupiter*	5
Merkur Konjunktion Jupiter	Merkur/*Jupiter*	10
Merkur Quadrat Saturn	Merkur/*Saturn*	10
Merkur Konjunktion Sonne	Merkur/*Sonne*	10
Merkur Quinkunx Uranus	Merkur/*Uranus*	5
Haus 3 in Waage	Merkur/*Venus*	5
Grundnote Haus 3 Waage	Merkur/*Venus*	2,5
Venus in Haus 3	Merkur/*Venus*	2,5
		Summe 70

Woodys Venusprägung

Venus in Waage	Venus/*Venus*	10
Venus in Haus 3	Venus/*Merkur*	10
Venus Grundnote Waage	Venus/*Venus*	5
Venus Quadrat Mars	Venus/*Mars*	10
Venus Quadrat Pluto	Venus/*Pluto*	10
Venus Halbquadrat Sonne	Venus/*Sonne*	5
Venus Halbquadrat Jupiter	Venus/*Jupiter*	5
Venus Trigon Mond	Venus/*Mond*	5
Deszendent in Fische	Venus/*Neptun*	5
Grundnote Deszendent Jungfrau	Venus/*Merkur*	2,5
Deszendent Konjunktion Saturn	Venus/*Saturn*	2,5
		Summe 70

Woodys Marsprägung		
Mars in Steinbock	Mars/*Saturn*	10
Mars in Haus 5	Mars/*Sonne*	10
Grundnote Mars Fische	Mars/*Neptun*	5
Mars Opposition Pluto	Mars/*Pluto*	10
Mars Quadrat Uranus	Mars/*Uranus*	10
Mars Halbquadrat Sonne	Mars/*Sonne*	5
Mars Quadrat Venus	Mars/*Venus*	10
Aszendent in Jungfrau	Mars/*Merkur*	5
Grundnote Aszendent Schütze	Mars/*Jupiter*	2,5
Neptun in Haus 1	Mars/*Neptun*	2,5
		Summe 70

Woodys Aszendentenprägung		
Aszendent in Jungfrau	Aszendent/*Merkur*	10
Grundnote Aszendent Schütze	Aszendent/*Jupiter*	5
Aszendent Quadrat Merkur	Aszendent/*Merkur*	10
Aszendent Quadrat Jupiter	Aszendent/*Jupiter*	10
Aszendent Opposition Saturn	Aszendent/*Saturn*	10
Aszendent Trigon Uranus	Aszendent/*Uranus*	5
Neptun in Haus 1	Aszendent/*Neptun*	2,5
		Summe 52,5

Woodys Medium coeli-Prägung		
Medium coeli in Stier	Medium coeli/*Venus*	10
Grundnote Medium coeli Waage	Mecium coeli/*Venus*	5
Medium coeli Trigon Mars	Medium coeli/*Mars*	5
Medium coeli Quadrat Mond	Medium coeli/*Mond*	10
Medium coeli Sextil Pluto	Medium coeli/*Pluto*	5
		Summe 35

Memo: Alle Hauptspannungsaspekte auf A und M sind plaktisch (größer als 5 Grad Orbis).

Lösungen

Malaikas Sonnenprägung		
Sonne in Widder	Sonne/*Mars*	10
Sonne in Haus 7	Sonne/*Venus*	10
Sonne Grundnote Zwillinge	Sonne/*Merkur*	5
Sonne Konjunktion Jupiter	Sonne/*Jupiter*	10
Sonne Quadrat Pluto	Sonne/*Pluto*	10
Sonne Halbquadrat Venus	Sonne/*Venus*	5
Sonne Halbquadrat Mars	Sonne/*Mars*	5
Sonne Quinkunx Neptun	Sonne/*Neptun*	5
Sonne Konjunktion Saturn	Sonne/*Saturn*	5*
Haus 5 in Wassermann	Sonne/*Uranus*	5
Grundnote Haus 5 Stier	Sonne/*Venus*	2,5
		Summe 72,5

* Plaktischer Aspekt

Malaikas Mondprägung		
Mond in Krebs	Mond/*Mond*	10
Mond in Haus 9	Mond/*Jupiter*	10
Mond Grundnote Krebs	Mond/*Mond*	5
Mond Quadrat Merkur	Mond/*Merkur*	10
Mond Quadrat Neptun	Mond/*Neptun*	10
Mond Sextil Saturn	Mond/*Saturn*	5
Immum coeli in Steinbock	Mond/*Saturn*	5
Grundnote Immum coeli Stier	Mond/*Venus*	2,5
		Summe 57,5

Malaikas Merkurprägung		
Merkur in Fische	Merkur/*Neptun*	10
Merkur in Haus 6	Merkur/*Merkur*	10
Merkur Grundnote Jungfrau	Merkur/*Merkur*	5
Merkur Opposition Neptun	Merkur/*Neptun*	10
Merkur Quadrat Mond	Merkur/*Mond*	10
Merkur Trigon Pluto	Merkur/*Pluto*	5
Haus 3 in Schütze	Merkur/*Jupiter*	5
Grundnote Haus 3 Widder	Merkur/*Mars*	2,5
	Summe	**57,5**

Malaikas Venusprägung		
Venus in Zwillinge	Venus/*Merkur*	10
Venus in Haus 9	Venus/*Jupiter*	10
Venus Grundnote Fische	Venus/*Neptun*	5
Venus Konjunktion Mars	Venus/*Mars*	10
Venus Halbquadrat Sonne	Venus/*Sonne*	5
Venus Halbquadrat Jupiter	Venus/*Jupiter*	5
Deszendent in Widder	Venus/*Mars*	5
Grundnote Deszendent Zwillinge	Venus/*Merkur*	2,5
Jupiter in Haus 7	Venus/*Jupiter*	2,5
Sonne in Haus 7	Venus/*Sonne*	2,5
Saturn in Haus 7	Venus/*Saturn*	2,5
	Summe	**60**

Malaikas Marsprägung

Mars in Zwillinge	Mars/*Merkur*	10
Mars in Haus 9	Mars/*Jupiter*	10
Grundnote Mars Fische	Mars/*Neptun*	5
Mars Konjunktion Venus	Mars/*Venus*	10
Mars Halbquadrat Sonne	Mars/*Sonne*	5
Mars Halbquadrat Jupiter	Mars/*Jupiter*	5
Aszendent in Waage	Mars/*Venus*	5
Grundnote Aszendent Zwillinge	Mars/*Merkur*	2,5
	Summe	**52,5**

Malaikas Aszendentenprägung

Aszendent in Waage	Aszendent/*Venus*	10
Grundnote Aszendent Zwillinge	Aszendent/*Merkur*	5
Aszendent Trigon Venus	Aszendent/*Venus*	5
Aszendent Trigon Mars	Aszendent/*Mars*	5
	Summe	**25**

Malaikas Medium coeli-Prägung

Medium coeli in Krebs	Medium coeli/*Mond*	10
Grundnote Medium coeli Krebs	Mecium coeli/*Mond*	5
	Summe	**15**

Jasons Sonnenprägung		
Sonne in Wassermann	Sonne/*Uranus*	10
Sonne in Haus 8	Sonne/*Pluto*	10
Sonne Grundnote Widder	Sonne/*Mars*	5
Sonne Konjunktion Saturn	Sonne/*Saturn*	10
Sonne Konjunktion Merkur	Sonne/*Merkur*	10
Sonne Quinkunx Neptun	Sonne/*Neptun*	5
Sonne Anderthalbquadrat Jupiter	Sonne/*Jupiter*	5
Haus 5 in Skorpion	Sonne/*Pluto*	5
Grundnote Haus 5 Krebs	Sonne/*Mond*	2,5
		Summe 62,5

Jasons Mondprägung		
Mond in Fische	Mond/*Neptun*	10
Mond in Haus 9	Mond/*Jupiter*	10
Mond Grundnote Jungfrau	Mond/*Merkur*	5
Mond Opposition Mars	Mond/*Mars*	10
Mond Opposition Neptun	Mond/*Neptun*	5*
Immum coeli in Jungfrau	Mond/*Merkur*	5
Grundnote Immum coeli Wassermann	Mond/*Uranus*	2,5
Immum coeli Konjunktion Jupiter	Mond/*Jupiter*	2,5
		Summe 50

* Plaktischer Aspekt

Jasons Merkurprägung			
Merkur in Wassermann	Merkur/*Uranus*	10
Merkur in Haus 7	Merkur/*Venus*	10
Merkur Grundnote Widder	Merkur/*Mars*	5
Merkur Konjunktion Saturn	Merkur/*Saturn*	10
Merkur Konjunktion Sonne	Merkur/*Sonne*	10
Haus 3 in Löwe	Merkur/*Sonne*	5
Grundnote Haus 3 Wassermann	Merkur/*Uranus*	2,5
Neptun in Haus 3	Merkur/*Neptun*	2,5
Mars in Haus 3	Merkur/*Mars*	2,5
Jupiter in Haus 3	Merkur/*Jupiter*	2,5
		Summe 60

Jasons Venusprägung			
Venus in Steinbock	Venus/*Saturn*	10
Venus in Haus 6	Venus/*Merkur*	10
Venus Grundnote Wassermann	Venus/*Uranus*	5
Venus Oppositon Pluto	Venus/*Pluto*	10
Venus Quadrat Uranus	Venus/*Uranus*	10
Venus Trigon Jupiter	Venus/*Jupiter*	5
Venus Trigon Mars	Venus/*Mars*	5
Deszendent in Steinbock	Venus/*Saturn*	5
Grundnote Deszendent Wassermann	Venus/*Uranus*	2,5
Merkur in Haus 7	Venus/*Merkur*	2,5
Saturn in Haus 7	Venus/*Saturn*	2,5
Deszendent Konjunktion Venus	Venus/*Venus*	2,5
		Summe 70

Jasons Marsprägung

Mars in Jungfrau	Mars/*Merkur*	10
Mars in Haus 3	Mars/*Merkur*	10
Grundnote Mars Wassermann	Mars/*Uranus*	5
Mars Konjunktion Jupiter	Mars/*Jupiter*	10
Mars Quinkunx Uranus	Mars/*Uranus*	5
Mars Anderthalbquadrat Saturn	Mars/*Saturn*	5
Mars Sextil Pluto	Mars/*Pluto*	5
Mars Opposition Mond	Mars/*Mond*	5*
Mars Trigon Venus	Mars/*Venus*	5
Aszendent in Krebs	Mars/*Mond*	5
Grundnote Aszendent Fische	Mars/*Neptun*	2,5
Pluto in Haus 1	Mars/*Pluto*	2,5
		Summe 70

* Plaktischer Aspekt

Jasons Aszendentenprägung

Aszendent in Krebs	Aszendent/*Mond*	10
Grundnote Aszendent Fische	Aszendent/*Neptun*	5
Aszendent Opposition Venus	Aszendent/*Venus*	10
Aszendent Konjunktion Pluto	Aszendent/*Pluto*	10
Aszendent Quadrat Uranus	Aszendent/*Uranus*	10
Aszendent Sextil Mars	Aszendent/*Mars*	5
Aszendent Sextil Jupiter	Aszendent/*Jupiter*	5
		Summe 55

Lösungen

Jasons Medium coeli-Prägung		
Medium coeli in Fische	Medium coeli/*Neptun*	10
Grundnote Medium coeli Jungfrau	Medium coeli/*Merkur*	5
Medium coeli Opposition Jupiter	Medium coeli/*Jupiter*	10
Medium coeli Trigon Pluto	Medium coeli/*Pluto*	5
Medium coeli Halbquadrat Sonne	Medium coeli/*Sonne*	5
Uranus in Haus 10	Medium coeli/*Uranus*	2,5
		Summe 37,5

Gesamtvereinbarkeit für:

☉ Wesenskern Wille Persönlichkeit	☽ Intimitäts- bedürfnis Gefühlsleben	☿ Kommuni- kation Denkweise	♀ Liebe Erotik Geschmack	♂ Sexualität Kooperation	AC Auftreten nach aussen, Selbst- präsentation	MC Ziel- vorstellungen Ehrgeiz
/	/	/	/	/	/	/

Summe:

Spannungsstatus für:			
fördernde Interaspekte		spannungserzeugende Interaspekte	
1 ☌ ☍	2 △ ✷	3 ∟ ⚲ ⊼	4 ☌ □ ☍
Interaspekte von Saturn, Jupiter, Uranus, Neptun und Pluto zueinander			
Summe: : + % : - %			

Anmerkungen

1 Vgl. dazu Jessie Adler Gral: *Unser innerer Geliebter – Anima, Animus, der Schatten und das innere Kind in Liebesbeziehungen.* Wettswil 1995
2 Wer sich mehr mit der Verbindung zwischen Alchemie und Astrologie befassen möchte, dem sei Liz Greenes Artikel »Alchimistische Symbole im Horoskop«, in: Liz Greene und Howard Sasportas: *Dimensionen des Unbewußten in der psychologischen Astrologie.* München 1989, Seite 279 ff., empfohlen.
3 Stephen Arroyo: »Worum geht es heute in der Astrologie?«, in: Liz Greene und Stephen Arroyo: *Saturn und Jupiter. Neue Aspekte astrologischer Praxis,* München 1986, Seite 119 (Hervorhebung von mir)
4 Stephen Arroyo: »Worum geht es heute in der Astrologie?«, Seite 129
5 Vgl. dazu Stephen Arroyo: *Astrologie, Karma und Transformation.* München 1980, Seite 291 f.
6 Zu der unterschiedlichen Beurteilung von Zeichen- und Häuserpositionen sowie Aspekten durch Astrologen vgl. Jessie Adler Gral: *Unser innerer Geliebter,* Seite 37 ff.
7 Zur Gewichtung der einzelnen Positionen finden sich nähere Hinweise bei Jessie Adler Gral: *Unser innerer Geliebter,* Seite 156 ff., wo die Bewertung von Zeichen- und Hauspositionen sowie Aspekten mit Bezug auf die astrologischen Instrumente *Animusprofil* sowie *Mond- und Venusrollen* ausführlich begründet wird.
8 Lois Haines Sargent: *Partnerschaftsastrologie.* München 1988 (Originalausgabe 1958)
9 Vgl. dazu Robert Hand: *Das Buch der Transite.* München 1984, Seite 18
10 Vgl. Jessie Adler Gral: *Unser innerer Geliebter,* Kapitel 7: »Vom Kosmos zugewiesene Beziehungsrollen«, Seite 243 ff.
11 Das *Kinder-Ich* oder *Kindheits-Ich* ist ein zentraler Begriff der Transaktionsanalyse. Im Kinder-Ich sind unsere Wünsche und Bedürfnisse, unsere echten unverfälschten Gefühle und unsere Kreativität und

Lebensfreude angesiedelt. Eine ausführliche Beschreibung des inneren Kindes unter astrologischen Gesichtspunkten findet sich in: Jessie Adler Gral: *Unser innerer Geliebter*, Kapitel 4: »Das innere Kind und seine Kleider«, Seite 137 ff. sowie Kapitel 5: »Wünsche und Erwartungen unseres inneren Kindes – Archetypische Mondenergien«, Seite 175 ff.

12 Vgl. Jessie Adler Gral: *Die verzauberte Seele – Sucht und Spiritualität im Horoskop*. Wettswil 1993

13 Wie man den Schatten oder Schattenanteile im Geburtskosmogramm identifiziert, und welche Rolle Schattenprojektionen in Liebesbeziehungen spielen, ist im Buch *Unser innerer Geliebter* ausführlich beschrieben (Kapitel 3: »Schattenprojektionen der Liebenden«, Seite 93 ff.).

14 *Schwingungsmodalität* ist ein anderer Ausdruck für die *Dynamik*. Vgl. dazu *Unser innerer Geliebter*, Seite 321

15 Ausführlichere Informationen zum Tableau »Zwölf holistische Energiequalitäten« und den darin enthaltenen »neuen« Herrschern Uranus, Neptun und Pluto finden sich in Jessie Adler Gral: *Unser innerer Geliebter*, Seite 37 ff.

16 *Unser innerer Geliebter*, Seite 141 f.

17 Bei der Zusammenstellung der Eigenschaften und Verhaltensweisen der in spezifischer Weise eingefärbten Gefühlsplaneten waren mir folgende Bücher eine Unterstützung: Jessie Adler Gral: *Unser innerer Geliebter*; Hajo Banzhaf und Anna Haebler: *Schlüsselworte zur Astrologie*. München 1994; Liz Greene: *Sage mir Dein Sternzeichen und ich sage Dir, wie Du liebst*. Berlin 1986; Michael Roscher: *Der Mond*. München 1990; Fritz Riemann: *Lebenshilfe Astrologie*. München 1984

18 Die gegengeschlechtlichen Partnersuchbilder, Anima und Animus, werden ausführlich analysiert in meinem Buch: *Unser innerer Geliebter – Anima und Animus, der Schatten und das innere Kind in Liebesbeziehungen.*

19 Für eine detaillierte Betrachtung der astrologischen Elemente empfiehlt sich das Buch von Hajo Banzhaf: *Der Mensch in seinen Elementen*. München 1993

20 Hajo Banzhaf: *Der Mensch in seinen Elementen*. Seite 133

21 Der Begriff stammt von Zipporah Dobyns, zitiert nach Stephen Arroyo: *Astrologie, Psychologie und die vier Elemente*. München 1982, Seite 143

22 Vgl. dazu Stephen Arroyo, »Zusammenfassung der Ergebnisse der aktuellen Partnerschaftsforschung«, in: Liz Greene und Stephen Arroyo: *Saturn und Jupiter*, Seite 125 ff.

23 Vgl. Reinhold Ebertin: *Die kosmische Ehe.* Freiburg 1981, Seite 47
24 Jessie Adler Gral: *Unser innerer Geliebter,* Seite 242 ff.
25 Vgl. Reinhold Ebertin: *Kombination der Gestirnseinflüsse.* Freiburg 1979, Seite 216
26 Zu der häufigen und zwanghaften Tendenz sexuell mißbrauchter Menschen, sich selbst zu verletzen durch Schneiden, Verbrennen, Kratzen etc. vgl. Ursula Wirtz: *Seelenmord – Inzest und Therapie.* Zürich 1989
27 Vgl. Jessie Adler Gral: *Unser innerer Geliebter,* Seite 248 ff.
28 *Kollusion* ist ein uneingestandenes, voreinander verheimlichtes Zusammenspiel zweier (oder mehrerer) Partner, dem ein gleichartiger, nicht bewältigter Grundkonflikt zugrundeliegt. Vgl. dazu Jürg Willi: *Die Zweierbeziehung.* Reinbek bei Hamburg 1975, Seite 59
29 Vgl. dazu Stephen Arroyo, »Zusammenfassung der Ergebnisse der aktuellen astrologischen Partnerschaftsforschung«, Seite 146 f.
30 Composite und Combin sind zwei Methoden der Partnerschaftsanalyse, die in diesem Buch nicht behandelt wurden. Über diese Instrumente informiert Mona Riegger: *Handbuch der Combin- und Composit-Deutung, Seelische Partnerverbindungen im Horoskop.* Freiburg 1997

Literatur zur Partnerschaftsastrologie

Adler Gral, Jessie: *Unser innerer Geliebter – Anima, Animus, der Schatten und das innere Kind in Liebesbeziehungen.* Wettswil 1995
Arroyo, Stephen: *Astrologie und Partnerschaft.* München 1983
Banzhaf, Hajo und Theler, Brigitte: *Du bist alles, was mir fehlt.* München 1996
Greene, Liz: *Kosmos und Seele, Wege zur Partnerschaft.* Frankfurt am Main 1983, Seite 133 ff.
Klein, Nikolas: *Partnerschaft im Horoskop.* München 1992
Livaldi-Laun, Lianella: *Liebesbeziehungen im Horoskop.* Freiburg 1993
March, Marion und Mc Evers, Joan: *Lehrbuch der Partnerschaftsastrologie.* Freiburg 1995
Riegger, Mona: *Handbuch der Combin- und Composit-Deutung, Seelische Partnerverbindungen im Horoskop.* Freiburg 1997
Sargent, Lois: *Partnerschaftsastrologie.* München 1988 (Originalausgabe 1958)
Stone, Pauline: *Partnerschaft, Astrologie und Karma.* Wettswil 1992

Die Autorin

Jessie Adler Gral, Diplom-Soziologin und Dozentin in der Erwachsenenbildung, ist Mitglied des Deutschen Astrologen-Verbandes e.V. (DAV). In ihre Seminar- und Vortragstätigkeit im In- und Ausland sowie ihre Beratungsarbeit fließen ihre umfangreichen Erfahrungen mit Transaktionsanalyse und Psychosynthese ein. Sie ist Autorin zahlreicher Artikel in namhaften Fachzeitschriften.

Die erfahrene Astrologin und Spezialistin für Partnerschaftsanalyse und Abhängigkeitsdiagnostik hat die Astrologie um etliche neue Methoden bereichert, darunter das Animusprofil, die karmischen Beziehungsrollen, die Gesamtvereinbarkeit und das Suchtstrukturmuster.

1993 erschien ihr Buch *Die verzauberte Seele – Sucht und Spiritualität im Horoskop*, 1995 ihr Buch *Unser innerer Geliebter – Anima, Animus, der Schatten und das innere Kind in Liebesbeziehungen*, beide im Astrodata-Verlag. 1999 erscheint ihr Band astrologischer Gedichte *Im Meer Neptuns Kuß violett – Lyrik aus der Alchemistenküche*.

Bei Interesse an der Arbeit der Autorin wenden Sie sich bitte an:
  Jessie Adler Gral
  Postfach 300188
  50771 Köln

oder direkt an den Verlag:
  Ebertin-Verlag
  Kronenstraße 2–4
  79100 Freiburg
  Tel. 0761-7082-0

Ebertin-Verlag · Freiburg im Breisgau

Markus Jehle

Wenn der Mond im siebten Hause steht...

Kreative Astrologie für Einsteiger

226 Seiten mit 14 Zeichnungen; kartoniert: ISBN 3-87186-083-2

Das ungewöhnliche Lehrbuch von Markus Jehle vermittelt astrologisches Wissen auf eine völlig neue Weise: Statt vorgefertigte Deutungsrezepte nachzuvollziehen, kann der interessierte Leser hier schnell zu einem schöpferischen Umgang mit der astrologischen Symbolsprache gelangen, die ihn innerhalb kurzer Zeit zu einer eigenständigen und kreativen Deutung von Horoskopen befähigt.

Das Buch umfaßt die wichtigsten Grundlagen der Astrologie, wie Planeten, Zeichen, Häuser und Aspekte. Der Autor gibt dem Leser mit Frage- und Checklisten vielfältige Anregungen zum selbständigen Erarbeiten eigener Horoskopdeutungen an die Hand. Zahlreiche praxisbezogene Lern- und Übungsschritte garantieren einen leichten und dennoch fachlich fundierten Einstieg in die Horoskopdeutung.

Markus Jehle

Wenn Jupiter auf Mars zugeht...

Kreative Astrologie für Fortgeschrittene

230 Seiten; kartoniert; ISBN 3-87186-089-1

Die vielleicht größte Lebenskunst besteht darin, zur richtigen Zeit am richtigen Ort das Richtige zu tun. Was dies bei den einzelnen Menschen zu bestimmten Phasen seines Lebens bedeutet, wird durch die Transite im Horoskop erkennbar.

Markus Jehle stellt einen völlig neuen Ansatz zur Transitdeutung vor. Indem er beschreibt, was in Ihrem Leben in Einklang mit den kosmischen Zyklen der Planeten passieren soll, zeigt er ihnen individuelle Entfaltungsmöglichkeiten auf, die das Thema der astrologischen Zukunftsdeutung auf eine zeitgemäße Grundlage stellen.

Seine brillanten und leicht verständlichen Deutungstexte ermöglichen es Ihnen, astrologisches Wissen für Ihre persönliche Lebensplanung anzuwenden und zukünftigen Entwicklungen gelassen zu begegnen.

Entdecken Sie mit diesem Buch, welche Entwicklungsschritte in Ihrem Leben gerade anstehen und wie Sie sich optimal auf Ihre Zukunft vorbereiten können.

Ebertin-Verlag · Freiburg im Breisgau

Ebertin-Verlag · Freiburg im Breisgau

Marion D. March / Joan McEvers

Lehrbuch der Partnerschaftsastrologie

302 Seiten mit 103 Horoskopabbildungen, kartoniert
ISBN 3-87186-079-4

Dieses Buch erklärt die Methoden und Regeln der Partnerschaftsastrologie in lebendiger und anschaulicher Weise, die nicht nur beim Lesen, sondern auch in der Praxis großen Spaß macht. Die Autorinnen beschreiben, wie aus dem Geburtshoroskop verschiedene Beziehungsmuster ermittelt werden können. Desweiteren werden die Techniken des Horoskopvergleiches ausführlich dargestellt (Synastrie).
Das Buch befaßt sich auch mit den sogenannten Composit-Horoskopen und bietet somit einen umfassenden Überblick über die Anwendung aller relevanten Methoden der Partnerschaftsastrologie.

Marion D. March / Joan McEvers

Lehrbuch der astrologischen Prognose

Transite – Progressionen – Direktionen – Solare – Lunare

360 Seiten mit 46 Horoskopzeichnungen; kartoniert
ISBN 3-87186-073-5

Dieses Buch entspricht einem Bewußtseinswandel in der Astrologie. Die beiden Autorinnen befreien die Astrologie vom schicksalhaften Determinismus früherer Zeiten und bieten Hilfestellung beim Erkennen zukünftiger Trends. Was soll in der Zukunft passieren? Wie kann ich mein Potential im Einklang mit den kosmischen Zyklen zur Entfaltung bringen? Welche Chancen gilt es zu nutzen? Welchen Herausforderungen soll ich mich stellen?
Dieses Lehrbuch bietet eine fundierte Einführung in alle relevanten Methoden und Techniken der astrologischen Prognostik. Es ist einmalig und schließt eine Lücke innerhalb der astrologischen Fachliteratur.

Ebertin-Verlag · Freiburg im Breisgau

Testen Sie Meridian jetzt!

Meridian ist die Fachzeitschrift für alle Gebiete der Astrologie.
Erfahrungen aus der Beratungspraxis und Neues aus der Forschung werden auf seriösem Niveau und doch leicht verständlich dargestellt. Wenn Sie auf dem neuesten Stand sein wollen und zugleich die unterhaltsamen Aspekte der Astrologie schätzen, sollten Sie Meridian kennenlernen.

64 Seiten astrologisches Fachwissen aus erster Hand!

Sechsmal im Jahr finden Sie in Meridian

► jeweils ein astrologisches Schwerpunktthema
► angewandte Astrologie
► Forschung
► Astro-Porträts
► Facts und Unterhaltung rund ums Thema Astrologie

Ein kostenloses Probeheft liegt für Sie bereit! Bitte unverbindlich anfordern!

Ebertin Verlag
Kronenstraße 2-4 · D-79100 Freiburg
Tel.: 0761/70 82 -111
Fax: 0761/70 18 11
eMail: Hermann-Bauer-KG@T-Online.de